CW01024037

COLLECTION
FOLIO HISTOIRE

Bino Olivi
Alessandro Giacone

L'Europe difficile

Histoire politique
de la construction européenne

NOUVELLE ÉDITION REFONDUE,
MISE À JOUR ET AUGMENTÉE

Gallimard

Bino Olivi a été pendant presque vingt ans le porte-parole de la Commission européenne. Il a également enseigné dans plusieurs universités italiennes et françaises.

Ancien élève de l'École normale supérieure et agrégé d'histoire, Alessandro Giacone a enseigné l'histoire de la construction européenne à l'Institut d'études politiques de Paris et à l'université de Paris-III.

INTRODUCTION

Cinquante ans après la signature des traités de Rome, l'Union européenne connaît l'un des plus grands bouleversements de son histoire, qui concerne à la fois son extension géographique, son fonctionnement institutionnel et même sa raison d'être. Dans les années 1950, la guerre froide avait imposé des décisions difficiles aux responsables politiques de l'Europe de l'Ouest. Invention française, la construction européenne avait aussitôt obtenu des succès immenses et inattendus. D'un point de vue politique, elle avait favorisé la pacification des relations franco-allemandes et rendu obsolète la perspective d'une nouvelle guerre. D'un point de vue économique, la libération des échanges avait suscité une croissance sans précédent dans tous les États de la Communauté. Au cours de cette période, l'idée européenne n'était contestée que par des minorités. Le souvenir récent de la guerre encourageait l'opinion publique à soutenir l'intégration communautaire et à en partager les objectifs. Même pendant les dix ans de présidence du général de Gaulle, la construction européenne avait affirmé sa place sur la scène mondiale.

Les cinq décennies d'intégration européenne ont

été indiscutablement la période la plus pacifique et la plus propice au développement que l'Europe moderne ait jamais connue. L'Union européenne est désormais une réalité consolidée. Pourtant, le scepticisme des Européens ne cesse de croître depuis une quinzaine d'années. Les événements qui ont suivi la chute du Mur — la guerre de Yougoslavie, la montée des populismes — ont ravivé des craintes et des refus inconscients devant la perspective de l'entrée de nouveaux membres. Même si les élargissements à l'est étaient théoriquement envisageables dès la chute de l'Empire soviétique, les opinions publiques n'ont pas mesuré les conséquences de l'unification des deux parties de l'Europe. La succession des générations et l'habitude aux règles européennes ont fait oublier les motivations politiques de l'intégration et surtout l'histoire des origines. Avec le recul, on pourrait même affirmer que la fin de la guerre froide a atténué l'adhésion à l'idée de l'unité européenne.

Dans la situation actuelle, l'opinion européenne semble de plus en plus gagnée par une certaine schizophrénie. Aujourd'hui, tout le monde est favorable à l'Europe. Le plus souvent, il s'agit cependant d'une « autre » Europe. Ce thème n'est pas tout à fait nouveau : pendant la guerre froide, la Communauté s'était construite par opposition à cette « autre Europe » qui était alors incarnée par le bloc communiste. Mais le discours a pris une tout autre ampleur, comme s'il existait désormais deux continents : d'un côté, l'Europe rêvée de la culture, des citoyens et de la solidarité ; de l'autre, une Europe réelle faite de marathons agricoles, de bureaucraties tatillonnes et de programmes budgétivores. La désaffection de l'opinion publique vient pour beaucoup de ce décalage entre l'horizon idéal de cette Europe abstraite et une réalité décevante et contestée.

Notre propos n'est pas d'analyser les fastes d'une Europe qui existerait depuis le Moyen Âge, sinon depuis l'Antiquité, mais plus modestement de retracer l'histoire de cette construction politique généralement peu connue, certainement mal expliquée et de moins en moins aimée. Il ne s'agit pas de nier imperfections et défauts de l'entreprise communautaire — le titre de cet ouvrage en témoigne. Mais au-delà de la complexité institutionnelle, du déficit démocratique et des excédents agricoles, c'est bien cette Europe qui a permis les avancées des cinq dernières décennies : la libre circulation des hommes, l'achèvement du Marché commun, la création de la monnaie unique. Des avancées sur lesquelles on peut ironiser, mais qui ont changé la vie de quelques centaines de millions de personnes.

À l'heure où paraît cet ouvrage, l'Europe commence à se réveiller de la période d'apathie qui a suivi le « non » français et hollandais au traité constitutionnel. La chancelière allemande Angela Merkel, qui préside le Conseil européen au premier semestre de 2007, multiplie les consultations pour trouver un nouvel accord entre les vingt-sept membres de l'Union, dont dix-huit ont déjà approuvé le traité. Le « non » français du 29 mai 2005 a véritablement révélé le passage entre la période de l'intégration heureuse et universellement partagée et l'ère du doute et du refus. Comme si la France n'avait plus intérêt à occuper la première place dans le concert européen, cette première place qu'elle avait poursuivie depuis l'époque de Monnet et de Schuman et de la grande invention des origines. Le débat de la campagne référendaire a été en grande **partie hors** sujet, totalement tourné vers des questions de politique interne, sans aucune vision prospective d'une Europe future. En d'autres termes, le débat français — et aussi, d'une manière inattendue, celui qui a eu lieu aux Pays-Bas — porte les stigmates du changement des générations. Ces sociétés socialement avancées ont semblé s'inquiéter des sacrifices qu'il fallait consentir pour créer un avenir commun avec de nouveaux partenaires pauvres, lointains et inconnus.

À ce stade, la poursuite de la construction exige ainsi une réflexion sur l'identité européenne et les buts de l'intégration. Cette identité européenne se heurte avant tout à la question des frontières ultimes de l'Union. Jamais auparavant le problème ne s'était posé avec la même urgence. Les craintes se cristallisent aujourd'hui sur l'élargissement à la Turquie, qui inquiète par sa diversité et par la mémoire de ses anciennes relations avec l'Europe. Cela entraîne une crispation sur les adhésions à venir, notamment celles des anciennes Républiques de Yougoslavie. L'adhésion de cette région meurtrie par des siècles de conflits est pourtant indispensable. L'avenir de la construction européenne, qui reste un projet de paix, se joue aussi dans les Balkans. Naguère impuissante à empêcher l'épuration ethnique, l'Union est aujourd'hui appelée à stabiliser cette région par une politique ambitieuse d'élargissement.

Plus que jamais, l'Europe a donc besoin d'institutions efficaces et d'un projet politique partagé. Depuis des années, ces nécessités avaient pris forme dans le projet de traité constitutionnel, qui aurait dû contribuer à construire l'avenir de l'Union européenne en établissant des principes et des instruments pour son fonctionnement. Les raisons qui justifiaient l'adoption d'une constitution demeurent d'actualité : définir l'organisation d'une Union de plusieurs dizaines d'États. Or le traité de Nice, signé entre mauvaise humeur et cynisme en décembre 2000, interdit à l'UE de devenir le grand instrument d'unité et de paix et risque de la transformer en une zone de libre-échange, dépolitisée, détruisant peu à peu le projet européen.

L'Union européenne doit aujourd'hui affirmer son identité et son action dans un monde globalisé, certes en tant que grand marché, mais surtout comme l'un des protagonistes du XXIe siècle. Il appartient à la France d'être en première ligne pour affirmer ces principes et d'œuvrer pour rattraper une occasion perdue.

BINO OLIVI
et ALESSANDRO GIACONE

Cette nouvelle version de *L'Europe difficile*, refondue et augmentée, s'appuie pour certains chapitres sur la première édition traduite de l'italien par Katarina Cavanna. L'ouvrage a été adapté aux exigences de l'enseignement universitaire, tout en se voulant accessible au grand public. Sous une forme plus concise, le texte comporte de nouveaux encadrés, une chronologie et une bibliographie actualisées. Réalisée sous la direction de Bino Olivi, cette refonte a été assurée par Alessandro Giacone, à qui l'on doit notamment la rédaction des chapitres XIII et XIV. Nous tenons aussi à remercier Paul Bernard,

Valentina Bisconti, Jacques Chauvin, Éric L'Helgoualc'h, Frédéric Magloire, Édouard Michel, Gérard Nafilyan et Laurent Weil pour leur aide précieuse ainsi que la Fondation Hippocrène pour son soutien généreux.

CHAPITRE I

LA GUERRE FROIDE,
LA FRANCE ET L'EUROPE

Le début de la guerre froide

Il n'est pas facile d'indiquer une date qui marque le début de la guerre froide ou l'événement révélateur de l'hostilité irréversible qui s'était établie entre les pays vainqueurs de la Seconde Guerre mondiale. L'expression « guerre froide » remonte à l'année 1947. Son inventeur, Bernard Baruch, l'avait utilisée pour la première fois à propos des mesures d'aide à la Grèce et à la Turquie que le Congrès américain venait d'adopter. Mais, dès le printemps 1946, on avait pu constater la rupture de l'alliance antihitlérienne. Dans un célèbre discours prononcé à l'université de Fulton (5 mars), Churchill avait dénoncé le « rideau de fer qui [s'était] abattu sur l'Europe de Stettin sur la Baltique à Trieste sur l'Adriatique ». En 1947, les alliés occidentaux avaient été contraints d'harmoniser leurs comportements à l'égard de l'Union soviétique, avec laquelle il s'avérait désormais impossible de trouver un accord sur l'organisation de l'Europe de l'après-guerre.

Le début de la guerre froide entraîna un changement des orientations de la politique étrangère française. Dès son retour à Paris, en 1944, le géné-

ral de Gaulle avait tenté de réaffirmer la primauté
de la France dans la réorganisation de l'Europe et
de l'Allemagne vaincue. Dans son esprit, l'après-
guerre devait confirmer la suprématie française sur
le continent, en dépit de la supériorité militaire de
ses alliés occidentaux. Dans cette optique, le pacte
conclu en 1944 entre la France et l'Union soviétique
n'était pas sans rappeler la doctrine de l'équilibre
continental qui, pendant près de deux siècles, avait
dominé la vie diplomatique du continent européen.
Les premiers gouvernements français de l'après-
guerre (même après le départ du Général en janvier 1946) menèrent une exténuante guérilla diplomatique pour reconquérir les positions perdues. La
France affrontait ainsi le second après-guerre avec
les mêmes buts et motivations qu'elle avait manifes-
tés au lendemain de la Première Guerre mondiale.
Une fois encore, il s'agissait d'obtenir des garanties
précises et définitives pour éviter la résurgence de
la puissance allemande. La restitution de la pleine
souveraineté à l'Allemagne vaincue aurait dû être
précédée de profonds changements et s'accompagner de limitations permanentes de sa puissance
militaire. De ce point de vue, les propositions de la
France et de l'Union soviétique avaient donc des
points en commun.

L'aspiration des dirigeants français de l'après-
guerre (et, avant tout, du général de Gaulle) à jouer
un rôle majeur dans la construction du nouvel ordre européen était légitime. La France n'avait participé ni à la conférence de Téhéran (1943) ni à
celle de Yalta (début 1945). Il était donc inévitable
qu'elle s'opposât aux accords entre les alliés soviétiques et anglo-américains et à la domination de ces
derniers en Europe occidentale. Mais une telle poli-

tique supposait l'absence de tensions entre les Grands. La fin de la guerre mondiale avait presque aussitôt révélé de nombreux points de désaccord entre les alliés occidentaux et l'Union soviétique. Les armées soviétiques consolidaient l'occupation des pays européens à l'est de la ligne prévue par les accords de Potsdam (17 juillet 1945). Dans la partie est de la Méditerranée, les Soviétiques appuyaient les forces communistes en Grèce et en Turquie. En Asie, ils menaçaient l'intégrité territoriale de l'Iran, installaient un nouveau pouvoir en Corée du Nord et soutenaient les mouvements engagés en Chine et en Indochine française. La force mondiale de l'Union soviétique se manifestait désormais au détriment des empires coloniaux, comme celui de la France. Il devenait de plus en plus difficile à celle-ci de reconstruire, dans une position de faiblesse, une autonomie impériale qui lui permît de retrouver une puissance à la hauteur de ses ambitions. La guerre froide obligea ainsi la France à revoir sa politique étrangère, notamment sur la scène européenne. Il existe donc un lien étroit entre le début de la guerre froide et les initiatives qui aboutirent à la création de la première communauté européenne.

La rupture définitive entre les trois puissances occidentales et l'Union soviétique se produisit à la conférence des ministres des Affaires étrangères à Londres (fin novembre-début décembre 1947). Les pays vainqueurs discutèrent pour la dernière fois du traité de paix que l'on pourrait conclure avec l'Allemagne. Le désaccord sur les frontières et l'avenir politique de l'Allemagne fut complet. L'échec de la conférence entraîna progressivement l'unification des zones occupées par les Américains, les Britanniques et les Français, et la naissance d'un État allemand occidental. Les vieilles revendications françaises sur l'internationalisation de la Rhénanie, le statut de la Sarre et le contrôle militaire de l'Allemagne apparaissaient dès lors comme un débat d'arrière-garde.

L'année 1948 fut marquée par plusieurs événements décisifs. Le 25 février, le rideau de fer s'étendit jusqu'aux frontières de la Tchécoslovaquie à la suite du coup de Prague. Le 17 mars, la France, la Grande-Bretagne et les pays du Benelux signèrent à Bruxelles un traité de défense commune, qui remplaçait celui qui avait été conclu un an plus tôt à Dunkerque par les Français et les Britanniques. Signe révélateur des temps, le traité de Bruxelles n'était plus dirigé contre l'Allemagne, mais contre l'Union soviétique. Le 16 avril, fut signée à Paris la convention qui donnait naissance à l'Organisation européenne de coopération économique (OECE). L'OECE réunissant dix-sept États européens et les commandements militaires des zones occidentales de l'Allemagne. Chargée d'administrer les aides américaines du plan Marshall (annoncé le 5 juin 1947), cette organisation fut un instrument décisif pour la reconstruction de l'Europe et l'ouverture progressive des frontières. L'OECE aurait pu être le point de départ d'une intégration économique et politique des États européens, que les Américains appelaient de leurs vœux. Mais les Britanniques s'opposèrent à tout renoncement de souveraineté nationale, ce qui limita le rôle politique de l'organisation. Enfin, le 18 avril la Démocratie chrétienne triompha aux élections législatives en Italie. Cette victoire renforçait l'alliance antisoviétique et écartait le danger d'une prise de pouvoir communiste dans un pays de l'Europe occidentale.

Le congrès de La Haye
et les idéologies proeuropéennes

L'année 1948 ne vit pas seulement la fin de l'alliance antihitlérienne. Ce fut aussi l'année de la première réunion des militants proeuropéens, qui rassembla des personnalités représentant des courants d'opinion et des idéologies parfois opposés, mais réunis par une aspiration commune, aux contours flous et au contenu imprécis : l'unité de l'Europe.

L'idée européenne n'était pas née avec la dernière guerre. Au XIXᵉ siècle, on avait déjà évoqué une « union européenne ». Il était devenu banal de parler en termes de « bien et de mal » pour l'Europe, comme si l'on prévoyait déjà les dégâts et les ruines qui seraient engendrés par les rivalités nationales. À partir de la fin de la Première Guerre mondiale, les réflexions sur l'avenir du continent et la nécessité de changer les structures du pouvoir devinrent plus explicites. En 1929, le ministre français des Affaires étrangères Aristide Briand avait proposé, à la tribune de la Société des Nations, l'organisation d'une Union fédérale européenne, inspirée sans doute des idées de la « Paneurope » de Richard Coudenhove-Kalergi. En 1930, la diplomatie française formalisait ses propositions sous la forme d'un document connu sous le nom de mémorandum Briand. Mais, un an plus tard, il ne restait plus aucune trace de cette première tentative d'unification européenne.

Ces courants de pensée ne commencèrent donc à se préciser qu'après la Seconde Guerre mondiale. Les massacres de cette seconde « guerre civile européenne » avaient été interprétés comme l'échec idéologique des États-nations, qui avaient été incapables d'organiser et de maintenir la paix sur le continent. Trois courants de pensée étaient destinés à exercer une influence profonde sur l'histoire de la construction européenne.

Le premier est communément appelé « confédéraliste ». En hommage à la tradition juridique internationale, on regroupe sous cette désignation les différentes formes d'accords entre États qui visent à établir la coopération la plus vaste possible. Cette coopération repose cependant sur l'intangibilité des attributions et des pouvoirs des États, expression de leur souveraineté. Cela n'exclut pas la création d'organismes interétatiques pour la réalisation des objectifs confédéraux. Mais ces objectifs restent soumis à la volonté des États membres. Toute expression de la volonté collective est impossible sans l'accord unanime des États. Parmi les nombreuses personnalités qui ont proposé des formes d'organisation de type confédéral, il convient de citer deux protagonistes majeurs de l'histoire du XXᵉ siècle, Winston Churchill et Charles de Gaulle. Le premier défendit la cause au moyen d'une belle rhétorique, généralement lorsqu'il n'était pas au pouvoir ; le second tenta de l'imposer, suivant un modèle politique fortement influencé par le concert européen du XIXᵉ siècle, tout en y associant de singulières tentatives de modernisation.

Le deuxième courant d'idées proeuropéennes était, et demeure, d'une nature bien plus militante et

combative. Les théories fédéralistes avaient des origines très diverses : elles étaient issues du socia-
lisme utopique du XIXᵉ siècle, de la résistance antifasciste, voire de la science politique. En dépit de
leurs différences, tous les courants fédéralistes pos-
tulaient la destruction des États-nations, coupables
d'avoir entraîné les peuples européens dans deux
guerres désastreuses. Il fallait donc une révolution
radicale des structures de pouvoir qui, surmontant
les barrières artificielles des États-nations, puissent
« fédérer » les Européens en jetant les fondements
d'un destin commun nouveau. Le fédéralisme est
une idéologie qui s'articule autour de propositions
et de thèses plus complexes : pour certains, le fédéralisme européen doit être la première étape vers
l'objectif d'un gouvernement mondial ; pour d'autres,
il doit aboutir à une réorganisation des communautés locales dans le sens d'une égalité et d'une participation plus fortes. Tous estimaient toutefois que la
représentation démocratique au niveau de la Fédération devait se substituer à celle des États-nations.
Pour bon nombre d'entre eux l'élection au suffrage
universel d'un Congrès constituant était ainsi la condition première de la naissance de la Fédération
européenne. Telles étaient les idées dont s'inspiraient
les fédéralistes de l'après-guerre au premier rang
desquels Altiero Spinelli, dont le nom reviendra souvent dans ce livre, le professeur hollandais Henri
Brugmans, l'écrivain suisse Denis de Rougemont,
l'industriel italien Adriano Olivetti et les Français
Robert Aron, André Voisin et Alexandre Marc.

Parmi les fédéralistes, on commençait aussi à entendre les premiers discours des « fonctionnalistes » : pour ceux-ci, l'objectif d'une Union européenne ne pouvait être atteint que par des

intégrations sectorielles successives : c'est en cédant d'une manière partielle et progressive la souveraineté des États à de nouvelles institutions supranationales que l'on jetterait les bases d'une maison commune des Européens. Pour ses partisans les plus convaincus, la méthode fonctionnelle permettrait de mettre en œuvre les idées des fédéralistes : en intégrant progressivement certains secteurs de la vie économique et sociale, on engendrerait inévitablement des formes d'intégration politique, qui à leur tour affaibliraient ou videraient même de leur sens les souverainetés nationales. Ce sont les théories fonctionnalistes qui ont donné naissance, comme nous le verrons, à la Communauté européenne du charbon et de l'acier (CECA).

Le 7 mai 1948 s'ouvrait à La Haye le Congrès de l'Europe. Il avait été organisé, sous l'impulsion de Winston Churchill, par les mouvements et les personnalités qui militaient pour l'unité du continent. Après une longue préparation, les représentants de dix-sept nations, y compris l'Italie et l'Allemagne, se réunissaient pour la première fois. Des centaines de personnalités se rencontrèrent dans une atmosphère fervente. Les Britanniques étaient très nombreux, dont Churchill lui-même, Anthony Eden et Harold Macmillan ; les Français étaient représentés entre autres par Jean Monnet, Paul Reynaud, Léon Blum et François Mitterrand ; parmi les Italiens, il y avait Alcide De Gasperi, Altiero Spinelli, Adriano Olivetti, Ignazio Silone et Bruno Visentini ; la délégation allemande comptait notamment le futur chancelier Konrad Adenauer. Les discussions furent longues et passionnées. Les fédéralistes n'eurent pas gain de cause : au lieu de soutenir l'élection d'une assemblée constituante élue au suffrage universel, la résolution votée par le Congrès recommanda l'institution d'une assemblée de membres désignés par les Parlements nationaux afin d'« examiner les implications politiques et juridiques » d'une union ou d'une fédération européenne.

Le Congrès ne s'acheva donc pas sur des décisions spectaculaires. Toutefois, son organisation et son déroulement avaient montré qu'il existait un climat favorable aux initiatives de construction européenne, qui allaient modifier profondément les rapports entre les États.

Le front allemand de la guerre froide

Dans la seconde moitié de l'année 1948, la cohésion entre les alliés occidentaux se trouvait subitement renforcée par deux événements de portée historique. Le 20 juin, les forces soviétiques entamaient le blocus de Berlin-ouest, qui allait durer jusqu'au 11 mars 1949. Le 28 décembre, les autorités américaines, anglaises et françaises parvinrent à un accord sur le statut international de la Ruhr. Confrontée à l'aggravation de la guerre froide, la France n'avait plus de marge de manœuvre pour mener une politique autonome. Après s'être alignée sur les positions anglo-américaines, la France fut désormais contrainte de renoncer à une grande partie de ses revendications sur l'Allemagne. Le 5 mai 1949, la République fédérale allemande (RFA) fut solennellement proclamée. Ce n'était pas l'état vassal dont avait rêvé la diplomatie française : quoique amputé d'une partie de son territoire d'avant guerre, le nouvel État allemand était appelé à prendre la suite du Reich défunt. Le général de Gaulle commentait depuis sa retraite de Colombey : « Le Reich allemand renaît, ne nous faisons pas d'illusions. Cette politique est exécrable. »

Issu de la résolution votée au congrès de La Haye, le Conseil de l'Europe fut constitué le 5 mai 1949. En dépit des espoirs démesurés et de la rhétorique qui avaient entouré sa naissance, la nouvelle organisation ne devint pas l'embryon d'une future union européenne. Le Conseil de l'Europe (à ne pas confondre avec le Conseil européen, qui sera créé en 1974 et qui regroupe les chefs d'État et de gouvernement) était la première organisation européenne à être dotée d'une assemblée parlementaire consultative. Ses statuts ne prévoyaient cependant aucun transfert de pouvoir des États à la nouvelle institution. C'était là la preuve que les gouvernements européens n'étaient pas disposés à déléguer ne fût-ce qu'une partie de leurs prérogatives à des organismes de type supranational. L'aggravation de la guerre froide ne semblait encourager que les initiatives orientées vers la défense et la consolidation du front occidental.

Sous la direction du président Harry Truman, les États-Unis décidèrent, à l'issue de débats acharnés, de renoncer à toute nouvelle tentation d'isolationnisme. Quelques jours avant le début du blocus de Berlin, le Congrès avait approuvé, pour la première fois dans l'histoire américaine, la mise en place d'une alliance militaire en temps de paix. De cette résolution était née l'Organisation du traité de l'Atlantique du Nord (OTAN), l'instrument politique qui pourrait déployer les forces militaires euro-américaines, en partie intégrées, du nord du continent jusqu'à la Méditerranée. Se posait dès lors le problème de la position de l'Allemagne au sein du dispositif militaire. S'il marquait la fin de l'isolationnisme américain, le Pacte atlantique sanctionnait aussi la permanence des Américains en Europe, leur rôle prépondérant dans l'alliance et la fin de l'autonomie européenne vis-à-vis des puissances extérieures.

C'est donc au cours de 1949 que s'établit véritablement l'équilibre européen de l'après-guerre, avec la consolidation des zones d'influence respectives, l'approfondissement des liens entre le centre soviétique et ses États satellites (à travers l'application indifférenciée d'un même modèle politique et économique) et la signature d'un pacte militaire entre les nations occidentales. Tout cela pouvait apporter la preuve d'une division irréversible de l'Europe. Les Occidentaux avaient désormais perdu tout espoir de régler par un accord global la situation engendrée par la guerre : le blocus de Berlin avait montré la force politique et militaire de l'empire soviétique. L'URSS, malgré la brutalité des occupations et l'effroyable vague des procès staliniens, parvenait toujours à exercer son attrait sur certaines forces politiques des pays occidentaux. De plus, le délitement des Empires coloniaux européens pouvait faire croire à l'affirmation à l'échelle planétaire du modèle communiste qui, après une sanglante guerre civile, venait de triompher en Chine.

L'aggravation de la guerre froide et la création d'un nouvel État allemand avaient remis en cause une revendication fondamentale pour les Français : le contrôle de la Rhénanie et, en particulier, du charbon et de l'acier de la Ruhr. Le problème des rapports franco-allemands se situait ainsi dans le cadre plus général de l'intégration de l'Allemagne à l'Occident. Devant la menace soviétique, il n'était plus possible de maintenir l'Allemagne dans une position d'infériorité. Par conséquent, les Alliés pouvaient difficilement ignorer les revendications allemandes sur la Sarre, qui était toujours occupée par les troupes françaises.

Au cours de sa longue histoire, la France avait rarement dû subir les conséquences d'une subordination politique et militaire aussi nette. Pendant l'année 1949, l'instabilité politique et les incertitudes économiques avaient placé la France dans une situation difficile, auxquelles s'ajoutait la décadence progressive et inexorable de son Empire colonial. L'agressivité soviétique l'avait obligée à conclure une « alliance inégale » avec les Anglo-Saxons, qui lui imposait de renoncer à ses revendications sur l'Allemagne. Après la naissance de la République fédérale allemande et la fin du blocus de Berlin, il apparaissait clairement que les Allemands participeraient, tôt ou tard, à l'alliance du bloc occidental : la présence permanente des troupes françaises d'occupation en Allemagne n'était plus une hypothèse réaliste. Du fait de son isolement diplomatique et de son infériorité militaire, la France dut ainsi adopter une nouvelle stratégie pour ne pas rester étrangère au processus de réorganisation de l'Europe et pour recouvrer le pouvoir d'initiative qu'elle avait perdu.

Les pères fondateurs

C'est dans ce contexte que se situe l'action des « pères fondateurs » de l'Europe. Il est devenu courant de parler d'une volonté et d'une pensée commune des fondateurs de l'Europe, sans préciser le rôle respectif joué par chacun d'entre eux. On peut désigner sous le terme de « pères fondateurs » les hommes d'État qui, entre 1950 et 1957, ont été à l'origine des premières institutions communautaires. Cette définition écarte donc un certain nombre de précurseurs (Briand, Coudenhove-Kalergi...), dont l'action ne s'est pas traduite par des réalisations concrètes et durables. Parmi les fondateurs, on met généralement en évidence quatre personnalités (Jean Monnet, Robert Schuman, Konrad Adenauer et Alcide De Gasperi), oubliant au passage le rôle majeur joué par certains responsables du Benelux (Paul-Henri Spaak, Joseph Bech ou Johan Willem Beyen) et, plus largement, des négociateurs qui contribuèrent à la rédaction des premiers traités (parmi lesquels Étienne Hirsch, Pierre Uri ou Walter Hallstein).

Jean Monnet (1888-1979) fut le personnage central des débuts de l'intégration européenne. Né à Cognac, il commença très jeune à voyager pour exporter le cognac de l'entreprise familiale, notamment au Canada et en Angleterre. Au cours de la Première Guerre mondiale, sa connaissance du monde anglo-saxon lui permit de jouer un rôle de premier plan : en 1916, il fut le principal artisan du pool maritime, qui coordonna les transports entre la France et l'Angleterre. En 1919, ses talents lui valurent d'être nommé, à trente ans, secrétaire général adjoint de la Société des Nations, où il s'occupa notamment des problèmes de la Pologne et de la Roumanie. En 1923, il rentra à Cognac pour sauver l'entreprise familiale. Dans les années suivantes, il fut banquier à San Francisco, puis en Chine, où il contribua à financer le réseau ferroviaire mis en place par Tchang-Kaï-Chek. En 1938, à l'approche

de la guerre, le gouvernement français le chargea
d'acheter secrètement des avions de guerre américains. Lors de son séjour aux États-Unis, il per-
suada le président Roosevelt d'accroître l'effort d'armement. En 1940, il proposa la constitution d'une
« union franco-britannique » (un Parlement, une
monnaie et une armée communs) pour contrecarrer l'avancée des troupes d'Hitler. Le projet échoua
à la suite de la démission de Paul Reynaud et du
vote des pleins pouvoirs au maréchal Pétain. Monnet retourna aux États-Unis, où il fut l'un des artisans du *Victory Program*, qui permit aux États-Unis
de devenir l'arsenal des démocraties. En 1943, Monnet fit partie du Comité français de libération nationale à Alger. En janvier 1946, Monnet était nommé
commissaire général au Plan, où il contribua d'une
manière décisive à la reconstruction et à la modernisation de la France.

Robert Schuman (1886-1963) naquit à Clausen
(Luxembourg) d'un père lorrain et d'une mère
luxembourgeoise. Il fit des études de droit à Metz,
Bonn, Berlin et Strasbourg. En 1919, il fut élu député de la Moselle, qui était revenue à la France
après la fin de la Première Guerre mondiale. Favorable aux accords de Munich, il fut sous-secrétaire
aux réfugiés dans le gouvernement de Paul Reynaud.
Le 10 juillet 1940, il vota les pleins pouvoirs à Pétain
(ce qui lui valut, dans l'immédiat après-guerre,
d'être temporairement inéligible), mais quitta aussitôt le gouvernement que celui-ci venait de former. Arrêté par les nazis en septembre 1940, il
parvint à s'évader en novembre 1942. Il vécut dans
la clandestinité jusqu'à la fin de la guerre. En 1946,
il adhéra au Mouvement républicain populaire
(MRP), parti d'inspiration démocrate-chrétienne.

Après avoir été ministre des Finances, Schuman devint président du Conseil en novembre 1947. Nommé ministre des Affaires étrangères, Schuman reste au Quai d'Orsay pendant quatre ans et demi (juillet 1948-décembre 1952), où il donna une orientation nouvelle à la politique étrangère française.

Originaire de Cologne, Konrad Adenauer (1876-1967) fit lui aussi des études de droit. Catholique fervent, il adhéra au parti du Zentrum et devint, en 1917, maire de Cologne, où il lança une série de grands travaux municipaux. En 1934, après l'avènement d'Hitler, Adenauer fut arrêté et mis en résidence surveillée. En 1945, il s'engagea dans le nouveau parti de la CDU (démocrate-chrétien) et redevint maire de Cologne, en zone d'occupation anglaise. En 1948, il fut élu président du Conseil parlementaire chargé d'élaborer la Loi Fondamentale de la RFA. Le 15 septembre 1949, Adenauer devint le premier chancelier de l'Allemagne de l'Ouest. Ses quatorze années de pouvoir (1949-1963) coïncidèrent avec le relèvement, puis la prospérité économique de la RFA.

Alcide De Gasperi (1881-1954) vit le jour dans le Trentin, qui appartenait alors à l'Autriche. En 1911, député au Parlement autrichien, il défendit la cause de la minorité italophone. En 1919, le Trentin revint à l'Italie. De Gasperi fut élu député sous l'étiquette du Parti populaire italien (PPI), parti qu'il avait contribué à fonder. Emprisonné par les fascistes, il parvint à se réfugier au Vatican, où il occupa un emploi de bibliothécaire. Après la chute de Mussolini, il devint ministre des Affaires étrangères dans les gouvernements de transition dirigés par Bonomi (1944), puis par Parri (1945). Après la démission de celui-ci, De Gasperi fut appelé, en novembre 1945, à diriger le premier de ses huit gouvernements. Après la grande victoire de la Démocratie chrétienne (DC) aux élections du 18 avril 1948, De Gasperi fit le choix d'une politique qui ancra l'Italie dans le camp atlantiste et proeuropéen.

Paul-Henri Spaak (1899-1972) naquit près de Bruxelles. Après des études de droit, il fit toute sa carrière dans les rangs socialistes. Député en 1932, il devint ministre des Affaires étrangères en 1935. Après la capitulation de la Belgique, en 1940, il se rendit à Londres. En 1944, il fut l'un des artisans de l'union douanière entre la Belgique, les Pays-Bas et le Luxembourg (Benelux). Fervent européen, Spaak fut actif à l'OECE, puis à l'Assemblée consultative du Conseil de l'Europe, dont il fut le président.

Le luxembourgeois Joseph Bech (1887-1975) fut député pour la première fois en 1914, à l'âge de 27 ans. En 1921, il fut nommé ministre de l'Intérieur et de l'Instruction publique, puis président du gouvernement luxembourgeois en même temps que ministre des Affaires étrangères (1926-1937). Pendant l'occupation allemande (1940-1944), il s'exila à Londres. Après la guerre, il contribua à réorienter la politique de son pays, qui adhéra à l'OTAN et s'engagea résolument dans la voie de la construction européenne.

Enfin, parmi les autres personnalités politiques, il convient également de citer Johan Willem Beyen (1897-1976), ministre des Affaires étrangères des Pays-Bas de 1952 à 1956 et Guy Mollet (1905-1975), président du Conseil entre 1956 et 1957, qui jouèrent un rôle particulièrement important dans la négociation des traités de Rome et la naissance du Marché commun.

L'action des pères fondateurs fut inspirée à la fois par des convictions communes et par des intérêts spécifiques. Après les désastres de deux guerres mondiales, dont ils avaient fait l'expérience directe, ils souhaitaient un règlement pacifique des différends continentaux. L'idée d'une construction européenne avait été dans l'air du temps tout au long des années 1920, durant lesquelles ils avaient fait leur apprentissage politique. Il y eut d'autres motivations. En 1950, la politique extérieure de la France était dominée par le problème de la Sarre. Le souvenir de l'occupation allemande agitait encore les pays du Benelux. De leur côté, l'Allemagne de l'Ouest et l'Italie souhaitaient sortir d'une situation de subordination qui était issue de la défaite militaire. Pour ces pays, la construction européenne fut ainsi le moyen d'obtenir « l'égalité des droits » par rapport aux pays vainqueurs, et d'acquérir une nouvelle marge de manœuvre sur la scène internationale.

Les historiens ont souvent souligné la proximité politique et idéologique des pères fondateurs. Schuman, Adenauer et De Gasperi étaient originaires de la grande région culturelle de la *Mitteleuropa*. Leurs parcours, entre les deux guerres mondiales, présentent plusieurs points en commun, comme le changement de nationalité, l'emprisonnement et une période de clandestinité. La politique qu'ils mirent en œuvre était dictée par des orientations proches, en particulier par leur opposition radicale au communisme. Les commentateurs ont également mis en évidence la ferveur catholique de ces trois hommes, qui appartenaient à des partis d'inspiration démocrate-chrétienne (ce que le président français Vincent Auriol résuma par la formule « Trois tonsures sous la même calotte »). Cela fit naître le mythe d'une « Europe vaticane », rapidement relayé par l'opposition anticléricale. Il est indiscutable que l'Église catholique fut favorable aux tentatives d'intégration européenne, auxquelles elle apporta constamment son soutien. Toutefois, elle ne joua pas un rôle direct dans les débuts de la construction européenne. À cet égard, il faut rappeler que les négociateurs des traités instituant la CECA et la CEE appartenaient à différentes familles de pensées. Jean Monnet était agnostique, Paul-Henri Spaak et Pierre Uri (qui rédigea en grande partie ces traités) socialistes. Dès le début, le projet européen fut donc porté par des courants politiques hétérogènes qui allaient de la démocratie chrétienne à la social-démocratie.

La déclaration Schuman et la mise en place de la CECA

En France, le principe d'une coopération économique allait de pair avec le problème du contrôle de l'industrie du charbon et de l'acier, considérée comme le véritable arsenal de l'Allemagne. Du côté allemand, on examinait avec le plus grand intérêt la perspective d'une intégration, même sectorielle, des deux pays. Cela aurait permis à Bonn de sortir de sa position d'infériorité. Il n'est donc pas étonnant que les premières initiatives menées à un niveau gouvernemental soient d'origine allemande.

Au début de 1950, le chancelier Adenauer suggéra à plusieurs reprises de créer des structures communes franco-allemandes. Le 19 janvier, au cours d'un colloque avec MacCloy, le haut commissaire américain à Bonn, il proposa d'internationaliser la production de l'acier. Le 9 mars, il déclara à une agence de presse américaine qu'il était favorable à une union complète entre la France et l'Allemagne. Devant la froideur de l'accueil que la France réserva à ses propositions, le 23 mars Adenauer limita ses propositions à une unification des économies. Lors d'une interview accordée le 2 avril, il réaffirma sa position en suggérant une union anglo-franco-allemande au sein de laquelle l'Allemagne jouirait des mêmes droits que les autres pays.

La déclaration qui porte le nom de Robert Schuman fut en réalité rédigée par une petite équipe de fonctionnaires (Robert Marjolin, Paul Reuter, Pierre Uri, Étienne Hirsch et Bernard Clappier) autour de Jean Monnet. Neuf versions du texte se succédèrent entre le 16 avril et le 6 mai. Robert Schuman eut, quant à lui, le courage politique de le faire approuver par un Conseil des ministres sceptique, après avoir obtenu l'accord préalable du chancelier Adenauer. Le 9 mai 1950, Schuman lut sa déclaration lors d'une conférence de presse qui se déroula au Quai d'Orsay. La surprise fut grande parmi les journalistes, qui s'attendaient à une déclaration de routine. À la question de l'un d'entre eux, Schuman répondit qu'il s'agissait d'un saut dans l'inconnu. Voici quelques extraits de cette déclaration historique.

LA DÉCLARATION SCHUMAN
(Extraits)

« La paix mondiale ne saurait être sauvegardée sans des efforts créateurs à la mesure des dangers qui la menacent.

La contribution qu'une Europe organisée et vivante peut apporter à la civilisation est indispensable au maintien des relations pacifiques. En se faisant depuis plus de vingt ans le champion d'une Europe unie, la France a toujours eu pour objectif essentiel de servir la paix. L'Europe n'a pas été faite : nous avons eu la guerre.

L'Europe ne se fera pas d'un coup, ni dans une construction d'ensemble. Elle se fera par des réalisations concrètes, créant d'abord une solidarité de fait. Le rassemblement des nations européennes exige que l'opposition séculaire de la France et de l'Allemagne soit éliminée. L'action entreprise doit toucher au premier chef la France et l'Allemagne.

Dans ce but, le gouvernement français propose immédiatement l'action sur un point limité, mais décisif :

Le gouvernement français propose de placer l'ensemble de la production franco-allemande de charbon et d'acier sous une Haute Autorité commune, dans une organisation ouverte à la participation des autres pays de l'Europe.

La mise en commun des productions de charbon et d'acier assurera immédiatement l'établissement de bases communes de développement économique, première étape de la fédération européenne, et changera le destin de ces régions longtemps vouées à la fabrication des armes de guerre dont elles ont été les plus constantes victimes.

La solidarité de production qui sera ainsi nouée manifestera que toute guerre entre la France et l'Allemagne devient non seulement impensable, mais matériellement impossible. L'établissement de cette unité puissante de production, ouverte à tous les pays qui voudront y participer, aboutissant à fournir à tous les pays qu'elle rassemblera les éléments fondamentaux de la production industrielle aux mêmes conditions, jettera les fondements réels de leur unification économique.

Cette production sera offerte à l'ensemble du monde sans distinction ni exclusion, pour contribuer au relèvement du niveau de vie et au progrès des œuvres de paix. L'Europe pourra, avec des moyens accrus, poursuivre la réalisation de l'une de ses tâches essentielles : le développement du continent africain.

Ainsi, sera réalisée simplement et rapidement la fusion d'intérêts indispensable à l'établissement d'une communauté économique et introduit le ferment d'une communauté plus large et plus profonde entre des pays longtemps opposés par des divisions sanglantes.

Par la mise en commun de la production de base, l'institution d'une Haute Autorité nouvelle, dont les décisions lieront la France, l'Allemagne et les pays qui y adhéreront, cette proposition réalise les premières assises concrètes d'une fédération européenne indispensable à la préservation de la paix... »

La déclaration Schuman apparaît, encore aujourd'hui, comme un texte rédigé avec une grande économie, dans le dessein d'être directement opérationnel. Elle fut le résultat de nombreux facteurs, en particulier de la nécessité de promouvoir la détente internationale par l'insertion, entre les deux blocs, d'une Europe réorganisée. Elle permettait en même temps de garantir l'intégration de l'Allemagne à l'Occident et de relancer les industries de base au niveau européen, tout en évitant les risques de la cartellisation.

La proposition du ministre français des Affaires étrangères suscita aussitôt de multiples réactions. En France, le texte recevait l'accord du MRP et de la SFIO (section française de l'Internationale ouvrière), tandis qu'il était violemment contesté par les communistes, qui le considéraient comme un projet lancé contre l'URSS, et par le général de Gaulle (qui critiqua ce « méli-mélo de charbon et d'acier »). En Europe, l'Italie fut le premier État à adhérer après l'Allemagne. Elle fut aussitôt suivie par les trois pays du Benelux. En revanche, le Royaume-Uni manifestait son mécontentement pour ne pas avoir été tenu au courant de l'initiative française. Les Britanniques manifestaient toutefois leur disponibilité à y participer, à condition que l'on supprime le caractère supranational de la Haute Autorité. Instruit par l'échec des expériences précédentes, Monnet s'y refusa. Dès lors, les négociations s'engagèrent entre six pays (France, Allemagne, Italie, Belgique, Pays-Bas et Luxembourg), tandis que le Royaume-Uni n'eut qu'un rôle d'observateur. Au cours de la négociation, l'un des proches de Monnet, Étienne Hirsch, proposa le terme de « Communauté », qui évoquait naturellement un lien social entre les futurs États membres, sans toutefois préciser la nature fédérale ou confédérale de la nouvelle organisation. Le traité de Paris, signé le 18 avril 1951, donnait naissance à la Communauté européenne du charbon et de l'Acier (CECA).

Par ce traité, les Six conféraient à des institutions communes et indépendantes tous les pouvoirs en matière de charbon et d'acier. Les institutions de la CECA consistaient avant tout dans une Haute Autorité, soit un collège de neuf membres nommés par les États pour un mandat de six ans. Le terme « Haute Autorité » avait été inspiré par les *high authorities* mises en place dans les années 1930 par le président Roosevelt. En tant qu'exécutif de la Communauté, la Haute Autorité était placée sous le contrôle d'une assemblée parlementaire, qui avait des fonctions essentiellement consultatives. Les membres de celle-ci étaient nommés par les six Parlements nationaux. Le conseil spécial des ministres, composé des représentants des gouvernements des États membres, était chargé d'harmoniser l'action de la Haute Autorité avec celle des États. Enfin, une Cour de justice formée de sept juges avait pour mission d'assurer le respect du droit dans l'interprétation et dans l'application des normes du traité. Les institutions de la CECA entrèrent en vigueur le

27 juillet 1952. Après de longues discussions, il avait été décidé que le siège de la Haute Autorité se trouverait à Luxembourg. L'organisation d'un marché européen du charbon et de l'acier posa de nombreuses difficultés techniques, notamment en matière fiscale. Nommé à la tête de la Haute Autorité, Jean Monnet dut créer les structures d'une administration internationale.

En quelques années, le secteur du charbon et de l'acier devint le premier « marché commun » sectoriel. Le problème de la Ruhr (et, plus tard, celui de la Sarre) furent ainsi résolus. La RFA avait obtenu l'égalité des droits avec la France. Adenauer et Monnet étaient en effet parvenus à un accord : l'Allemagne et la France compteraient toujours, même dans le cas d'une réunification allemande, le même nombre de députés à l'Assemblée et de voix au Conseil (ce point reviendra à l'ordre du jour lors des négociations du traité de Nice). Les bases du couple franco-allemand étaient ainsi posées.

LES INSTITUTIONS DE LA CECA
(Traité du 18 avril 1951)

« Les membres de la Haute Autorité exercent leurs fonctions en pleine indépendance, dans l'intérêt général de la Communauté. Dans l'accomplissement de leurs devoirs, ils ne sollicitent ni n'acceptent d'instructions d'aucun gouvernement ni d'aucun organisme. Ils s'abstiennent de tout acte incompatible avec le caractère supranational de leurs fonctions. Chaque État membre s'engage à respecter ce caractère supranational et à ne pas chercher à influencer les membres de la Haute Autorité dans l'exécution de leur tâche » (art. 9). La Haute Autorité compte 9 membres nommés pour six ans et siège à Luxembourg.

« Le Conseil spécial des ministres exerce ses attributions dans les cas prévus et de la manière indiquée au présent traité, notamment en vue d'harmoniser l'action de la Haute autorité et celle des gouvernements responsables de la politique économique générale de leur pays. À cet effet, le Conseil et la Haute Autorité procèdent à des échanges d'information et à des consultations réciproques. Le Conseil peut demander à la Haute Autorité de procéder à l'étude de toutes propositions et mesures qu'il juge opportunes ou nécessaires à la réalisation des objectifs communs » (art. 26). Le Conseil compte un représentant par gouvernement.

« L'Assemblée commune est formée de délégués que les Parlements sont appelés à désigner en leur sein une fois par an, ou élus au suffrage universel direct selon la procédure fixée par chaque haute partie contractante » (art. 21). « L'Assemblée procède, en séance publique, à une discussion du rapport général qui lui est soumis par la Haute Autorité [...]. Si [une] motion de censure est adoptée à une majorité des deux tiers des voix exprimées et à la majorité des membres qui composent l'Assemblée, les membres de la Haute Autorité doivent abandonner collectivement leurs fonctions. Ils continueront à expédier les affaires courantes, jusqu'à leur remplacement » (art. 24). L'Assemblée compte 78 délégués, qui votent à la majorité simple, et siège à Strasbourg.

« La Cour de justice assure le respect du droit dans l'interprétation et l'application du présent traité et des règlements d'exécution » (art. 31). La Cour compte 7 juges nommés pour six ans par les gouvernements et siège à Luxembourg.

Jean Monnet et l'invention communautaire

La déclaration Schuman et la création de la CECA ouvraient la voie à une nouvelle méthode, qui serait appliquée, avec plus ou moins de succès, lors des étapes ultérieures de la construction européenne.

Le fait que l'initiative vint de la France ne doit pas étonner : c'était le pays qui avait, presque toujours, joui du plus grand prestige et la plus grande liberté de mouvement. Chaque pas en avant de l'intégration européenne doit être mis en relation avec la disponibilité de la France à déléguer une part de sa souveraineté. Cette disponibilité dépend généralement d'une nécessité politique précise, en l'occurrence la situation de subordination qui était issue de la guerre froide. Si l'on se place du point de vue des intérêts français, la déclaration Schuman arrivait au moment opportun : en donnant naissance à une nouvelle structure institutionnelle, elle permettait à la France de sortir de son isolement et de mener une action qui lui permettrait de contrôler la nouvelle autonomie de l'Allemagne.

Cette « invention communautaire », stimulée par la conjoncture historique particulière que nous avons décrite, n'était pas le fruit du hasard ou d'une intuition politique heureuse. Nous avons déjà eu l'occasion d'évoquer l'audience rencontrée par les projets politiques qui avaient pour objet l'unité européenne. En dépit des réticences manifestées par les gouvernements européens, la conviction des militants était également partagée par certaines élites proches ou au sein du pouvoir, notamment en France.

Au sein de ces élites, Jean Monnet joua un rôle fondamental. Si les hommes politiques (en premier lieu Schuman et Adenauer) eurent le courage de l'appuyer et de la mettre en œuvre, l'invention communautaire fut l'œuvre de Monnet. La doctrine européenne de celui-ci, inspirée par des convictions profondes, fut d'abord caractérisée par un jugement historique : partant des limites du concept de nation, Monnet lui substituait le principe de l'interdé-

pendance et de l'intégration, qu'il considérait comme
le seul instrument apte à garantir la paix mondiale.
Une telle conception n'était pas une déclaration
d'intentions, mais se structurait autour d'une stratégie concrète. Contrairement aux projets idéalistes
des précurseurs de la cause européenne, l'Europe
de Monnet vit effectivement le jour.

La méthode de Jean Monnet consista à appliquer
rigoureusement à tout problème une conviction
fondamentale : l'Europe se ferait par une modification des conditions économiques qui déterminent le
comportement des hommes. Dans ses *Mémoires*,
Monnet résuma ainsi cette pensée : « Nous ne coa-
lisons pas des États, nous unissons des hommes. »
Il était nécessaire de créer des citoyens européens
avant de créer l'Europe. L'intégration découlerait
de la mise en commun des ressources, qui créerait
des solidarités de fait entre les citoyens et les États
du continent. Un autre aspect essentiel de sa pensée
mérite d'être souligné : Monnet attribue un pouvoir
quasi démiurgique aux institutions supranationales,
auxquelles il confie les destinées de la construction
européenne (« Les hommes passent, les institutions
restent »). Les tragédies des guerres mondiales ont
été provoquées par la faiblesse dramatique des institutions des États-nations. Les nouvelles institutions seraient appelées à transformer les relations
entre les États, en contrôlant leurs intérêts particuliers, et à atteindre les objectifs fixés par les traités.
Au cours de la première moitié du siècle, les Européens s'étaient laissé guider par des institutions in-
constantes. Ils devaient désormais créer des institutions communes qui exerceraient, dans des
domaines de plus en plus étendus, la souveraineté
déléguée par les États. On parviendrait de la sorte à
l'objectif final des États-Unis d'Europe.

Les traités instituant la CECA et, plus tard, la CEE étaient le résultat des idées de Monnet : ils prévoyaient en effet un système institutionnel fondé sur le rôle moteur d'un collège indépendant (la Haute Autorité, puis la Commission), chargé d'émettre des propositions et de rechercher l'intérêt général européen. Ces propositions seraient approuvées (ou modifiées) par un Conseil des ministres avec le concours, surtout consultatif, de l'Assemblée parlementaire. Les intuitions de Monnet donnèrent ainsi naissance au modèle du « triangle communautaire » sur lequel se fonde, encore aujourd'hui, le fonctionnement des institutions européennes.

À l'heure actuelle, la pensée de Monnet est souvent présentée de manière caricaturale : on la réduit à la théorie fonctionnaliste des « petits pas » ou à une vision technocratique du pouvoir, qui reconnaîtrait la primauté de l'économie sur le politique. En réalité, l'action de Monnet avait un but éminemment politique. Lorsqu'on ironise sur la méthode des petits pas, on oublie qu'en 1950 les idées de Monnet avaient une portée révolutionnaire. Cinq ans après la fin de la guerre, il proposait aux anciens ennemis une intégration sectorielle dans le domaine du charbon et de l'acier et, plus encore, la mise en place d'une armée commune. Si la construction européenne allait prendre, dans les décennies suivantes, le chemin de l'économie plutôt que celui de l'intégration politique, cela ne dépendrait pas de la « méthode Monnet » mais, en grande partie, de l'échec de la Communauté européenne de défense. En conclusion, la « méthode Monnet » conserve encore aujourd'hui une grande partie de sa validité et de son efficacité.

CHAPITRE II

GENÈSE ET SUCCÈS
DES TRAITÉS DE ROME

*La Communauté européenne de défense
et la Communauté politique européenne*

Devant la consolidation menaçante du glacis soviétique en Europe centrale, la guerre froide avait
imposé aux Américains une révision de leur politique européenne. En 1945, l'Europe n'était qu'expression géographique, un continent politiquement
désorganisé. Les États-Unis ne pouvaient pas, en
raison même de la géographie, consolider leur présence en Europe sans renforcer la position de
l'Allemagne. Cela ne pouvait être obtenu qu'en res-
tituant à celle-ci un minimum de souveraineté et
d'autonomie, ce qui aurait rendu possible son intégration dans un système de défense atlantique.
Pour les Américains, l'opération était réalisable
dans de brefs délais ; pour les Français, elle représentait l'anéantissement des principes sur lesquels
s'était fondée leur politique étrangère dans l'immédiat après-guerre. Par ailleurs, de Gaulle avait
considéré que l'autonomie de la France sur la scène
internationale passerait nécessairement par un
dialogue avec l'Union soviétique. Cette perspective
s'était évanouie après le blocus de Berlin et le rai-

dissement progressif de la politique menée par Staline en Europe et en Asie.

Au sein de l'Alliance atlantique, la France souhaitait être la plus grande puissance continentale. En poussant à un réarmement de l'Allemagne, les Américains mettaient à nu la faiblesse intrinsèque de la France, déjà très diminuée par l'effort de guerre en Indochine. Dès septembre 1950, le secrétaire américain à la Défense, Dean Acheson, avait déclaré vouloir « des Allemands en uniforme pour l'automne 1951 ». Le danger de voir la France isolée et humiliée se précisait.

Dans ce contexte, les autorités françaises élaboraient un projet visant à établir une Communauté européenne de défense (CED). La proposition fut présentée le 24 octobre 1950 à l'Assemblée nationale par le Premier ministre René Pleven. Comme dans le cas de la déclaration Schuman, ce projet avait été mis au point par une équipe restreinte autour de Jean Monnet. Le plan Pleven prévoyait la création d'une armée européenne, avec la désignation d'un ministre européen de la Défense, qui serait responsable devant une assemblée européenne. Les forces militaires des différents États seraient intégrées au niveau le plus bas possible. Dans sa version d'origine, le projet prévoyait de créer quarante divisions militaires, sous uniforme unique, et de définir une gestion commune de la politique des armements. Le but du plan Pleven était évidemment d'éviter l'adhésion de l'Allemagne au Pacte atlantique.

Les six pays de la CECA entamèrent une longue série de négociations, qui ne s'achevèrent que quinze mois après. Le 27 mai 1952, le traité instituant la Communauté européenne de défense fut signé à **Paris** (comme l'avait déjà été celui instituant la CECA).

LE TRAITÉ ÉTABLISSANT LA CED
(Extraits)

Art. 1 : Par le présent traité, les hautes parties contractantes instituent entre elles une Communauté européenne de défense, de caractère supranational, comportant des institutions communes, des forces armées communes et un budget commun.

Art. 2 : La Communauté a des objectifs exclusivement défensifs [...].

Toute agression armée dirigée contre l'un quelconque des États membres en Europe ou contre les forces européennes de défense sera considérée comme une attaque dirigée contre tous les États membres. Les États membres et les forces européennes de défense porteront à l'État ou aux forces ainsi attaqués aide et assistance par tous les moyens en leur pouvoir, militaires et autres.

Art. 8 : Les institutions de la Communauté sont :
— un Conseil des ministres ;
— une Assemblée commune ;
— un Commissariat de la Communauté ;
— une Cour de justice [...].

Art. 9 : Les forces armées de la Communauté [...] sont composées de contingents mis à la disposition de la Communauté par les États membres, en vue de leur fusion dans les conditions prévues au présent traité [...].

Le projet de CED rendait nécessaire la mise en place d'une instance politique pour contrôler la politique étrangère et militaire, que l'on appela Communauté politique européenne (CPE). Au cours de l'histoire communautaire, ce fut la seule tentative de créer un pouvoir politique européen unifié : le but était de dépasser la motivation conjoncturelle de la Communauté européenne de défense et d'ouvrir la voie à une véritable autorité politique européenne. La proposition vint des Italiens. Alcide De Gasperi, inspiré par Altiero Spinelli, délégué général de l'Union européenne des fédéralistes, obtenait que l'on insère dans le projet de traité l'article 38. Cet article prévoyait que la future Assemblée parlementaire de la CED élabore un projet « à structure fédérale ou confédérale, fondée sur le principe de la séparation des pouvoirs et comportant, en particulier, un système représentatif bicaméral ». On voulut accélérer les délais : les fédéralistes, et avec eux Jean Monnet et Paul-Henri Spaak, souhaitaient que la naissance de l'autorité politique coïncide avec l'intégration militaire. L'Assemblée parlementaire de la CECA se réunit pour la première fois en septembre 1952 : à cette occasion, les six ministres de la Communauté chargèrent la toute nouvelle Assemblée de remplir le mandat de l'article 38. L'Assemblée fut complétée pour se conformer à la composition de la future Assemblée de la CED et, sous la présidence de Spaak, prit le nom d'« Assemblée *ad hoc* » (c'est-à-dire créée pour cet objet précis). Pendant six mois, elle procéda à la rédaction d'un projet de Communauté politique européenne qui fut approuvé le 10 mars 1953.

La structure institutionnelle de la Communauté politique était fondée sur un système à deux chambres (une chambre élue au suffrage universel et un Sénat désigné par les parlements nationaux et doté de pouvoirs législatifs équivalents). Le pouvoir exécutif serait exercé par un Conseil exécutif européen dont le président (nommé par le Sénat) aurait désigné les autres membres, et par un Conseil des ministres nationaux. Enfin, le traité prévoyait une Cour de justice et un Conseil consultatif économique et social.

La Communauté politique (qui engloberait progressivement la CECA et la CED) devait aboutir à une coordination des politiques étrangères des États membres. Il était convenu que les institutions de la Communauté entreprendraient, à terme, la réalisation d'un Marché commun européen. Toutefois, le sort de la CPE demeurait étroitement lié à l'issue positive des ratifications du traité de la CED, qui étaient en cours devant les parlements des États membres.

Au cours du printemps 1953, on assistait donc à la seule tentative véritable de réaliser une union fédérale de l'Europe occidentale. Ces illusions furent de courte durée. Pendant plusieurs mois, la France fut agitée par un débat virulent entre les partisans de la CED (ou cédistes) et les opposants de l'armée européenne (les anticédistes). Parmi ces derniers, on trouvait à la fois des nationalistes issus de tous les courants politiques, en particulier les gaullistes, les communistes et certains socialistes. La querelle de la CED montrait aussi que l'État-nation et le principe de souveraineté n'étaient pas aussi dépassés que beaucoup le pensaient. Les adversaires de la CED présentaient un autre argument de poids : il était peu raisonnable que la France se prive de son autonomie militaire alors que plusieurs de ses colonies étaient secouées par des révoltes. Enfin, la crainte d'une renaissance de la Wehrmacht (alors que la CED devait justement contrecarrer ce danger) contribua paradoxalement à brouiller le débat : les souvenirs de la guerre étaient encore trop récents pour rendre possible une « armée fraternelle » qui associât les anciens ennemis.

Entre 1950 et 1954, le contexte avait changé. La France entamait un long et douloureux processus de décolonisation, tandis que l'Allemagne revenait en force grâce aux succès de son économie. Par ailleurs, la mort de Staline (3 mars 1953) semblait éloigner la menace d'une nouvelle guerre. Au cours de ces années, les gouvernements qui se succédèrent en France essayèrent de renégocier le traité. La version finale comprenait un grand nombre de protocoles, qui modifiaient profondément la structure initiale du projet. Ce fut finalement le gouvernement de Pierre Mendès France qui, pour sortir de l'impasse, soumit le projet au vote de l'Assemblée nationale. En utilisant une procédure parlementaire (la « question préalable », par laquelle l'Assemblée décide qu'il n'y a pas lieu de délibérer sur un ordre du jour qui lui est soumis), les anticédistes parvinrent à rejeter le projet de traité par 319 voix contre 264. Après quatre ans de négociations et discussions acharnées, la CED fut ainsi enterrée sans avoir fait l'objet d'un vote ou d'un débat de fond. Les partisans de la CED reprochèrent à Mendès France de ne pas avoir mis son poids dans la balance, en engageant la responsabilité de son gouvernement pour favoriser la ratification du traité. Le rejet du traité par l'Assemblée nationale (que les fédéralistes appelèrent aussitôt « le crime du 30 août 1954 ») entraîna la faillite de la CED et, dans son sillage, celle de la Communauté politique européenne.

Cet échec a longtemps pesé sur les initiatives européennes. Il marque la fin d'une période caractérisée par une grande sensibilité des gouvernements et de l'opinion publique envers les tentatives d'union entre les pays européens occidentaux. De toutes les tentatives de l'après-guerre, il ne subsistait pour tout résultat concret que la CECA. Lorsqu'on avait voulu passer de l'intégration sectorielle à une intégration politique de type fédéral, en abandonnant la thèse du fonctionnalisme, on s'était heurté à la lourde résistance de l'Histoire. Les autorités françaises n'avaient pas voulu souscrire à un engagement politique qui sanctionnait irrévocablement le renoncement à une hégémonie européenne. La crainte du réarmement allemand (que la CED voulait justement éviter) avait fait le reste. Jean Monnet constata qu'il avait été impossible, quelques années après la fin de la guerre, d'avoir une discussion rationnelle sur le thème d'une armée commune. Il déclara plus tard : « La CED n'était pas une bonne affaire. La preuve, c'est qu'elle a échoué. »

Un artifice diplomatique fournit la solution à la crise : on exhuma le traité de Bruxelles du 17 mars 1948, qui avait été conçu dans le but d'assurer la défense commune de la France, de la Belgique, de la Grande-Bretagne, du Luxembourg et des Pays-Bas. On y ajouta un nouveau protocole qui sanctionnait l'adhésion de l'Allemagne et de l'Italie à l'Union de l'Europe occidentale (UEO). Par son adhésion à l'UEO (qui, après une longue période de sommeil, allait revivre au début des années 1990), on reconnaissait à l'Allemagne une pleine autonomie militaire — sauf dans le domaine de l'armement nucléaire — à condition qu'elle adhère pleinement à l'Alliance atlantique.

La relance européenne de Messine
à Bruxelles

Après les échecs de la Communauté européenne de défense et de la Communauté politique, de nombreux observateurs prédirent l'abandon du projet européen. Dès lors, les Six cherchèrent rapidement à sortir de l'impasse, en avançant de nouvelles propositions. Nul ne s'étonnera de ce que l'Italie et les pays du Benelux aient été à l'origine de cette « relance européenne ». En 1950, les Italiens avaient été les premiers à adhérer au plan Schuman, qui leur permettait de sortir de l'isolement diplomatique et de les ancrer au camp occidental. Quant aux pays du Benelux, le traité qui avait fondé la CECA leur avait ouvert un espace politique important dans les institutions. Dès février 1953, le ministre hollandais des Affaires étrangères, Johan Willem Beyen, avait proposé de créer un marché commun généralisé pour aboutir à une union politique. Le plan Beyen, qui avait reçu le soutien de la RFA et des pays du Benelux, revint sur la table après l'échec de la CED, et fut un texte de référence pour les négociations du traité de Rome. De son côté, Jean Monnet (qui allait quitter en juin 1955 la présidence de la Haute Autorité) étudiait la possibilité de réaliser de nouvelles intégrations sectorielles, notamment dans le domaine du nucléaire civil.

Après la tempête déclenchée par la CED, la prudence était de rigueur dans les milieux diplomatiques : on se remit à envisager des intégrations limitées, en suivant l'exemple de la CECA ; la création de nouvelles institutions faisait l'objet de fortes réticences. Dans les premiers jours de juin 1955, les

ministres des Affaires étrangères des Six se réunirent à Messine, à l'invitation du ministre italien
Gaetano Martino, originaire de cette ville. La conférence de Messine ne définit pas clairement de nouveaux objectifs, mais aboutit à une décision procé-
durale qui aurait des conséquences décisives. Les
ministres nommèrent un Comité intergouvernemental composé d'experts de haut rang, qui aurait
la mission d'étudier l'intégration de certains secteurs de l'économie (parmi lesquels les transports et
les sources d'énergie, y compris le nucléaire civil) et
d'examiner la possibilité d'établir un Marché commun généralisé. Paul-Henri Spaak, ancien ministre
belge des Affaires étrangères et fervent militant
européen, fut nommé président du Comité. Spaak
ignorait tout de l'économie, mais l'impulsion qu'il
donna aux travaux du Comité fut décisive. En effet,
le rapport qu'il présenta aux ministres des Affaires
étrangères, réunis à Venise (29 mai 1956), contenait
des propositions précises pour la création d'une
Communauté européenne de l'énergie atomique et
d'une Communauté économique européenne. À
l'époque, il semblait plus facile de parvenir rapidement à une collaboration intégrée dans le domaine
nucléaire qu'à la création d'un Marché commun
européen. À la suite de l'affaire de Suez (novembre 1956), la sécurité des approvisionnements d'énergie semblait un objectif à atteindre d'urgence, tandis que l'intégration économique apparaissait, sinon
utopique, du moins comme une entreprise de très
longue haleine.

La démarche de Spaak, aidé en coulisse par Jean
Monnet, porta ses fruits. Les négociations se pour-
suivirent au château de Val Duchesse, près de
Bruxelles. La désastreuse affaire de Suez avait ré-

vélé les faiblesses de la France et du Royaume-Uni.
La fin des impérialismes européens était proche. La
France tourna donc ses efforts vers la scène européenne, où ses intérêts furent défendus par d'habi-
les négociateurs, comme Jacques Donnedieu de Va-
bres et Maurice Faure. On a dit à l'époque que le
traité de la CEE avait été le plus grand succès diplomatique de la France depuis le congrès de Vienne,
parce qu'elle était parvenue à faire accepter le principe d'une politique agricole commune, tout en obte-
nant une longue période transitoire (accompagnée
d'importantes clauses de sauvegarde) avant le démantèlement complet des obstacles aux échanges.
Elle s'était aussi assurée la participation financière
de ses partenaires à la liquidation d'un empire colonial en ruine. On verrait, après coup, que le duel
franco-allemand n'eut en définitive ni vainqueurs ni
vaincus : au cours de la période transitoire, les Allemands avaient obtenu, grâce à une conjoncture
économique favorable et aux pressions américaines
(dans le cadre des négociations du GATT connues
sous le nom de Kennedy Round), que le tarif extérieur commun de la Communauté sur les produits
industrialisés fût légèrement inférieur au tarif national allemand de 1957. En d'autres termes, dix
ans après la signature du traité, on aboutissait à
une victoire, symbolique mais aussi réelle, des pays
du libre-échange (Allemagne, Benelux) sur les pays
protectionnistes (France, Italie).

Quant à l'Italie, dont l'économie était à l'époque
structurellement sous-développée par rapport à
celle de ses partenaires, elle trouvait quelque peu
téméraire l'acceptation inconditionnelle des règles
de la Communauté économique européenne. Contrairement à ce qui s'était produit en 1950, le secteur

industriel italien se montra globalement favorable à la nouvelle communauté. L'option communautaire avait désormais été adoptée par la majorité des forces politiques. Les socialistes italiens, qui avaient abandonné l'alliance avec les communistes, votèrent en faveur de l'EURATOM et s'abstinrent sur la CEE. L'adhésion au Marché commun était cependant critiquée en raison de l'arriération de l'Italie, notamment dans les domaines législatif et administratif. Avec le recul, il ne fait aucun doute que le miracle économique des années soixante fut largement favorisé par l'ouverture des marchés. De manière paradoxale, certains États entreprirent des actions défensives contre l'importation de produits italiens au nom des mesures de sauvegarde pour lesquelles l'Italie s'était battue et que les autres avaient à l'époque contrecarrées.

Les traités de Rome

Des deux traités signés à Rome le 25 mars 1957, c'est celui de la Communauté européenne de l'énergie atomique qui semblait destiné à un succès rapide. D'importantes difficultés étaient apparues au cours des négociations sur l'autre traité, qui devait instituer le Marché commun européen : la plupart des objectifs ne seraient pas atteints immédiatement, mais poursuivis à travers la mise en œuvre de procédures complexes. Les institutions prévues par les deux traités, très proches de celles de la CECA, étaient un reflet fidèle des idées de Monnet. On avait cependant voulu atténuer le caractère supranational des institutions : l'exécutif communautaire ne s'appelait plus « Haute Autorité », mais « Commission ». De même, le texte écartait toute allusion, même indirecte, aux États-Unis d'Europe ou au caractère fédéraliste des institutions. Le traité sur la CEE était ainsi un nouveau développement de la méthode fonctionnaliste : il s'agissait d'un traité cadre, qui attribuait un rôle principal aux institutions communautaires, chargées de la mise en œuvre du Marché commun.

Toutefois, le traité de la CEE ne se limitait pas à cela : on y trouvait une partie normative presque complète sur l'Union douanière, qui allait ouvrir la voie à l'intégration économique. Le démantèlement des obstacles aux échanges (droits de douane, mesures quantitatives) à l'intérieur de la Communauté et l'instauration d'un tarif extérieur commun étaient fixés selon un calendrier précis. Pour parvenir à l'intégration économique, ne serait-ce que dans le domaine agricole, il fallait cependant procéder à d'importantes harmonisations législatives, afin de créer des « politiques communes » gérées au niveau européen.

Un demi-siècle après la signature des traités, force est de reconnaître l'insuffisance des moyens par rapport aux objectifs, mais aussi la grande nouveauté du système. Il apparut, au cours des années, qu'il s'agissait d'une véritable rupture par rapport au passé, qui contribua à développer les échanges et à élever le niveau de vie dans l'Europe occidentale.

Compte tenu de la dimension de l'objectif final — l'intégration économique complète des six pays membres —, le traité était un chef-d'œuvre de fonctionnalisme. Le transfert progressif de la souveraineté (total ou partiel, en fonction des domaines) devait s'effectuer dans le cadre d'une structure de négociation permanente. La recherche continue du compromis entre les États membres supposait la possibilité de donner des compensations dans d'autres secteurs. Bien que très insuffisante du point de vue fédéraliste, cette méthode a garanti jusqu'à présent le maximum de cohésion avec un minimum de traumatismes politiques.

LE TRAITÉ INSTITUANT LA CEE
(Extraits)

Art. 1 : Par le présent traité, les hautes parties contractantes instituent entre elles une Communauté économique européenne.

Art. 2 : La Communauté a pour mission, par l'établissement d'un marché commun et par le rapprochement progressif des politiques économiques des États membres, de promouvoir un développement harmonieux des activités économiques dans l'ensemble de la Communauté, une expansion continue et équilibrée, une stabilité accrue, un relèvement du niveau de vie, et des relations plus étroites entre les États qu'elle réunit.

Art. 3 : Aux fins énoncées à l'article précédent, l'action de la Communauté comporte, dans les conditions et selon les rythmes prévus par le présent traité :

• l'élimination, entre les États membres, des droits de douane et des restrictions quantitatives à l'entrée et à la sortie des marchandises, ainsi que de toutes autres mesures d'effet équivalent,

• l'établissement d'un tarif douanier commun et d'une politique commerciale commune envers les États tiers,

• l'abolition entre les États membres des obstacles à la libre circulation des personnes, des services et des capitaux,

• l'instauration d'une politique commune dans le domaine de l'agriculture,

• l'instauration d'une politique commune dans le domaine des transports,

• l'établissement d'un régime assurant que la concurrence n'est pas faussée dans le marché commun,

• l'application de procédures permettant de coordonner les politiques économiques des États membres et de parer aux déséquilibres dans leurs balances des paiements,

• le rapprochement des législations nationales dans la mesure nécessaire au fonctionnement du marché commun,

• la création d'un Fonds social européen, en vue d'améliorer les possibilités d'emploi des travailleurs et de contribuer au relèvement de leur niveau de vie,

• l'institution d'une Banque européenne d'investissement, destinée à faciliter l'expansion économique de la Communauté par la création de ressources nouvelles,

• l'association des pays et territoires d'outre-mer, en vue d'accroître les échanges et de poursuivre en commun l'effort de développement économique et social.

Art. 7 : Dans le domaine d'application du présent traité, et sans préjudice des dispositions particulières qu'il prévoit, est interdite toute discrimination exercée en raison de la nationalité.

Le Conseil, sur proposition de la Commission et après consultation de l'Assemblée, peut prendre, à la majorité qualifiée, toute réglementation en vue de l'interdiction de ces discriminations.

Art. 8 : 1. Le marché commun est progressivement établi au cours d'une période de transition de douze années [...].

Au centre du système communautaire se trouvent deux institutions, le Conseil et la Commission, qui centralisent les phases essentielles de la procédure législative communautaire. La Commission est l'institution la plus originale de l'ensemble du système. Bien que nommés par les gouvernements, les membres qui la composent sont indépendants. Par les pouvoirs qui lui sont conférés, elle dispose du monopole de la proposition législative et de la mise en œuvre de la législation. L'histoire de ces décennies communautaires a mis en évidence la portée politique de ces pouvoirs. En effet, la démarche intégrationniste de la Commission tente de concilier les intérêts nationaux par la méthode de la compensation. Dès lors, il est clair que la Commission est bien plus qu'un arbitre impartial et neutre : elle devient une part essentielle du processus.

Le Conseil est une institution avec des conséquences législatives et exécutives. Il approuve les propositions de règlements, les directives et les décisions présentées par la Commission. Composé des représentants des gouvernements des pays membres, il se réunit en formations diverses, en fonction des matières traitées (Conseil de l'agriculture, des transports, des affaires sociales, etc.). La plus haute expression gouvernementale est représentée par le Conseil des affaires générales, qui réunit les ministres des Affaires étrangères. La procédure de vote du Conseil constitue l'un des problèmes politiques les plus importants de l'histoire communautaire : le traité CEE prévoyait qu'après la fin de la période transitoire le vote à majorité pondérée (qui tenait compte de la taille des États) deviendrait la règle, à l'exception de certains cas. Il faudra attendre plusieurs décennies pour que ce soit effectivement le cas dans la plupart des domaines.

Jusqu'à la « fusion des exécutifs » (qui entra en vigueur en 1967), les traités de la CECA, de la CEE et de l'Euratom prévoyaient chacun une commission et un conseil distincts, tandis que l'Assemblée parlementaire et la Cour de justice étaient des institutions communes. Dès les premières années, la Cour de justice, déjà instituée par le traité de la CECA, joua un rôle majeur. Chargée de régler les conflits de compétences entre les institutions et les États, elle était destinée à devenir une source importante de droit matériel. En effet, le traité de

Rome attribue au droit communautaire une primauté sur le droit national. Les décisions de la
Cour de justice ont donc contribué à rapprocher les
législations des États membres, en infléchissant
parfois les jurisprudences nationales.

Enfin, l'Assemblée parlementaire (composée de
membres désignés par les Parlements nationaux)
est l'institution la plus politique du triangle communautaire. Elle était issue du long débat qui
s'était déroulé depuis la fin de la guerre. Les divers
projets des fédéralistes européens accordaient toujours une place importante à l'initiative parlementaire et au mandat populaire. Dans le traité de la
CECA, la présence d'une Assemblée parlementaire
consultative confirmait la persistance de la « question démocratique ». Dans les traités instituant la
CECA, le CEE et l'Euratom, on trouve des traces
évidentes de ces débats : l'élection de l'Assemblée
au suffrage universel y était déjà prévue, mais renvoyée à une décision ultérieure. En dépit de pouvoirs initialement limités, l'Assemblée parlementaire, qui prit progressivement le nom de Parlement
européen, allait jouer un rôle important dans l'histoire communautaire.

Pour imparfaite qu'elle fût, la structure institutionnelle créée par les traités de Rome avait le mérite d'avoir matérialisé une possibilité d'approfondir
l'intégration européenne. Les marges de manœuvre
étaient limitées. Après l'échec de la CED, il était évident que la diplomatie traditionnelle cherchait à reprendre le dessus. La construction européenne ne
suivrait donc pas le chemin de la politique étrangère, mais celui de l'économie. Dans ce contexte, la
structure et les objectifs de la Communauté économique européenne représentèrent donc un résultat

inespéré. Et si par la suite l'optimisme de ses promoteurs (d'après lesquels l'intégration économique
engendrerait inéluctablement l'union politique) se
révéla sans fondement, cela n'enlève rien à l'efficacité
des traités, comme l'ont démontré les événements
survenus depuis leur entrée en vigueur jusqu'à nos
jours.

LES INSTITUTIONS DE LA CEE

Art. 138 : L'Assemblée est formée de [142] délégués que les
parlements nationaux « sont appelés à désigner en leur sein
selon la procédure fixée par chaque État membre [...]. L'Assemblée élaborera des projets en vue de permettre l'élection
au suffrage universel direct selon une procédure uniforme
dans tous les États membres.

Art. 146 : Le Conseil est formé par les représentants des États
membres. Chaque gouvernement y délègue un de ses membres. La présidence est exercée à tour de rôle par chaque
membre du Conseil pour une durée de six mois, suivant l'ordre
alphabétique des États membres.

Art. 157 : La Commission est composée de neuf membres,
choisis en raison de leur compétence générale et offrant toutes
garanties d'indépendance [...]. Le nombre de membres ne
peut comprendre plus de deux membres ayant la nationalité
d'un même État. Les membres de la Commission exercent leurs
fonctions en pleine indépendance, dans l'intérêt général de la
Commission.

La Communauté économique européenne et la
Communauté européenne de l'énergie atomique entrèrent en vigueur le 1er janvier 1958. Le siège pro-

visoire des institutions fut établi à Bruxelles, les négociations des traités s'étant déroulées en grande
partie au château de Val Duchesse. Le choix de
Bruxelles ne fut officiellement confirmé qu'en 1992.

Les nouvelles Communautés avaient vu le jour
dans des circonstances assez différentes de celles
qui avaient présidé à la création de la CECA. La
guerre froide s'était atténuée après la mort de Staline, mais la puissance soviétique était toujours une
menace. La décolonisation ensanglantait l'Algérie et
secouait la France, tandis que l'Allemagne connaissait une phase de forte expansion économique.
Beaucoup doutaient de la capacité de la France à
affronter les premières échéances de l'ouverture des
marchés, prévues pour le 1er janvier 1959. L'épuise-
ment de la IVe République n'était pas de bon
augure pour les nouvelles institutions de Bruxelles,
qui commencèrent à travailler dans une indifférence quasi générale. La première Commission de
la CEE eut la tâche difficile d'imaginer les moyens
et les politiques communes pour atteindre les objectifs prévus par le traité. L'Allemand Walter Hallstein, ancien ministre des Affaires étrangères de la
RFA, en fut le premier président. Il était entouré de
huit autres membres, dont Robert Marjolin, ancien
secrétaire général de l'OECE, et le Hollandais Sicco
Mansholt, ancien ministre de l'Agriculture des
Pays-Bas.

La Commission fut également chargée de mettre
en place une bureaucratie internationale, appelée à
une activité administrative que le développement
des activités législatives et de contrôle rendrait de
plus en plus complexe. Comme cela avait été le cas
à Luxembourg, dans le cadre de la CECA, cette ad-

ministration fut dirigée dès le départ par de hauts fonctionnaires français et allemands. Il convient d'évoquer le rôle du secrétaire général Émile Noël qui, pendant plus de trente ans, dirigea avec habileté et autorité une administration de plus en plus nombreuse, qui devint la mémoire vivante des efforts et des difficultés de l'intégration communautaire.

Le Royaume-Uni et le continent

L'attitude de la Grande-Bretagne devant les initiatives politiques de l'après-guerre nécessite un bref rappel historique.

Dès le départ, les positions de la Grande-Bretagne et de l'Europe continentale furent fondamentalement différentes : les principaux pays du continent européen avaient été défaits et occupés par des puissances étrangères. Aux yeux des Britanniques, la petite Europe apparaissait comme une alliance de vaincus. Dans certains pays, la notion de souveraineté nationale était discréditée après l'affront qu'avait constitué l'occupation allemande. En Grande-Bretagne, les difficultés de la guerre avaient au contraire ravivé et même sublimé le concept de nation. La guerre froide avait eu beaucoup moins d'impact sur la Grande-Bretagne que sur les pays continentaux. En raison de leur situation insulaire, les Britanniques ressentaient moins la menace soviétique. Enfin, la situation politique interne, au lieu de rapprocher la Grande-Bretagne du continent, semblait l'en éloigner davantage.

Le parti travailliste, qui était arrivé au pouvoir en juillet 1945, était plus proche des sociaux-démocrates scandinaves que de la gauche démocratique du continent européen. Il se méfiait des forces politiques, en grande partie démocrates-chrétiennes, qui prévalaient dans les gouvernements des Six. Par ailleurs, la reconstruction de l'Europe continentale s'effectuait en grande partie selon les méthodes libérales, auxquelles s'opposait l'économie dirigée du programme travailliste. Le gouvernement travailliste n'avait donc pas voulu que le Royaume-Uni adhère à la CECA, craignant que la participation de leur pays ne conduise à une baisse de la protection sociale dont bénéficiaient les travailleurs britanniques.

En matière de politique étrangère, la préoccupation principale du gouvernement portait sur les rapports avec le Commonwealth, symbole de la puissance britannique. La zone de la livre sterling regroupait les pays qui partageaient les ressources et l'or détenu par la Banque d'Angleterre. En 1945, ce bloc paraissait politiquement et économiquement soudé à la métropole, en dépit des débuts du processus de décolonisation. Le Commonwealth semblait susceptible de perpétuer son rôle de fournisseur de matières premières et de débouché pour les produits industriels britanniques. L'alliance privilégiée avec les États-Unis garantissait à la Grande-Bretagne la force nécessaire pour affirmer son rôle dans ses relations avec le reste du monde, et avant tout avec le continent européen.

Qu'avaient donc en commun la Grande-Bretagne de l'après-guerre et les pays continentaux ? Qu'est-ce que ceux-ci auraient pu donner en échange de la participation de la Grande-Bretagne aux projets d'union continentale, que ce soit en termes politiques ou en termes économiques ? Le comportement des Britanniques dans les négociations pour le Conseil de l'Europe et la Coopération économique européenne (1948-1949) illustre les réponses à ces questions. Dans les deux cas, le gouvernement britannique avait agi avec cohérence. Tout en étant favorable à une intégration des pays européens, il ne souhaitait pas que le Royaume-Uni y participe. Les Britanniques repoussaient ainsi toute création d'organisations internationales pourvues d'institutions autonomes et dotées de pouvoirs supranationaux.

Lorsqu'en 1950 les Six invitèrent la Grande-Bretagne à devenir un membre fondateur de la Communauté européenne du charbon et de l'acier, celle-ci refusa en motivant sa décision par le fait que les industries anglaises du charbon et de l'acier avaient été nationalisées et qu'il était par conséquent impossible de les soumettre à un contrôle international. Ce n'est pas un hasard si l'attitude du gouvernement travailliste n'avait pas rencontré de forte opposition interne. Ainsi, le gouvernement conservateur qui lui succéda en 1951 varia peu sa politique en la matière, malgré les espoirs suscités par les discours antérieurs de Winston Churchill.

Le comportement du gouvernement britannique à l'égard du projet de Communauté européenne de défense fut plus ou moins semblable. En août 1950, Churchill avait préconisé la création d'une armée européenne sous un commandement intégré dans lequel la Grande-Bretagne aurait dû avoir une « part digne et honorable ». Une fois au pouvoir, les conservateurs n'avaient pas répondu aux sollicitations des Six, n'appuyant pas la création de la Communauté européenne de défense. La France aurait voulu que la présence britannique dans la CED constitue une garantie vis-à-vis d'un éventuel réarmement allemand. Dès l'automne 1951, le ministre britannique des Affaires étrangères, Anthony Eden, avait déclaré au Conseil de l'OTAN que la Grande-Bretagne ne serait pas membre de la CED. Quelques mois plus tard, en mai 1952, Eden présenta un plan visant à réformer le Conseil de l'Europe, en créant des liens organiques entre cette institution, la CECA et la future CED. Certains y virent un piège. En tout cas, devant le refus des Six, la proposition n'eut pas de suite. Par ironie du sort, c'est précisément à cause de l'échec de la CED que la Grande-Bretagne dut s'engager davantage sur le continent, acceptant de participer à l'Union de l'Europe occidentale.

Dans les années cinquante, tandis que la Grande-Bretagne s'opposait au développement de l'intégration européenne, la situation économique et même politique de ses rapports avec le Commonwealth évoluait rapidement. La livre sterling perdait progressivement de sa puissance, tandis que les liens politiques entre la métropole et les pays du Commonwealth s'affaiblissaient, à mesure que certains d'entre eux accédaient à l'indépendance. Le rêve d'une grande organisation de pays, unis par le même système monétaire et appelés à perpétuer sur un mode nouveau l'Empire britannique, s'était peu à peu évanoui. On apercevait les premiers signes d'une crise monétaire. En 1955, la Grande-Bretagne commençait à perdre confiance dans ses rêves, quand se produisirent deux épisodes décisifs.

Lors de l'ouverture des négociations entre les Six pour la constitution d'un marché commun, la Grande-Bretagne confirma le refus qu'elle avait déjà manifesté précédemment. En outre, l'échec cuisant de l'intervention franco-britannique à Suez

enterra pour toujours les ambitions historiques de
Winston Churchill. En décidant de prendre une
initiative pour défendre ses intérêts (qui coïnci-
daient en l'occurrence avec les intérêts français), la
Grande-Bretagne s'était heurtée aux États-Unis
et aux pays du Commonwealth. Les premiers obli-
gèrent la Grande-Bretagne à renoncer à l'entreprise,
sous peine de suspendre les aides financières nécessaires. Les seconds donnèrent la preuve de leur
autonomie politique, en condamnant résolument
l'action britannique. Ainsi, l'humiliation de Suez
montrait-elle clairement l'incapacité de la Grande-
Bretagne à être grande parmi les très grandes puissances.

La mise en place de l'AELE

La Grande-Bretagne n'avait jamais été un membre enthousiaste de l'OECE. Dès le début, elle avait
contesté les compétences de l'institution, ce qui lui
avait parfois valu d'être en désaccord avec les États-
Unis. En 1952, elle avait proposé à plusieurs reprises de réduire l'activité de cette organisation qui,
née dans le but d'accélérer la reconstruction européenne, n'avait qu'un caractère provisoire. En 1956,
l'OECE devint soudain, aux yeux des Britanniques,
la seule institution européenne apte à instituer une
zone européenne de libre-échange. En février 1957,
le gouvernement britannique en faisait officiellement une alternative au Marché commun, alors que
les Six étaient sur le point de conclure les négociations de Val Duchesse.

Même si l'initiative britannique n'aboutit pas, elle
était révélatrice d'un changement d'attitude à

l'égard de l'Europe. Les Britanniques voulaient remplacer le Marché commun par une structure très différente. Ils proposaient en effet de réaliser une simple zone de libre-échange sans union douanière ni tarif extérieur commun, en excluant les produits agricoles et sans modifier les rapports entre la Grande-Bretagne et le Commonwealth. Pour la première fois dans l'après-guerre, la Grande-Bretagne se heurta directement aux intérêts français, surestimant son propre pouvoir contractuel et sous-estimant les liens politiques et économiques qui, en dépit des échecs de la CED et de la CPE, s'étaient instaurés entre la France et les autres pays de la CECA.

Après cet échec, la Grande-Bretagne proposa une nouvelle version de son projet de zone de libre-échange, qui aurait inclus également la Communauté économique européenne. En novembre 1958, les Britanniques essayèrent d'obtenir l'accord du général de Gaulle, revenu au pouvoir. Ce fut un nouvel échec : l'initiative britannique était contraire aux intérêts économiques de la France, puisqu'elle visait à lui faire accepter une zone de libre-échange sans aucune contrepartie pour les produits agricoles.

L'échec de la grande zone de libre-échange donna lieu à une seconde initiative européenne de la Grande-Bretagne. En juillet 1959, le traité de Stockholm instituait l'Association européenne de libre-échange (AELE ou EFTA, d'après le sigle anglais), qui associait la Grande-Bretagne, la Suède, la Norvège, le Danemark, la Suisse, l'Autriche et le Portugal. D'un point de vue diplomatique, l'AELE fut conçue comme une rivale de la Communauté des Six. Mais le projet n'eut pas de véritable portée, car la nouvelle zone de libre-échange n'était pas homogène d'un point de vue géographique. Pour le Royaume-Uni, l'AELE fut donc un instrument de manœuvre et de pression assez négligeable. Elle ne parvint pas à dédommager l'Autriche, la Suisse et les pays scandinaves de leur absence du Marché commun des Six, auxquels ces pays étaient liés par la géographie et par une longue tradition d'échanges.

Les années 1959-1960 furent cruciales pour le changement de l'attitude britannique à l'égard de la Communauté européenne. En termes économiques, il fut évident que la petite zone de libre-échange n'était pas une alternative sérieuse à la CEE. Du reste, la Grèce et la Turquie avaient entamé des négociations avec le Marché commun, qu'ils considéraient comme bien plus important que l'AELE ; par ailleurs, les six pays de la Communauté avaient commencé à mettre en œuvre les traités et s'apprêtaient à en accélérer l'exécution. Enfin, même les États-Unis montraient un vif intérêt pour la Communauté économique européenne et encourageaient la Grande-Bretagne à y participer de plein droit.

CHAPITRE III

LA COMMUNAUTÉ
ET LA FRANCE GAULLIENNE

La doctrine européenne
de Charles de Gaulle

Pendant plus d'une décennie, Charles de Gaulle a dirigé d'une main de fer la politique extérieure de la France. L'histoire de la Communauté ayant été en grande partie déterminée par son action, il est opportun de tenter une réflexion sur les idées auxquelles il resta toujours fidèle.

Le 29 mai 1958, à la suite d'un soulèvement militaire à Alger et d'une crise politique très grave, de Gaulle fut chargé de former un nouveau gouvernement. Le 2 juin, l'Assemblée nationale lui accorda les pleins pouvoirs. Quelques mois plus tard, en décembre 1958, le Général succédait à René Coty à la présidence de la République.

Le retour au pouvoir du général de Gaulle signifiait avant tout la reprise de l'ancien jeu diplomatique qui visait à assurer l'équilibre politique européen. Notons tout de suite que de Gaulle — dont on a dit trop souvent qu'il avait l'esprit d'un homme d'avant 1914 — ne croyait pas que l'équilibre européen fût le problème capital de son époque. Au contraire, il avait très bien vu que les centres du pouvoir s'étaient déplacés à Washington et à Moscou, et qu'un troisième surgirait un jour à Pékin. Par ailleurs, il n'imagina jamais que la France pouvait avoir, seule, un poids politique comparable à celui des deux superpuissances. Au début de sa présidence, il demanda ainsi aux Américains et aux Britanniques de créer un directoire à trois pays. Cette demande, qui fut refusée par les Anglo-Saxons, avait deux objectifs concrets : faciliter la création d'une force nucléaire autonome et assurer à la France un rang de puissance mondiale, qui corresponde à son statut de membre permanent du Conseil de sécurité des Nations unies.

Durant les onze ans de sa présidence, de Gaulle chercha à affirmer la suprématie de la France sur la scène continentale. Cet objectif devait être atteint par trois moyens : la possession de l'arme nucléaire ; la relation particulière avec l'Allemagne ; l'utilisation de la position géopolitique de la France, qui contraignait les institutions communautaires, sous peine d'être réduites à l'impuissance, à servir les intérêts français.

Il serait facile de qualifier de « nationaliste » la politique gaullienne, comme si ce phénomène pouvait être comparé à d'autres expériences du passé. Mais, en accusant de Gaulle de nationalisme, on ne décrit pas plus le personnage qu'on n'éclaire sa doctrine. La singularité du Général résidait plutôt dans la spécificité de son nationalisme, dans les desseins particuliers qu'il attribuait à la France, et enfin dans les impulsions tactiques qu'il donnait à la politique française.

Pour de Gaulle, la nation restait le fondement et la justification du pouvoir : on ne peut pas demander à quelqu'un de se battre et de mourir si ce n'est au nom d'un patrimoine commun, que seule l'Histoire peut donner. L'organisation du pouvoir n'était donc possible que dans le cadre de la nation. Seuls ses citoyens avaient le droit d'exprimer une adhésion aux grands choix politiques, ce qui explique l'importance particulière du référendum dans sa pratique du pouvoir. L'Union soviétique n'était aux yeux du Général qu'un phénomène historique ponctuel. Comme il l'affirme dans ses *Mémoires de guerre*, « dans le mouvement incessant du monde, toutes les doctrines, toutes les écoles, toutes les révoltes ont leur temps. Le communisme passera. Il n'y a, à long terme, aucun régime qui puisse subsister contre la volonté nationale ». Cela permettait donc à de Gaulle de prévoir la constitution d'une association de peuples européens qui s'étendrait de l'Atlantique à l'Oural.

Parmi les nations, la France avait une vocation particulière : elle était « grande » en raison de son passé glorieux, de la continuité de son action et de son rayonnement dans le monde. Tellement grande que, quand sa gloire semblait se ternir, l'avenir et la paix du monde étaient en danger (« Rien ne saurait nous faire oublier que sa grandeur est la condition *sine qua non* de la paix du monde »). Convaincu que la France possédait les instruments de sa grandeur, de Gaulle ne théorisait ni un *Lebensraum* français, ni un impérialisme à l'ancienne, ni une féodalisation d'autres peuples. Le génie de la France devait, conformément à sa vocation historique, s'exprimer d'une autre manière : elle devait susciter l'adhésion des autres peuples, dans le cadre d'un système de « coopération dans l'indépendance », qui était à la base de la conception européenne de Charles de Gaulle. Ayant postulé que la nation était le cadre historique de la souveraineté, de Gaulle ne pouvait que refuser le concept de supranationalité, qu'il considérait comme le délire d'esprits peu ancrés dans la réalité. De Gaulle s'était ainsi opposé au projet de la CECA. Plus encore, il perçut la CED comme une menace à l'encontre des principes qu'il défendait. Dans ce contexte, il avait fait son retour sur la scène politique, en créant le Rassemblement du peuple français (RPF), qui avait largement contribué à l'échec de la Communauté européenne de défense.

En 1958, le retour au pouvoir du Général suscita des inquiétudes. De Gaulle n'avait jamais caché son hostilité à l'égard des principes fondateurs de l'intégration communautaire, diamétralement opposés à sa doctrine. Il considérait les institutions communautaires, et en particulier la Commission européenne, comme des organes technocratiques qu'il avait, pour ainsi dire, évacués de son dessein politique. L'incertitude se prolongea durant toute cette année. Après un examen approfondi de la situation européenne, de Gaulle décida cependant de ne pas dénoncer les traités de Rome et même d'en accélérer la mise en œuvre. Dans la Communauté, la France allait donc appliquer une méthode de négociation visant à obtenir les plus grands avantages possibles.

Toutefois, de Gaulle ne se limita pas à critiquer sévèrement les institutions européennes et à proposer d'appliquer la méthode classique des négociations intergouvernementales ; il essaya également de créer une alternative de type confédéral. Le problème allemand montre à quel point ses conceptions étaient opposées à la méthode intégrationniste proposée par Schuman et Monnet. Dès le 25 septembre 1949, dix-huit jours après la proclamation de la République fédérale allemande, de Gaulle avait annoncé que la réconciliation franco-allemande devait se fonder sur une entente directe et sans intermédiaires. Dans une conférence de presse, le 25 février 1953, il avait exposé d'une manière ferme et claire sa doctrine confédérale : « Au lieu d'une fusion intolérable et impraticable, pratiquons l'association. Nous avons déjà perdu des années à poursuivre des chimères. Commençons par faire l'alliance des États libres d'Europe... Mon opinion est que les institutions confédérales doivent comporter le Conseil des Premiers ministres, une assemblée nommée au suffrage universel, et une autre assemblée qui représente les réalités régionales, économiques, intellectuelles et morales des États membres, et enfin une Cour dont les membres, inamovibles, seront choisis par les magistrats. »

L'action diplomatique gaullienne resta toujours fidèle à cette conception, qu'il avait réaffirmée si souvent depuis la fin de la guerre. Nous en avons une illustration éloquente en examinant l'extraordinaire enchevêtrement d'événements entre la fin de l'année 1961 et le début de 1963. Dans cette brève période, la diplomatie française affronta une série de sujets qui allait caractériser sa politique européenne : la mise en place de la politique agricole commune, la négociation pour l'union politique, le veto à l'adhésion du Royaume-Uni et la signature du traité de l'Élysée. En toile de fond s'affirme le besoin de contester l'ordre établi à Yalta et de restituer à la France, et éventuellement à l'Europe continentale, l'autonomie qu'elles avaient perdue depuis la fin de la guerre.

Dans ce cadre, la diplomatie gaullienne suivit constamment un mouvement oscillatoire : les mo-

ments de raidissement, puis de détente au cours de
la négociation sur l'union politique, sur l'adhésion
du Royaume-Uni ou sur le pacte franco-allemand
furent autant d'épisodes étroitement agencés. L'action de De Gaulle, qui se déployait parallèlement
sur différents plans, était destinée à affirmer pleinement la suprématie française en Europe, en limitant autant que possible le rôle de la Communauté.
Elle n'excluait *a priori* aucune solution, pourvu
qu'elle soit conforme à deux objectifs clairement
identifiables : la souveraineté (qui se fondait sur
l'inaliénabilité du pouvoir décisionnel de la nation)
et l'indépendance (qui correspondait à l'émancipa-
tion de toute forme de tutelle). Cette vision était
quelque peu décalée au début des années soixante :
l'Europe semblait aspirer à tout, sauf à reconquérir
une autonomie qu'elle avait perdue d'une manière
peut-être définitive. Les institutions communautaires pouvaient, elles aussi, apparaître comme l'expression d'un dessein américain visant à réorganiser
la partie occidentale de l'Europe. En dépit de cette
situation, de Gaulle ne se résigna jamais à accepter
cette « souveraineté limitée » qui, depuis Yalta, avait
été le prix à payer pour maintenir la paix.

La Politique agricole commune

Le traité de Rome avait prévu, sans en expliciter
le contenu, le principe d'une Politique agricole
commune (PAC) : la libre circulation des produits
agricoles dans la Communauté ne pouvait être assurée par la simple levée des obstacles aux échanges. Il fallait unifier les législations nationales qui
réglementaient l'organisation des marchés agricoles

et les mesures de soutien qui s'étaient développées, sous les formes les plus diverses, depuis plus d'un siècle. Le traité de Rome énumérait les objectifs de cette première politique commune : accroître la productivité, assurer un niveau de vie équitable aux agriculteurs, stabiliser les marchés, garantir les approvisionnements et assurer des prix convenables pour le consommateur.

En 1958, les agriculteurs représentaient environ un cinquième de la population française, italienne et néerlandaise. Les négociateurs français avaient fermement bataillé pour qu'il existe un marché commun, qui servirait de contrepartie à la liberté des échanges dans le secteur industriel. Pour la France, il s'agissait d'accéder à un marché de 200 millions d'habitants, qui serait essentiel pour l'expansion et la modernisation d'une agriculture encore archaïque. Les principes de la PAC furent définis lors de la conférence de Stresa (3-11 juillet 1958) mais, pendant quatre ans, les partenaires de la France cherchèrent à en retarder l'entrée en vigueur. La négociation dura plusieurs années et fut aussitôt qualifiée de « marathon agricole ». Les Français furent soutenus dans cet effort par la Commission Hallstein et en particulier par le commissaire hollandais Sicco Mansholt, à qui l'on attribua (à juste titre) la paternité de la Politique agricole commune. L'alliance entre les autorités françaises, hostiles à toute construction de type fédérale, et la Commission Hallstein pouvait sembler étrange. En effet, la mise en place de la PAC attribuait une part supplémentaire de souveraineté aux institutions de Bruxelles. En échange, de Gaulle obtenait qu'une part importante du budget communautaire fût consacrée aux agriculteurs européens, et en particulier à ceux de la France.

Le 30 juin 1960, la Commission présenta au Conseil ses propositions pour la réalisation de la Politique agricole commune. Entre-temps, les droits douaniers industriels du Marché commun avaient baissé de 10 % en 1959. Par une habile manœuvre, les Français obtinrent que le passage à la seconde étape du désarmement douanier, anticipée par le Conseil en raison de la conjoncture économique favorable, fût lié à l'approbation des règlements de base sur les marchés agricoles les plus importants. En d'autres termes, il s'agissait de définir des normes techniques et des prix minimaux garantis pour chacun des secteurs concernés. Adenauer finit par donner son accord. Le 14 janvier 1962, le Conseil des ministres des Six adopta les premiers règlements communs sur les céréales, les volailles, les œufs et la viande de porc. Le financement de la PAC fut assuré par le Fonds européen d'orientation et de garantie agricole (FEOGA). Depuis 1964, le FEOGA comporte deux volets : la section Garantie, chargée de soutenir les marchés agricoles ; la section Orientation, qui doit contribuer au développement du secteur rural. Avant 1971, les ressources du FEOGA étaient issues essentiellement de contributions des États membres. Le schéma suivant résume les principes fondateurs du marché commun agricole :

LES PRINCIPES DE LA POLITIQUE AGRICOLE COMMUNE

— Le développement de la production agricole pour que l'Europe parvienne à l'autosuffisance alimentaire.

— L'unicité du marché (suppression des barrières doua-
nières, harmonisation des règles sanitaires et des normes techniques).
— L'unité des prix (instauration de mécanismes régulateurs).
— La préférence communautaire.
— La solidarité financière (les ressources sont affectées à
des dépenses communes et non en fonction des contributions
des États).

La naissance de cette première « politique commune » fut saluée à l'époque comme une grande
victoire politique de l'intégration européenne. D'un
point de vue technique, la PAC fut un succès : en
une génération, la productivité et les rendements
moyens par hectare furent multipliés par deux ou
trois. En quelques années, l'agriculture européenne
parvint à couvrir largement les besoins alimentaires du continent. Nul n'avait cependant prévu
les conséquences négatives qui se manifesteraient
bientôt, à la fois sur le plan interne et sur le plan
international. L'histoire de la Communauté serait
en partie celle de la PAC, avec les problèmes de son
coût, de ses excédents et l'hostilité des pays concurrents (comme les États-Unis), qui livreraient contre
elle de grandes batailles dans les décennies suivantes.

Les plans Fouchet

Au moment où furent approuvés les premiers
règlements de la PAC, deux grandes négociations
étaient en cours : la première portait sur l'union
politique ; la seconde sur la demande d'adhésion

présentée par la Grande-Bretagne, l'Irlande et le Danemark.

L'expression « union politique » allait souvent être employé dans les décennies suivantes, chaque fois qu'il serait question d'une coopération en matière de politique étrangère et de défense. La négociation sur cette première union politique dura moins de deux ans, soit la période qui sépare la rencontre entre de Gaulle et Adenauer à Rambouillet (29 juillet 1960) et la réunion à Paris des ministres des Affaires étrangères des Six (17 avril 1962), qui marqua l'échec de la tentative gaullienne.

Le 19 octobre 1961, à la suite de deux conférences au sommet qui s'étaient tenues respectivement à Paris (10-11 février 1961) et à Bad Godesberg (18 juillet 1961), le gouvernement français présentait un premier projet de traité à la Commission Fouchet, le comité de fonctionnaires qui avait été constitué dans ce but.

LES INSTITUTIONS PRÉVUES PAR LE PLAN FOUCHET

— Un Conseil, composé de chefs d'État et de gouvernement des États membres, ou bien des ministres des Affaires étrangères, se réunit en principe tous les quatre mois et au minimum trois fois par an. Ses délibérations se font à l'unanimité.

— L'Assemblée parlementaire européenne peut présenter au Conseil des interrogations et des recommandations. Dans le premier cas, le Conseil est tenu de lui répondre dans un délai de deux mois ; dans le second, il communique à l'Assemblée, au cours de la réunion suivante, la suite qu'il a donnée à la recommandation.

— Des comités des ministres de l'Éducation nationale et de la Défense sont associés aux travaux.

— La Commission exécutive, composée de hauts fonctionnaires désignés par les États membres, prépare les délibérations du Conseil et veille à leur exécution.

Les institutions étaient un reflet fidèle de la conception gaulliste de l'Europe des États. La règle de l'unanimité transformait le Conseil de l'Union politique en une simple conférence intergouvernementale. La grande innovation du traité de Rome, qui prévoyait le passage progressif de la règle de l'unanimité au critère majoritaire, ne trouvait ici aucun écho. Le Conseil n'était pas responsable vis-à-vis de l'Assemblée ; celle-ci ne pouvait émettre aucun vote de censure, alors que les traités de Paris et de Rome lui reconnaissaient ce pouvoir vis-à-vis des exécutifs communautaires (Haute Autorité de la CECA et Commissions de la CEE et de l'Euratom). La Commission de l'Union politique se composait de hauts fonctionnaires désignés par les États membres, et qui dépendaient donc directement de leurs gouvernements : elle était davantage un secrétariat qu'un organe exécutif doté de pouvoirs de décision. L'article 16 présentait un intérêt particulier : il prévoyait que, trois ans après son entrée en vigueur, le traité serait soumis à révision. La clause de révision ne comportait toutefois aucun engagement précis et n'était donc qu'une déclaration d'intentions.

La première version du plan Fouchet conservait toutefois la trace des concessions que de Gaulle avait faites aux Allemands. Son introduction garantissait le respect des institutions existantes. L'article 2 limitait les compétences des nouvelles institutions à la politique étrangère, aux affaires culturelles et à la défense : aucune allusion n'était donc faite à la politique économique, dont l'espace était déjà couvert par le Marché commun. Enfin, le renforcement de l'Alliance atlantique était explicitement mentionné. L'approbation d'un tel projet aurait entraîné en Europe la coexistence de deux méthodes et de deux perspectives politiques radicalement opposées : la ligne Monnet-Schuman, qui s'était concrétisée dans les institutions supranationales de la CECA et de la CEE, et le dessein gaulliste d'une confédération d'États. L'accord sur le projet semblait proche, lorsque de Gaulle rouvrit toute la question.

Le 18 janvier 1962, Christian Fouchet soumit une nouvelle version du projet de traité (plan Fouchet II). Les questions économiques figuraient à présent parmi les compétences des nouvelles institutions. Toute allusion au respect des traités de Paris et de Rome disparaissait de la clause de révision. On supprimait en même temps toute référence à l'Alliance atlantique. Enfin, le nouveau projet réduisait les pouvoirs de l'Assemblée qui, contrainte de délibérer à l'initiative du Conseil, serait privée de toute faculté d'initiative.

Un mois plus tard, lors d'une rencontre successive avec le chancelier Adenauer à Baden-Baden (15 février), le président français accepta une nouvelle fois de modifier deux points du texte : le préambule du traité contiendrait une référence au Pacte atlantique ; et le Conseil ne pourrait aborder les problèmes économiques que dans le respect des institutions existantes. Un nouveau texte fut présenté le 17 avril aux ministres des Affaires étrangères réunis à Paris : il spécifiait que les dispositions du traité ne modifiaient pas les dispositions des traités de Paris et de Rome, « en particulier en ce qui concerne les droits et les obligations des États membres, les pouvoirs des institutions et les règles du fonctionnement des communautés ». De Gaulle dut estimer qu'il avait atteint la limite des concessions possibles. Sa position se raidit quand ses partenaires demandèrent que le traité prévoie explicitement, dans sa clause de révision, une évolution politique vers des formules intégrationnistes. Une nouvelle version du projet, connue sous le nom de plan Fouchet-Cattani (du nom de l'ambassadeur Attilio Cattani qui avait succédé à Christian Fouchet à la présidence du comité) allait être discutée, lorsqu'un autre problème fit échouer la conférence : quand on en vint à affronter le problème de la signature du traité, Paul-Henri Spaak et Joseph Luns déclarèrent, au nom de la Belgique et des Pays-Bas, qu'ils ne signeraient pas le traité aussi longtemps que la Grande-Bretagne ne deviendrait pas membre de la Communauté économique européenne. Ce fut la fin des plans Fouchet.

Beaucoup se sont interrogés sur les raisons qui poussèrent de Gaulle à revenir sur ses concessions initiales, alors que le premier plan Fouchet était sur le point d'aboutir. À cet égard, la chronologie des événements est révélatrice. Les modifications introduites par de Gaulle au projet du 19 janvier 1962 suivirent de quelques jours l'adoption des règlements agricoles et le passage à la seconde phase du Marché commun. Si le passage de la première à la seconde étape exigeait une décision unanime du

Conseil des ministres, le passage aux étapes successives devait se faire automatiquement, dans beaucoup de domaines, par un vote à la majorité. En menaçant d'utiliser son droit de veto, de Gaulle avait obtenu l'adoption des règlements agricoles. Après le passage à la deuxième phase, la France risquait de se trouver isolée. C'est à ce moment que de Gaulle tenta, conformément à ses convictions, de ramener les institutions dans un cadre de type confédéral. Après l'échec des plans Fouchet, le Général changea résolument de stratégie.

Le veto français à l'entrée du Royaume-Uni

La Grande-Bretagne, l'Irlande et le Danemark avaient présenté une première demande de négociation en août 1961. Le Premier ministre britannique, Harold Macmillan, avait voulu « l'ouverture des négociations », sans se prononcer sur l'adhésion définitive de son pays, qui serait soumise à un référendum. Dans la première phase de la négociation, la France adopta une attitude circonspecte à l'égard de la Grande-Bretagne. Les discussions des plans Fouchet furent fortement influencées par la question de l'adhésion britannique : l'union politique avait le double but de préparer le système institutionnel dans lequel la Grande-Bretagne se serait éventuellement insérée et de compléter la révision des structures communautaires.

Après l'échec des négociations pour l'union politique, de Gaulle voulut vérifier la disponibilité de la Grande-Bretagne à participer pleinement à la construction d'une Europe indépendante. Le 2 juin 1962, il rencontra Macmillan au château de Champs-sur-

Marne et lui fit miroiter la possibilité de constituer un directoire à deux sur les affaires européennes, à condition que l'Angleterre collabore avec la France dans le domaine de la défense et qu'elle procède à une révision de ses rapports avec les États-Unis. Macmillan ne comprit pas bien ce dont de Gaulle lui parlait ; il paraît également que les Américains furent tout de suite informés de la rencontre.

De Gaulle avait été fortement agacé par l'activisme de l'administration Kennedy, qui avait encouragé les Britanniques à ouvrir des négociations avec la Communauté. Le 15 mai 1962, au cours d'une célèbre conférence de presse, de Gaulle avait attaqué avec virulence le concept d'une Europe intégrée par « un fédérateur étranger », rappelant qu'en « dehors des mythes, des fictions et des parades », il ne pouvait y avoir « d'autre Europe que celle des États ». L'expression « fédérateur étranger » désignait évidemment les États-Unis qui, depuis le début, avaient soutenu le principe de l'intégration communautaire.

Le 4 juillet 1962, John F. Kennedy prononça à Philadelphie un discours qui était inspiré directement par Monnet. Le président américain offrait un partenariat privilégié (le *partnership*) aux Européens et se déclarait prêt à revoir les mécanismes de l'Alliance atlantique, notamment en matière de gestion et de contrôle des forces nucléaires. La stratégie de Kennedy s'appuyait sur l'hypothèse d'une Communauté européenne qui inclurait tous les partenaires les plus importants de l'Alliance atlantique, de manière à permettre aux États-Unis de réorganiser l'alliance sur des bases « bipolaires ». En 1960, la création de l'AELE avait été accueillie avec une hostilité mal dissimulée par les Américains, qui y

voyaient une nouvelle atteinte au libre-échange généralisé. Considérant, avec un optimisme incom-
préhensible, que l'adhésion britannique était chose
faite, Kennedy proposait à la Communauté économique européenne d'ouvrir une négociation commerciale pour parvenir à une zone de libre-échange
transatlantique (ce cycle de négociations resterait
connu sous le nom de « Kennedy Round »). Les
propositions américaines faisaient abstraction de la
situation délicate dans laquelle se trouvaient les
partenaires franco-anglais et sous-évaluaient (comme
souvent) la force politique de la France au sein de
la Communauté. De Gaulle ne fut même pas consulté par les Américains, qui refusaient de lui reconnaître un statut particulier.

Pourtant, la négociation avec la Grande-Bretagne
était loin d'être terminée. Cela fut évident à Bruxelles, lors des discussions sur les produits agricoles
(juillet-août 1962). Avec une maladresse évidente, la
délégation britannique tenta de remettre en cause
les règlements fondamentaux de la Politique agricole commune, que les Français considéraient, à
juste titre, comme une réalisation communautaire
qui ne pouvait être remise en cause. Cette tentative
confirma le scepticisme du Général à l'égard du
Royaume-Uni.

Dans son discours du 4 juillet, Kennedy avait
proposé la mise en place d'une force nucléaire mul-
tilatérale, ce qui fut favorablement accueilli par
plusieurs pays européens. En revanche, de Gaulle
en fut particulièrement irrité : la France s'était
opposée depuis le début à ce projet, qui donnait à
l'Allemagne un statut de parité nucléaire et qui réduisait à néant le potentiel politique de la force nucléaire française. Quelques semaines après la crise

de Cuba (octobre 1962), Kennedy et Macmillan se rencontrèrent à Nassau (21 décembre 1962) et conclurent un accord en vertu duquel les États-Unis s'engageaient à fournir des missiles Polaris au Royaume-Uni. Macmillan obtint des Américains la création d'une force multinationale de sous-marins nucléaires. De Gaulle considéra cet accord à la fois comme un piège pour la France et comme une preuve de la faiblesse anglaise devant les Américains. Quelques semaines plus tard, lors d'une conférence de presse (14 janvier 1963), il mit son veto à l'entrée de la Grande-Bretagne, affirmant que « la nature, la structure et la conjoncture propres à l'Angleterre différ[aient] de celles des autres pays continentaux ». Le veto fut formellement annoncé par le ministre français des Affaires étrangères, Maurice Couve de Murville, à la conférence de Bruxelles (29 janvier 1963).

À ce stade, nous pouvons tenter une explication des raisons du veto français. Résumons brièvement la succession des événements de l'année 1962. Les travaux du comité Fouchet avaient lieu en même temps que la négociation avec le Royaume-Uni. Après l'échec de l'Union politique, le président français renonça au dessein d'une confédération européenne. De Gaulle voulut sonder Macmillan pour mettre en place un directoire franco-britannique, mais ses espoirs furent déçus. Il semble donc plausible que le veto fut décidé après la négociation agricole de juillet-août 1962. L'épisode de Nassau ne fut vraisemblablement que le détonateur de la crise et le prétexte que de Gaulle mit en avant pour justifier son opposition à l'adhésion de la Grande-Bretagne.

Il convient enfin de souligner les graves erreurs des négociateurs britanniques : au cours des discussions sur les produits agricoles, ils firent constamment preuve d'une mauvaise volonté, refusant de traiter sur un pied d'égalité avec leurs partenaires : le gouvernement britannique sembla tout dire et tout faire pour contraindre de Gaulle à exprimer son veto. Ce n'était que le dernier signe d'une crise profonde de la diplomatie britannique, qui était désormais obligée de renoncer à ses illusions de l'après-guerre.

Le traité de l'Élysée

L'un des plus grands succès du général de Gaulle après son retour au pouvoir fut son entente personnelle avec Adenauer. Le vieux chancelier se méfia d'abord du Général et de ses premières manœuvres en politique étrangère, qui visaient à contester la structure de l'Alliance atlantique. Mais, dès leurs premières rencontres à Colombey et à Bad Kreuznach (automne 1958), il apparut, à la surprise de tous, que les sujets de friction étaient finalement moins nombreux qu'on ne pouvait le penser. Il existait une certaine identité de vues entre les deux hommes, qui considéraient la politique étrangère de leurs pays comme un domaine réservé. Adenauer se rapprocha progressivement du Général. En 1958, lors de la nouvelle crise de Berlin, les États-Unis avaient montré une dangereuse tendance au compromis avec les Soviétiques, alors que de Gaulle avait fait preuve d'intransigeance. Par ailleurs, les idées d'Adenauer avaient beaucoup changé depuis l'échec de la CED. À ses yeux, la consolidation de l'entente franco-allemande, clé de voûte de l'ancrage de la RFA à l'Occident, devenait bien plus urgente et importante que les avancées fédéralistes. Lors d'une rencontre à Rambouillet (29 juillet 1960), les deux hommes d'État parvinrent à un accord qui ouvrit la voie à la négociation d'un traité franco-allemand.

À partir de ce moment et jusqu'au départ d'Adenauer (novembre 1963), l'entente franco-allemande sembla parfaite et offrit à de Gaulle l'indispensable couverture pour le veto à l'entrée de la Grande-Bretagne. Le chancelier s'était offusqué des initiatives que Macmillan avait lancées à l'égard de l'URSS, sans jamais le consulter. Aux yeux d'Adenauer, l'élargissement de la Communauté au Royaume-Uni n'avait pas une importance suffisante pour mettre en danger les rapports franco-allemands. Négocié au cours de l'automne 1962, le pacte franco-allemand fut signé quelques jours après l'annonce du veto. De cette manière, de Gaulle rendait impossible la dissolution de la Communauté et se dotait d'un instrument diplomatique qui pouvait lui être utile : le président français espérait que l'accord politique franco-allemand, qui instituait des consultations directes et périodiques sur tous les problèmes communs, lui donnerait la possibilité de limiter l'autonomie politique allemande.

Le traité de l'Élysée, signé à Paris le 22 janvier 1963, prévoyait trois grands domaines d'action : la politique étrangère, la défense et les mesures concernant la culture, l'éducation et la jeunesse (avec la création d'un Office franco-allemand de la jeunesse).

LE TRAITÉ DE L'ÉLYSÉE
(Extraits)

« Les chefs d'État et de gouvernement donneront en tant que de besoin, les directives nécessaires et suivront régulièrement la mise en œuvre du programme fixé ci-après. Ils se réuniront à cet effet chaque fois que cela sera nécessaire et en principe au moins deux fois par an. Cette consultation portera, entre autres, sur les sujets suivants :

— problèmes relatifs à la Communauté européenne et à la coopération politique européenne ;

— relations Est-Ouest à la fois sur le plan politique et le plan économique ;

— affaires traitées au sein de l'Organisation du traité de l'Atlantique Nord et des diverses organisations internationales auxquelles les deux gouvernements sont intéressés, notamment le Conseil de l'Europe, l'Union de l'Europe occidentale, l'Organisation de coopération et de développement économique, les Nations unies et leurs institutions spécialisées [...].

A. Affaires étrangères : Les deux gouvernements se consulteront avant toute décision importante et, en premier lieu, sur les questions d'intérêt commun, en vue de parvenir, autant que possible, à une décision analogue [...].

B. Défense [...]. En matière d'armements, les deux gouvernements s'efforceront d'organiser un travail en commun, dans le stade de l'élaboration des projets d'armement appropriés et dans la préparation des plans de financement.

C. Éducation et jeunesse [...]. Les deux gouvernements reconnaissent l'importance essentielle que revêt pour la coopération franco-allemande la connaissance dans chacun des deux pays de la langue de l'autre. Ils s'efforceront à cette fin de prendre des mesures concrètes en vue d'accroître le nombre d'élèves allemands apprenant la langue française et celui des élèves français apprenant la langue allemande [...]. »

Depuis plus de quarante ans, le traité de l'Élysée a été revêtu d'une valeur symbolique qui a largement dépassé sa portée véritable. Lors de la signature du traité, on célébra en grande pompe la réconciliation franco-allemande, comme si elle n'avait pas eu lieu dans les années 1950. En réalité, le traité de l'Élysée ne marqua que la réconciliation entre de Gaulle et l'Allemagne. Grâce à son éloquence et à son sens de la mise en scène, le Général réussit cependant à présenter l'accord franco-allemand comme un fait nouveau.

Dans l'immédiat, le traité aboutit à des résultats très inégaux. Dans le domaine des échanges scolaires et culturels, il fut un succès indiscutable. En revanche, il n'aboutit pas tout de suite à une coordination en matière de politique étrangère. Quelques mois après la signature du traité, Adenauer allait, en effet, quitter le pouvoir. Son successeur, Ludwig Erhard, ne s'entendit guère avec de Gaulle. La seconde moitié des années 1960 fut ainsi marquée par une série d'événements (la crise de la chaise vide, le rapprochement de la France avec l'URSS), qui montrèrent bien les limites politiques du traité. Le même phénomène se reproduirait quelques années plus tard, quand le chancelier Brandt lancerait l'*Ostpolitik* sans concertation préalable avec le gouvernement français. Le couple franco-allemand ne recommencerait vraiment à fonctionner qu'avec l'arrivée au pouvoir de Valéry Giscard d'Estaing et d'Helmut Schmidt, puis avec le binôme Kohl-Mitterrand.

S'il ne peut pas être considéré — comme on le lit trop souvent — comme une étape décisive de la

construction européenne, le traité de l'Élysée est cependant devenu une référence au nom de laquelle
la France et l'Allemagne ont souvent pris d'importantes décisions. Ainsi, la célébration des anniver-
saires du traité (en particulier ceux de 1983 et de
2003) a régulièrement coïncidé avec une relance du
couple franco-allemand, avec des conséquences certaines pour la suite de l'intégration européenne.

La méthode de la synchronisation

Le veto français à l'adhésion de la Grande-Bretagne à la Communauté affecta la vie de la Communauté européenne, où s'était produit un grand
changement. Avant le veto, on pouvait affirmer que
les traités communautaires étaient profondément
novateurs par rapport au passé : le concept de réciprocité sur lequel reposent normalement les traités
internationaux semblait avoir été remplacé par la
méthode de la négociation permanente et de l'équilibre dynamique. Toutefois, une telle méthode supposait une confiance réciproque entre les parties.
À partir de 1963, aucun État membre ne fut plus
disposé à faire des concessions dans un domaine
quelconque, sans exiger des contreparties.

La méthode communautaire semblait garantie
par la nature même des traités, qui définissaient les
objectifs politiques et économiques de l'intégration.
Les États membres n'avaient pas besoin d'évaluer
immédiatement les pertes et les profits dans un domaine donné, car des compensations étaient prévues au cours des étapes suivantes de la construction communautaire. En 1961, les Français avaient
accepté le désarmement douanier en échange de

l'approbation à court terme des premiers règlements sur la PAC. Au début des années 1960, la Commission CEE crut disposer d'une méthode durable et appropriée. Les événements qui suivirent le veto montrèrent au contraire que la méthode communautaire ne pouvait survivre sans une confiance réciproque, ni empêcher une régression vers l'ancienne pratique intergouvernementale. Si elle était toujours représentative de l'intérêt communautaire, elle ne parvenait plus à empêcher que les décisions soient profondément affectées par des raisons politiques étrangères aux objectifs des traités.

Cette période de crise aiguë ne fut surmontée que grâce à une initiative qui modifia substantiellement la méthode communautaire. Le 1er avril 1963, le ministre allemand des Affaires étrangères, Gerhard Schröder, proposa un système de « synchronisation » pour sortir la Communauté du marasme dans lequel elle se trouvait. Il s'agissait d'isoler, parmi les questions en suspens, celles qui pouvaient garantir une réciprocité immédiate en termes d'avantages et de concessions. On privilégia ainsi les domaines qui intéressaient particulièrement les Allemands et le Benelux (le Kennedy Round et les liens avec la Grande-Bretagne) ; en échange, les Français obtinrent l'adoption d'autres règlements sur la PAC et le renouvellement de l'association avec les États de l'Afrique francophone.

L'accord de synchronisation domina la vie communautaire jusqu'à la crise de 1965. À la fin de l'année 1963, le vice-président de la Commission, Sicco Mansholt, fit adopter les règlements agricoles sur les produits laitiers et leurs dérivés, la viande bovine et le riz, et un premier accord provisoire sur le Fonds d'orientation et de garantie agricole. En décembre 1964, on arriva à déterminer les procédures pour fixer les prix communs des produits agricoles, en particulier ceux des céréales. Entre-temps, la Commission avait reçu un mandat pour l'ouverture des négociations du Kennedy Round, qui aboutirait à une baisse importante des tarifs douaniers.

La méthode de la synchronisation montra, une fois de plus, que la Communauté était dominée par la confrontation permanente des intérêts français et allemands. Au début de 1965, l'Allemagne avait gagné la bataille qu'elle avait entreprise avec la négociation des traités de Rome : le tarif extérieur commun des produits industriels avait fortement baissé (à l'issue du Kennedy Round, il fut même inférieur au tarif national allemand de 1957). En compensation, la France avait obtenu l'ouverture des marchés agricoles et le soutien des prix internes et le financement de ses exportations excédentaires (ce que l'on appellera « solidarité financière »).

Du point de vue politique, le bilan penchait toutefois en faveur des Français. Sans être des défenseurs acharnés de la supranationalité, les Allemands avaient profité plus que quiconque de la méthode communautaire, car leur politique étrangère était placée sous tutelle. Tant que le système institutionnel avait fonctionné d'une manière correcte, l'Allemagne avait pu faire valoir ses intérêts sans être dans une situation d'infériorité. L'Allemagne ne fut pas le seul pays à subir la rigueur de la politique française. Depuis le marathon agricole (fin 1961-début 1962), la France avait multiplié les menaces à l'égard de ses partenaires. Le 5 novembre 1964, le Premier ministre Georges Pompidou évoqua même la fin de la Communauté, déclarant que « le Marché commun mourra[it] de sa belle mort ». Cette tactique fut couronnée de succès. Grâce au traité de l'Élysée et à la menace permanente d'un blocage de la Communauté, la France avait obtenu que les autres États se plient à ses initiatives. Pendant ce temps, l'échec du *partnership* entre l'Europe et les États-Unis rendait incertains les rapports entre Allemands et Américains.

La France avait toutefois accepté la proposition américaine d'une négociation visant à réduire les droits de douane entre le Marché commun et les pays du GATT. À première vue, la proposition américaine était peu conforme aux traditions protectionnistes et aux craintes françaises face à un libre-échange généralisé. Mais la France pouvait difficilement s'opposer aux négociations proposées par Kennedy que les Allemands, soucieux d'une libéralisation des marchés mondiaux, soutenaient avec vigueur.

La méthode de la synchronisation continua de fonctionner en 1964. Le 15 novembre, le Conseil adoptait les listes des produits industriels que la Communauté voulait exclure des négociations du Kennedy Round. Enfin, le 15 décembre, le Conseil fixait les prix communs des céréales à partir du 1er juillet 1967, ce qui consacrait le plein essor de la politique agricole.

La crise de la chaise vide et le compromis de Luxembourg

Le 23 mars 1965, le président de la Commission, Walter Hallstein, présenta un projet qui renforçait considérablement le pouvoir des institutions communautaires. Les députés de l'Assemblée parlementaire s'attendaient à une communication technique sur le financement de la Politique agricole commune. Ce fut au contraire le début de la crise la plus importante des institutions européennes.

Ancien secrétaire d'État aux Affaires étrangères de la RFA et chef de la délégation allemande lors des négociations des traités de Paris et de Rome, Walter Hallstein était devenu le premier président de la Commission CEE. Loin d'être le *primus inter pares* prévu par le traité de Rome, Hallstein était devenu un grand protagoniste de la vie communautaire, grâce à son prestige personnel, à son optimisme extraordinaire et aux succès obtenus par la Commission au cours des premières années. Si la Commission avait toujours eu des difficultés à obtenir une reconnaissance formelle de son statut, Hallstein était parvenu à ce qu'on la considère (même à l'extérieur de la Communauté, comme le montrent ses nombreuses visites à l'étranger) comme le gouvernement potentiel de l'Europe unie. Dans la lignée de la pensée de Monnet, Hallstein considérait que la Communauté ouvrirait la voie à une fédération européenne.

Si de Gaulle avait fini par accepter, bien qu'à contrecœur, la structure institutionnelle des traités de Rome, il avait souvent désapprouvé l'attitude et l'influence de la Commission. Après l'échec de l'Union politique, les Français avaient toutefois renoncé à modifier le traité. L'abandon de la méthode communautaire et l'adoption de la synchronisation, qui ôtait à la Commission tout pouvoir d'action, suffisaient peut-être à de Gaulle. C'est précisément lorsque la Communauté voulut reprendre l'initiative que de Gaulle manifesta son opposition.

Le président Hallstein, secondé par le vice-président Mansholt, avait conçu une manœuvre globale pour promouvoir simultanément l'intégration économique et une modification structurelle des institutions. La Politique agricole commune impliquait un partage des coûts de gestion. Un premier règlement financier avait été approuvé dès janvier 1962 et renouvelé chaque année. Il établissait les normes des contributions nationales nécessaires pour soutenir les dépenses, en déterminant des quote-parts de contribution maximale par pays. Ce règlement devait à présent être remplacé par un nouveau dispositif, qui tiendrait compte de l'entrée en vigueur, désormais proche, du Marché unique. Au lieu de présenter un nouveau règlement financier sur la PAC, la Commission proposa de remplacer progressivement les contributions nationales par des « ressources propres » (droits du tarif extérieur commun, taxes sur les importations agricoles…). L'autonomie financière aurait directement contribué à accroître l'indépendance de la Commission vis-à-vis des pouvoirs nationaux. Dès lors, l'Assemblée de Strasbourg aurait dû exercer un pouvoir de contrôle, ce qui supposait un élargissement de ses prérogatives.

Les propositions de la Commission ne manquaient pas de logique : elles reposaient sur l'hypothèse selon laquelle l'union douanière et la libre circulation des produits agricoles seraient effectives à la même date, le 1er juillet 1967. Il fallait donc que les revenus de l'union douanière aillent à la Communauté, et que ces ressources soient soumises à un contrôle parlementaire (suivant le principe *no taxation without representation*). Ces idées restaient dans la ligne du traité de Rome, qui prévoyait dans ses articles 201 et 203 un système de ressources propres et une extension des pouvoirs du Parlement. Les projets de Hallstein tentaient ainsi de parvenir à un équilibre entre une politique d'intérêts et une politique de principes : l'avantage économique que la France retirerait de l'approbation du règlement financier devait trouver son équivalent dans le développement d'une Europe fédérale. Cela eût été un moyen original de parvenir à des avancées importantes, si les partenaires de la France avaient été disposés à accorder la priorité au développement de la Communauté au détriment de leurs intérêts propres. En d'autres mots, il fallait que les partenaires de la France, surtout l'Italie et l'Allemagne, soient prêts à se battre contre la France sur le terrain des principes, avec de bonnes perspectives de succès. Malheureusement, une telle tactique à tout prix était trop coûteuse d'un point de vue politique : les Allemands et les Italiens n'étaient pas disposés à soutenir la Commission. Après avoir fait beaucoup de concessions, les Italiens s'étaient retrouvés dans une situation injuste, qui les obligeait à contribuer fortement (et presque sans contrepartie) aux dépenses en faveur de l'agriculture française et hollandaise.

On peut supposer que le président Hallstein, qui perdait peu à peu les appuis et l'influence qu'il avait à l'époque d'Adenauer, voulut compter sur la délégation allemande, qui avait l'occasion de résister aux exigences françaises. Mais la délégation allemande avait des intérêts concrets à défendre, car elle était le premier contributeur au budget de la PAC.

Les propositions de la Commission, présentées à l'Assemblée parlementaire, ne furent transmises au Conseil qu'à la fin du mois, ce qui contribua à accroître l'irritation des Français. Le moment était propice à une forte réaction française. Le général de Gaulle entamait une vaste manœuvre en politique étrangère et accentuait sa politique de désengagement vis-à-vis des États-Unis. La France voulait mener, seule, une politique indépendante à l'échelle planétaire. Une dépolitisation de la Communauté était donc fort opportune, étant donné que les partenaires européens avaient refusé d'adhérer, de quelque façon que ce soit, aux thèses politiques françaises.

Après de longues discussions au sein du Conseil, la France décida de ne plus siéger à Bruxelles à partir du 1er juillet 1965. Ce fut le début de la politique de la « chaise vide ». La France voulait livrer bataille à la Commission qui, aux yeux des gaullistes, représentait l'élément le plus hostile de la structure institutionnelle de la Communauté. L'attaque française se concentra immédiatement sur les deux aspects sur lesquels se fondent toujours les potentialités fédéralistes du système : les pouvoirs de la Commission et le principe du vote majoritaire au Conseil des ministres. Ce principe avait été rarement appliqué depuis la fin de la première étape du Marché commun (le 31 décembre 1961), mais constituait cependant, ne serait-ce que par sa fonction dissuasive, l'un des éléments fondamentaux du système communautaire. Devant cette situation, les cinq partenaires de la France estimèrent qu'il était préférable de renoncer aux propositions de la Commission (qui les avait très vite modifiées à travers un nouveau mémorandum) et de se limiter à une défense stricte des traités.

La politique de la chaise vide paralysa pendant sept mois les travaux de l'exécutif communautaire. La situation changea après le demi-échec du général de Gaulle aux élections présidentielles du mois de décembre où, contre toute attente, il fut mis en ballottage. Devant l'incompréhension des Français, l'hostilité des milieux politiques et la perte d'influence sur les décisions européennes, le gouvernement français reprit sa place au sein de la Communauté. Les positions françaises furent examinées au cours de deux sessions du Conseil, qui eurent lieu à Luxembourg. Au cours de la seconde session (29 janvier 1966), les Cinq firent peu de concessions, malgré les pressions exercées par Couve de Murville. Le texte sur les pouvoirs de la Commission, présenté par la délégation française, fut profondément modifié. Le rôle médiateur d'Emilio Colombo, qui présidait les réunions, fut très important. On parvint également à un accord politique sur la question du vote majoritaire, qui est généralement connu sous le nom de « compromis » de Luxembourg. En réalité, plus que d'un compromis véritable, il s'agissait plutôt d'une juxtaposition des différentes thèses, qui avait toutefois le mérite de faire redémarrer la machine communautaire.

LE « COMPROMIS DE LUXEMBOURG »
(Extraits)

1. Lorsque, dans le cas de décisions susceptibles d'être prises à la majorité sur proposition de la Commission, des intérêts très importants d'un ou de plusieurs partenaires sont en jeu, les membres du Conseil s'efforceront, dans un délai raisonnable, d'arriver à des solutions qui pourront être adoptées par tous les membres du Conseil dans le respect de leurs intérêts mutuels et de ceux de la Communauté, conformément à l'article 2 du traité.

2. En ce qui concerne le paragraphe précédent, la délégation française estime que, lorsqu'il s'agit d'intérêts très importants, la discussion devra se poursuivre jusqu'à ce qu'on soit parvenu à un accord unanime.

3. Les six délégations constatent qu'une divergence subsiste sur ce qui devrait être fait au cas où la conciliation n'aboutirait pas complètement.

4. Les six délégations estiment néanmoins que cette divergence n'empêche pas la reprise, selon la procédure normale, des travaux de la Communauté.

À l'issue de la conférence, le ministre néerlandais Luns annonça que la négociation s'était terminée « sans vainqueurs ni vaincus ». En réalité, il y avait eu un vaincu. Le sommet marquait, en effet, la défaite de la doctrine intégrationniste de Hallstein. De Gaulle avait obtenu une diminution du pouvoir politique de la Commission. Cela contribuerait à modifier le jeu institutionnel, surtout dans les domaines où la position de la Commission était incontestable. Celle-ci ne serait plus en mesure de produire une nouvelle crise et de mettre en jeu les intérêts que la France considérait comme vitaux.

Le second veto français

En Grande-Bretagne, après treize ans de gouvernement conservateur, les travaillistes revenaient au pouvoir en octobre 1964. La faible majorité obtenue lors de ces élections ne donnait pas au nouveau Premier ministre, Harold Wilson, une grande marge de manœuvre en politique étrangère. Absorbé par la préparation de nouvelles élections susceptibles de lui procurer une majorité plus confortable, il s'était concentré sur des questions de politique intérieure et sur une mise en œuvre rapide de son programme. Wilson changea de cap aussitôt après les élections de 1966 : en dépit des crises, la Communauté économique européenne demeurait attrayante pour la Grande-Bretagne. L'AELE avait échoué, en raison de ses limites géographiques et surtout de l'absence d'un noyau politique commun. Le changement d'orientation de Wilson en 1966 peut étonner, si l'on se souvient de ses prises de position lors des premières négociations. Les motivations des Britanniques semblaient toutefois plus pertinentes. Sur le plan de la politique étrangère, ils n'avaient plus rien à craindre des sarcasmes et des reproches du président de Gaulle : la France avait quitté l'OTAN et de Gaulle se trouvait dans l'impossibilité d'invoquer une nouvelle fois le prétexte des rapports entre le Royaume-Uni et l'Amérique.

De plus, les Britanniques ne cachaient pas que le renouvellement de leur demande leur aurait donné, même en cas de refus, une nouvelle position dans le jeu des relations avec les cinq partenaires de la France, excédés par l'attitude de la diplomatie gaullienne.

La demande d'adhésion britannique, préparée par un voyage de Wilson dans les capitales de la Communauté, fut annoncée à la Chambre des communes le 2 mai 1967. Les Cinq firent immédiatement pression, à l'intérieur et à l'extérieur des institutions communautaires, pour que l'on observe la même procédure que celle qui avait été suivie en 1961 : la Grande-Bretagne serait soumise à une audition solennelle devant les Six et la Commission.

Mais les Français se retranchèrent derrière une stricte interprétation du traité. Il fallait un accord préalable entre les Six sur l'ouverture des négociations et, en premier lieu, un avis favorable de la Commission.

Les chefs d'État et de gouvernement des Six se réunirent à Rome à la fin du mois de mai 1967. La réunion était prévue depuis longtemps, mais aucune décision politique importante n'était à l'ordre du jour. De Gaulle ne croyait plus à l'union politique et s'était engagé dans une nouvelle politique orientée vers l'Est, marquée par un voyage triomphal à Moscou et la sortie de la France de l'OTAN. Le prétexte de la réunion fut la célébration, un peu tardive, du dixième anniversaire des traités de Rome. Walter Hallstein y participa pour la dernière fois. Il ne présiderait pas en effet la nouvelle Commission qui, conformément au traité sur la « fusion des exécutifs », signé à Bruxelles le 1ᵉʳ avril 1965, allait remplacer les commissions de la CEE et de l'Euratom et la Haute Autorité de la CECA à partir du 1ᵉʳ juillet 1967.

La conférence se déroula dans une atmosphère glaciale : malgré l'insistance des Italiens et des Hollandais, le général de Gaulle se prononça d'emblée contre l'acceptation de la demande britannique. Le climat politique n'avait pas fondamentalement changé depuis l'époque des accords de Luxembourg et les Français ne se montrèrent mieux disposés envers les Britanniques. Le gouvernement Wilson se retrouva donc dans une position difficile, jugée humiliante par les adversaires de l'adhésion à la Communauté. Ce fut le plus européen des travaillistes, le ministre des Affaires étrangères George Brown, qui présenta une nouvelle demande d'adhésion à une réunion de l'UEO qui se déroula à La Haye (4 juillet

1967). Brown formula une proposition politique importante : la Communauté devait exercer une influence sensible à la fois dans le secteur économique et dans le domaine politique et militaire. Il introduisait dès lors le concept d'une « communauté en évolution ». Il convient aussi de noter l'humilité avec laquelle la Grande-Bretagne demanda des ajustements temporaires du système des traités, contrairement à ce qui s'était passé en octobre 1961.

Les demandes en matière d'agriculture furent maintenues, mais les requêtes présentées au nom du Commonwealth étaient moins contraignantes. Le problème capital de la Nouvelle-Zélande était naturellement posé une nouvelle fois. Les autres questions étaient déjà familières aux négociateurs de Bruxelles. À part les deux problèmes du sucre du Commonwealth et de l'association des territoires dépendants, toutes les questions de nature douanière qui avaient empoisonné les négociations de 1962 étaient incluses dans une modeste formule : il s'agissait d'accorder « quelques facilitations commerciales pour les pays indépendants du Commonwealth ».

L'activisme du gouvernement britannique et l'accueil favorable qui lui fut réservé par les cinq partenaires n'eurent aucun effet sur le gouvernement français. De Gaulle avait eu l'occasion de préciser sa pensée au cours d'une conférence de presse, le 17 mai 1967. À la différence de 1963, cette fois, de Gaulle n'annonça pas une décision mais se limita à un exposé des motifs. Il donnait un tour nouveau au refus de l'adhésion anglaise à travers des arguments qui n'étaient neufs qu'en apparence puisqu'ils avaient déjà été largement diffusés : l'adhésion du Royaume-Uni et des autres pays de l'AELE aurait provoqué un changement fondamental de la Communauté. De Gaulle s'étendit longuement sur la situation monétaire de la Grande-Bretagne et sur les difficultés économiques où celle-ci se débattait. C'est au cours de cette conférence de presse que se dessina la tactique qui serait adoptée ensuite par le gouvernement français pour formuler son opposition à l'entrée des Britanniques. Comme sa motivation reposait à présent sur la situation économique et monétaire de la Grande-Bretagne, l'appui d'une des institutions devenait essentiel afin qu'il ne fût pas accusé d'introduire des éléments d'opposition étrangers à la vie de la Communauté. De Gaulle évita ainsi les accusations qui lui avaient été adressées en 1963.

La Commission unifiée de la Communauté entra en fonctions le 6 juillet 1967. Elle était présidée par Jean Rey, le membre belge de la Commission Hallstein, qui avait mené avec succès les négociations au sein du GATT au nom de la Communauté. Si les idées de Jean Rey n'étaient pas très différentes de celles de Walter Hallstein, son autorité n'était pas comparable à celle de son prédécesseur.

L'une des premières tâches de la Commission Rey fut de rendre un avis sur l'adhésion du Royaume-Uni et des autres États candidats. Les problèmes auxquels étaient confrontées l'économie et la monnaie britanniques étaient d'une grande ampleur. L'avis de la Commission fut donc particulièrement sévère : la Grande-Bretagne devrait prendre des mesures douloureuses pour adhérer à la Communauté. Le rapport se terminait toutefois par une phrase historique, adoptée au terme d'une discussion collégiale serrée : « La Commission a émis l'avis qu'il serait opportun d'ouvrir des négociations, dans les formes les plus appropriées, avec les

États qui ont présenté une demande d'adhésion... »
Les Cinq manifestèrent leur accord avec la Commission. Seuls les Français continuèrent à soutenir que
l'assainissement de l'économie britannique devait
être porté à terme avant que l'on puisse examiner la
demande d'adhésion. La dévaluation de la livre, à
l'automne 1967, et les difficultés de l'économie anglaise les confortaient dans cette position.

Le communiqué du Conseil du 19 décembre 1967
résume le désaccord entre les Cinq et la France. Les
Hollandais, soutenus par les Italiens, s'étaient montrés favorables à l'adhésion britannique ; les Allemands étaient plus réservés ; la France persistait
dans son refus. L'isolement diplomatique de Wilson
fut presque total car, cette fois, les États-Unis res-
tèrent totalement étrangers aux négociations. Une
certaine lassitude commençait à gagner les Cinq,
persuadés qu'il serait impossible d'infléchir l'attitude des Français.

La dernière politique gaullienne

Les événements politiques qui ont lieu en France
ont toujours une répercussion immédiate sur la vie
de la Communauté. On put le constater dans la période qui sépare les événements de mai-juin 1968
de la conférence de La Haye (décembre 1969). La
crise de mai 1968, avec les manifestations des étudiants, puis les grèves ouvrières, paralysa la France
pendant plusieurs semaines. Jamais la France ne
perdit aussi rapidement autant de prestige dans un
cadre international, où elle avait joui d'une liberté
de manœuvre presque totale.

Dans le bref laps de temps qui sépare les événements de mai de la crise monétaire de l'hiver 1968, un autre coup dur frappa la politique étrangère française. L'occupation de la Tchécoslovaquie ébranla la conviction d'une évolution de la politique soviétique à l'égard de ses pays satellites : elle marqua la fin de l'idée un peu floue et romantique d'une Europe qui s'étendrait de l'Atlantique à l'Oural, et où les pays slaves pourraient accepter l'influence française et contraindre à la coopération l'imprévisible géant allemand. Toute la politique gaullienne reposait sur l'hypothèse que de nouveaux rapports allaient s'établir en Europe, car les deux blocs étaient en phase de désintégration : les États-Unis, empêtrés dans le bourbier vietnamien, limitaient leur politique d'influence en Europe qui irait au-delà du maintien des positions acquises après la guerre. Le grand espoir était à l'est : de Gaulle espérait établir un dialogue direct entre Paris et Moscou. Les cinq partenaires du Marché commun auraient dû se rallier aux thèses d'une Europe politique dominée par la France. Après l'occupation de la Tchécoslovaquie, ce dessein s'avérait être un vœu pieu.

La fin du grand projet d'une Europe qui irait de l'Atlantique à l'Oural se doublait du constat amer que l'Allemagne était toujours aussi puissante et même plus puissante qu'auparavant. De son côté, la France en était réduite à implorer la compréhension des autres membres de la Communauté européenne, et en premier lieu des Allemands, pour protéger son économie bouleversée par les événements de mai. Mais ce dont de Gaulle souffrait encore plus, c'était de l'obligation de se rapprocher des États-Unis, après des années de polémiques acharnées. Les événements de mai influencèrent ainsi la politique du nouveau président Nixon et de son conseiller Kissinger : si paradoxal que cela puisse paraître, l'affaiblissement de la France avait des répercussions directes sur les rapports entre la Communauté et les États-Unis. Enfin, la France fut exclue du dialogue direct que le nouveau chancelier allemand, Willy Brandt, commençait à établir avec l'URSS et qui serait connu sous le nom d'*Ostpolitik*. Économiquement affaiblie et diplomatiquement isolée, la France serait obligée de changer radicalement d'attitude au sein de la Communauté.

Le 1ᵉʳ juillet 1968, dix-huit mois avant la date prévue par le traité, les droits de douane disparaissaient à l'intérieur du Marché commun. Les tarifs douaniers extérieurs des six pays étaient remplacés par un tarif douanier commun. En parallèle, on appliquait les premières réductions tarifaires négociées à Genève en 1967, dans le cadre du Kennedy Round. Pour pouvoir faire face à la crise économique, la France obtint provisoirement la possibilité de fixer des quotas à l'importation sur certains produits en provenance des pays du Marché commun. Cela constituait une brèche, même provisoire et partielle, au principe de la libre circulation des marchandises sur lequel reposait l'ensemble du système communautaire.

On s'aperçut rapidement que l'affaiblissement de la France avait des conséquences négatives sur la Communauté elle-même. Au cours de l'automne et de l'hiver 1968-1969, le déséquilibre économique amena les Allemands à opérer une réévaluation du mark, qui eut des effets directs sur la libre circulation des produits. Cette situation provoqua une singulière résurgence de sentiments antiallemands en France : la croissance allemande, comparée à la faiblesse récurrente de la France, constituait aux yeux des Français un danger politique.

C'est dans ce contexte qu'eut lieu la rencontre de Gaulle-Soames (4 février 1969). Christopher Soames, ancien ministre de l'Agriculture du gouvernement Macmillan et protagoniste de premier plan des négociations de 1962, avait été nommé ambassadeur à Paris par le gouvernement travailliste. Au cours de l'entretien, le Général proposa la mise en place d'un directoire à quatre, réunissant la France, la Grande-Bretagne, l'Allemagne et l'Italie, qui assurerait le *leadership* politique d'une Communauté élargie. Il s'agissait d'une variante du projet qu'il avait soumis à Macmillan en 1962 et qui prévoyait un directoire franco-britannique. La position acquise par l'Allemagne était le premier motif de ce sondage : de Gaulle reconnaissait implicitement que sa tentative de s'ériger en gardien politique de l'Allemagne avait échoué. En introduisant la Grande-Bretagne dans le jeu européen, de Gaulle aurait par ailleurs convaincu ses partenaires de changer la structure institutionnelle de la Communauté, qui serait repolitisée par un directoire à quatre.

Le rapport que Soames envoya à son gouvernement parut dans la presse du monde entier. Furieux, de Gaulle refusa aussitôt toute discussion ultérieure sur la question. Pourtant sa proposition avait été sérieuse : de Gaulle se rendait parfaitement compte qu'il aurait été difficile de conserver les avantages acquis par la France sans faire un pas en avant sur la question anglaise. Compte tenu de la situation économique, en 1968 la France avait bien plus besoin de la Communauté qu'en 1963 : il fallait en effet adopter le règlement financier définitif de la PAC et renouveler la convention d'association avec les États africains qui étaient, pour la plupart, d'anciennes colonies françaises. Il est donc probable que, s'il était resté en place, de Gaulle aurait attendu la venue au pouvoir d'un gouvernement conservateur pour traiter dans les meilleures conditions une adhésion du Royaume-Uni.

Les relations franco-britanniques furent également affectées par ce qu'on appela « l'affaire UEO ». Quatre ou cinq fois par an, les ministres des Affaires étrangères des Sept se réunissaient dans le cadre de l'Union de l'Europe occidentale pour échanger leurs opinions et concerter leur action en matière de politique étrangère. Le ministre des Affaires étrangères français ne participait pas à ces réunions et était généralement remplacé par un secrétaire d'État, dans le but d'éviter toute initiative politique sérieuse. À l'occasion d'une de ces réunions (6 février 1969), le ministre britannique des Affaires étrangères, Michael Stewart, proposa une concertation des Sept sur la question du Moyen-Orient. Selon le projet des Britanniques, il s'agissait de montrer qu'ils suivaient la doctrine gaulliste d'une concertation préventive sur les questions de politique étrangère. La réaction de De Gaulle fut à l'opposé de leurs attentes. L'initiative britannique ne lui avait pas été préalablement soumise, ce qui irrita au plus haut point le Général. De Gaulle décida aussitôt de boycotter l'UEO. Dans les réunions de l'organisation, il y aurait une chaise vide, qui serait une nouvelle fois celle de la France.

Le Général vivait cependant les derniers mois de son règne. Une fois de plus, il mit tout son poids dans la balance pour soutenir le référendum sur la régionalisation et la réforme du Sénat. Le 27 avril 1969, le « non » l'emporta avec 53,1 % des suffrages exprimés. Le lendemain, de Gaulle fit publier le communiqué suivant : « Je cesse d'exercer mes fonctions de président de la République. Cette décision prend effet aujourd'hui à midi. » Le retrait de Charles de Gaulle marqua la fin d'une décennie tumultueuse pour la Communauté et le début d'une nouvelle phase, connue sous le nom de « deuxième relance européenne ».

CHAPITRE IV

LA COMMUNAUTÉ À NEUF

Le sommet de La Haye

Le successeur de Charles de Gaulle, Georges Pompidou, montra rapidement sa volonté d'inaugurer un style nouveau, surtout en politique étrangère. Il adopta à l'égard des États-Unis un ton plus mesuré, renonçant à toute attitude polémique vis-à-vis des Américains ; parallèlement, il manifesta un comportement nouveau à l'égard de la Communauté en général et de la question anglaise en particulier. Du reste, la France ne pouvait pas maintenir sa politique économique et monétaire sur les positions défendues par de Gaulle. En août 1969, le nouveau gouvernement dirigé par Jacques Chaban-Delmas décida de dévaluer le franc, amorçant ainsi une reprise rapide de l'économie française.

En octobre 1969, la coalition dirigée par Willy Brandt arriva au pouvoir en Allemagne. Le nouveau chancelier annonça aussitôt son intention de normaliser ses relations avec l'Union soviétique et les autres pays du pacte de Varsovie. La politique mise en œuvre par le nouveau gouvernement allemand allait bien au-delà d'une affirmation de principe : pour la première fois, l'Union soviétique était prête à entamer une grande négociation avec la RFA. Cela était possible parce que l'URSS ne se souciait pas des objections qui auraient pu être soulevées par d'éventuels intermédiaires, et en particulier par la France. Les débuts de l'*Ostpolitik* signifiaient que le « nain politique » allemand était en train de grandir. La façon dont avait été lancée l'*Ostpolitik*, sans consulter la France, montrait également que l'axe franco-allemand était désormais lettre morte.

En suivant la voie tracée par son prédécesseur, le président Pompidou proposa de convoquer une conférence des chefs d'État et de gouvernement. La conférence de La Haye (1er-2 décembre 1969) marqua le début d'une nouvelle époque. La France n'était plus celle que de Gaulle avait dirigée pendant plus de dix ans. L'Allemagne de Brandt évoluait de façon autonome sur la scène européenne et tentait de mettre fin aux tensions suscitées à ses frontières par la guerre froide. Pour rééquilibrer la situation, il ne restait au président français que la voie communautaire. Pompidou misa tout sur l'élargissement de la CEE à la Grande-Bretagne pour pouvoir maintenir la suprématie française en Europe, tout en profitant des avantages de l'intégration communautaire.

Georges Pompidou aborda la conférence avec des propositions qui le distinguaient sans équivoque de son prédécesseur : après avoir réglé les problèmes institutionnels, il fallait donner à la Communauté un programme précis pour relancer la construction européenne. La France ne pouvait pas continuer à refuser l'adhésion de la Grande-Bretagne, de l'Irlande et du Danemark. Pompidou comptait combler l'écart de puissance avec l'Allemagne en acceptant la présence du Royaume-Uni dans la Communauté, à condition qu'elle en accepte toutes les règles. La conférence de La Haye consacra donc la fin du veto français à l'adhésion britannique. Les Français obtinrent toutefois que l'on procède à l'achèvement de la Politique agricole commune avant de commencer les négociations.

On s'attendait que Georges Pompidou présente aux gouvernements un nouveau « plan Fouchet » ou qu'il propose la constitution d'un secrétariat politique permanent. Au lieu de cela, il se limita à faire accepter les réunions périodiques des ministres des Affaires étrangères. Le communiqué publié à l'issue de la conférence réaffirma les buts politiques du traité de Rome, suscitant des protestations immédiates de la part des gaullistes fidèles à la doctrine du Général. Pompidou était même allé plus loin, notamment en matière d'union monétaire : les expériences des dernières années avaient montré qu'il était impossible de garantir la libre circulation des marchandises sans instaurer une rigidité des rapports de change. Cette rigidité ne pouvait être atteinte sans une coordination des politiques économiques et la mise en œuvre d'instruments d'assistance monétaire mutuelle. Lors de la conférence, Willy Brandt et Georges Pompidou firent allusion pour la première fois à un fonds monétaire commun.

Willy Brandt défendit avec vigueur l'idée que la Communauté se dote d'une véritable politique sociale : pour la première fois dans l'histoire de l'intégration européenne, il parla de l'opportunité d'instaurer des contrats de travail collectifs au niveau européen et de la nécessité d'adopter des mesures d'harmonisation sociale. Dans ce domaine aussi, la conférence de La Haye allait bien au-delà du traité de Rome, en abordant ce qui était jusque-là un domaine réservé des États.

La conférence de La Haye ouvrit une nouvelle voie à la Communauté. Au cours des quatre réunions suivantes du Conseil (qui eurent lieu entre décembre 1969 et avril 1970), les Six réussirent à approuver un ensemble de normes importantes. La Communauté semblait avoir retrouvé l'élan de ses débuts, au moment où elle affrontait un changement radical. Le Conseil des ministres trancha toutes les questions qui avaient engendré la crise de 1965. Au cours de ces sessions, on approuva à la fois le régime définitif de la Politique agricole commune et la création de ressources propres de la Communauté, qui remplaçaient les contributions financières des États membres. Ces ressources propres entreraient progressivement en vigueur entre le 1er janvier 1971 et le 1er janvier 1975. Enfin, pour la première fois depuis l'entrée en vigueur des traités de Rome, on modifia légèrement l'équilibre des institutions : le Parlement européen se voyait conférer des pouvoirs en matière budgétaire. Cela suscita la suspicion des gaullistes, qui avaient toujours considéré qu'une extension des pouvoirs du Parlement accroîtrait le caractère supranational des institutions communautaires.

Du plan « Werner-Barre » au serpent monétaire

Les conclusions du sommet de La Haye prévoyaient que l'on élabore, avant l'année 1970, « un plan à échéances pour la création d'une union économique et monétaire ». À ce propos, il est utile de rappeler que le traité de Rome avait été très discret dans les domaines de la politique monétaire et de la coordination des politiques économiques nationales.

Au début de l'année 1968, le vice-président de la Commission, Raymond Barre, avait élaboré un mémorandum sur l'action de la Communauté dans le domaine monétaire. Le dispositif prévoyait une consultation mutuelle en cas de modification des parités monétaires, la création d'un dispositif d'assistance réciproque et la définition d'une unité de compte européenne. Après ce premier mémorandum, qui reste le point de départ du travail accompli par Raymond Barre au cours d'un quinquennat, la Commission en élabora d'autres, jusqu'à celui du 12 février 1969, qui passa à la postérité comme « premier plan Barre ». Dans ses conclusions, la Commission demandait au Conseil de fixer, avant la fin de la période transitoire, un mécanisme de coopération monétaire.

À la suite du sommet de La Haye, le plan fut partiellement mis en œuvre : en janvier 1970, le Conseil adoptait une coordination des politiques économiques à court terme. Le 9 février, les gouverneurs des Banques centrales présentaient au Conseil et à la Commission un système de soutien monétaire à court terme. Le 6 mars 1970, avec une rapidité inhabituelle, le Conseil chargeait un groupe d'experts de haut niveau, présidé par le chef du gouvernement luxembourgeois Pierre Werner, d'élaborer un rapport qui tracerait les étapes vers une Union économique et monétaire.

Quelques jours plus tôt, la Commission avait envoyé au Conseil une communication sur le même thème, qui fut aussitôt appelée « second plan

Barre » et qui contenait déjà la plupart des propositions qui figureraient dans le rapport Werner. Le rapport Werner, qui pour ces raisons est également connu sous le nom de « rapport Werner-Barre », fut adopté le 16 octobre 1970. Le plan prévoyait deux volets : une union économique au sein de laquelle les biens, les services, les personnes, les capitaux circuleraient librement ; une union monétaire caractérisée par la convertibilité totale, l'élimination des marges de fluctuation et la fixation irrévocable des parités entre les différentes monnaies. Sans être nécessaire, l'adoption d'une monnaie unique était considérée comme préférable. Le rapport Werner préconisait l'achèvement de l'Union économique et monétaire avant l'année 1980. Cela supposait le dépassement du traité de Rome et une nouvelle répartition des pouvoirs entre les États et les institutions communautaires. Le rapport proposait ainsi de mettre en place un système communautaire des Banques centrales, inspiré par la Banque fédérale américaine.

Le 22 mars 1971, le Conseil des ministres adopta une résolution, qui prévoyait la réalisation de l'Union économique et monétaire en trois étapes. Au cours de la première phase (d'une durée de trois ans à compter du 1er janvier 1971), le Conseil des ministres et le Comité des gouverneurs des Banques centrales se réuniraient périodiquement pour coordonner les politiques budgétaires et monétaires de leurs pays. Au cours d'une deuxième phase, les marges de fluctuations entre les monnaies seraient progressivement abolies. Pour rendre effective la convergence des politiques monétaires, le rapport Werner prévoyait un Fonds européen de coopération monétaire. Enfin, lors d'une troisième phase,

on parviendrait à l'institution d'une monnaie européenne (à l'époque, on parla d'« écu » et de « florin »).

En mai 1971, après une intense période de spéculation monétaire internationale, le gouvernement
allemand, représenté par le ministre des finances
allemand Schiller, obtint du Conseil l'autorisation
de faire fluctuer le mark : rien n'était plus contraire
à l'esprit de la résolution du 22 mars, au moment
même où les pays membres étudiaient les moyens
de réduire les fluctuations entre les différentes
monnaies. La France se retira immédiatement des
comités concernés. Le désaccord franco-allemand
se prolongea durant des mois. Des divergences
fondamentales séparaient Schiller et Giscard d'Estaing : le premier était un ardent défenseur du marché libre, le second demandait que l'on adopte, au
niveau communautaire, des mesures de contrôle
des mouvements de capitaux.

Le 15 août 1971, le président américain, Richard
Nixon, annonça la suspension de la convertibilité
du dollar en or. La fluctuation de la monnaie américaine, qui perdit aussitôt une partie de sa valeur
face aux devises européennes, provoqua de fortes
perturbations. Cela mit fin au système de Bretton
Woods, qui avait garanti depuis un quart de siècle
l'ordre monétaire international. Le Conseil se réunit
pour prendre des mesures communes. En raison
des divergences entre Schiller et Giscard d'Estaing,
la réunion fut un cuisant échec. La confiance sembla se rétablir à la fin de l'été. Le 13 septembre, le
Conseil réussit à exprimer une position commune
au sein du groupe des Dix, l'organisme chargé de
coordonner la politique monétaire des dix pays les
plus riches du monde. Lors de la conférence de

Washington (décembre 1971), les Dix fixèrent de nouvelles parités monétaires, mettant provisoirement fin aux fluctuations du dollar. Cela permit à Raymond Barre de relancer les projets d'Union économique et monétaire. Le 21 mars 1972, le Conseil approuvait une résolution qui réduisait les écarts de changes entre monnaies. Le serpent monétaire était né.

LE FONCTIONNEMENT
DU SERPENT MONÉTAIRE

— Les écarts maximaux de changes entre les monnaies communautaires sont limités à +/– 2,25 %.

— La Banque centrale du pays dont la monnaie est faible doit racheter sa monnaie nationale et céder la monnaie forte.

— La Banque centrale dont la monnaie s'est appréciée doit acheter la monnaie faible et vendre ou prêter sa monnaie nationale.

— Par rapport au dollar, les monnaies européennes évoluent tel un serpent à l'intérieur d'un tunnel, aux marges de fluctuation de 4,5 %.

Le rapport Davignon

Au sommet de La Haye, les ministres des Affaires étrangères avaient également chargé un comité de directeurs des Affaires politiques de préparer un rapport définissant les objectifs à atteindre en politique étrangère. Le rapport, qui prit le nom du président du comité, le vicomte belge Étienne Davignon, fut soumis aux ministres des Affaires étrangères, réunis à Bagnaia, près de Rome. Les conclusions du rapport Davignon furent approuvées à Luxembourg le 27 octobre 1970. Le rapport recommandait une harmonisation des politiques étrangères, ce qui favoriserait le développement des Communautés et donnerait « aux Européens une conscience plus vive de leurs responsabilités ». À ce titre, il peut être considéré comme le document fondateur de la coopération politique européenne.

LE « RAPPORT DAVIGNON »
(Extraits)

Soucieux de réaliser des progrès dans le domaine de l'unification politique, les gouvernements décident de coopérer en matière de politique étrangère.

I. OBJECTIFS

Les objectifs de cette coopération sont les suivants :

— assurer par une information et des consultations régulières une meilleure compréhension mutuelle sur les grands problèmes de politique internationale ;

— renforcer leur solidarité en favorisant une harmonisation des points de vue, la concertation des attitudes et, lorsque cela apparaîtra possible et souhaitable, des actions communes.

II. RÉUNIONS MINISTÉRIELLES

1. À l'initiative du président en exercice, les ministres des Affaires étrangères se réunissent au moins tous les six mois :

— s'ils estiment que la gravité des circonstances ou l'importance des sujets à traiter le justifie, leur réunion peut être remplacée par une conférence des chefs d'État ou de gouvernement ;

— en cas de crise grave ou d'urgence particulière, une consultation extraordinaire sera organisée entre les gouvernements des États membres. Le président en exercice se mettra en rapport avec ses collègues afin d'assurer cette consultation.

III. COMITÉ POLITIQUE

1. Un comité composé des directeurs des Affaires politiques se réunit au moins quatre fois par an en vue de préparer les réunions ministérielles et de s'acquitter des tâches confiées par les ministres

---

Sur le plan de la procédure, les décisions n'étaient pas très importantes : elles prévoyaient des réunions semestrielles au niveau des ministres des Affaires étrangères et trimestrielles au niveau des fonctionnaires suppléants des ministres. Pour établir un lien organique avec la Communauté, la présidence de ces réunions devait coïncider avec la présidence du Conseil des ministres. L'aspect le plus intéressant du plan Davignon résidait dans le fait que la coopération politique était insérée dans le dispositif communautaire. On abandonnait ainsi le vieux projet gaulliste d'une « communauté politique » parallèle à la communauté économique. Il s'agissait donc d'une première tentative de coordonner au niveau communautaire les politiques étrangères des États membres. Les événements survenus ultérieurement allaient atténuer ces espoirs. Le rapport Davignon constituait toutefois un premier pas vers une politique étrangère commune des pays membres.

Au cours de la réunion de Bagnaia, les ministres des Affaires étrangères avaient également nommé la nouvelle Commission, qui entra en fonctions le 1er juillet 1970. Pour la présidence, on fit appel à Franco Maria Malfatti, un jeune ministre démocrate-chrétien du gouvernement d'Aldo Moro. D'autres hommes nouveaux firent leur entrée dans cette Commission, qui aurait pour tâche principale de mener la négociation entre les Britanniques et la Communauté. Deux désignations suscitèrent la surprise au sein du microcosme des spécialistes européens : celle de Ralf Dahrendorf, le célèbre sociologue allemand, et celle d'Altiero Spinelli, l'un des représentants historiques du mouvement fédéraliste. Restaient par ailleurs dans la Commission le Hollandais Sicco Mansholt (qui succédera à Malfatti lorsque celui-ci sera élu au Parlement italien), le belge Albert Coppé, les français Raymond Barre et Jean-François Deniau, qui allait avoir un rôle important dans la négociation avec les Britanniques.

Les négociations avec la Grande-Bretagne

Les négociations avec les quatre États candidats (Grande-Bretagne, Irlande, Danemark, Norvège) débutèrent véritablement au cours de l'été 1970. Le 23 juin, les conservateurs d'Edward Heath étaient arrivés au pouvoir au Royaume-Uni. Cela parut confirmer une prophétie de Charles de Gaulle, selon laquelle il n'était possible de négocier l'entrée du Royaume-Uni dans la Communauté qu'avec le Parti conservateur. La victoire de Heath incita également le Parti travailliste à se replier sur des positions anticommunautaires.

Le 30 juin 1970, la conférence sur les négociations d'adhésion s'ouvrit à Luxembourg. Le minis-

tre sans portefeuille Anthony Barber en fut chargé
pour le compte des Britanniques. Il était accompagné par le ministre des Affaires étrangères britannique, Sir Alec Douglas-Home. Les ministres irlandais,
danois et norvégien étaient également présents. Le
ministre belge des Affaires étrangères, Pierre Har-
mel, prit la parole au nom des Six. Il rappela que la
négociation devait se fonder sur trois principes : en
premier lieu, l'acquis communautaire était irréversible ; ensuite, les Britanniques ne devaient pas son-
ger à remettre en cause l'accord du sommet de
La Haye, qui ouvrait la voie à une union économique et monétaire ; enfin, les mesures d'adaptation
en vue de l'adhésion ne devaient pas modifier les
traités. Un calendrier de transition serait mis au
point pour parvenir progressivement à une libre
circulation des produits industriels et agricoles.
Dans sa réponse, Anthony Barber confirma la position adoptée en 1967 par le gouvernement travailliste : la Grande-Bretagne souhaitait que l'on né-
gocie des périodes transitoires pour la Politique
agricole commune, la contribution britannique au
budget communautaire et les exportations de sucre
du Commonwealth. Dès le premier jour, il apparut
clairement que la contribution britannique serait le
problème le plus aigu de la négociation.

Les négociations d'adhésion eurent essentiellement lieu entre la Commission et les pays candidats, tandis que le Conseil des Six agissait uniquement comme juge et mandataire. La délégation de
la Commission fut dirigée par Jean-François Deniau qui, en tant que fonctionnaire européen, avait
déjà participé aux négociations de 1962. Sa connaissance précise des problèmes et des interlocu-

teurs britanniques allaient être d'une grande utilité au cours des discussions.

Selon l'attente générale, la négociation aurait dû aborder rapidement les points essentiels. Pourtant, les premiers mois furent consacrés à des questions de détail, comme si les Britanniques ne voulaient pas aborder de manière frontale les oppositions de leurs interlocuteurs. Ils donnaient ainsi l'impression de ne pas vouloir négocier sérieusement : ils refusaient le prix de l'adhésion, mais demandaient de participer d'ores et déjà à la vie communautaire, ne serait-ce qu'en tant qu'observateurs. La Commission reprit l'initiative. Dans un document approuvé le 17 novembre, elle proposa des solutions aux grands problèmes de la négociation : les rythmes d'adaptation des pays candidats à la Politique agricole commune ; le désarmement tarifaire à l'intérieur de la Communauté et l'introduction du tarif extérieur commun ; le financement des politiques communautaires et de l'extension progressive du régime des ressources propres aux pays candidats ; enfin, le problème du sucre du Commonwealth et celui des produits laitiers de Nouvelle-Zélande.

Les propositions de la Commission furent diversement accueillies par les États membres. En tout cas, elles ne suffirent pas à accélérer le rythme de la négociation. Selon une tactique qu'ils adopteraient jusqu'à la fin des pourparlers, les Britanniques tardaient à émettre des contre-propositions. L'impatience des Français grandissait. Le 21 janvier 1971, Georges Pompidou l'exprima durement à la télévision : « Les Anglais ont un grand sens de l'humour ; nous en sommes précisément au stade de l'humour. » La négociation s'orientait vers une confrontation franco-britannique. Il fallait donc qu'un grand événement politique sorte les négociations de l'impasse.

Edward Heath et Georges Pompidou se rencontrèrent à Paris le 21 mai. À la veille de ces entretiens, on avait constaté des progrès importants. Le 13 mai, les Six et les Britanniques étaient parvenus à un accord sur les mesures transitoires dans le secteur agricole et pour le sucre du Commonwealth. Une solution s'amorçait également pour la question du financement de la Communauté. La rencontre Heath-Pompidou permit d'aborder trois ordres de problèmes : la structure de la Communauté, son rôle dans le monde et les questions monétaires. En ce qui concerne la structure communautaire, Heath ne pouvait que souscrire aux thèses confédérales mises en avant par Pompidou. Sur le deuxième point, Heath n'eut aucune difficulté à accepter les positions françaises. Au cours d'une interview accordée à la BBC avant cette rencontre, Pompidou avait souligné son refus de faire de l'Europe un contrepoids à l'influence des deux Grands ; il avait même évoqué l'alliance avec les États-Unis et évité l'expression d'« Europe indépendante ». Contrairement à dix ans auparavant, le partenariat transatlantique et les questions de défense ne posaient plus de difficulté. Les problèmes monétaires restaient cependant en suspens. Une part importante des conversations de l'Élysée fut consacrée au rôle futur de la livre sterling. Pour Georges Pompidou, la livre symbolisait les liens politiques et financiers qui unissaient la Grande-Bretagne au Commonwealth et aux États-Unis. Pour entrer dans la Communauté, Londres devait s'engager à mettre fin aux privilèges de la livre sterling.

La rencontre Heath-Pompidou permit de relancer la négociation. La question de la livre sterling, qui pendant des mois avait semblé insurmontable, fut rapidement résolue. La conférence s'apprêtait à affronter les derniers sujets en suspens, c'est-à-dire le problème, apparemment mineur, du beurre et du fromage néo-zélandais et celui de la contribution britannique au budget communautaire. Lors des négociations, il apparut déjà que, dans ce dernier domaine, la solution ne serait que provisoire. Mais tous étaient fermement décidés à conclure la négociation : les derniers compromis furent acceptés par les délégations au cours de la nuit du 22 au 23 juin.

Les accords furent alors soumis au Parlement britannique. Après quelques hésitations, Harold Wilson avait pris la tête de la majorité du parti travailliste, qui était hostile aux accords. Le slogan « No entry in Tory terms » ne parvint cependant pas à rassembler les travaillistes lors du vote de ratification aux Communes. Le Premier ministre, Edward Heath, réussit à obtenir une majorité exceptionnelle et inattendue de 356 votes contre 244, en raison du vote favorable d'une minorité aguerrie de travaillistes proeuropéens. La victoire de Heath semblait avoir résolu de façon définitive la question du retour du Royaume-Uni sur la scène continentale. Il faudrait cependant de longues années pour que les Britanniques se résignent, à contrecoeur, à n'être qu'une puissance moyenne.

L'élargissement de la Communauté fut également soumis au peuple français. Par ce référendum, qui eut lieu le 24 avril 1972, Pompidou voulait consacrer la légitimité de sa politique. Mais, après les polémiques qui l'avaient précédée, l'entrée du Royaume-Uni dans la CEE était désormais considérée comme acquise. Le oui l'emporta largement (68,3 % des votants), mais la faible participation au référendum (40 % des électeurs, auxquels s'ajoutaient 7 % de bulletins blancs ou nuls) déçut profondément Georges Pompidou. À partir de cette date, la politique française devint plus incertaine, comme si le président s'interrogeait sur le bien-fondé de sa politique européenne, qui ne suscitait pas l'enthousiasme de son opinion publique.

Le traité d'adhésion fut signé à Bruxelles le 22 janvier 1972 par les représentants du Royaume-Uni, de l'Irlande, du Danemark et de la Norvège. Le 25 septembre, une majorité de Norvégiens (53,5 %) refusait cependant de ratifier l'adhésion à la Communauté. Avant même la fin des négociations, les Six avaient adopté un règlement sur la politique commune de la pêche. Déjà fort controversé au sein des pays membres, ce règlement avait suscité la désapprobation d'une grande partie de l'opinion publique norvégienne. La Norvège continua à faire partie de l'AELE, avec laquelle la Communauté avait conclu, le 22 juillet 1972, un accord de libre-échange. Par cet accord, on mettait véritablement un terme au protectionnisme qui sévissait en Europe depuis les années trente. Le 1er janvier 1973, le Royaume-Uni, l'Irlande et le Danemark entrèrent dans la Communauté, qui comptait désormais neuf membres. L'Europe occidentale était désormais, à quelques secteurs près, une vaste zone de libre-échange destinée à se perfectionner au cours des années à venir.

Le sommet de Paris

Une nouvelle conférence au sommet devait consacrer l'élargissement aux nouveaux États et fixer le programme de travail de la Communauté. La préparation de cette conférence fut particulièrement difficile. Elle fut assurée par les ministres des Affaires étrangères, assistés par un comité *ad hoc* composé de hauts fonctionnaires. La lenteur des travaux préparatoires, et la réticence des ministres à exprimer de manière définitive la position de leurs gouvernements furent la cause de la mauvaise humeur que Georges Pompidou manifesta plusieurs fois au cours de l'année 1972. En réalité, il fallait attendre la rencontre au sommet pour que les positions de chacun deviennent plus claires.

Au mois de mars 1972, les ministres des Affaires étrangères des Dix se réunirent plusieurs fois pour préparer le sommet. La session du 20 mars fut consacrée aux relations extérieures de la Communauté. Lors de cette réunion, les ministres des Affaires étrangères des six pays procédèrent au remplacement du président de la commission, Franco Maria Malfatti, qui avait remis sa démission pour se porter candidat aux élections législatives italiennes. La démission de Malfatti montrait, une fois de plus, l'absence de liens suffisants entre la vie politique nationale et les institutions communautaires : la participation à la Commission, et même sa présidence représentaient une cassure grave dans la carrière d'un homme politique. À cette époque, il était généralement difficile pour un membre de la Commission de se réinsérer dans le cadre politique de son pays.

À la surprise générale, on nomma à la succession de Malfatti, pour la période du 1er avril au 31 décembre 1972, le vice-président de la Commission, Sicco Mansholt. Parmi les commissaires qui s'étaient succédé depuis l'entrée en vigueur des traités, Mansholt était certainement la personnalité la plus connue et la plus controversée. À l'origine des projets et des négociations pour la Politique agricole commune, il en avait poursuivi la réalisation avec opiniâtreté, avant d'en remettre en cause certains principes. Mansholt n'avait jamais caché ses sentiments fédéralistes et n'avait jamais manqué une occasion de manifester ses idées au cours de la période gaullienne. Sa nomination révélait que les Français montraient plus d'égards vis-à-vis de l'institution tant décriée par de Gaulle.

Les ministres des Six et des quatre pays candidats se réunirent en mai à Luxembourg pour aborder le thème des réformes institutionnelles. Georges Pompidou souhaitait donner une nouvelle impulsion à l'union politique. Il avait donc repris l'un des points fondamentaux du projet Fouchet : la constitution d'un secrétariat politique, qui aurait pour tâche de préparer et de coordonner les réunions des ministres des Affaires étrangères de la Communauté. Ce secrétariat politique aurait dû avoir son siège à Paris, mais le moment choisi n'était pas favorable. De plus, Pompidou s'abstint de préciser les relations structurelles entre ce secrétariat politique et les institutions de Bruxelles. Cela suscita la méfiance des Britanniques qui supportaient mal, à la veille de leur adhésion, que Paris devienne le centre politique de l'Europe.

L'incertitude persista au cours de l'été 1972. Comme nous l'avons vu, le président français avait été déçu par la forte abstention lors du référendum sur l'entrée des nouveaux pays. Au mois de juillet, Jacques Chaban-Delmas avait été remplacé par Pierre Messmer au poste de Premier ministre. On crut alors à une annulation du sommet qui devait se dérouler à Paris. Le 9 septembre, Pompidou et Brandt se rencontrèrent à Munich, à l'occasion des jeux Olympiques, et confirmèrent que le sommet aurait bien lieu.

Ce nouveau sommet de Paris (19-21 octobre 1973) établit un programme de travail pour les institutions de l'Europe élargie. Pour Georges Pompidou, il s'agissait de donner une nouvelle base aux traités européens. En ce sens, le sommet de Paris apparaît comme la dernière tentative de la France pour façonner la Communauté selon un modèle conforme à ses intérêts, devant la nouvelle autonomie de l'Allemagne, illustrée par les succès de l'*Ostpolitik* et les réussites de l'économie d'Outre-Rhin.

Les conclusions du sommet de Paris montraient les ambitions de Pompidou. Dès le préambule, la volonté d'une relance était clairement affichée : on mentionnait ainsi les « finalités politiques » de la Communauté, porteuse de progrès et capable d'établir un meilleur équilibre international. L'Europe devait « faire entendre sa voix dans les affaires mondiales », « accroître son effort d'aide et de coopération à l'égard des peuples les plus démunis » et « favoriser le développement des échanges internationaux ». Le communiqué annonçait ensuite la décision de réaliser, au plus tard le 31 décembre 1980, l'Union économique et monétaire. Dans l'immédiat, les chefs d'État et de gouvernement décidaient de mettre en place, à partir du 1er juillet 1973, un Fonds européen de coopération monétaire. Les Neuf s'engageaient également à mettre en œuvre une politique régionale commune et à organiser une coopération en matière de politique extérieure. Enfin, les chefs d'État et de gouvernement se donnaient comme objectif de transformer, avant la fin de la décennie, « l'ensemble des relations des États membres en une Union européenne ». C'était la première fois que l'expression « Union européenne » figurait dans un document signé par les États membres.

La Commission Ortoli

Le 6 janvier 1973, la nouvelle Commission de la Communauté des Neuf entra en fonctions. La présidence avait été confiée pour la première fois à un Français, François-Xavier Ortoli. Personnalité de premier ordre, Ortoli était un ancien collaborateur de Georges Pompidou et avait été plusieurs fois ministre au cours des années soixante. Il avait travaillé à la Commission de la CEE dans les années 1950 en tant que directeur général du marché intérieur, et avait lancé avec grand succès l'union douanière de la Communauté. Parmi les treize nouveaux commissaires, figuraient deux Britanniques, un Danois et un Irlandais. Les deux membres britanniques étaient le conservateur Sir Christopher Soames et le travailliste George Thompson.

La nouvelle Commission dut aussitôt faire face au problème des crises monétaires qui touchaient plusieurs États membres de la CEE. Dès le mois de juin 1972, le Royaume-Uni, confronté à une série d'attaques spéculatives, avait laissé flotter la livre, abandonnant ainsi le serpent monétaire. Il fut rapidement imité par le Danemark. En février 1973, le dollar fut dévalué de 10 %, ce qui provoqua la sortie de l'Italie du serpent monétaire. Le gouvernement italien, aux prises avec une situation économique difficile, fut autorisé à utiliser des méthodes d'intervention différentes de celles qui avaient été fixées en mars 1972. En mars 1973, le « serpent » sortit lui-même du tunnel, dépassant les limites de conversion fixées par rapport au dollar.

La Commission tenta de réagir à ces crises par une fuite en avant : si l'on voulait conserver le serpent monétaire, il fallait créer de nouveaux mécanismes de solidarité entre les Neuf. La Commission proposa ainsi de mettre en commun des ressources monétaires pour venir en aide aux monnaies les plus menacées. Le Conseil des ministres se réunit à Bruxelles les 11 et 12 mars 1973 pour discuter ces propositions. Le ministre allemand des Finances, Helmut Schmidt, manifesta une certaine méfiance vis-à-vis de l'indiscipline de ses partenaires. Le gouvernement allemand était sceptique quant à la capacité des autres États à respecter des engagements précis en matière budgétaire : il n'accepta pas la première allocation de ressources (dix milliards de dollars) au Fonds européen de coopération monétaire. Après le refus allemand, il apparut irréaliste de ramener la lire italienne et la livre sterling à l'intérieur du serpent monétaire. Dès lors, les espoirs d'une réalisation rapide de l'Union économique et monétaire avaient vécu.

Cette période marque le début d'une hostilité des Allemands pour toute nouvelle initiative comportant un transfert de ressources au niveau européen et, plus généralement, une attitude critique envers le coût global de l'intégration européenne. Dans les cinq années suivantes, le gouvernement de la RFA chercha à mener une politique de rigueur monétaire, jugée capable de lutter contre l'inflation. Cela montrait que les temps avaient changé. Les raisons politiques qui avaient justifié et encouragé la naissance de la Communauté n'étaient plus d'actualité. Aux yeux des Allemands, il n'y avait aucune raison d'aller au-delà de ce qui avait été prévu par les traités et mis en œuvre, avec plus ou moins de succès, au cours des quinze dernières années.

La France avait à son tour des doutes, même si le président de la Commission de l'époque, François-Xavier Ortoli, ne pouvait être soupçonné de fédéralisme. Le président Pompidou avait perçu, avec une crainte peut-être excessive, les conséquences de l'*Ostpolitik*. Dans un contexte économique difficile, il était par ailleurs sceptique sur la compétitivité de la France face à l'Allemagne. Sa turbulente majorité gaulliste n'aurait pas apprécié que Pompidou lance une nouvelle étape de la construction européenne, au-delà des principes mis en avant lors du sommet de Paris. En d'autres mots, les Français avaient manqué un rendez-vous de l'histoire communautaire.

La naissance de la politique régionale communautaire

Le changement d'équilibre politique survenu au sein de la Communauté apparut encore plus clairement dans les mois qui suivirent le Conseil de Bruxelles. Jusqu'en 1973, la seule véritable politique mise en œuvre par la Communauté avait été la

Politique agricole commune. Le sommet de Paris avait décidé de créer un Fonds régional, destiné à éliminer les disparités structurelles au sein de la Communauté. Politiquement, le Fonds régional européen devait avoir une portée décisive pour la réalisation de l'unification européenne : on n'avait jamais vu des États souverains transférer des ressources à d'autres États, sans contreparties immédiates et visibles, et dans le seul but de permettre un meilleur équilibre au sein d'une union douanière.

Le traité de Rome avait comme objectif « une expansion continue et équilibrée » de l'économie des États membres. En réalité, la croissance au sein de la Communauté avait été, du moins jusqu'alors, continue mais très peu équilibrée. La Communauté avait atteint au cours de son existence des rythmes de croissance élevés (en moyenne 5 % par an entre 1960 et 1970). Pourtant, l'écart entre les régions les plus riches et les plus pauvres n'avait pas changé. L'émigration et le sous-emploi structurel avaient même accentué le fossé entre les zones prospères et les régions sous-développées, comme le Mezzogiorno italien. S'ils avaient prévu un instrument d'intervention (la Banque européenne d'investissement), les auteurs du traité de Rome n'avaient pas souhaité qu'un pouvoir supranational puisse mener des actions dans les régions moins avancées.

Cependant, il était devenu de plus en plus évident que l'ouverture des marchés favorisait l'investissement dans les régions où la richesse et le progrès s'étaient concentrés depuis des siècles. C'était désormais une thèse récurrente, soutenue en particulier par les Italiens, que le bon fonctionnement d'un marché intégré nécessitait le transfert de ressources ; en particulier, l'exode rural menaçait l'équilibre territorial, tandis que la crise qui affectait les zones anciennement industrialisées rendait nécessaires de nouvelles initiatives.

Au niveau national, les politiques destinées à aider les régions pauvres et en déclin différaient profondément. Les États membres s'opposaient à toute tentative de coordination de leurs politiques. Les Britanniques avaient soulevé ce problème au cours de la négociation d'adhésion. La décision de créer le Fonds régional fut en grande partie due à leur action. Ce n'était pas un hasard si, au sein de la Commission Ortoli, le portefeuille de la politique régionale avait été attribué au Britannique George Thompson.

Le 31 juillet 1973, la Commission présentait au Conseil une proposition sur la création d'un Fonds européen de développement régional (FEDER). Elle indiquait également les régions dans lesquelles le Fonds devrait intervenir, en complétant les aides nationales, et en particulier les régions fortement agricoles ou en crise industrielle.

Les propositions de la Commission suscitèrent une vive controverse. Une politique régionale communautaire imposait une volonté particulière : il s'agissait en effet de déléguer à la Communauté un pouvoir d'intervention vis-à-vis des régions les plus pauvres. La politique régionale comportait des sacrifices pour les États membres les plus riches, au moment où se profilait une crise économique de grande ampleur. La France de Pompidou se raidissait sur des positions gaullistes et refusait de nouvelles délégations de compétences aux institutions européennes. Le gouvernement allemand n'acceptait pas que l'on procède à un transfert de ressources dont il devait endosser une part importante, sans avoir de garanties suffisantes sur leur gestion et leur utilisation. Le gouvernement d'Edward Heath vivait des mois difficiles face à une opposition syndicale déterminée et à une contestation croissante de la part du parti travailliste, qui critiquait l'adhésion du Royaume-Uni à la CEE.

Le pessimisme avec lequel furent accueillies les propositions de la Commission affaiblit la ferveur européenne des conservateurs et encouragea l'hostilité de l'opposition. La situation intérieure britannique s'aggrava, lorsque le Conseil des ministres ne parvint pas à approuver la mise en place, avant le 1er janvier 1974, du Fonds européen de développement régional, contrairement au mandat qui lui avait été donné lors du sommet de Copenhague (14-15 décembre 1973). Ce fut l'une des raisons qui encouragèrent les travaillistes à annoncer, au cours de la campagne électorale, que les conditions d'adhésion du Royaume-Uni feraient l'objet d'une « renégociation ».

Les autres objectifs du sommet de Paris, tels que la politique sociale, la politique industrielle et la politique de l'énergie, ne connurent pas un sort meilleur. Le sommet de Copenhague montra aux yeux de tous que la Communauté n'avait pas seulement perdu son dynamisme, mais qu'elle avait fait marche arrière, au moment où elle entrait dans la période la plus difficile de l'après-guerre.

Henry Kissinger et l'Europe

« Cette année sera appelée l'année de l'Europe », proclamait Henry Kissinger, en introduisant le 23 avril 1973 à New York le banquet annuel de l'*As-*

sociated Press. Ce discours fut aussitôt comparé à l'annonce du plan Marshall. Au cours des dernières années, les rapports entre États-Unis et Europe avaient été caractérisés par de forts désaccords, en particulier au sujet de la guerre du Vietnam. Avec son discours, Kissinger voulait peut-être effacer l'irritation des Européens, exclus des négociations de désarmement (SALT) et de la nouvelle politique chinoise de Nixon. Mais les Européens se souvenaient surtout de l'acte unilatéral par lequel les Américains avaient mis fin à la convertibilité du dollar, bouleversant l'ordre monétaire international au moment même où les projets d'Union économique et monétaire ravivaient les espoirs de l'intégration européenne.

Que proposaient les États-Unis pour modifier leurs rapports avec les Européens ? Sur le plan des rapports internes de l'Occident, le discours de Kissinger n'apportait aucun élément nouveau. Avec une satisfaction non dissimulée, il soulignait les progrès des relations diplomatiques entre les deux superpuissances, avec une allusion à l'*Ostpolitik* (« Nous avons soutenu et voulu des négociations concrètes ») qui mettait fin à la mauvaise humeur que les Américains avaient manifestée plusieurs fois à l'égard des Allemands.

Dans le discours de Kissinger, il y avait la déclaration rituelle sur le soutien des États-Unis à la construction de l'Europe politique et un appel pour une libéralisation accrue des échanges. Le secrétaire d'État américain plaidait également pour que les Européens augmentent leur participation politique et financière à l'Alliance atlantique. Kissinger ajoutait toutefois : « Il est inutile que nous nous mettions d'accord sur tous les aspects de notre politique. Dans de nombreuses régions du monde, notre comportement pourra différer, particulièrement hors de l'Europe. »

Ces propositions n'étaient pas donc de taille à susciter l'enthousiasme de l'autre côté de l'Atlantique. En effet, Kissinger opposait une vision régionale de la Communauté européenne aux partisans d'un rôle mondial de l'Europe. Ce faisant, il attisait à nouveau la méfiance des proeuropéens, quelques mois après l'adhésion de la Grande-Bretagne, qui faisait déjà peser des incertitudes. L'intervention de Kissinger fut également comparée au discours du 4 juillet 1962, où Kennedy avait offert à la Communauté le partenariat avec les États-Unis. Quelque intempestive et prématurée qu'elle fût, la proposition de Kennedy n'avait pas fixé de limites précises au rôle de l'Europe et ne la réduisait pas à une puissance régionale.

Henry Kissinger avait en outre proposé de réunir dans une nouvelle Charte atlantique tous les objectifs communs de l'Europe et des États-Unis. Ses attentes furent déçues, car les Européens furent incapables de définir dans un document unique les actions communes en matière politique et économique. Cela confirma le scepticisme sur la crédibilité de la Communauté européenne, que Kissinger avait déjà exprimé en 1970 (« L'Europe, quel numéro de téléphone ? »). Quelques mois plus tard, au sommet de Copenhague (décembre 1973), les Neuf annoncèrent que la Communauté devait se doter d'une politique étrangère commune. Kissinger se borna à considérer cette déclaration comme « une bonne base pour des discussions futures ». Enfin, il est significatif que le discours de Kissinger ait été prononcé au cours de la semaine où le scandale du

Watergate éclatait dans toute son ampleur. L'administration Nixon allait progressivement vers la paralysie. Les motivations conjoncturelles à l'origine de « l'année de l'Europe » étaient en train de changer au moment même où Kissinger prononçait son discours : le Congrès américain avait désormais d'autres urgences à régler.

CHAPITRE V

LA SOLIDARITÉ MISE À L'ÉPREUVE

La Communauté et la crise énergétique

L'année 1973 fut cruciale pour la Communauté européenne comme pour le monde entier. La crise économique, qui avait commencé quelques mois auparavant, fut aggravée par la crise pétrolière engendrée par la guerre du Kippour (octobre 1973). Le prix du baril passa rapidement de trois à douze dollars. Exclus depuis plusieurs années de la politique étrangère des États-Unis, les Européens ne parvinrent pas à envisager une quelconque intervention au Moyen-Orient, avec ou contre les États-Unis. Aucun pays de la Communauté ne soutint l'envoi des renforts américains en Israël. Cela révélait l'absence d'une politique commune au sein des Neuf et montrait, en même temps, les limites objectives de l'Alliance atlantique, qui était devenue une sorte d'organisation régionale. La guerre du Kippour fut donc un tournant en ce qui concerne l'attitude américaine à l'égard de la Communauté et de ses membres.

Les efforts de vingt années d'intégration semblèrent anéantis par cet événement inattendu. Comme il n'y avait aucune trace d'une politique commune de l'énergie dans les traités, aucun État ne fut disposé à faire preuve de solidarité à l'égard des autres. Ainsi, les Hollandais, victimes d'un embargo pétrolier total de la part des Arabes, durent s'en sortir seuls, ce qu'ils firent remarquablement.

L'embargo pétrolier posait pour la première fois le problème des rapports entre pays industrialisés et pays producteurs de matières premières. Lors du sommet de Copenhague (14-15 décembre 1973), les Neuf étudièrent des propositions d'action dans le domaine de l'énergie, mais ne parvinrent pas à s'entendre. L'initiative passa alors aux États-Unis, qui cherchèrent à réunir leurs alliés dans un front commun contre les pays producteurs. Le secrétaire d'État américain Kissinger convoqua une conférence sur l'énergie, qui se déroula à Washington du 11 au 14 février 1974. La désunion régna dans les rangs de la Communauté européenne. Le ministre français des Affaires étrangères, Michel Jobert, s'opposa à tout front commun d'inspiration occidentale. Hormis l'Allemagne de l'Ouest, parfaitement alignée sur la position américaine, les autres pays de la Communauté se montrèrent incertains et divisés. La conférence n'obtint pas les effets escomptés. Les États participant à la réunion (à l'exception, bien entendu, des Français) acceptèrent sans grand enthousiasme la création d'une agence internationale au sein de l'OCDE.

Lors du sommet de Copenhague, les Neuf avaient rendu public un document sur l'« identité européenne », qui insistait notamment sur la coopération avec les États-Unis « sur une base d'égalité et un esprit d'amitié ». Les États de la Communauté avaient en outre demandé aux Américains de parve-

nir à une déclaration commune. Les négociations
se déroulèrent à Washington et en Europe. Au début du mois de mars, les Neuf avancèrent à vingt
pays arabes une proposition de collaboration politique et économique, sans avoir préalablement consulté les États-Unis. Irrités par les initiatives européennes, les Américains insistèrent pour que les
Neuf s'engagent à les consulter à chaque fois (avec
un droit de réciprocité) avant de prendre des décisions importantes. Lors d'une réunion des ministres
des Affaires étrangères (Bonn, 10-11 juin 1974), les
Neuf approuvèrent une formule « pragmatique »
pour contrecarrer la proposition américaine : « Si
l'un des Neuf considère qu'il serait utile de consulter les États-Unis à propos d'un problème donné,
qui présente pour eux un intérêt sûr [...], il demandera à ses partenaires de procéder à ladite consultation. Si un accord unanime est signé, la consultation aura lieu (la présidence en exercice en sera
chargée) ; s'il n'y a pas d'accord, elle n'aura pas lieu.
Il n'y a donc aucune obligation de consultation
préventive et systématique. » Quant à la Déclaration atlantique, elle fut approuvée avec un enthousiasme modéré par le Conseil de l'OTAN, qui se
réunit à Ottawa le 19 juin 1974. Dans ce document,
il ne restait aucune trace du lien entre les problèmes de sécurité et les questions politico-écono-
miques, qui constituait le point capital de la thèse
de Kissinger.

De nouveaux leaders européens

La première moitié de l'année 1974 fut marquée
par des changements à la tête de trois grands États

européens. Le premier pays concerné par l'alternance politique fut le Royaume-Uni, qui avait vécu l'une des périodes les plus tourmentées de l'après-guerre. En dépit d'une forte opposition de la classe politique et de l'opinion publique, Heath avait défendu l'entrée de la Grande-Bretagne dans la CEE, afin d'enrayer le déclin que le pays avait connu dans la période postimpériale. La ratification du traité d'adhésion n'avait pas fait taire les polémiques et la première année d'adhésion n'avait pas produit de miracles : il faudrait attendre des années pour que la Grande-Bretagne parvienne à atteindre le même degré d'intégration que les autres pays membres. L'aggravation de la crise économique encourageait l'opposition à se focaliser sur la controverse communautaire pour discréditer le gouvernement. La « renégociation » des conditions d'adhésion à la CEE fut donc l'un des thèmes majeurs de la campagne électorale, qui vit la victoire des travaillistes (28 février 1974).

En ce qui concerne la politique européenne, le gouvernement de Harold Wilson naquit sous le signe du pragmatisme. Le nouveau Premier ministre était parvenu à canaliser l'euroscepticisme de son opinion pour favoriser la victoire de son parti, sans toutefois remettre en cause la nécessité pour la Grande-Bretagne d'appartenir à l'Europe. La promesse électorale d'une renégociation ne pouvait cependant pas être ignorée par les autres pays membres. Les discussions sur les nouvelles exigences du Royaume-Uni furent longues et laborieuses, en particulier au sujet de la contribution financière.

En Allemagne, le chancelier Willy Brandt quitta la scène politique au printemps 1974. Helmut Schmidt fut appelé à lui succéder. Au cours des années précédentes, Schmidt avait dirigé l'économie allemande avec une fermeté et des succès notoires. Il incarnait le regain de puissance de l'Allemagne, en particulier au sein de la Communauté européenne. L'arrivée au pouvoir de Schmidt signifiait symboliquement la fin d'une Allemagne aux ambitions politiques limitées et le début d'une nouvelle ère dans les rapports entre les États membres, marquée par un poids accru des thèses allemandes.

Le 19 mai 1974, Valéry Giscard d'Estaing fut élu président de la République française, succédant à Georges Pompidou, décédé le 2 avril. Comme Schmidt, Giscard d'Estaing avait dirigé l'économie de son pays au cours des dernières années. Toutefois, le nouveau président se distinguait par certains aspects de ses prédécesseurs. Pour la première fois depuis 1958, la politique étrangère française allait abandonner les doctrines d'inspiration gaulliste. D'une certaine manière, la montée au pouvoir de Giscard d'Estaing et de Schmidt était symptomatique d'un plus grand pragmatisme, qui était indispensable pour affronter la crise. La connaissance et l'estime réciproques qui liaient les deux hommes allaient instaurer un meilleur dialogue entre la France et l'Allemagne et permettre de réaliser le rapprochement entre les deux pays qui avait fait défaut à l'époque de Pompidou.

L'Italie, le pays le plus fragile de la Communauté, était déjà affaiblie par la crise et touchée par l'inflation avant même que ne survienne la guerre du Kippour. L'adoption de mesures draconiennes de limitation des importations fit même craindre l'échec des principes de libre circulation qui avaient été fixés par le traité de Rome. Le 8 mai 1974, l'Italie reçut une autorisation exceptionnelle pour appliquer ces mesures. Malgré les craintes généralisées selon lesquelles le pays était au bord du gouffre, il put en outre bénéficier du soutien monétaire de la Communauté par le biais de prêts à court et à moyen terme.

Le monde occidental était ainsi en proie à une crise profonde. Si les dangers du protectionnisme et des guerres commerciales furent évités au cours des années 1974-1975, c'est en grande partie parce que la Communauté parvint à se protéger des fractures internes dans le domaine de la libre circulation. En dépit du désordre monétaire, elle parvint à garder son unité vis-à-vis du monde extérieur, ce qui lui permit d'exiger le respect du libre-échange au niveau international.

La création du Conseil européen

Depuis le début de la Communauté, sept sommets avaient réuni les chefs d'État ou de gouvernement des États membres. Ces sommets avaient eu lieu à intervalles irréguliers et en fonction des urgences de l'actualité. Le défaut d'un leadership politique se faisait ressentir à tous les niveaux. L'impasse dans laquelle se trouvait la Communauté était en partie due à la paralysie du Conseil des ministres et à la faiblesse politique de la Commission. Au cours des années, ces deux phénomènes s'étaient aggravés et les Français en portaient une part de responsabilité. En août 1973, Jean Monnet avait proposé de former un « gouvernement européen provisoire » pour donner un nouveau souffle politique aux institutions communautaires, mais cette proposition avait échoué.

L'arrivée au pouvoir d'hommes « pragmatiques » comme Valéry Giscard d'Estaing et Helmut Schmidt modifia la donne. Dans sa volonté de changement, Giscard avait fait taire les polémiques à l'encontre des États-Unis et renoué le dialogue avec les pays producteurs de matières premières. En cela, les idées de Giscard étaient proches de celles du nouveau chancelier allemand. Pompidou avait essayé de contrecarrer la puissance croissante de l'Allemagne en se rapprochant du Royaume-Uni. La politique de Giscard permit de relancer avec une nouvelle vigueur l'axe franco-allemand à la tête de la Communauté.

Dès les premières semaines de son élection, Giscard avait manifesté un intérêt évident pour les questions européennes et pour une réforme des institutions communautaires. On attendait donc avec impatience une initiative française. Une fois de plus, Jean Monnet contribua à l'inspirer, rencontrant successivement le président français et le chancelier allemand. Lors du sommet de Paris (9-10 décembre 1974), Giscard proposa la création d'un Conseil européen des chefs d'État et de gouvernement. Le Conseil européen (à ne pas confondre avec le Conseil de l'Europe, créé en 1949, ni avec le Conseil des ministres de la Communauté) se réunirait trois fois par an. Par l'institutionnalisation des conférences au sommet et leur transformation en Conseil européen, les sujets politiques communautaires seraient ainsi discutés au plus haut niveau. Du point de vue institutionnel, le Conseil européen serait régi par les règles qui définissaient le fonctionnement du Conseil des ministres. Le Conseil européen devait donc être considéré comme un conseil communautaire réuni au plus haut niveau. L'institution du Conseil européen ne rendait donc pas nécessaire une révision des traités. En devenant un centre de décision politique étroitement lié à la structure communautaire, le Conseil européen permettrait enfin d'impliquer directement les chefs de gouvernement dans le cadre des institutions communautaires.

En contrepartie de la création du Conseil européen, la France acceptait l'élection au suffrage universel direct du Parlement européen. Depuis le début de l'histoire communautaire, l'élection directe des membres de l'Assemblée parlementaire européenne (dénomination officielle du Parlement) avait été l'un des problèmes institutionnels les plus débattus. L'élection directe des parlementaires européens était déjà prévue dans l'article 138 du traité de Rome : « L'Assemblée élaborera des projets visant à permettre l'élection au suffrage universel direct, suivant une procédure uniforme dans tous les États membres. Par une délibération à l'unanimité, le Conseil établira les dispositions que les États membres seront appelés à adopter sur sa recommandation, conformément à leurs normes constitutionnelles respectives. »

Le débat sur l'élection des parlementaires était allé de pair avec la discussion sur l'élargissement des pouvoirs du Parlement. Cette situation avait favorisé les adversaires de l'élection directe, vu qu'il était beaucoup plus difficile de modifier des compétences institutionnelles que d'exécuter une obligation inscrite dans les traités. L'histoire des démocraties modernes montre que le mode d'élection des représentants du peuple est étroitement lié au contenu du mandat qui leur est confié. En d'autres termes, on n'avait jamais élu au suffrage universel des

assemblées disposant seulement d'un rôle consultatif. La situation avait changé au début des années
1970. Les pouvoirs du Parlement européen avaient
été accrus, notamment en matière de contrôle
budgétaire. De plus, les représentants de certains
courants politiques jusqu'alors exclus (comme les
communistes italiens et français) avaient fait leur
entrée au Parlement. Dans ces conditions, l'élection
directe devenait non seulement possible, mais indispensable pour donner un nouveau souffle politique à l'institution. L'Acte de Bruxelles, qui changeait officiellement le mode d'élection, fut signé le
20 septembre 1976. Cet acte fut ratifié avec peine
en France, en Grande-Bretagne et au Danemark. Il
fallut attendre encore deux ans pour que le Conseil
européen de Copenhague (1978) fixe la date des
premières élections aux 7-10 juin 1979.

La renégociation de l'adhésion britannique

Placé sous le signe du pragmatisme giscardien, le
sommet de Paris contribua à résoudre le problème
de la renégociation britannique.

Lors de la campagne électorale de 1974, Harold
Wilson avait fait sienne l'opposition à la Communauté, opposition prônée par de larges secteurs de
son parti et par la majorité des syndicats. Pendant la
campagne électorale, il n'avait cependant pas précisé
le contenu des demandes que les travaillistes pré-
senteraient aux autres États en cas de victoire. Une
fois élu, il n'exigea pas le retrait de son pays et annonça que si le Royaume-Uni parvenait à un accord
satisfaisant, le principe de l'adhésion serait soumis
à un référendum.

Au cours de l'année 1974, la diplomatie britannique n'était pas parvenue à préciser ses demandes, qui portaient tantôt sur une révision approfondie des politiques communautaires (en particulier la PAC), tantôt sur le problème de la contribution financière au budget communautaire, que la Grande-Bretagne jugeait trop importante.

En axant ses prétentions sur ces deux points fondamentaux — la révision de la Politique agricole commune et la baisse de la contribution britannique au budget communautaire —, la diplomatie de Wilson suscitait une solidarité franco-allemande. Les Français estimaient que l'on ne pouvait porter atteinte aux fondements de la Politique agricole commune. Les Allemands étaient convaincus qu'ils devraient supporter en grande partie les conséquences d'une diminution de la contribution britannique. Consciente de cette difficulté fondamentale, la diplomatie anglaise n'avait pas tenté d'expliciter les demandes britanniques. Le gouvernement Wilson avait vainement essayé d'obtenir que les Italiens donnent leur appui à la révision de la Politique agricole commune. En ce qui concerne la question financière, il avait demandé à la Commission Ortoli de présenter des propositions viables.

Lors du sommet de Paris, les Neuf décidèrent d'un commun accord de restreindre la discussion à deux sujets : la contribution au budget communautaire et les importations de produits laitiers de Nouvelle-Zélande. Les compromis qui furent approuvés lors du Conseil de Dublin (10-11 mars 1975) sur le « mécanisme correcteur » en matière budgétaire et sur les importations de Nouvelle-Zélande modifiaient peu les conditions de l'adhésion de la Grande-Bretagne. En revanche, le Conseil n'évoqua même pas ce qui avait constitué les deux revendications majeures des travaillistes pendant la campagne électorale : l'abandon de l'Union économique et monétaire et l'objectif de l'Union européenne.

Dans une longue déclaration à la Chambre des Communes (18 mars 1975), Wilson recommanda au peuple britannique de voter pour le maintien du Royaume-Uni dans la Communauté. Il souligna que les pays du Commonwealth avaient manifesté une vive inquiétude concernant la sortie éventuelle de la Grande-Bretagne du Marché commun. En vertu de l'adhésion britannique, ces pays avaient pu accéder à la convention de Lomé et établir des rapports privilégiés avec l'ensemble de l'Europe. Cet argument répondait aux nombreux nostalgiques du passé impérial de la Grande-Bretagne qui regrettaient les privilèges présumés du Commonwealth.

Le 5 juin 1975, la question de l'adhésion britannique à la Communauté européenne fut soumise à un référendum. 67,2 % des votants se prononcèrent en faveur du maintien. En dépit des préjudices que cette renégociation causa à la Communauté, le référendum fut utile pour consolider, d'un point de vue psychologique et politique, l'appartenance du Royaume-Uni à la Communauté. Pourtant, la discussion sur la contribution britannique au budget communautaire n'était pas close. Le système élaboré à Dublin révéla très vite des carences, ce qui pousserait Margaret Thatcher à engager un long combat pour revoir à la baisse le montant de cette contribution.

Les Accords de Lomé

Même au plus fort de la crise, la Communauté continua à monopoliser l'attention des autres États, en particulier des pays en voie de développement. Les conventions de Yaoundé, signées le 20 juillet 1963, avaient accordé des avantages commerciaux à dix-huit États de l'Afrique francophone. Quand la Communauté s'élargit à la Grande-Bretagne, il parut naturel d'élargir le dispositif aux pays du Commonwealth. La convention de Lomé, signée le 28 février 1975, concernait désormais quarante-six pays de l'Asie, des Caraïbes et du Pacifique (désormais appelés pays ACP). La convention de Lomé assurait aux pays signataires le libre accès de tous leurs produits au marché communautaire, à l'exception des denrées agricoles. Elle prévoyait également deux mécanismes de soutien des prix des exportations des pays du Sud. Le « stabex » concernait les produits agricoles (coton, café, thé, bananes, arachides...). De son côté, le « sysmin » était appelé à stabiliser les cours des matières premières (fer, cuivre, cobalt, bauxite...). Enfin, le Fonds européen de développement (FED) accordait des dons ou des prêts à taux favorable pour financer les projets de développement.

Les Accords de Lomé avaient été conclus pour une durée de cinq ans (1975-1980). Le 31 décembre 1979, une nouvelle convention de Lomé fut signée par la Communauté et cinquante-huit États d'Afrique, des Caraïbes et du Pacifique. Cette nouvelle convention n'était pas une simple réplique de la précédente. Elle s'en différenciait par la qualité et le nombre d'instruments prévus, ainsi que par les moyens financiers mis à disposition. Dans les décennies suivantes, les Accords de Lomé furent renouvelés en 1984 (Lomé III) et en 1990 (Lomé IV) jusqu'à l'an 2000, quand la Convention de Lomé fut remplacée par l'accord de Cotonou.

Ces conventions permirent d'engager à l'échelle planétaire des politiques d'aide au développement qui plaçaient la Communauté à la tête des pays industrialisés. Dans le climat de pessimisme général qui caractérisait ces années, ces conventions témoignaient d'une fidélité aux principes du traité, tout en accentuant la présence de la Communauté dans le monde.

Le rapport Tindemans

L'expression « Union européenne » avait été employée pour la première fois en 1972, dans le communiqué du sommet de Paris. Elle était désignée comme l'objectif suprême pour les années quatre-vingt. Inventée par Georges Pompidou, l'expression était censée indiquer une réorganisation rationnelle des rapports entre les États membres de la Communauté. Il s'agissait de donner une plus grande efficacité à l'ensemble communautaire et d'établir des liens politiques plus étroits entre les pays membres. Venant du président français, cette proposition ne revêtait pas un caractère fédéraliste et posait même des limites claires à la délégation de souveraineté.

Après la création du Conseil européen, on prit conscience de la nécessité d'examiner la structure de l'édifice communautaire et les réformes nécessaires pour parvenir à l'Union européenne. Lors du second sommet de Paris, le Premier ministre belge

Léo Tindemans avait été chargé de préparer un rapport de synthèse sur l'ensemble de ces problèmes. Tindemans présenta son rapport au Conseil européen le 29 décembre 1975. « J'ai dû faire un choix difficile. Mes choix ne concernent pas la phase finale du développement européen. » Il poursuivait : « Mon choix est fondé sur la conviction qu'actuellement toute autre initiative ne serait pas digne de notre foi dans l'Europe ou alors, par son caractère utopiste dans les circonstances actuelles, elle perdrait toute crédibilité auprès des gouvernants. »

Cette annonce était une bonne préface au rapport Tindemans, qui se distinguait par sa prudence. Le Premier ministre belge proposait que les institutions communautaires puissent discuter de tous les sujets européens, et non pas seulement de ceux qui étaient prévus par les traités. Il suggérait d'ouvrir la voie vers une politique extérieure commune. Enfin, il avançait des propositions pour renforcer les institutions. Pour donner un exemple, Tindemans proposait de reconnaître au Parlement un pouvoir d'initiative, sans en préciser cependant les modalités pratiques. Dans l'idée de l'auteur, ces propositions de « petits pas », opportunément dosés tout au long du rapport, devaient permettre au Conseil européen de prendre rapidement les décisions qui s'imposaient. C'est exactement le contraire qui arriva. Après être resté à l'ordre du jour de quatre sessions du Conseil européen au cours des années 1976 et 1977, le rapport Tindemans rejoignit le corpus des bonnes intentions communautaires.

Des raisons précises avaient poussé les Français à abandonner le projet d'Union européenne. L'enthousiasme initial que Giscard avait manifesté pour le « changement » s'était éteint devant les préoccupations politiques et économiques. L'élection du Parlement européen au suffrage universel avait été mal digérée par les rivaux gaullistes. Les élections législatives de 1978 approchaient, sous la menace d'une opposition déterminée. Par ailleurs, la Communauté n'était plus au centre de l'intérêt du chancelier allemand. Les Britanniques n'avaient pas davantage intérêt à soutenir des initiatives de « relance » de l'Unité européenne. La dernière proposition du sommet de 1972 tombait ainsi aux oubliettes, dans l'indifférence générale et sans aucune perspective de reprise.

La Commission Jenkins

Une nouvelle Commission entra en fonctions au début de l'année 1977. Elle était présidée par le Britannique Roy Jenkins, ancien ministre et principal représentant de l'aile proeuropéenne du parti travailliste. Dès le début, Jenkins tenta de redonner un rôle politique à l'exécutif qu'il présidait. Le président sortant, François-Xavier Ortoli, demeurait à la Commission comme vice-président. De nouvelles personnalités furent nommées commissaires, telles qu'Étienne Davignon et Antonio Giolitti, l'un des protagonistes de la vie politique italienne de l'après-guerre, fut chargé de la mise en œuvre de la politique régionale.

On connaît les limites politiques de la Commission européenne. Toutefois, son pouvoir exclusif de proposition en fait un élément primordial dans la procédure législative. Ce pouvoir, apparemment technocratique, tend à se politiser lorsque le niveau d'intégration est mis en danger par la mauvaise volonté des États ou par les circonstances adverses. Dans la conjoncture de crise politique et économique de l'année 1977, la Commission Jenkins fut contrainte d'accentuer ses pouvoirs de gestion au détriment des pouvoirs de proposition. La crise qui frappa l'industrie sidérurgique et chimique montra l'importance politique des pouvoirs de la Commission. Pendant cette période, le collège de Bruxelles défendit le marché commun contre les protectionnistes des secteurs sinistrés, tout en accordant des aides au marché sidérurgique. Ces mesures de soutien, qui furent l'œuvre d'Étienne Davignon, commissaire chargé de la politique industrielle, montrèrent comment le Marché commun pouvait être sauvegardé grâce à une politique habile de la Commission.

Le 27 octobre 1977, Roy Jenkins prononçait à l'Institut universitaire européen de Florence un discours important et inattendu. Derrière un titre anodin, « Les défis actuels et les possibilités futures de l'Europe », le discours de Jenkins affrontait avec lucidité le sujet de l'Union monétaire, sur lequel il avançait de nouvelles propositions. Ayant constaté l'inévitable internationalisation de la vie économique, il proposait de relancer un grand débat public sur l'Union monétaire. Jenkins analysait les avantages de la création d'une nouvelle monnaie internationale, qui rationaliserait l'activité économique plus que ne le permettait la seule union douanière. Cela contraindrait les gouvernements à une plus grande discipline économique, précisément en raison des avantages provenant du nouvel ordre monétaire. Selon Jenkins, il était pratiquement certain que l'Union monétaire favoriserait le début d'une nouvelle ère de stabilité des prix en Europe. Cela permettrait également d'effectuer les transferts de ressources entre les régions de la Communauté avec une rationalité et une efficacité bien plus grandes.

Le discours de Jenkins révélait un courage indéniable, à une époque où personne ne songeait à une telle possibilité de relance. L'Allemagne se désintéressait des questions européennes. La France se trouvait désormais dans une période préélectorale difficile. L'Italie commençait à peine à voir les signes d'une reprise économique. Quant aux Britanniques, ils étaient peu enclins à relancer la moindre initiative européenne qui pût troubler le fragile équilibre du pacte social obtenu par le Premier ministre Callaghan.

La naissance du Système monétaire européen

L'insistance de Jenkins à relancer le débat sur l'Union économique et monétaire fut confortée par la dégradation de la situation monétaire internationale. Le serpent monétaire avait mal fonctionné depuis ses débuts. La livre sterling, la couronne danoise et la lire avaient déjà dû sortir du mécanisme qui avait été prévu en 1972. Le franc français quitta lui aussi le serpent en janvier 1974 avant de le réintégrer en juillet 1975. Le 15 mars 1976, le franc sortit définitivement du serpent monétaire. Valéry Giscard d'Estaing écrirait plus tard dans ses mémoires : « Le serpent monétaire gît désormais sur le sol, la peau trouée. » La sortie du franc réduisait à bien peu de chose le système de fluctuations conjointes puisqu'il ne restait autour du deutschemark que les monnaies du Benelux et du Danemark. Le fossé entre les économies communautaires s'accentuait, ce qui rendait plus difficile la poursuite de l'intégration européenne. La situation était aggravée par l'incapacité manifeste, ou la mauvaise volonté, de l'administration Carter à enrayer la chute du dollar.

Au cours de l'hiver 1977-1978, le chancelier allemand manifesta les premiers signes d'impatience. Helmut Schmidt avait toujours cru dans les vertus des fluctuations monétaires, et en particulier dans l'utilité de la fluctuation du dollar. Or la chute du dollar affectait surtout les économies à monnaie forte, notamment celle de l'Allemagne qui, malgré sa puissance et sa stabilité, devait supporter la réévaluation continuelle du deutschemark, et craignait une perte de compétitivité sur les marchés mondiaux. L'attention du chancelier allemand se porta sur les possibilités d'une action communautaire. Ce n'est qu'à l'issue des élections législatives en France (mars 1978) qu'il fut possible d'ébaucher une initiative franco-allemande. Les Français n'étaient pas très pressés de réintégrer rapidement ce qui restait du Serpent, qu'ils avaient dû abandonner deux fois en cinq ans. Au demeurant, Schmidt souhaitait que tous les pays membres de la Communauté participent à l'entreprise, y compris la Grande-Bretagne et l'Italie.

La perspective de l'Union économique et monétaire n'était pas de nature à enthousiasmer le gouvernement travailliste de James Callaghan. Le déclin de la livre sterling et la perte progressive de sa fonction de monnaie de réserve n'avaient pas effacé la mémoire des fastes du passé. Londres demeurait un grand marché des capitaux et la monnaie anglaise, malgré ses faiblesses, restait un instrument financier d'importance mondiale. Cela encourageait les réticences des Britanniques quant à l'adhésion à un Système monétaire européen dans lequel la livre sterling jouerait un rôle mineur par rapport au deutschemark et à l'ensemble des monnaies de la Communauté. Les nouvelles idées en matière d'Union économique et monétaire risquaient en outre de gêner le Parti travailliste, qui avait toujours voulu préserver l'autonomie du Royaume-Uni dans la gestion de sa monnaie.

Bien qu'en proie à une grave crise politique interne (consécutive à l'assassinat d'Aldo Moro), l'Italie semblait sortir d'une des plus sérieuses crises économiques de l'après-guerre. Contre toute attente, l'économie du pays donnait des signes d'amélioration. Si des raisons politiques et économiques empêchaient l'Italie de s'associer à l'initiative franco-allemande, ses liens européens pouvaient l'inviter à adhérer à une relance communautaire. Cette relance aurait cependant dû tenir compte des spécificités du pays, qui s'étaient manifestées cinq ans auparavant, lorsque l'Italie avait été contrainte de sortir définitivement du serpent monétaire.

À Copenhague (7-8 avril 1978), le Conseil européen sembla avoir retrouvé sa vocation d'origine : rechercher une volonté commune pour approfondir la construction européenne. Cette vocation lui avait souvent fait défaut au cours des années précédentes, durant lesquelles la Communauté semblait dénuée d'ambitions stratégiques. À Copenhague, on constata un consensus sur la création d'une « zone européenne de stabilité monétaire ». Comme il n'était plus possible de compter sur la locomotive allemande pour relancer l'économie des États membres, l'idée avait progressé selon laquelle on n'obtiendrait pas une croissance équilibrée sans un accord étroit entre les Neuf. Le Conseil garda cependant un silence prudent sur les moyens à mettre en œuvre pour parvenir à cet objectif.

Les Allemands laissaient clairement entendre qu'une relance de leur économie ne serait possible qu'à la condition de ne pas créer d'inflation, que l'opinion publique considérait, pour des raisons historiques et psychologiques, comme le pire des maux. La disponibilité de la RFA à s'engager dans une entreprise qui comporterait pour elle des responsabilités financières (qu'elle avait jusqu'alors refusées) se présentait cependant comme un événement politique important.

Face à la nouvelle position allemande, les critiques ne manquèrent pas, car l'espace monétaire européen apparaissait objectivement comme une zone dominée par le deutschemark. Au cours des années soixante-dix, les États de la Communauté avaient dû supporter les conséquences de la politique économique allemande, peu attentive aux intérêts de ses partenaires. Cependant, tous les pays de la Communauté, et même la Grande-Bretagne, se rendaient compte qu'une reprise économique durable et la création de nouveaux emplois passeraient obligatoirement par une stabilité monétaire organisée sur le plan européen.

La rapidité avec laquelle l'accord de Copenhague fut transformé en une décision politique concrète montra pour une fois la capacité de décision de la Communauté. Au Conseil européen de Brême (6-7 juillet 1978), on commença à dessiner la physionomie du Système monétaire européen. Les monnaies sorties du serpent (le franc, la livre sterling et la lire) devaient réintégrer rapidement le système. Les chefs d'État et de gouvernement décidèrent également de créer un Fonds monétaire européen, constitué d'une part importante des réserves monétaires des Banques centrales. Ce fonds représentait le premier noyau d'une réserve centrale européenne, dont l'expression serait l'« unité monétaire européenne ». Cette unité monétaire serait utilisée dans les transactions entre les Banques centrales à la place du dollar, qui perdrait ainsi sa fonction d'instrument monétaire dans les rapports entre les pays membres.

Le Conseil européen de Bruxelles (5-6 décembre 1978) décida officiellement de la mise en place du Système monétaire européen (SME). À la veille du Conseil, les positions politiques des gouvernements des États membres étaient assez claires : la France et l'Allemagne participeraient au SME, de même que les pays du Benelux et le Danemark, dont les monnaies était liées au deutschemark. Quant à la Grande-Bretagne, la situation incertaine du gouvernement Callaghan et les perspectives de nouvelles élections rendaient impossible une adhésion au SME. Le Premier ministre britannique n'en avait pas fait mystère et, tout en participant aux travaux préparatoires, ses représentants n'avaient pas perdu une occasion de le confirmer.

Chacun était donc convaincu que huit pays participeraient au SME. Quelques incertitudes subsistaient encore sur la position de l'Italie et de l'Irlande. En dépit de ses difficultés économiques, l'Italie semblait s'orienter vers une acceptation des nouvelles règles monétaires. Pourtant, à la veille du Conseil de Bruxelles, ce sujet avait miné la cohésion de la majorité gouvernementale, affaiblissant la capacité de négociation de la délégation italienne. La décision italienne de demander « un temps de réflexion » avant de communiquer une décision finale apparut comme un psychodrame intéressé, dans la mesure où les Italiens avaient avancé de nouvelles demandes de compensation. L'accord du 6 décembre 1978 ne fut donc scellé que par six des neuf gouvernements membres. Les décisions, qui ne s'éloignaient pas des principes généraux énoncés à Brême, peuvent être résumées par le schéma suivant :

LE FONCTIONNEMENT
DU SYSTÈME MONÉTAIRE EUROPÉEN

— Introduction au 1er janvier de disciplines monétaires analogues à celles en vigueur dans le serpent monétaire.

— Définition d'une nouvelle unité de compte européenne destinée, en deux ans, à devenir la monnaie de compte entre les pays du SME.

— Définition des mécanismes d'intervention en cas de crises monétaires et mise en commun des moyens d'intervention (20 % des réserves, en or et en dollars, détenues par les Banques centrales).

— Mise en place de mécanismes de crédit monétaire à court et moyen terme et de mesures destinées à renforcer les économies des États membres les moins prospères (prêts quinquennaux à faible taux d'intérêt).

Le Système monétaire européen était ainsi composé de trois éléments : une unité de compte monétaire, un mécanisme de change et d'intervention et des facilités de crédit. En cas de crise, les Banques centrales interviendraient de manière conjointe pour maintenir l'écart prévu entre monnaies. L'unité de compte monétaire était composée, en fonction d'un pourcentage fixe, d'un « panier » des monnaies des États de la Communauté, y compris la livre sterling. Lors du Conseil européen de Brême, on avait trouvé un nom pour cette unité de compte. Valéry Giscard d'Estaing avait habilement suggéré « European Currency Unit ». Les chefs de gouvernement donnèrent leur approbation, avant de s'apercevoir que l'acronyme « ECU » évoquait l'écu, l'ancienne monnaie des Valois.

Il restait à régler la question de l'adhésion italienne au système monétaire européen. Le 14 décembre 1978, après une semaine d'intenses discussions au sein de la majorité, le président du Conseil Giulio Andreotti annonça que l'Italie était disposée à participer au SME à partir du 1er janvier 1979. Cette décision courageuse était le fruit d'une habile manœuvre d'Andreotti, qui avait pleinement exploité l'indécision de ses interlocuteurs de gauche. L'Irlande avait immédiatement suivi l'Italie, abandonnant définitivement l'union monétaire avec la Grande-Bretagne. Après des mois de négociations intenses sur les montants compensatoires monétaires, le Conseil européen réuni à Paris (12-13 mars 1979) décida l'entrée en vigueur immédiate du Système monétaire européen. Le SME était destiné à se consolider pendant les années quatre-vingt. Il faudrait cependant attendre plus de dix ans pour que la Grande-Bretagne, en dépit de son scepticisme persistant, choisisse finalement d'y adhérer.

CHAPITRE VI

DE NOUVEAUX PROTAGONISTES
EN EUROPE

La première élection du Parlement européen

La naissance du SME précéda de quelques mois un autre événement majeur pour les institutions communautaires : l'élection au suffrage direct de l'Assemblée parlementaire européenne, qui dans les textes officiels ne portait pas encore le nom de Parlement européen. Les pouvoirs accordés à cette institution ne justifiaient pas une opération électorale d'une telle envergure, d'autant plus que l'élection au suffrage direct ne pouvait à elle seule combler le « déficit démocratique » de la structure communautaire. Depuis le début, les États membres rechignaient à affronter le problème d'une réforme constitutionnelle de la Communauté qui comblerait les lacunes des traités. Le Parlement s'était vu attribuer des pouvoirs supplémentaires à une seule occasion. Au terme d'une longue discussion sur le budget communautaire, les États de la CEE avaient signé le traité du Luxembourg (22 avril 1970), qui accordait au Parlement des responsabilités spécifiques dans l'approbation du budget communautaire. Les dépenses non obligatoires, c'est-à-dire non prévues par les traités, seraient désormais votées par le

Parlement. En revanche, les dépenses obligatoires (comme la Politique agricole commune) continuaient — et continuent toujours — à échapper au contrôle parlementaire.

En dépit de ces limites, on estimait que l'élection au suffrage direct aurait un impact sur la dynamique des institutions de la CEE. On espérait ainsi que le Parlement européen pourrait avoir une influence politique et un poids institutionnel plus grands, même si ses représentants ne seraient pas choisis selon un système électoral unique. En effet, le maintien des systèmes d'élection à l'échelle nationale limitait fortement le caractère européen du mandat parlementaire. Pour la Communauté, cette opération était cependant importante. Elle offrait aux partis une nouvelle tribune, qui devait progressivement favoriser l'européanisation des forces politiques nationales. On pensait enfin que l'élection du Parlement rapprocherait l'opinion publique de l'aventure européenne.

Entre 1975 et 1979, on vit se constituer au sein du Parlement des formations politiques regroupant des partis politiques nationaux de même affinité : l'Union des partis socialistes, la Fédération des partis libéraux et le Parti populaire européen, qui fédérait les partis d'inspiration démocrate-chrétienne. Dès leur création, ces trois grandes coalitions révélèrent leur fragilité, due à des différences d'ordre politique et historique et à des prises de position divergentes sur les problèmes européens. Il faudrait de longues années de cohabitation au sein du Parlement pour que s'esquissent des stratégies communes. Les conservateurs britanniques attendirent longtemps avant d'adhérer au Parti populaire européen, tandis qu'au sein du groupe socialiste les travaillistes porteraient longtemps l'empreinte de leurs contradictions nationales.

La campagne électorale du printemps 1979 fut, dans chaque pays de la Communauté, dominée par des préoccupations et des sujets de politique interne. Cependant, une opération d'information avait eu lieu pour la toute première fois au sein des États membres. L'opinion publique prit conscience, quoique imparfaitement, des problèmes communautaires et de la réalité européenne. Dans la plupart des pays, la campagne fut un succès grâce à la participation de personnalités politiques de premier plan, tels que Willy Brandt ou Enrico Berlinguer. Le nouveau Parlement européen fut présidé par la centriste française Simone Veil. Les écarts de participation au vote furent énormes : 66 % en Allemagne, 61 % en France et seulement 33 % en Grande-Bretagne. Sans être particulièrement élevés, ces taux de participation né seront pas dépassés au cours des élections suivantes.

Le premier Parlement européen élu au suffrage universel tenta, dès sa première législature, de jouer un rôle dans les affaires communautaires. La légitimation démocratique qui lui était conférée par le vote populaire ne s'était pas accompagnée d'un accroissement des pouvoirs de l'Assemblée. Les élus s'en étaient tout de suite aperçus : l'absence de pouvoirs réels risquait d'enlever tout contenu politique au mandat reçu. Le Parlement décida d'user au maximum des pouvoirs qui lui avaient été conférés en matière de budget : il put d'emblée discuter de la crise de la Communauté et de ses causes, puisque celles-ci agissaient directement sur la structure du budget communautaire. On distinguait clairement les anomalies du budget communautaire qui, contrairement aux budgets des États nationaux, a toujours été déterminé par les recettes. Le plafond des ressources était décidé par le Conseil. La compression des dépenses non obligatoires rendait ainsi impossible toute véritable politique budgétaire.

Le problème principal résidait dans la priorité absolue des dépenses agricoles par rapport aux autres politiques communautaires, et en particulier la politique régionale. Le budget communautaire résultait de règlements en grande partie régis par des automatismes et laissait très peu de place à des décisions politiques permettant une allocation différente des ressources. Le Parlement refusa de se soumettre à cet état des choses, qui mettait en cause son pouvoir de contrôle. Par un acte inattendu et courageux, il rejeta à une large majorité le projet de budget qui lui avait été soumis par le Conseil (14 décembre 1979). Le budget de l'exercice 1980 ne serait finalement approuvé que le 9 juillet 1980. Ce rejet ne déclencha pas une crise institutionnelle suffisante à relancer le débat sur l'extension des pouvoirs parlementaires. Néanmoins, en provoquant des discussions de fond au sein du Conseil, il suscita une tension positive. Le Parlement commençait ainsi à s'affirmer comme une institution incontournable du système communautaire.

La doctrine européenne de Margaret Thatcher

Un mois avant les élections européennes, les Britanniques avaient déjà été appelés aux urnes. Le Parti conservateur était sorti victorieux de ces élections. Son leader, Margaret Thatcher, allait diriger le gouvernement britannique pendant plus de dix ans et exercer une forte influence sur la vie communautaire. Bien avant la campagne électorale, Margaret Thatcher avait clairement exprimé son idéologie et sa stratégie : ennemie d'un interventionnisme d'État, elle prônait l'initiative privée. L'esprit d'entreprise devait être dégagé de la contrainte publique et l'État providence devait subir de profondes corrections. Redevenue partisane du libéralisme et de la concurrence, la Grande-Bretagne ne pouvait pas supporter l'intrusion d'influences et de coercitions externes. Elle souligna donc la différence entre les Britanniques et les Européens du continent, surtout ceux qui voulaient imposer des transferts de souveraineté en faveur d'un pouvoir étranger et irresponsable. Les critiques du Premier ministre britannique visaient en premier lieu la Communauté, perçue comme une contrainte et un pouvoir hostile. En cela, Margaret Thatcher prenait ses distances par rapport aux idées de Winston Churchill, qui avait toujours réservé un rang privilégié à l'Europe dans la politique étrangère britannique. Dans le dessein de Margaret Thatcher se profilait en revanche la vision d'une grande zone de libre-échange, où la Grande-Bretagne jouerait un rôle d'égal à égal avec les grandes puissances du monde.

La Grande-Bretagne payait encore les conséquences de son adhésion tardive et rechignait à accepter les règles déjà en vigueur dans la Communauté des Six. Margaret Thatcher ne faisait que souligner certaines velléités britanniques pour un changement radical. Ces velléités étaient en partie fondées. Le Royaume-Uni était un « contributeur net » au budget communautaire : comme l'agriculture britannique occupait désormais une place marginale dans l'économie du pays, les Britanniques payaient plus qu'ils ne recevaient de la Communauté. Le Conseil européen de Dublin (10-11 mars 1975) avait instauré un « mécanisme correcteur » favorable à Londres, mais qui s'était révélé insuffisant. Cet ajustement expirant le 1er janvier 1980, l'occasion était belle pour la Dame de fer de faire entendre ses raisons. La fameuse phrase qu'elle prononça au Conseil européen de Dublin en septembre 1979 — « I want my money back » — était le premier message annonciateur de l'attitude agressive qu'elle allait adopter à l'égard de la Communauté.

Devant ces revendications, la France voulait ramener les Britanniques à l'orthodoxie communautaire, c'est-à-dire au respect des règlements qui avaient été adoptés dans le domaine agricole et en matière budgétaire. Les Français n'avaient aucune intention de réviser les règlements de la Politique agricole commune, qu'ils considéraient comme un support irremplaçable de leur économie agricole. Pourtant, le déficit britannique provenait en grande partie du budget alloué à l'agriculture. Or ce budget était incompressible, à moins de procéder à une réforme importante des règlements des marchés agricoles. Les Français soupçonnaient ainsi les Britanniques de vouloir détruire le système communautaire, ce qui ramènerait la Communauté vingt ans en arrière.

La différence entre la contribution et les montants perçus par le Royaume-Uni dépasserait 1700 millions d'écus en 1980, et les prévisions étaient encore plus alarmantes pour les années suivantes : les prix communautaires des produits agricoles incitaient à la surproduction, tandis que les prix mondiaux tendaient à se stabiliser ou à baisser. Par conséquent, des montagnes de céréales, de beurre et de produits laitiers s'accumulaient dans les entrepôts de la Communauté. Ces denrées seraient vendues à bas prix aux pays tiers ou tout simplement détruits dans le cas des produits maraîchers.

Il revenait à la Commission d'établir un compromis. Roy Jenkins allait rester à la tête de la Commission jusqu'à la fin de 1980. À cause de sa couleur politique, Margaret Thatcher ne le considérait pas comme un arbitre idéal. La Communauté vécut ainsi deux années troublées. Au Conseil européen de Luxembourg (27-28 avril 1980), on se trouva au bord d'une rupture fracassante. Au milieu d'une crise économique sans précédent, la Commission européenne allait vers la paralysie. Le problème de la contribution britannique empêcha de fixer les prix agricoles pour l'exercice 1980-1981 et exacerba la tension au sein de la Communauté.

Lors du Conseil du 30 mai 1980, on parvint enfin à l'un des compromis majeurs de l'histoire politique communautaire. Le conflit sur la contribution britannique au budget des années 1980-1981 fut provisoirement résolu. Les autres États membres, qui allaient prendre à sa charge 65 % du déficit britannique, s'engagèrent à résoudre le problème par des changements structurels. On donna donc mandat à la Commission de « réexaminer, avant la fin de juin 1981, la politique future de la Communauté sans toucher à la responsabilité financière commune ni aux principes fondamentaux de la Politique agricole commune. Par la prise en compte des intérêts et des situations particuliers à chaque État membre, ce réexamen devrait éviter que ne se répètent des situations inacceptables pour l'un ou l'autre État membre. Si la Commission n'y parvenait pas, elle ferait des propositions à l'image de la solution trouvée pour 1980-1981 et le Conseil agira en conséquence ». Dans un style digne des meilleures traditions communautaires, ces phrases obscures révélaient que toute nouvelle politique entraînant des dépenses provoquerait un réexamen de la Politique agricole commune. La dernière phrase avait été dictée par les Britanniques, peu confiants dans le pouvoir réformateur de la Communauté. Leur scepticisme s'avérerait fondé au cours des années suivantes.

La révision de la politique agricole faisait désormais partie des grandes questions dont dépendraient tous les progrès de la construction européenne. Elle révélait des distorsions contraires aux principes de l'article 39 du traité de la CEE qui l'avait inspirée à ses débuts (augmentation de la productivité, amélioration du revenu, stabilisation des marchés, garantie d'approvisionnements, prix raisonnables pour les consommateurs). Avec le refus des États membres d'augmenter leurs ressources propres, la Communauté frôlait l'asphyxie financière. Vu sous cet angle, l'article 39 avait des conséquences tellement graves qu'il pouvait compromettre la solidarité européenne. Six mois après son entrée en fonctions, le nouveau président de la Commission, le Luxembourgeois Gaston Thorn, présenta en juin 1981 le rapport de la Commission sur le mandat qui lui avait été confié le 30 mai. Ce rapport recommanda au Conseil d'adopter « une stratégie globale de relance européenne » présentant « un ensemble intégré et cohérent » de politiques nouvelles.

La Commission suggérait de traiter séparément, dans la question du déficit britannique, la part due aux frais agricoles de garantie (frais du FEOGA), qui serait compensée par une « taxation » imposée aux pays bénéficiaires d'actifs importants (le Danemark, le Benelux et, en partie, la France). Le reste du budget serait modifié par une autre ventilation de dépenses entre les politiques non agricoles, anciennes et nouvelles. Ces propositions, qui constituaient un point de départ pour une discussion sérieuse sur la PAC, furent précisées dans un document sur les « Orientations pour l'agriculture européenne ». Ce document avançait officiellement une proposition technique de réforme de la Politique agricole commune : il s'agissait de rendre les agriculteurs « coresponsables » des conséquences d'une production excédentaire et incontrôlée. Le processus de réforme de la PAC fut lancé. Deux ans plus tard, le Conseil des ministres prit la première décision avalisant les propositions de la Commission.

En janvier 1984, la Commission présenta un livre vert qui avançait des propositions pour réformer le budget communautaire. Il fallait parvenir d'urgence à une solution définitive sur les problèmes des ressources propres et du déficit britannique. La Commission proposa un système complexe pour augmenter la part de la TVA destinée à la Communauté. Ce taux serait cependant modulé en faveur des pays moins favorisés sur le plan agricole, ce qui permettrait la « compensation » réclamée par les Britanniques.

Les initiatives pour une relance communautaire continuaient pourtant de s'enliser, ce qui faisait croître l'irritation et le pessimisme des Européens. Et tandis qu'on apercevait les premiers signes de la reprise économique, l'Europe mesurait son impuissance politique sur la question de la sécurité occidentale.

La crise des euromissiles

Le retrait des États-Unis du Vietnam et la politique hésitante de Jimmy Carter avaient entraîné une perte d'influence de la puissance américaine dans le monde. De son côté, la révolution iranienne avait ôté à l'Occident toute son influence dans une région où l'Union soviétique renforçait ses positions, en occupant militairement l'Afghanistan. Considérant que la crise économique en Occident aboutirait à un « découplage » entre l'Europe et les États-Unis, le gouvernement soviétique chercha à accentuer cette dissension par une nouvelle menace. Les Soviétiques déployèrent ainsi un grand nombre de missiles à moyenne portée (les SS-20), orientés contre l'Europe occidentale. Au début de l'année 1979, Helmut Schmidt fut le premier à sonner l'alarme face à cette initiative soviétique qui visait à déstabiliser l'équilibre des forces entre les deux blocs militaires.

Le 12 décembre 1979, l'Alliance atlantique décida d'installer de nouveaux euromissiles pour répondre à la menace nucléaire soviétique. Cette question demeura pendant des années au centre des préoccupations de l'opinion publique et des gouvernements de la Communauté. En effet, la question des euromissiles mettait une fois de plus en évidence la faiblesse politique de l'Europe et sa dépendance vis-à-vis de son allié américain. Comme les problèmes de sécurité étaient exclus des compétences communautaires, la coopération politique entre les États de la Communauté ne fut pas évoquée dans les négociations avec les alliés atlantiques.

Le 19 mai 1980, le monde apprit avec stupéfaction que Valéry Giscard d'Estaing s'était rendu à Varsovie pour une rencontre impromptue avec Leonid Brejnev. Les États-Unis venaient à peine d'annoncer le boycott des jeux Olympiques de Moscou pour protester contre l'invasion soviétique en Afghanistan. Si Valéry Giscard d'Estaing avait toujours plaidé en faveur de l'unité politique des Européens, il voulait qu'au plus fort de la crise la « voix de l'Europe » soit présente dans le dialogue avec Moscou et cette voix devait naturellement être celle de la France. À l'approche des élections, Giscard cherchait un succès personnel. Mais, par-dessus tout, il voulait souligner l'indépendance de la France dans la question cruciale de l'armement nucléaire. La visite de Giscard fut un fiasco. Les Soviétiques ne lui accordèrent même pas la satisfaction d'une reconnaissance officielle sur le plan des principes. Cet échec, qui entama le prestige du président français, montra que seuls les Américains pouvaient être les interlocuteurs des Soviétiques sur la question des euromissiles.

À Washington, le président Carter vivait les derniers mois de son mandat, assombris par la longue détention des otages américains à Téhéran. Avec l'avènement de Ronald Reagan, la politique américaine connut deux tournants importants : le retour à un libéralisme sur le plan économique et la mise en route d'un programme ambitieux de réarmement. Avec Reagan, l'Amérique s'apprêtait à affronter l'Union soviétique sur la scène internationale. Comme aux pires moments de la guerre froide, l'affaire des euromissiles attira sur les places d'Europe les foules pacifistes et antiaméricaines. Les manifestations furent particulièrement importantes aux Pays-Bas et en Allemagne, où l'on entendit le slogan « mieux vaut rouges que morts ». Les missiles américains Pershing et Cruise furent finalement installés en Allemagne et en Italie, dans la base sicilienne de Comiso.

La Grèce et la Communauté européenne

Le 1er janvier 1981, la Grèce devint le dixième État membre de l'Union. La Grèce avait été la première nation européenne à demander à la Communauté l'ouverture de négociations pour participer d'une façon ou d'une autre à la construction communautaire. Le 8 juin 1959, elle avait demandé à être « associée » à la Communauté. Le traité d'association avec la CEE fut signé à Athènes le 9 juillet 1961. La Turquie, qui avait aussitôt suivi l'exemple de la Grèce, signa à son tour un traité d'association le 12 septembre 1963. C'est depuis lors que l'expression d'« association » est entrée dans le vocabulaire communautaire : elle indique un accord destiné à sauvegarder les intérêts du pays demandeur dans toutes les matières relevant de la compétence du traité de Rome. L'expression « association » n'a cependant aucun sens juridique précis. Le statut d'associé n'indiquait rien de plus qu'un privilège obtenu pour des raisons historiques ou d'aide au développement.

Par le traité d'association de 1961, la Communauté avait accordé à la Grèce une ouverture partielle de ses marchés et des aides économiques importantes. Ces aides furent gelées en 1967, après le coup d'État des colonels. Ce fut un événement politique important car la Commission, qui fut à l'origine de cette décision, ne tint pas compte de l'avis contraire de certains États membres. En 1974, après la chute du régime militaire, la Grèce de Constantin Caramanlis se tourna à nouveau vers la Communauté pour obtenir la remise en vigueur de l'accord. Le 12 juin 1975, elle présenta officiellement une demande d'adhésion à la Communauté. Les négociations, qui commencèrent en février 1976, furent longues et difficiles. Le traité d'adhésion fut enfin signé à Athènes le 28 mai 1979, même s'il fallut attendre le 1er janvier 1981 pour que le pays entre officiellement dans la Communauté.

On accorda à la Grèce une période transitoire de cinq ans pour l'application complète des règles relatives à la libre circulation des biens industriels et une période de sept ans pour l'application de la Politique agricole commune. L'aide communautaire à l'égard de ce pays, qui était alors le plus pauvre des Dix, fut particulièrement généreuse, ce qui contribua à son développement économique.

L'entrée de la Grèce introduisait indirectement un nouveau problème politique au sein de la Communauté. En décembre 1963, des incidents avaient éclaté entre les communautés grecques et turques de l'île de Chypre. Les deux communautés s'étaient affrontées avec violence et la guerre civile avait duré jusqu'au cessez-le-feu d'août 1964. Dix ans plus tard, en juillet 1974, la Turquie avait envoyé des forces militaires qui avaient occupé la partie nord de Chypre, qui représentait environ le tiers du territoire de l'île. En février 1975, on vit naître un État autonome turco-chypriote, qui ne fut pas reconnu par la communauté internationale. En dépit de nombreuses tentatives, le problème de Chypre ne fut pas résolu au cours des trois décennies suivantes. La question revint sur le devant de la scène en 2004, à l'occasion de l'adhésion de Chypre et demeure toujours d'actualité, dans la perspective des négociations pour l'entrée de la Turquie.

L'élection de François Mitterrand

Le 10 mai 1981, le secrétaire du Parti socialiste, François Mitterrand, fut élu président de la République française après une dure bataille électorale. L'homme qui accédait au pouvoir avait à son actif une longue carrière qui remontait à l'immédiat après-guerre. Adversaire résolu du général de Gaulle, il avait tenté dès le début de la Ve République de rassembler les forces de l'opposition de gauche. Il avait conquis un Parti socialiste en pleine déconfiture et y avait fait confluer différentes forces de la gauche non communiste. Il avait ainsi contribué à l'érosion du Parti communiste, tout en concluant avec ce dernier une alliance tumultueuse.

Son parcours révélait un opportunisme idéologique, qui lui avait permis de naviguer dans les eaux troubles de la IVe République et de reconstruire le Parti socialiste à partir de 1971, en rassemblant les diverses forces de gauche. François Mitterrand avait ainsi créé une structure parfaitement fonctionnelle pour remporter la victoire à l'élection présidentielle, et ce sans plus contester la constitution gaulliste qu'il avait combattue au cours des années soixante. Il avait ainsi réussi à catalyser le désaccord et le mécontentement alimentés dans le pays par la crise économique et par une trop longue gestion du pouvoir par une droite divisée.

Homme d'une grande culture, François Mitterrand était un personnage politique rodé aux débats, à la manœuvre parlementaire et à la recherche du compromis : s'il ne pouvait être défini comme internationaliste, il avait de nombreuses relations à l'étranger. En 1948, Mitterrand avait participé au Congrès de La Haye. Entre 1967 et 1968, il avait été membre de l'Assemblée parlementaire européenne, même si cette expérience ne semblait pas l'avoir marqué. Dans son programme électoral, les questions européennes étaient traitées de façon superficielle : les thèses des socialistes, héritières du Programme commun de 1973, étaient fortement marquées par l'empreinte d'une gauche qui ne voulait pas se reconnaître dans la social-démocratie de l'Europe du Nord.

Bien que Mitterrand ait été soutenu par des hommes tels que Pierre Uri, Claude Cheysson, Edgard Pisani et Jacques Delors, dont on reconnaissait l'engagement européen, les milieux communautaires avaient accueilli avec appréhension la victoire socialiste. La conjoncture économique n'était pas favorable aux réformes structurelles de l'économie française, comme la nationalisation des grandes entreprises. La situation politique de la Communauté risquait d'empirer, si la confrontation entre la France et les autres pays se doublait d'une tension idéologique. L'absence d'une vision européenne apparut clairement à l'occasion de la première conférence de presse de Mitterrand, le 29 septembre 1981. La Communauté était pour lui une réalité, le traité était inéluctable et la France ne pouvait « se suffire à elle-même sur le plan des échanges ». La froideur

de ces propos témoigne du fait qu'à l'époque tout
son intérêt politique s'orientait vers les réformes internes.

Deux ans plus tard, en 1983, le gouvernement décida d'appliquer un plan d'austérité. Le ministre de
l'Économie et des Finances, Jacques Delors, recher-
cha la solidarité communautaire et parvint à faire
respecter par la France les règles monétaires européennes. Ces décisions furent précédées d'un long
débat entre les défenseurs du système monétaire
européen et ceux qui, comme Laurent Fabius et
Pierre Bérégovoy, préconisaient la sortie du franc
du SME. C'est à cette époque que remonte la mé-
tamorphose européenne de François Mitterrand.
D'un Conseil européen à l'autre, le rôle de Mitterrand devint de plus en plus important. Pour mesurer le chemin parcouru, il suffit de rappeler le
discours que le président français prononça à Strasbourg le 24 mai 1984.

La profession de foi de Mitterrand fut ardente,
presque une conversion aux idées les plus avancées
qui avaient été exprimées au Parlement : « C'est
l'Européen de France qui s'exprime, déclarait d'emblée Mitterrand, cet Européen dont l'engagement
personnel a accompagné chaque étape de la naissance de l'Europe. » Aucun chef d'État ou de gouvernement ne s'était jamais laissé aller à des déclarations empreintes d'un tel souffle communautaire.
Mitterrand lançait ainsi un message qui révélait un
changement de stratégie de la politique française.
« À une situation nouvelle doit correspondre un
nouveau traité, qui ne pourrait bien entendu pas se
substituer aux traités existants, mais en constituerait le prolongement dans les secteurs qui leur

échappent. C'est le cas de l'Europe politique. La France est ouverte à une telle entreprise. »

Après la fin de la première phase de sa présidence, les affaires communautaires lui offraient à présent un contexte privilégié pour déployer son action dans le sillage de la diplomatie française de l'après-guerre. Comme ses prédécesseurs, Mitterrand chercherait ainsi à rendre à la France son pouvoir d'initiative. Le discours de Strasbourg renvoyait donc l'image d'un président prêt à s'engager personnellement, sans ambages idéologiques mais avec de grandes ambitions.

Helmut Kohl chancelier allemand

En 1982, un autre changement politique important eut lieu en Allemagne : la fin de la coalition entre les sociaux-démocrates et les libéraux. La coalition donnait depuis longtemps des signes de fatigue. Le SPD était affaibli par des polémiques internes et par l'érosion progressive de sa force électorale. Effrayé à la perspective d'affronter une nouvelle élection avec le « mauvais » allié, et devant les querelles en matière de défense et de lutte contre le chômage, le Parti libéral abandonna le gouvernement d'Helmut Schmidt à la suite du vote d'une « motion de censure constructive ». Le 1er octobre 1982 naissait ainsi une nouvelle coalition qui réunissait les démocrates-chrétiens et les libéraux sous la direction du nouveau chancelier Helmut Kohl.

Le départ d'Helmut Schmidt marquait la fin d'une époque importante de l'histoire allemande. En matière économique, le bilan des sociaux-démocrates pouvait être considéré comme positif. Helmut Schmidt avait eu le mérite de faire accepter par les syndicats la priorité essentielle que constituait la lutte contre l'inflation. En dépit d'une croissance modérée, les résultats de son action étaient satisfaisants. D'abord sceptique vis-à-vis de l'action de la Communauté européenne, Schmidt s'était ensuite convaincu de la nécessité de renforcer la coopération économique et monétaire entre les États de la CEE. Il avait soutenu la création du Système monétaire européen, où l'Allemagne jouait un rôle fondamental. L'Allemagne était sortie de la crise tout en maintenant son système social et son niveau de chômage s'était stabilisé. Dans le domaine politique, l'Allemagne de Schmidt avait su réaffirmer son autonomie. Au sein du Pacte atlantique, les Allemands étaient certainement les alliés les plus écoutés par les Américains. Helmut Schmidt avait été le premier à dénoncer la gravité du réarmement soviétique et à demander que l'on prenne des mesures appropriées contre l'installation des missiles SS 20.

Helmut Kohl appartenait à la grande famille des démocrates-chrétiens et revendiquait sa filiation avec les pères fondateurs de l'Europe. La plupart des observateurs pronostiquaient que son gouvernement n'aurait qu'une vie brève, en raison de l'exiguïté de la majorité et de la personnalité peu charismatique du nouveau chancelier. Helmut Kohl resterait cependant au pouvoir pendant seize années, marquant profondément l'histoire de son pays. En dépit de leurs différences politiques, Helmut Kohl et François Mitterrand s'entendirent parfaitement. À l'occasion du vingtième anniversaire du traité de l'Élysée, le 20 janvier 1983, Mitterrand prononça un célèbre discours au Bundestag pour exprimer son soutien à Kohl et à la politique de déploiement des euromissiles. Un an plus tard, ils visitèrent ensemble le cimetière de Verdun. L'image des deux hommes, main dans la main, prit rapidement une valeur symbolique. Comme toujours, le bon état des relations franco-allemandes eut une influence profonde sur la scène communautaire et favorisa une nouvelle relance de la construction européenne.

La proposition Genscher-Colombo

Dans le nouveau gouvernement allemand, l'action de Hans Dietrich Genscher, ministre libéral des Affaires étrangères, prit du relief et de l'importance. Pour Genscher, la politique étrangère allemande devait pour l'essentiel se dérouler dans le cadre communautaire. Pendant plus d'une décennie, Genscher fut l'homme politique européen qui conduisit avec le plus de cohérence la bataille pour l'union politique européenne, parfois même en contradiction avec une partie de sa coalition gouvernementale.

Genscher avait exprimé ses idées le 6 janvier 1981, un an avant l'arrivée au pouvoir d'Helmut Kohl. La polémique sur les euromissiles faisait rage et affaiblissait le gouvernement Schmidt. Compte tenu de la crise persistante des institutions communautaires, rares étaient les Allemands qui songeaient à une relance de la Communauté. Tel était précisément l'objet de la proposition de Genscher. Le gouvernement allemand approuva le texte de la proposition de Genscher, qui avait entre-temps reçu le soutien du ministre italien des Affaires étrangères, Emilio Colombo. Ancien président du Parlement européen et personnalité européenne de premier plan, Emilio Colombo avait lui aussi proclamé la nécessité de modifier les traités existants là où cela s'avérait indispensable pour assurer le fonctionnement correct des institutions.

Le projet d'Acte européen présenté par les gouvernements allemand et italien, connu sous le nom de « proposition Genscher-Colombo », fut examiné au Conseil européen de Londres (26-27 novembre 1981). Le but était de parvenir à une série de principes directeurs, qui permettraient d'atteindre de nouveaux progrès dans l'intégration économique et un renforcement de la coopération politique. L'Union européenne naîtrait cinq ans après l'approbation de cet acte, moyennant un traité qui intégrerait les progrès réalisés au cours de cette période. L'excès de prudence des auteurs avait nui à la clarté du propos, ce qui entraîna la perplexité et la réticence des autres gouvernements. Les propositions les plus intéressantes concernaient le renforcement et le développement de la Communauté européenne dans les domaines culturel et judiciaire. Genscher et Colombo proposaient aussi de conférer au Conseil européen une plus grande autorité d'orientation et de décision et d'accroître les pouvoirs du Parlement européen en matière législative. Le Conseil des ministres se voyait reconnaître des compétences en matière de coopération politique. Enfin, les deux ministres suggéraient une modification du « compromis de Luxembourg », sans pour autant abolir totalement le droit de veto.

On parvint à un compromis au Conseil européen de Stuttgart (17-19 juin 1983). Les chefs d'État et de gouvernement publièrent une « déclaration solennelle sur l'Union européenne », qui n'avait aucune valeur contraignante. On n'y trouvait plus aucun signe novateur : la référence à un futur traité de l'Union européenne avait disparu ; les modestes propositions pour accroître les compétences de la Communauté avaient été réduites, la « petite réforme » du compromis de Luxembourg avait été abandonnée. Bref, le long texte était constellé de bonnes intentions, d'engagements déjà pris et de souhaits optimistes pour l'avenir. La déclaration de Stuttgart révélait ainsi le profond malaise institutionnel au sein de la Communauté. Elle mérite à ce titre d'être mentionnée, car elle préparait la voie à une réforme communautaire qui pourrait survenir une fois la crise résolue. En ce sens, Stuttgart annonçait de manière significative le vote du projet Spinelli et le début de la négociation qui donnerait naissance à l'Acte unique européen.

La genèse du « projet Spinelli »

Lors de la réunion plénière du 21 mai 1980, Altiero Spinelli, député au Parlement européen, lança une invitation à l'assemblée : « En tant que membres du Parlement européen, nous manquerons à nos devoirs si nous ne sommes pas capables de tirer la leçon de la crise actuelle, à savoir que dans les prochains mois, au nom du peuple européen qui nous a élus, nous devrons assumer la responsabilité de proposer à tous les peuples et à tous les pays membres certaines réformes constitutionnelles de fond. » Aussitôt après la session plénière de juin, Spinelli exposa dans une lettre envoyée à tous les

membres du Parlement européen un plan plus précis de sa proposition : le Parlement devait ouvrir un
grand débat sur la crise institutionnelle de la Communauté ; il nommerait ensuite un groupe de travail pour préparer un projet de réforme institutionnelle, qu'il devrait alors discuter et voter sous la
forme d'un projet de traité qui serait soumis aux
gouvernements et aux Parlements nationaux. C'est
ainsi que naquit le débat sur le traité sur l'Union
européenne, qui constituerait le plus grand succès
politique de la première législature du Parlement
européen élu au suffrage universel.

Altiero Spinelli, élu comme indépendant sur les
listes du Parti communiste italien, était l'un des
personnages les plus connus et les plus actifs de la
minorité politique qui militait, depuis la fin de la
Seconde Guerre mondiale, en faveur d'une Europe
fédérale. Après avoir passé dix ans dans les geôles
fascistes, il avait été assigné à résidence à Ven-
totene, une île de la mer Tyrrhénienne. En 1941,
il y avait rédigé un Manifeste où il affirmait que
la principale tâche de la génération issue de la
guerre serait de réaliser une Europe fédérale : la ligne de démarcation entre les forces progressistes et
les forces conservatrices ne passerait plus désormais entre une gauche, plus ou moins socialiste, et
une droite, plus ou moins libérale, mais entre ceux
qui utiliseraient leur pouvoir pour promouvoir
l'unification européenne et ceux qui l'utiliseraient
pour la restauration de la souveraineté nationale.
Après avoir fondé le Mouvement fédéraliste européen et avoir participé à l'expérience du Parti d'Action, il n'avait plus milité dans des partis nationaux ; il s'était cependant rapproché de De Gasperi
et de Spaak au début des années cinquante, à l'épo-

que des négociations sur la Communauté européenne de défense et des pourparlers sur la Communauté politique.

L'échec de ces initiatives l'avait définitivement convaincu qu'il était inutile d'attendre que l'Europe fédérale naisse de l'œuvre des diplomaties. Il avait repris la lutte fédéraliste en Italie et dans le reste de l'Europe, en lançant l'initiative du « Congrès du peuple européen ». Il s'agissait d'un projet politique simple et fortement teinté d'utopie. Selon Spinelli, la pression populaire devrait pousser les partis et les leaders politiques des États européens à mettre en place une Constituante européenne. Celle-ci serait chargée de mettre en œuvre une construction fédérale par l'élaboration d'une constitution européenne. Ce nouveau pouvoir fédéral devrait supprimer, ou tout au moins réduire, les pouvoirs nationaux traditionnels qui avaient été à l'origine de tant de guerres. Spinelli faisait preuve d'un optimisme révolutionnaire qui évoquait ses origines marxistes, qui s'accompagnait d'une grande rigueur, d'un refus du compromis et d'une remarquable indépendance intellectuelle. Pendant des années, Spinelli avait refusé de reconnaître l'importance de la méthode et des initiatives de Monnet pour parvenir aux États-Unis d'Europe. Pour reprendre l'une de ses expressions bien connues, « l'Europe ne tomberait pas du ciel ». Selon Spinelli, elle ne se construirait pas avec les avancées prudentes des fonctionnalistes, limitées par la médiation entre des intérêts nationaux opposés.

Au cours des années soixante, le succès de la CEE amena Spinelli à s'interroger sur les potentialités fédératives des institutions européennes. En janvier 1970, grâce à l'action d'un groupe de fidèles et au soutien de la vieille garde antifasciste encore au pouvoir en Italie (Saragat, Nenni, La Malfa), Spinelli fut nommé membre de la Commission européenne. À la surprise générale, il se révéla être un commissaire à la hauteur de sa tâche, faisant preuve d'un grand esprit d'initiative dans ses domaines de compétence (politique industrielle, recherche et environnement). Pendant ce temps, Spinelli continua à défendre ses idées, malgré les difficultés inhérentes à sa fonction. On se souvient notamment d'une de ses polémiques avec Ralf Dahrendorf, qui avait manifesté des idées antifédéralistes.

Le comportement de Spinelli au sein de la Commission n'était pas dicté par un nouveau conformisme, mais bien par le constat qu'il lui était difficile d'agir efficacement en dehors du contexte communautaire. En 1976, il prit la décision de quitter la Commission pour se présenter comme indépendant sur les listes du Parti communiste italien aux élections législatives du mois de mai. Le PCI le ferait ensuite nommer au Parlement européen. Cette décision suscita de nombreuses discussions. Spinelli se réconciliait en quelque sorte avec le parti qui l'avait exclu plusieurs décennies auparavant, alors qu'il se trouvait dans les prisons fascistes.

Dès le départ, l'action de Spinelli au Parlement européen fut cohérente avec ses idées. L'assemblée élue au suffrage universel devait remplacer le Congrès du peuple européen. Il fallait que le Parlement se sente investi d'un mandat constituant, pour relancer une dynamique institutionnelle qui mènerait à une réforme radicale des institutions et des traités qui étaient à la base de la Communauté. Il n'était pas facile de convaincre le Parlement européen — composé de membres élus selon des modalités dif-

férentes et sur la base de motivations nationales —
qu'il aurait pu s'arroger un pouvoir constituant.
Spinelli commença par réunir autour de lui les premiers députés qui avaient répondu à son appel de
juin. C'est ainsi que naquit le « club du Crocodile »,
d'après le nom du restaurant de Strasbourg où
eurent lieu les premières réunions. Au cours des
mois suivants, de nombreux députés rejoignirent
les neuf précurseurs.

Un projet de résolution, présenté par le club du
Crocodile et approuvé par cent soixante-dix députés, proposa la mise en place d'une commission *ad
hoc* chargée de préparer un projet de traité sur l'ensemble des nouvelles tâches de la Communauté.
Les propositions de réforme devaient reposer sur
un large consensus des forces politiques de tous les
pays membres, puis être soumises à la ratification
des États. Quelque peu amendée pour tenir compte
des objections de divers groupes, la résolution fut
approuvée le 9 juillet 1981 par l'Assemblée et donna
le coup d'envoi à la Commission institutionnelle qui
devrait élaborer le projet de traité.

Spinelli comprit aussitôt qu'il ne pouvait pas obtenir, au sein du Parlement, une majorité suffisante
pour approuver une constitution de type fédéral. Le
consensus ne viendrait pas d'une discussion abstraite sur les formes du pouvoir européen, mais de
l'examen de la crise communautaire et des moyens
pour la résoudre. Cette approche convainquit de
nombreux députés de l'intérêt de l'initiative. La
Commission institutionnelle accepta la proposition
de Spinelli sur la nécessité d'un traité qui créerait
une « Union européenne », avec des compétences
étendues et des procédures institutionnelles renou-
velées.

L'expression « Union européenne » n'était pas une invention. Elle figurait dans les documents officiels de la Communauté depuis le sommet de Paris de 1972 et avait été employée pour la première fois en 1948, à la conférence de La Haye. Dans le projet du Parlement, elle était censée indiquer un « saut qualitatif » de la Communauté européenne, un approfondissement de l'intégration et un accroissement des objectifs et des compétences communautaires. Le projet serait un pas important vers la Fédération européenne sans pour autant la réaliser pleinement, notamment parce que la politique extérieure demeurerait du ressort de la coopération entre États.

Si le texte était prudent dans ce domaine, les normes proposées en matière institutionnelle indiquaient très clairement une structure de nature préfédérale. Sur la base d'une résolution intitulée « sur les orientations du Parlement européen relatives à la réforme des traités et à la réalisation de l'Union européenne », la Commission institutionnelle débattit pendant un an les grands chapitres du futur traité, parvenant à formuler une proposition. Le 14 septembre 1983, cette proposition fut adoptée en l'état par l'Assemblée. Le texte final, rédigé sous la forme juridique d'un projet de traité, fut finalement approuvé par le Parlement le 14 février 1984 par 237 voix contre 31 et 43 abstentions.

Le contenu du projet

Le projet de traité présentait de grandes innovations en ce qui concerne les institutions de l'Union européenne, tandis que les objectifs de fond étaient affirmés avec une certaine retenue. Les institutions restaient les mêmes, avec l'ajout du Conseil européen qui ne serait plus une institution officieuse. Mais l'équilibre entre les institutions changeait, avec un renforcement des pouvoirs du Parlement et une diminution des pouvoirs du Conseil. Toutefois, le pouvoir législatif et le vote du budget seraient partagés entre le Conseil et le Parlement. À cet égard, le projet faisait preuve d'une prudence évidente : le Parlement aurait un pouvoir « associé » à celui du Conseil, ce qui préfigurait une constitution fédérale dans laquelle le Conseil fonctionnerait comme le Sénat de la Fédération.

Le projet était particulièrement précis et novateur dans la définition des politiques de l'Union. Il prévoyait un calendrier pour la réalisation du Marché unique. Sans préciser les conditions pour parvenir à l'union monétaire, le traité renvoyait à une loi organique les modalités et les étapes de sa réalisation. L'Union aurait une compétence « exclusive » pour le marché intérieur, l'agriculture et les problèmes de concurrence. Dans les politiques sectorielles comme les transports, les télécommunications, la recherche-développement, l'industrie et l'énergie, elle disposerait d'une compétence « concurrente » avec celle des États membres. Enfin, il était question de compétences « potentielles » en matière d'union politique et de sécurité. Le projet introduisait aussi le principe de « subsidiarité », dont on reparlera, qui apparaissait pour la première fois dans un document communautaire.

Le projet de traité introduisait une autre nouveauté, la « politique de la société ». Cette expression désignait l'ensemble des politiques destinées à l'amélioration de la vie des citoyens européens : la politique sociale et la santé, la protection des consommateurs, la politique régionale, l'instruction, la recherche, la politique culturelle et l'information. Le champ d'action communautaire s'élargirait ainsi à de nouvelles compétences — vivement contestées par certains États membres — comme l'éducation, la culture et l'information.

Le sujet de la politique extérieure commune avait été largement débattu au cours des travaux préparatoires. Il constituait l'un des enjeux principaux du projet, qui ferait ressortir son caractère plus ou moins fédéral. Malgré certaines nouveautés, les procédures prévues par le traité ne s'écartaient pas beaucoup des pratiques adoptées par les États membres depuis l'approbation du rapport Davignon. Le projet de traité prévoyait en effet que l'Union agisse selon deux méthodes différentes, celle de l'action commune et celle de la « coopération ». La méthode de la coopération resterait la règle dans tous les domaines échappant aux compétences exclusives ou concurrentes de l'Union relevant de politique extérieure, y compris les questions politiques et économiques de la sécurité. Par la méthode de la coopération, le Conseil demeurait le vrai responsable de la politique étrangère.

La partie intitulée « les finances de l'Union » innovait fondamentalement par rapport à la réglementation communautaire en vigueur. En ce qui concerne les recettes budgétaires, le projet de traité proposait la généralisation des ressources propres pour accroître l'indépendance de la Communauté. Le système envisagé était complexe : un programme financier pluriannuel serait proposé par la Commission au début de chaque législature et approuvé selon la procédure législative, afin de programmer les recettes et les dépenses. L'Union pourrait en outre modifier, par une loi organique, la nature ou l'assiette des recettes existantes ou en créer de nouvelles. La loi de programmation devrait cependant veiller aux dépenses et à l'équilibre financier du budget.

Une dernière disposition, très originale, concernait l'entrée en vigueur du traité. Celui-ci serait soumis à une ratification de la part des Parlements de tous les États membres. Après la ratification d'une majorité d'États membres, représentant les deux tiers de la population totale de la Communauté, les gouvernements des pays ayant ratifié le traité se réuniraient immédiatement pour fixer la date d'entrée en vigueur, et déterminer les relations avec les États qui n'avaient pas encore ratifié. On voulait ainsi éviter que la procédure d'approbation ne soit bloquée par le refus prévisible de certains pays. Selon les plus optimistes, il serait impossible aux États réticents de rester en dehors de la nouvelle structure qui devait remplacer la Communauté. Les autres estimaient que la crise serait inévitable, vu l'impossibilité de convaincre les pays les plus réticents à approfondir l'intégration européenne.

Une fois adopté, le projet présenté par le Parlement européen (qui fut rapidement connu sous le nom de « Projet Spinelli ») reçut le soutien de François Mitterrand, lors du discours déjà mentionné du 24 mai 1984. S'adressant à Altiero Spinelli, le président français expliqua que la France était ouverte à la perspective d'une Europe politique : « M'exprimant en son nom, je la déclare prête à examiner votre projet, dont l'esprit lui convient. » Ces phrases alimentèrent de grands espoirs parmi

les auteurs du projet de traité, espoirs qui furent cependant déçus. La position du président français à
l'égard du projet Spinelli demeure ambiguë. Encore
aujourd'hui, on peut se demander s'il s'agissait d'un
discours de circonstance pour susciter l'enthousiasme du Parlement ou si Mitterrand ne s'était pas
aventuré sur des positions politiques trop avancées.

En tout cas, le projet Spinelli ne fit l'objet d'aucune
discussion sérieuse lors du Conseil européen de
Fontainebleau. Les conclusions du sommet n'en
parlaient que d'une manière indirecte. On prévoyait
la création d'un comité *ad hoc* (le futur comité
Dooge) composé de représentants personnels des
chefs d'État et de gouvernement et « comparable au
comité Spaak ». Le comité aurait pour mission « de
formuler des suggestions destinées à améliorer le
fonctionnement de la coopération européenne dans
le secteur communautaire, dans celui de la coopération politique ou dans d'autres secteurs ». Un
autre comité (le futur comité Adonnino) fut chargé
de préparer et de coordonner les actions destinées à
« promouvoir et à renforcer l'image de la Communauté auprès de ses citoyens et dans le monde ».
Enfin, les institutions étaient invitées à poursuivre
la réalisation du Marché unique communautaire.

Altiero Spinelli et ses partisans ne désespérèrent
pas. Mais, après les décisions de Fontainebleau,
beaucoup d'entre eux comprirent qu'en instituant
deux comités *ad hoc*, le Conseil européen avait définitivement abandonné le projet du Parlement européen. La bataille allait se poursuivre au niveau des
Parlements nationaux. Des résolutions en sa faveur
furent approuvées par le Parlement italien, puis par
le Bundestag et par le Parlement belge. Mais le projet ne fut pas soumis à un véritable débat au sein de

ces institutions, comme le souhaitaient ses auteurs. Toutefois, il fut très souvent pris comme référence par la délégation italienne et par celles du Benelux.

Plus de vingt ans après sa rédaction, on peut reconnaître au projet Spinelli le mérite d'avoir redonné vie aux tentatives de réforme des institutions, à une époque où la Communauté s'enlisait dans la crise. Sans la pression du projet, il n'est pas sûr que les initiatives auraient été aussi importantes, et peut-être le débat n'aurait-il pas débouché sur un nouveau traité, fût-il partiel et insuffisant. Le projet Spinelli semble ainsi amorcer le processus qui, en différentes étapes, conduirait à la naissance de l'Union européenne.

Le Conseil européen de Fontainebleau

À la veille de la présidence française (premier semestre 1984), plusieurs problèmes enlisaient la Communauté dans une crise interminable qui menaçait la solidarité communautaire. L'hostilité de la France à l'égard de toute réforme de la Politique agricole commune n'était pas étrangère aux divisions qui opposaient les États membres. Par ailleurs, le gouvernement français ne jouissait pas d'une conjoncture politique favorable. La gauche avait perdu les élections municipales et le franc avait été dévalué à trois reprises. Après avoir choisi de maintenir le franc dans le SME, Mitterrand était décidé à affirmer sa conversion européenne.

Lors de la réunion du 31 mars 1984, les ministres de l'Agriculture approuvèrent les propositions présentées par la Commission l'année précédente qui portaient sur plusieurs points. Le premier était la fixation de limites quantitatives au-delà desquelles les producteurs ne jouiraient plus de la garantie des prix. Ce nouveau régime, destiné à freiner la production, concernait environ un tiers de l'ensemble de la production agricole. On introduisait ensuite des quotas de production pour une durée de cinq ans, en particulier pour les produits laitiers. En troisième lieu, on abolissait les montants compensatoires qui avaient suscité d'interminables polémiques. On rétablissait ainsi l'unité du marché après une décennie d'instabilité des changes, qui avait créé de nouvelles frontières entre les États membres. Le Conseil des ministres réaffirma en outre le respect de la préférence communautaire pour l'importation de produits agricoles des pays tiers. Enfin, on rationalisa une série d'aides et de primes qui s'étaient progressivement multipliées à l'occasion de la péréquation annuelle des prix agricoles. Les prix agricoles devraient désormais être fixés avec une « modération réaliste », qui supposait une croissance moyenne inférieure au taux d'inflation de la Communauté. De telles mesures étaient difficiles à accepter par l'ensemble du monde agricole, surtout en France, où l'on prédisait une baisse du revenu des agriculteurs.

Par ailleurs, toutes les propositions de la Commission n'avaient pas été acceptées. Toutefois, le Conseil européen parvint à régler les problèmes en suspens qui bloquaient toute reprise communautaire. Il s'agissait en l'occurrence des problèmes relatifs à la contribution britannique au budget communautaire. Dans son discours au Parlement européen évoqué précédemment, Mitterrand n'avait pas caché que le temps était venu pour une initiative politique qui conduirait à une révision des traités. Le compromis devait être accepté par les Britanniques, et la Communauté devait se fixer de nouveaux objectifs. Certes, ceux-ci auraient été difficiles à atteindre d'un commun accord avec la Grande-Bretagne.

Lors du Conseil européen de Fontainebleau (25-26 juin 1984), les chefs d'État et de gouvernement parvenaient enfin à régler la question de la contribution britannique. On fixait également les paramètres de la compensation pour les années à venir : la différence entre les montants versés et perçus par le Royaume-Uni serait compensée à hauteur de 66 %, au lieu des 75 % réclamés par Londres. Le Conseil décida en outre d'accroître les ressources propres de la Communauté : la part de la TVA versée à Bruxelles par chaque État membre passerait de 1 % à 1,4 %. Ces moyens supplémentaires permettraient de lancer de nouvelles politiques communes et de financer l'adhésion de l'Espagne et du Portugal.

Margaret Thatcher était sortie vainqueur de la grande querelle. Le Premier ministre britannique avait en effet obtenu que le droit à une compensation financière lui soit reconnu d'une manière durable. Le système unitaire et cohérent du budget communautaire était ainsi soumis à des exceptions qui en compromettaient la stabilité et la soutenabilité. En dépit de ces défauts, l'accord de Fontainebleau permettait à la Communauté de sortir d'un immobilisme qui durait depuis cinq ans.

La première Commission Delors

Le Conseil européen de Fontainebleau prit une autre décision importante. Après la fin du mandat de Gaston Thorn, la présidence de la Commission devait théoriquement revenir à un Allemand. Grâce à l'intervention d'Helmut Kohl, le choix du Conseil européen se porta sur Jacques Delors.

On a souvent discuté de l'importance de la personnalité du président de la Commission, que le traité définit comme un *primus inter pares* au sein du collège, mais qui en réalité joue souvent un rôle déterminant dans les événements communautaires. La nationalité du président de la Commission n'est pas étrangère au degré d'influence que celui-ci peut exercer dans le cadre du collège des commissaires et à l'égard des gouvernements européens. En d'autres mots, le fait d'être français ou allemand peut lui accorder une véritable « plus-value » politique.

Socialiste d'origine sociale-chrétienne, Jacques Delors s'était forgé une expérience politique dès l'époque de Georges Pompidou, quand il avait été un conseiller influent de Jacques Chaban-Delmas. Au Parlement européen, où il avait été élu en 1979, il avait notamment exprimé certaines idées dont on retrouverait la trace dans son action de président, telles que le concept de Communauté « à géométrie variable ». En matière communautaire, Delors ne croyait pas à une construction idéologique de l'Europe, mais plutôt à la possibilité de proposer des projets d'intégration sectorielle. Après sa nomination, il avait fait le tour des capitales des Dix États membres et soumis des propositions pour relancer l'Europe. L'approfondissement de l'intégration pourrait ainsi s'effectuer à divers niveaux et à diverses vitesses, tout en maintenant le noyau central et fondamental de la Communauté.

La nomination de Jacques Delors survenait dans des circonstances plutôt favorables. La crise de la Communauté avait été résolue, du moins pour les problèmes les plus importants, tandis que la conjoncture économique s'améliorait. Le nouveau président de la Commission pouvait en outre compter sur François Mitterrand, dont il avait été ministre des Finances. L'homme qui arrivait à la tête de la Commission avait donc une pleine liberté pour faire valoir, à un poste particulièrement difficile, les qualités d'une personnalité remarquable. Au cours des dix années que dura sa présidence, Delors réussit à renforcer la Commission et à contrer les critiques de certains gouvernements, allant jusqu'à s'opposer directement à Margaret Thatcher.

Le discours que Delors prononça au Parlement de Strasbourg (14 janvier 1985) témoigna aussitôt de son approche pragmatique. Il exprima clairement les priorités de l'action de la Commission pour les années à venir, et l'achèvement du marché intérieur devint un objectif politique précis. Dans une célèbre phrase, Delors mettait en avant pour la première fois « l'objectif 1992 » : « Peut-être est-il présomptueux d'annoncer et puis d'exécuter la décision de supprimer toutes les frontières à l'intérieur de l'Europe avant 1992. »

Trois jours avant Delors, le président de Philips, Wiesser Dekker, avait prononcé un discours important à Bruxelles. Dekker parlait officieusement au nom de la grande industrie européenne qui, à quelques exceptions près, avait perçu avec un scepticisme croissant l'action des institutions européennes. La fin de la crise communautaire ainsi que l'amélioration de la conjoncture économique avaient ranimé. l'intérêt des industriels. Dekker exposa un plan d'action, le « programme 90 », qui préfigurait en quelque sorte le futur Livre blanc de la Commission. Un marché commun « véritablement homogène » devait être réalisé dans les cinq ans. Pour ce faire, la Communauté devait reconnaître quatre priorités : la libéralisation des échanges commerciaux, l'harmonisation fiscale, la standardisation des normes techniques et l'ouverture des marchés publics. Cette proposition ne négligeait aucun aspect politique de l'initiative, tels que la nécessité d'introduire le vote à la majorité et d'amorcer l'union monétaire.

La première Commission Delors entra en fonctions le 6 janvier 1985. Le portefeuille du marché intérieur fut confié à Lord Francis Cockfield. Il succédait à Karl Heinz Narjes, à qui l'on devait la plupart des efforts menés par la Commission Thorn pour relancer l'achèvement du marché intérieur. Le portefeuille attribué à Lord Cockfield préfigurait un choix politique, puisqu'on lui confiait à la fois la responsabilité de l'achèvement du marché intérieur, ainsi que la direction générale de tous les travaux de la Commission pour atteindre cet objectif. Lord Cockfield joua un rôle déterminant dans l'élaboration du Livre blanc ; on ne s'attendait pas que cet homme, considéré comme très proche de Margaret Thatcher, fît preuve d'un tel engagement pour diriger le travail d'élaboration de l'un des documents les plus intégrationnistes de l'histoire de la Communauté. Il s'agissait pour Lord Cockfield, comme il eut plusieurs fois à le déclarer, d'exécuter tout ce qui était clairement voulu par le traité et donc approuvé par tous les États membres.

L'adhésion de l'Espagne et du Portugal

L'un des premiers effets du Conseil de Fontaine-bleau fut de débloquer les négociations d'adhésion de l'Espagne et du Portugal. Le Portugal et l'Espagne avaient présenté leur demande d'adhésion respectivement le 28 mars et le 20 juillet 1977. Les négociations avec le Portugal avaient commencé fin 1978 et celles avec l'Espagne en février 1979. Les discussions s'éternisaient sur les produits agricoles, en particulier le vin, les fruits et les légumes. Le Conseil européen avait pris acte de ces problèmes et avait fixé, avec un certain optimisme, un terme pour la conclusion des négociations, soit le 30 septembre 1984.

L'enjeu politique était de taille. La péninsule ibérique avait toujours eu une place importante dans l'histoire et la culture de l'Europe, mais les dictatures franquiste et salazariste l'avaient tenue en marge du continent. Pendant des décennies, le Portugal avait été presque oublié des autres pays, sauf des Britanniques qui protégeaient son vaste empire somnolent. Le Portugal fut le dernier pays d'Europe à connaître des révoltes coloniales. Les guérillas africaines en Angola et au Mozambique provoquèrent en 1974 la chute de la dictature de Caetano. Quand le Portugal présenta sa demande d'adhésion, trois ans après la « révolution des œillets », le pays était en plein marasme politique et social. Une nouvelle classe politique tardait à se former, tandis que les militaires gouvernaient dans les tensions suscitées par des idéologies opposées. Le retard du pays rendait perplexes les États membres de la CEE, qui ne pouvaient cependant pas refuser d'engager des négociations.

Si le Portugal avait été admis depuis le début dans l'AELE (la zone européenne de libre-échange fondée par les Britanniques en 1959), l'Espagne était restée en dehors de tout traité européen depuis l'après-guerre. Cet isolement était en partie voulu et en partie subi. Le régime militaire de Franco ne pouvait être accepté par les démocraties européennes. Au début des années soixante, le pouvoir économique était toutefois passé aux mains d'un groupe de technocrates appartenant au mouvement catholique de l'Opus Dei. Ceux-ci réussirent à persuader Franco que l'Espagne devait négocier avec la Communauté européenne. En février 1962, le gouvernement espagnol demanda l'ouverture de pourparlers en vue d'une « association » avec la Communauté. Selon les intentions des promoteurs, cet accord devrait préluder à l'adhésion, quand les conditions politiques auraient changé.

Le terme d'association ne pouvait pas être utilisé dans le cas de l'Espagne, dont le régime était ostracisé par les démocraties européennes. Les négociations, entamées en 1964, furent donc limitées aux questions économiques et se prolongèrent, avec de fréquentes suspensions, jusqu'à la fin des années soixante. Le 29 juin 1970, un accord commercial préférentiel put être signé. En dépit des apparences, cet accord avait une signification politique, car il marquait l'ouverture économique de l'Espagne à l'Europe. Il était clair qu'à la disparition du vieux dictateur l'Espagne serait prête à adhérer à la Communauté et que cette dernière ne pourrait lui opposer aucun refus. Après la mort de Franco, en 1975 et les élections de 1977, l'Espagne put donc présenter sa demande d'adhésion.

La Commission européenne devait exprimer un avis obligatoire avant que le Conseil ne décide l'ouverture des négociations. La perspective de l'arrivée des deux pays ibériques inquiétait les Dix, d'autant plus que les tout nouveaux régimes démocratiques ne semblaient pas très solides. Les deux avis de la Commission furent sensibles à ces considérations. Tout en se déclarant favorables à l'élargissement, la Commission faisait preuve d'un certain scepticisme : en cela, elle reflétait les hésitations de certains États membres, en particulier de la France, qui craignaient que l'agriculture des États candidats ne vînt bouleverser les équilibres d'un système communautaire déjà soumis à rude épreuve.

Les négociations ne progressèrent guère jusqu'aux élections législatives de 1982 et à la victoire du Parti socialiste espagnol (PSOE). La relance de la négociation avait été l'un des thèmes centraux du programme électoral de Felipe Gonzáles. Le nouveau chef de gouvernement espagnol voulait profiter de la « solidarité socialiste » avec la France de François Mitterrand. La pression espagnole, qui bénéficiait du soutien allemand, s'exerça au moment où la politique de Mitterrand était soumise à une profonde révision. Les négociations reprirent sérieusement au début de 1983 ; elles durèrent encore longtemps, parce que plusieurs points de controverse devaient être résolus. En France, les avis négatifs étaient majoritaires. Ils étaient alimentés par l'opposition de droite, qui appuyait les intérêts corporatistes de la population agricole. Le président du RPR, Jacques Chirac, avait prétendu que l'adhésion de l'Espagne provoquerait la fin de l'agriculture française. Les Italiens aussi encourageaient la Communauté à la plus grande prudence, car elle aurait été le premier pays à subir les conséquences de l'adhésion des pays ibériques.

Le 30 mai 1982, quelques mois avant les élections, l'Espagne avait officiellement adhéré à l'Alliance atlantique et à son organisation militaire. L'adhésion à l'OTAN, décidée par le gouvernement de Leopoldo Calvo Sotelo, avait déclenché un vif débat parlementaire. Dans son programme électoral, le PSOE avait promis de convoquer un référendum sur la participation espagnole à l'OTAN. La victoire socialiste avait été facilitée par ces propositions, car la majorité des Espagnols était opposée à cette décision. Une fois assumée la responsabilité du gouvernement, les socialistes firent marche arrière : une éventuelle sortie de l'Espagne de l'Alliance atlantique aurait des répercussions sur sa candidature à la Communauté, qui ne serait plus soutenue par le gouvernement de la RFA.

Le 20 juillet 1983, la Commission présenta au Conseil un plan pour l'intégration de l'agriculture espagnole au Marché commun, tandis que s'intensifiaient les pourparlers sur le problème délicat de la pêche. Malgré la décision du Conseil européen de Fontainebleau de clôturer la négociation pour le 30 septembre, toute l'année 1984 fut consacrée aux pourparlers, qui ne purent aboutir qu'en 1985.

Les résultats des négociations furent favorables aux candidats, dont la plupart des demandes furent acceptées. L'acte d'adhésion prévoyait une période de sept ans pour la réalisation progressive de l'union douanière et de la libre circulation des travailleurs et un accès immédiat des deux pays au Fonds social européen. La libre circulation des produits agricoles fut soumise à une période transitoire de sept ans pour l'Espagne et de dix ans pour le Portugal. Dans le domaine de la pêche, la transition était de sept ans et de dix ans pour certaines variétés de produits, compte tenu des effets que le Marché commun produirait sur la flotte de pêche espagnole. Des normes spéciales étaient prévues pour participer progressivement au budget communautaire.

L'acte d'adhésion fut solennellement signé le 12 juin 1985, à Madrid pour l'Espagne et à Lisbonne pour le Portugal. Le 1er janvier 1986, les deux pays devenaient membres de plein droit de la Communauté européenne. Trois nouveaux membres (deux espagnols et un portugais) s'ajoutaient aux quatorze membres de la Commission. Soixante parlementaires espagnols et 24 parlementaires portugais portaient le total des membres du Parlement européen à 518, tandis qu'à la Cour de justice s'ajoutaient de nouveaux juges espagnols et portugais. Une nouvelle pondération des votes fut adoptée au Conseil :

LA NOUVELLE PONDÉRATION AU CONSEIL
(1er janvier 1986)

Allemagne, France, Italie, Royaume-Uni :	10 voix.
Espagne :	8 voix.
Belgique, Grèce, Pays-Bas, Portugal :	5 voix.
Danemark, Irlande :	3 voix.
Luxembourg :	2 voix.

Majorité au sein du Conseil : 54 voix sur 76.

Avec le recul, les prévisions des pessimistes ont été démenties : l'adaptation aux règles et à l'acquis communautaire s'est déroulée sans traumatisme. Les deux pays n'avaient la moindre réserve à l'égard de l'intégration européenne, qui était même considérée comme un instrument et un objectif du développement économique. Dès le départ, la présence de l'Espagne et du Portugal dans les institutions s'est révélée positive. Au cours de ses quatorze années de pouvoir, Felipe Gonzáles accorda une grande attention aux affaires européennes et sut exploiter toutes les occasions pour accroître la part des fonds communautaires dévolus à l'Espagne. C'est à Gonzáles que reviendrait l'initiative de créer, dans le cadre du traité de Maastricht, un Fonds de cohésion en faveur des pays les moins développés de l'Union européenne. Dans l'ensemble, la participation à la Communauté se traduisit ainsi, en particulier pour le Portugal, par une période d'intense développement économique.

CHAPITRE VII

L'ACTE UNIQUE

Un arrêt décisif de la Cour de justice

Le 20 février 1979, la Cour de justice des Communautés européennes rendait un arrêt d'une grande importance. Dans l'affaire connue sous le nom de « Cassis de Dijon », la Cour donnait pour la première fois une définition des obstacles à la liberté des échanges qui, pour diverses raisons, avaient survécu à l'application du traité CEE. La Cour visait par là les « règlements nationaux susceptibles d'entraver, directement ou indirectement, effectivement ou potentiellement, les échanges intracommunautaires ». En d'autres termes, chaque produit légalement fabriqué et commercialisé dans un État membre devait être admis sur l'ensemble du marché de la Communauté. Toute mesure destinée à empêcher l'importation de produits d'autres pays membres était donc illégale.

Dans le même arrêt, comme dans ceux qui en précisèrent les principes, les dérogations à la règle générale n'étaient admises qu'à des conditions très strictes : satisfaire à des exigences impératives (santé publique, protection des consommateurs ou de l'environnement, transparence des transactions commerciales, etc.) et poursuivre un but d'intérêt général dont le caractère impératif justifiait la dérogation à la libre circulation des biens.

L'arrêt de la Cour survenait dans un domaine où, depuis une décennie, l'activité communautaire avait été réduite. Cette situation était le fruit d'une réticence croissante à l'égard de l'augmentation de la concurrence dans le cadre européen. La conjoncture économique n'avait plus retrouvé la vigueur du développement des premières années. La dépression qui avait suivi la fin du système de Bretton Woods et le choc pétrolier de 1973-1974 encouragea les États membres à introduire subrepticement, et sous les prétextes les plus divers, des normes particulières qui finissaient par rendre impossible l'importation de certains produits en provenance des autres pays membres.

La Commission s'en était rendu compte, mais il lui était difficile d'intervenir. Les propositions de directives destinées à rapprocher les dispositions législatives, réglementaires et administratives qui avaient « une incidence directe sur le fonctionnement du marché commun » (art. 100 et suivants du traité CEE) devaient être approuvées à l'unanimité par le Conseil, après consultation du Parlement européen et du Comité économique et social. Très peu de directives avaient ainsi été approuvées par le Conseil. On ne comptait plus les propositions de directive en attente depuis des années, sans aucun espoir d'être discutées. L'autonomie des États nationaux était en jeu, et on n'avait rien trouvé de mieux que d'imposer la barrière du droit de veto. Étant donné l'équilibre institutionnel prévu par le traité et l'absence d'un Parlement élu doté d'une compétence législative, il eût été difficile de concevoir un mécanisme qui respecte davantage la souveraineté nationale. Dans un contexte marqué par des tentations protectionnistes, les chances étaient faibles que la situation s'améliore.

L'arrêt de la Cour eut un impact réel sur la vie de la Communauté. Il résolvait non seulement une série de problèmes techniques, mais relançait avec force le problème de l'achèvement et du fonctionnement du Marché commun. Enfin, cet arrêt incitait les institutions communautaires, en premier lieu la Commission, à respecter les devoirs imposés par le traité.

Le Livre blanc sur le marché intérieur

Au début des années quatre-vingt, la Commission reprit avec vigueur l'initiative pour achever le marché intérieur. Chacun était convaincu qu'il fallait non seulement assurer la libre circulation des biens au niveau atteint en 1968 (date de l'achèvement de l'union douanière), mais aussi l'approfondir et la compléter. À beaucoup d'égards, le Marché commun n'était qu'une fiction. Les législations nationales prévoyaient des règles spécifiques qui limitaient *de facto* la circulation de certains produits. Pour éliminer les entraves aux échanges, il fallait abolir les véritables frontières, à commencer par les obstacles techniques qui concernaient les biens, les services, les capitaux et les marchés publics. Le 29 juin 1981, au Conseil européen de Luxembourg, les chefs d'État et de gouvernement exprimèrent leurs préoccupations à cet égard. Les conclusions du sommet prévoyaient « un effort concerté pour renforcer et développer le libre marché intérieur des biens et des services ».

L'achèvement du marché intérieur figurait désormais à l'ordre du jour du Conseil européen. À la session de Copenhague (3-4 décembre 1982), le Conseil examina, sans prendre aucune décision, une directive sur les obstacles techniques aux échanges et sur la suppression des contrôles aux frontières. Au cours des deux années suivantes la Commission eut l'occasion, à maintes reprises, de déplorer le retard avec lequel on discutait ses propositions. Dans une communication présentée au Conseil européen de Bruxelles (21-22 mars 1983), elle constata, non sans amertume, que le Conseil n'avait pas donné suite à certaines parties importantes des conclusions de Copenhague.

Le 7 juin 1984, la Commission envoyait au Conseil un document qui récapitulait les efforts entrepris au cours des quinze dernières années pour convaincre les États membres à approuver les mesures nécessaires à la consolidation du marché intérieur. Cette fois, la Commission ne se limitait pas à dénoncer les obstacles aux échanges et à l'ouverture totale des frontières, mais prenait en considération tous les secteurs impliqués dans l'achèvement du marché intérieur. La liste était impressionnante et les propositions très ambitieuses. Il s'agissait d'un plan global qui devrait mener, en deux ans, à l'élimination des frontières et à la libre circulation des capitaux, des services et des personnes. Le document fut publié à quelques jours du Conseil européen de Fontainebleau, mais ne fut pas mentionné dans les conclusions du sommet.

L'achèvement du Marché unique était devenu un problème politique de premier ordre : il était clair qu'il n'y aurait pas de relance de la Communauté européenne sans l'approbation d'un programme de travail cohérent. Dans son discours d'investiture au Parlement européen, Jacques Delors eut le mérite de définir un calendrier concret (« l'objectif 1992 ») pour faciliter sa mise en œuvre. C'est ainsi que furent accélérés au sein de la Commission les travaux pour la préparation du « Livre blanc sur l'achèvement du marché intérieur », qui marquerait profondément l'évolution de la Communauté dans les années suivantes.

Le Livre blanc prévoyait l'abolition, avant le 1er janvier 1993, des frontières physiques, techniques et fiscales. Sa première caractéristique était de fixer un calendrier contraignant fondé sur des échéances relativement rapprochées et, autant que possible, sur des mécanismes automatiques. Le principe fondamental du Livre blanc établissait que, lorsqu'un bien était produit et commercialisé aux termes de la loi dans un État membre, on ne pouvait en empêcher la vente libre dans toute la Communauté. Le principe de la « reconnaissance automatique » s'appliquait aussi aux services. Malgré les dispositions du traité, les progrès réalisés en matière de liberté des prestations de services avaient été bien plus lents que ceux accomplis dans le domaine de la libre circulation des biens. Cette situation ne concernait pas seulement les services traditionnels, comme les banques, les assurances et les transports, mais aussi les nouveaux secteurs de l'informatique, du marketing et des systèmes audiovisuels. Le Livre blanc incluait aussi une série de propositions pour promouvoir l'échange des produits financiers, comme les polices d'assurance, les titres de propriété immobilière et les contrats d'épargne. Dans le domaine des transports, il préconisait l'abolition de toutes les restrictions quantitatives pour le transport des marchandises sur route, la libéralisation des transports des passagers par le rail, la mer et l'air. Dans le secteur de l'audiovisuel, l'objectif consistait à créer une zone unique de diffusion au niveau communautaire. On parvint ainsi, en 1986, à la directive appelée « télévision sans frontières ». Quant aux mouvements de capitaux, les normes sur les contrôles des devises devaient être unifiées avant 1992.

Une autre partie était consacrée aux travailleurs salariés et aux professions libérales. Depuis 1985, la jurisprudence de la Cour de justice avait permis d'ouvrir la fonction publique aux ressortissants communautaires, à l'exception des emplois impliquant des actes de puissance publique (armée, diplomatie, etc.). Pour ce qui est des professions libérales, les progrès avaient été limités, surtout en raison des difficultés à harmoniser les qualifications professionnelles. La Commission affirma dès lors la nécessité d'établir une directive-cadre pour donner vie à un système général de reconnaissance réciproque des diplômes.

Dans les conclusions du Livre blanc, la Commission affirmait que « de même que l'union douanière devait précéder l'intégration économique, l'intégration économique devait précéder l'unité européenne ». Le document avait donc une finalité politique et rendrait inévitables des décisions importantes, surtout en matière institutionnelle : il était impensable que l'on parvienne au Marché unique sans modifier les règles du vote au Conseil, en particulier là où le traité prévoyait l'unanimité. L'engagement solennel des gouvernements était également une condition indispensable, car 282 directives et règlements du Conseil devaient être approuvées dans les sept ans.

Avant même la présentation du Livre blanc au Conseil européen de juin 1985, l'opération Marché unique de 1992 (une expression qui passa définitivement dans le langage des médias) avait été prise au sérieux par les différents secteurs de l'économie européenne, par les institutions communautaires et par les gouvernements, et commençait aussi à gagner l'attention de l'opinion publique. Dans les mois suivants, le slogan « objectif 1992 » devint le *leitmotiv* des programmes publics et privés de l'économie communautaire. Jamais on n'avait vu un tel phénomène dans l'histoire de la construction européenne. La crise avait duré trop longtemps.

Les comités Dooge et Adonnino

Comme il a été dit, le Conseil de Fontainebleau avait institué deux comités, qui prirent le nom de leurs présidents. Le comité Dooge, composé de représentants des chefs d'État et de gouvernement, devait formuler « des propositions destinées à améliorer le fonctionnement de la coopération européenne dans le secteur communautaire, dans celui de la coopération politique ou dans d'autres secteurs ». Le comité Adonnino était chargé de proposer des mesures en vue de favoriser une « Europe des citoyens ». Les deux rapports furent présentés au Conseil européen de Bruxelles (29-30 mars 1985).

Le rapport Dooge présentait clairement les positions et les réserves des représentants des chefs d'État et de gouvernement qui les avaient nommés.

Sans être rédigé sous la forme d'un traité, le rapport donnait au Conseil européen un canevas pour discuter la réforme de la Communauté. Après avoir affirmé la nécessité de donner vie à l'Union européenne, le rapport en traçait les objectifs prioritaires. Avant toute chose, il était indispensable de créer un « espace économique interne homogène » et une « Communauté technologique », afin de renforcer la coopération internationale dans le domaine de la recherche-développement. Il fallait ensuite développer le Système monétaire européen pour amorcer l'intégration monétaire européenne, par la coordination des politiques économiques, budgétaires et monétaires et par la libéralisation des mouvements de capitaux.

Dans le domaine des politiques communes, le rapport Dooge mettait en relief la protection de l'environnement et la réalisation progressive d'un « espace social européen » pour définir l'ensemble des normes au niveau communautaire, en matière de sécurité sociale, d'emploi et de conditions de travail. Il proposait aussi la mise en place d'un espace juridique homogène pour le respect des droits de l'homme et la lutte contre la criminalité. La promotion de valeurs culturelles communes était proposée comme une nouvelle politique de la Communauté, sans qu'on en précise les procédures à suivre pour les actions préconisées.

La partie la plus politique du rapport portait sur la « recherche d'une identité externe », qui devait être créée graduellement pour parvenir à une politique extérieure communautaire. La création d'un secrétariat politique permanent permettrait de coordonner l'action des États membres, surtout dans le cadre de l'ONU et des autres organisations internationales. Les propositions en matière de sécurité étaient plus vagues : on souhaitait notamment intensifier les efforts pour définir des normes communes en matière d'armement.

Le rapport abordait ensuite les questions relatives aux réformes institutionnelles et mettait en évidence les dissensions sur le vote à la majorité au Conseil des ministres. Le rapport disait textuellement : « La majorité du Comité défend l'adoption d'un nouveau principe général selon lequel les décisions devront être adoptées à la majorité qualifiée ou simple. La règle de l'unanimité restera en vigueur pour certains cas exceptionnels — qui seront en nombre nettement inférieur à ce que prévoient les traités actuels. » Au sein du Comité, une minorité ne voulait en revanche aucune modification des règles en vigueur depuis le compromis de Luxembourg : elle entendait ainsi réaffirmer la nécessité du vote à l'unanimité lorsque des intérêts vitaux étaient en jeu.

Le rapport Dooge évoquait aussi la réforme des pouvoirs du Parlement européen, en proposant de l'associer clairement à la procédure législative : le Parlement se prononcerait sur les propositions de la Commission et le Conseil délibérerait sur le texte adopté en session parlementaire. En cas de désaccord, on aurait recours à une procédure de conciliation. On proposait en outre de renforcer ses pouvoirs de contrôle, en le faisant participer au vote des recettes budgétaires. Enfin, le rapport Dooge suggérait de convoquer une conférence intergouvernementale pour négocier un traité sur l'Union européenne. Les travaux de la conférence devraient porter à la fois sur le rapport Dooge et sur la déclaration solennelle de Stuttgart, et s'inspirer « de l'es-

prit et de la méthode du projet du traité voté par le
Parlement européen ». Cette conférence devrait associer les Dix, l'Espagne et le Portugal, la Commission et le Parlement.

Le rapport Dooge incluait en annexe une série
d'observations qui résumaient les points de désaccord, parfois très importants, de certains membres
du Comité, ceux de la Grande-Bretagne, du Danemark et de la Grèce.

De son côté, le rapport du comité Adonnino portait sur un grand nombre de thèmes : les droits
spéciaux des citoyens, la culture, la communication
et l'information ; la jeunesse, l'enseignement, les
échanges, le sport et les jumelages ; le travail béné-
vole en faveur du développement du tiers monde ;
la santé, la sécurité sociale et la drogue ; le renforcement de l'image et de l'identité de la Communauté. Sur tous ces thèmes, le rapport avançait de
multiples propositions, destinées à améliorer la participation des citoyens, moyennant une meilleure information et la simplification des procédures. Les
parties les plus « politiques » avaient donné lieu à
de vives discussions, notamment en ce qui concernait le droit de vote des ressortissants communautaires dans un autre État membre de la Communauté.

Le Conseil européen de Milan

Le Conseil européen de Milan devait se prononcer sur cinq textes : le projet de traité du Parlement
européen, les rapports des comités Dooge et Adonnino, la déclaration solennelle de Stuttgart et le
Livre blanc de la Commission. À la veille de cette

réunion décisive, le président du Conseil italien Bettino Craxi intensifia les contacts avec les gouvernements des États membres. Le Conseil européen devait décider si le moment était propice à une discussion sur la réforme institutionnelle de la Communauté ; il devait ensuite se prononcer sur l'opportunité de convoquer une conférence intergouvernementale et, le cas échéant, délibérer sur le mandat qu'il fallait conférer à celle-ci.

À l'approche du Conseil, les gouvernements commencèrent à exprimer leurs positions. Le 25 juin 1985, Giulio Andreotti, ministre des Affaires étrangères, précisa dans un article publié dans le *Corriere della Sera* que son gouvernement soutenait l'élaboration d'un traité sur l'Union européenne par une conférence intergouvernementale. Andreotti s'abstint toutefois de prendre position sur le mandat qu'il fallait attribuer à la conférence. De leur côté, les Français s'étaient bien assagis depuis le discours aux accents fédéralistes que François Mitterrand avait prononcé à Strasbourg le 24 mai 1984. La perspective des élections législatives avait incité Mitterrand à la prudence. Le 27 juin, le porte-parole de l'Élysée indiqua les quatre thèmes que la France souhaitait mettre à l'ordre du jour : « l'Europe de la technologie », à construire ; « l'Europe des citoyens », à accélérer ; « l'Europe économique et sociale », à perfectionner ; « l'Union européenne », à fonder. Les Français se déclaraient en outre favorables à l'achèvement du Marché unique et à la création d'un « espace social européen ». Ils reconnaissaient pour la première fois la nécessité de revenir au vote à la majorité. En revanche, leurs idées restaient très floues au sujet de la coopération politique et de la création d'une Union européenne.

Le même jour, Helmut Kohl annonçait au Bundestag que l'Allemagne et la France avaient décidé de proposer un projet de traité sur l'Union européenne sur lequel le chef du gouvernement italien avait déjà donné son accord. En réalité, les Italiens n'avaient eu connaissance du document que vingt-quatre heures auparavant et ne s'étaient pas prononcés. Ce document mérite d'être mentionné pour une autre raison. Pour la première fois, un texte officiel proposait une étroite collaboration sur les questions de la sécurité européenne et évoquait la possibilité d'une liaison avec l'Union de l'Europe occidentale, l'organisation internationale née en 1954 après l'échec de la Communauté européenne de défense.

La délégation britannique avait à son tour présenté un document aux autres membres du Conseil. Le Royaume-Uni réaffirmait les tendances déjà manifestées au Conseil de Fontainebleau dans un mémorandum intitulé « L'Europe : l'avenir ». Margaret Thatcher y avait exprimé clairement ses idées, en particulier sur les limites des compétences communautaires. Les dispositions en vigueur en matière institutionnelle ne devaient pas être modifiées. La Communauté devait adopter des mesures concrètes, en excluant toute réforme de fond qui puisse impliquer le Parlement européen. En ce qui concerne la réforme du mécanisme de décision, le mémorandum britannique proposait un *gentlemen agreement* : les gouvernements contraires s'engageraient à s'abstenir au cas où une forte majorité se créerait en faveur d'une proposition de la Commission. En général, la Communauté devait se donner des objectifs concrets pour soutenir la reprise économique, améliorer la qualité de la vie et renforcer le « pilier européen » de l'Alliance atlantique.

Reprenant les lignes générales de ce mémorandum, la délégation du Royaume-Uni opposa une fin de non-recevoir à toutes les propositions qui se trouvaient sur la table de la négociation. Les Britanniques se contentaient de préciser leurs idées sur la coopération politique sous la forme d'un projet d'accord juridique. Celui-ci se composait de neuf articles et n'ajoutait aucune nouveauté par rapport aux mécanismes de coopération déjà en vigueur. Ce document était emblématique de la volonté britannique de ne pas lancer des réformes qui puissent renforcer la Communauté ou du moins en accroître le rôle politique : le principal objectif politique du gouvernement britannique était d'empêcher toute réforme des traités existants.

Le Conseil européen de Milan (28-29 juin 1985) eut lieu dans une conjoncture favorable. Trois mois plus tôt, Mikhaïl Gorbatchev avait été nommé secrétaire général du parti communiste soviétique (PCUS). Son avènement avait été unanimement considéré comme un facteur de changement dans les relations entre l'Union soviétique et l'Occident. Les négociations sur les armements nucléaires pouvaient ainsi recommencer entre l'URSS et les États-Unis où Ronald Reagan venait d'être réélu triomphalement. C'est dans ce contexte que les Européens se réunirent pour relancer la Communauté.

Les discussions se déroulèrent cependant dans une atmosphère de profonde méfiance. La délégation britannique avait été prise de court par la proposition franco-allemande sur l'union politique, qui déstabilisait à ses yeux le réseau diplomatique que le Foreign Office croyait avoir constitué avec Bonn et Paris au cours des semaines précédentes. Les délégations du Benelux étaient profondément irritées par les signaux qui semblaient révéler un accord *a minima* entre les trois grands pays. Cette irritation s'adressait en particulier à la tentative des Britanniques, apparemment soutenue par le couple franco-allemand, d'écarter l'hypothèse d'une réforme des traités au profit d'un *gentlemen agreement*. Enfin, personne ne savait avec exactitude quelle était la position de la présidence italienne qui, au cours des semaines précédentes, avait lancé des signaux contradictoires.

La première journée du Conseil n'aboutit à aucun résultat à cause du refus des Britanniques, des Danois et des Grecs d'accepter une réforme des traités, des positions ambiguës de la France, des Allemands et des Italiens et de la résistance du Benelux et de la Commission. Jacques Delors essaya désespérément de trouver un compromis pour introduire le vote à la majorité dans les articles indispensables à la réalisation du marché intérieur. Il se heurta au refus sans appel de Margaret Thatcher.

Les questions institutionnelles furent abordées lors du dîner des ministres des Affaires étrangères. Quand la résistance du Benelux sembla fléchir, Andreotti interrompit la discussion, déclarant que l'Italie n'accepterait en aucun cas la solution préconisée par les Britanniques. L'ambiguïté de la position italienne était ainsi dissipée. Le tournant du Conseil intervint à l'ouverture de la séance du 29 juin, quand le chancelier Kohl présenta au Conseil un document — inconnu des fonctionnaires allemands eux-mêmes — qui demandait explicitement une conférence intergouvernementale pour la réforme des traités. La manœuvre de Kohl obtint l'appui immédiat de Mitterrand et eut pour effet de transformer en majorité la minorité du Benelux et de consolider la position de la présidence italienne. À ce moment-là, Craxi décida de forcer le jeu. Rompant avec la pratique en usage au Conseil européen, il fit procéder à un vote. La majorité des membres du Conseil approuva la décision de convoquer une conférence intergouvernementale pour réformer les traités. En deux jours, le triomphe attendu de la diplomatie britannique s'était transformé en une profonde humiliation pour Margaret Thatcher. Malgré sa colère, celle-ci ne contesta pas le résultat du vote, qui la mettait en minorité avec le Danemark et la Grèce.

Le mandat conféré par le Conseil européen à la conférence intergouvernementale était double : d'une part, la conférence était chargée de préparer un projet de traité sur une politique extérieure et sur une politique de sécurité commune sur la base des projets franco-allemand et britannique ; d'autre part, elle devait procéder aux modifications du traité CEE pour réformer les institutions et étendre la compétence communautaire à de nouveaux secteurs. Après la confusion de la veille, ce résultat récompensait ceux qui avaient toujours misé sur la convocation d'une conférence intergouvernementale (CIG) avec un large mandat réformateur.

En outre, le Conseil européen accueillait favorablement le Livre blanc et lui réservait une part importante de ses conclusions. Il acceptait les priorités indiquées par le Livre blanc et confirmait la décision de parvenir à l'achèvement du marché intérieur avant 1993, ainsi que l'acceptation sans condition des priorités indiquées dans le Livre blanc. Les conclusions se clôturaient par une phrase sibyl-

line : « Le Conseil des ministres a pour mission
d'étudier les conditions institutionnelles auxquelles
l'achèvement du marché intérieur pourrait se faire
dans les délais prescrits. » Cette phrase obscure indiquait que le problème du vote à la majorité serait
à nouveau abordé.

Le Conseil de Milan avait été un moment clé de
la construction européenne et le lieu de confrontation des différentes idéologies des gouvernements
européens. Le 2 juillet 1985, prenant la parole à la
commission institutionnelle du Parlement européen, Jacques Delors proposa un classement de ces
idéologies. « Il y a des chefs de gouvernement qui
ont les pieds dans diverses conceptions : a) il y a,
avant tout, ceux qui veulent exclusivement une
zone de libre-échange et la coopération en politique
extérieure ; b) il y a, en deuxième lieu, des pays qui
veulent construire l'intégration économique et qui
pensent que l'on ne peut pas la construire pour y
mettre finalement un toit politique ; c) en troisième
lieu, il y a ceux qui crient à l'Europe, mais qui ne
veulent pas s'engager avec des pays dont ils consi-
dèrent la politique économique comme injuste, et
qui veulent donc une Communauté réduite à sa
plus simple expression ; d) il y a enfin ceux qui ont
découvert, ou qui ont toujours été attirés par la sé-
duction intergouvernementale. »

La négociation de Luxembourg

Après le Conseil européen de Milan, une chose
était claire : les négociations de la conférence ne devaient pas s'éterniser ni susciter de graves différends entre les protagonistes. La France et surtout

l'Allemagne n'étaient pas disposées à affronter une crise durable avec la Grande-Bretagne au sujet de la réforme du traité. Déjà au cours de la réunion de Milan, Mitterrand et Kohl avaient patiemment cherché le compromis en renonçant à une grande part de leurs intentions premières.

Dès le 2 juillet, la nouvelle présidence luxembourgeoise précisa les points qui figureraient à l'ordre du jour de la CIG : l'amélioration des procédures de décision du Conseil, le renforcement du pouvoir exécutif de la Commission, l'accroissement des pouvoirs du Parlement européen, et l'élargissement des politiques communautaires à de nouveaux champs d'action. La proposition de la présidence luxembourgeoise s'inspirait des idées du comité Dooge et du comité Adonnino « et de certains aspects de la proposition de la Commission sur la libre circulation des personnes ». Le 9 juillet, sous l'impulsion d'Altiero Spinelli, le Parlement émettait un avis très critique : il soulignait le manque de cohérence du Conseil européen qui avait préconisé quatre types de procédures différentes pour la révision des traités existants. Cela était d'autant plus regrettable qu'il existait déjà un projet du Parlement européen qui proposait une solution matérielle et formelle aux problèmes envisagés. Le Parlement exigeait ainsi d'être représenté à la table des négociations, tout en donnant un avis favorable à la convocation de la conférence.

La Commission insistait pour que l'achèvement du marché intérieur, les nouvelles compétences de la Communauté, la réforme institutionnelle et les nouvelles normes de coopération politique soient traitées lors d'une seule conférence intergouvernementale. Le 22 juillet, le Conseil publia son avis, qui réaffirmait le caractère distinct des deux sujets de la conférence, la révision du traité de la CEE et la coopération politique pour laquelle il envisageait un traité à part. Seule la Commission était admise à participer aux travaux, tandis que la présence des représentants du Parlement européen n'était pas prévue.

Dès les premiers échanges de la conférence intergouvernementale, les participants avaient réaffirmé leurs positions. Au cours de la première session, la présidence avait préparé une « note de réflexion » dans laquelle elle exposait la nécessité de doter la Commission de nouvelles compétences et de définir de nouveaux objectifs (la réalisation d'un véritable espace économique, la recherche et les nouvelles technologies, l'environnement, la culture, l'éducation et la santé). Pour atteindre ces objectifs, il fallait améliorer les procédures de décision : le texte luxembourgeois préconisait donc l'extension du vote à la majorité qualifiée, sans évoquer toutefois une quelconque réforme du traité dans ce sens.

Les propositions de Jacques Delors étaient beaucoup plus explicites. Il posait sans ambages le problème de l'unicité des décisions à prendre pour garantir le développement politique de l'intégration européenne. Il était inconcevable que l'Union européenne fonctionne sans reconnaître l'interdépendance des problèmes de politique étrangère et de sécurité, d'une part, et des questions économiques, financières et monétaires, de l'autre. Delors proposait ainsi que les modifications au traité de Rome et le traité sur la coopération politique européenne soient intégrés dans un acte juridique unique. C'est pour cette raison que le nouveau traité portera finalement le nom d'« Acte unique ».

Cette proposition de la Commission opposa immédiatement deux camps au sein de la Conférence intergouvernementale (CIG). Les pays du Benelux, l'Italie et l'Irlande penchaient en faveur des solutions présentées dans le rapport Dooge et des propositions du Parlement européen, tandis que la France et l'Allemagne n'entendaient pas se battre pour des réformes institutionnelles approfondies, ne souhaitant pas provoquer une crise majeure avec la Grande-Bretagne, le Danemark et la Grèce. Toutefois, la proposition de la Commission d'aboutir à un Acte unique recueillit l'approbation de la majorité des ministres et fut donc considérée comme acquise.

Jacques Delors esquissa les grandes lignes stratégiques pour le développement de l'intégration économique européenne. Son approche subordonnait les réformes institutionnelles à la définition des nouveaux objectifs de la Communauté. La Commission voulait avant tout que l'on précise les objectifs du marché intérieur et les instruments pour y parvenir. Elle souhaitait aussi que le traité intègre les nouvelles politiques développées par la Communauté au cours des années précédentes, comme l'environnement, la recherche et la politique régionale. Enfin, elle demandait que l'on renforce les objectifs et les moyens de la politique sociale. Quant au processus décisionnel, elle suivait la logique du traité de Rome qui préconisait le vote à la majorité chaque fois que le traité prévoyait des objectifs explicites. La Commission prônait également un renforcement des pouvoirs du Parlement, à condition que le processus décisionnel demeure efficace. La logique de Delors était donc ambitieuse, mais rigoureusement fonctionnaliste. Entre Monnet et Spinelli, Delors avait choisi Monnet.

Les travaux de la CIG s'achevèrent en trois mois. Un comité de hauts fonctionnaires se réunit de façon presque permanente pour préparer les textes. La Commission adressa plusieurs propositions d'articles, qui suivaient les grandes lignes de l'intervention de Jacques Delors. Ces textes constituèrent la base de la discussion, à l'exception des pouvoirs du Parlement européen, au sujet desquels la Commission s'abstint de faire des propositions. Trois écoles se dessinèrent rapidement sur ce point. Les Allemands et les Italiens préconisaient une augmentation considérable des pouvoirs du Parlement, fût-ce au détriment du pouvoir d'initiative de la Commission. Venaient ensuite ceux qui ne voulaient rien entreprendre, à savoir les Français, les Britanniques et les Danois. Il y avait enfin ceux qui voulaient concilier l'accroissement des pouvoirs du Parlement avec le maintien des prérogatives de la Commission, comme les pays du Benelux et la Commission elle-même.

Le comité des directeurs politiques préparait entre-temps la partie du traité relative à la politique étrangère et parvenait rapidement à un consensus autour d'une codification de la coopération politique telle qu'elle s'était développée au cours des dix dernières années.

Pendant ce temps, le Parlement européen ne cessait de manifester son inquiétude et d'invoquer les objectifs définis de longue date. Même s'il ne participait pas formellement aux travaux, on lui avait promis une information adéquate et la possibilité d'exprimer sa position à la conférence. La résolution que le Parlement approuva le 23 octobre fut un véritable cri d'alarme devant la dispersion des négociations et le refus de prendre en considération le « projet Spinelli ». Cette résolution n'eut aucun effet sur la CIG, qui s'orientait vers la recherche des compromis possibles en poursuivant des objectifs limités. À la veille du Conseil européen de Luxembourg, le Bureau élargi du Parlement européen lança un véritable appel aux chefs d'État et de gouvernement, exprimant son désaccord vis-à-vis des résultats des travaux préparatoires de la CIG. Le renforcement de la Communauté impliquait la création de l'Union européenne et une profonde réforme des institutions. Il vaudrait mieux ne pas hâter la décision et poursuivre la réflexion, plutôt que cacher les divergences derrière un compromis « dénué de sens et sans véritable portée ». Mais la majorité du Conseil européen n'était pas disposée à tenir compte de cette dernière mise en demeure désespérée.

On parvint à un accord à la veille du Conseil européen de Luxembourg (2-3 décembre 1985). La délégation britannique avait reçu pour instruction de collaborer activement à la révision du traité. On parvint à un compromis sur la base des principes suivants : une extension du vote à la majorité pour toutes les questions liées à l'achèvement du marché intérieur, exception faite des questions relatives à la fiscalité et aux droits des personnes ; l'intégration dans le traité de nouveaux chapitres (comportant toutefois la procédure presque systématique du vote à l'unanimité, hormis pour le Fonds régional) ; un renforcement limité de la politique sociale. Le nouveau traité ne comporterait cependant aucun chapitre sur l'union monétaire.

Au cours de ce Conseil, il ne resta aux chefs d'État et de gouvernement qu'à préciser certains détails des chapitres qui avaient déjà fait l'objet d'un consensus. Un débat acharné eut lieu autour de la définition du Marché unique comme d'un « espace sans frontières intérieures », définition que Margaret Thatcher tenta en vain de refuser jusqu'au dernier moment. La discussion la plus importante eut pour objet les pouvoirs du Parlement. On parvint à un compromis entre la thèse minimaliste et la position du Benelux et de la Commission. Selon la nouvelle « procédure de coopération » décidée à Luxembourg, le Parlement se voyait attribuer un pouvoir renforcé d'amender les textes législatifs en seconde lecture, mais la Commission gardait la maîtrise du dialogue avec le Conseil, qui conservait pour sa part la totalité du pouvoir de décision finale.

La plupart des intervenants pouvaient se déclarer satisfaits. Margaret Thatcher avait oublié l'humiliation de Milan, car les réformes institutionnelles importantes se limitaient au marché intérieur, qui constituait l'objectif prioritaire du gouvernement britannique. Elle se rendrait compte plus tard que l'Acte unique avait enclenché un engrenage de réformes institutionnelles qui conduirait au traité de Maastricht et à la monnaie unique. Les Français, les Allemands et les membres du Benelux avaient obtenu des progrès substantiels en matière d'intégration communautaire et quelques avancées au sujet de la politique étrangère commune. Les seuls à manifester des réserves furent Delors et Andreotti, qui comprirent très vite que le Parlement réagirait négativement. L'attitude de Delors était quelque peu paradoxale puisque, ayant obtenu satisfaction sur bon nombre de ses objectifs (l'acceptation des propositions sur le Marché unique et sur la politique technologique), il était le seul véritable gagnant. L'Acte unique renforçait les pouvoirs de la Commission, et confortait l'approche fonctionnaliste qui, en dernier ressort, semblait la seule capable de consolider la cohésion des pays fondateurs et de s'imposer aux nations récalcitrantes, comme la Grande-Bretagne.

Dans la longue discussion institutionnelle qui s'était déroulée entre Fontainebleau et Luxembourg, l'abandon de l'approche fédéraliste du Parlement, implicite dans les travaux du comité Dooge, avait été le prix à payer pour contrecarrer les objectifs intergouvernementaux de la Grande-Bretagne. On avait ainsi privilégié l'exigence d'efficacité sur celle d'une démocratisation du système. Ce choix serait lourd de conséquences dans le débat sur le traité de Maastricht.

Le Parlement se prononça à l'issue d'un débat qui laissait percer le découragement et la déception. Quelque peu embarrassé, le Luxembourgeois Jacques Santer, président du Conseil européen, déclara à l'Assemblée que « comme toujours, les résultats d'une grande négociation n'étaient l'idéal pour personne ». La codécision du Parlement en matière législative n'avait pas été adoptée parce que « les esprits n'étaient pas préparés à une évolution aussi rapide vers l'Union européenne ».

Le 11 décembre, le Parlement européen votait à une grande majorité une dernière résolution pour tenter d'influencer le résultat de la négociation, en vue de la réunion des ministres des Affaires étrangères (16-17 décembre 1985). La motion du Parlement demandait, en particulier, de modifier la procédure de coopération entre le Parlement et le

Conseil pour aboutir à une véritable codécision entre les deux institutions. La lassitude du Parlement était visible. Les propositions d'Altiero Spinelli (qui allait décéder peu de temps après) ne suscitaient plus l'enthousiasme de la majorité du Parlement. La réunion des ministres des Affaires étrangères n'apporta aucune modification aux textes déjà approuvés. Les travaux de la conférence se concluaient donc par l'adoption de l'Acte unique européen.

L'Italie et le Danemark maintenaient les réserves exprimées au Conseil européen. Le 2 janvier, le Parlement danois rejetait une grande partie des résultats de la négociation et demandait au gouvernement danois de rouvrir les débats. Celui-ci décida d'organiser un référendum, qui fut fixé au 27 février. En attendant les résultats, le Conseil procéda à la mise au point finale de l'Acte unique et des vingt déclarations qui y étaient annexées. Le 17 février, neuf États membres signèrent le nouveau traité. L'Italie, le Danemark et la Grèce ne signèrent que le 28 février, après avoir pris connaissance de l'issue du référendum danois, qui approuva l'Acte unique.

Le nouveau traité, qui allait entrer en vigueur le 1er juillet 1987, prévoyait que le Marché unique européen verrait le jour le 31 décembre 1992. Le gouvernement britannique fut le seul à exprimer une satisfaction complète, même s'il avait été contraint de faire des concessions importantes. En revanche, la majorité des parlementaires européens fut fortement déçue, estimant avoir perdu une grande occasion d'aboutir à un traité instituant l'Union européenne. Altiero Spinelli constata ainsi : « Du gros poisson, on ne nous a laissé que l'arête ». Personne ne prévoyait alors qu'en quelques années les problèmes non résolus lors de la conférence de Luxembourg reviendraient sur la table des négociations. Ce phénomène se produisit parce que l'Europe était en train de changer rapidement, mais aussi parce que l'Acte unique allait rapidement révéler ses faiblesses et ses limites.

Les innovations de l'Acte unique

L'Acte unique européen fut la première grande tentative de réformer le traité de Rome. Comme on l'a dit, le nom du nouveau traité était dû au fait qu'il rassemblait à la fois les nouvelles compétences communautaires et les accords en matière de coopération politique. Avec l'Acte unique, l'achèvement du Marché commun devenait formellement un objectif de la CEE. Plusieurs dispositions étaient prévues pour atteindre cet objectif. La modification de l'article 100 du traité de Rome permettrait d'adopter à la majorité qualifiée les mesures relatives à l'harmonisation des législations nationales. Trois domaines restaient soumis à la règle de l'unanimité : l'harmonisation fiscale, la libre circulation des personnes et la protection sociale. En dépit de ces exceptions, le changement était considérable. Avant l'Acte unique, moins du tiers des décisions était adopté à la majorité. Avec l'Acte unique, la majorité qualifiée s'appliquait désormais aux trois quarts des domaines couverts par le traité.

Les chapitres consacrés aux nouvelles politiques communautaires appellent certaines remarques. Le Fonds régional, qui fonctionnait depuis une décennie sur la base de règlements communautaires, figurait désormais dans le traité. L'Acte unique introduisait également une compétence communautaire dans les domaines de l'environnement, de la recherche et de la technologie.

En ce qui concerne l'environnement, les dispositions de l'Acte unique étaient insuffisantes et ambiguës : la politique de l'environnement était encore considérée comme un domaine réservé des États. Les décisions devaient être prises à l'unanimité, ce qui était grave, étant donné l'impact de la législation relative à l'environnement sur l'achèvement du marché intérieur (et vice versa). La Commission n'avait manqué d'émettre les plus vives inquiétudes à ce sujet, car l'existence de différentes législations nationales risquait d'affaiblir la cohérence de la législation communautaire.

L'Acte unique comblait une lacune en matière de recherche et de technologie. La compétence de la Communauté dans ce domaine fut pleinement affirmée, à travers la définition d'objectifs et de procédures visant à renforcer « les bases scientifiques et technologiques de l'industrie européenne et à favoriser le développement de la compétitivité de cette industrie sur le plan international ». L'action de la Communauté compléterait celle des États membres et s'effectuerait sur la base d'un programme-cadre pluriannuel adopté à l'unanimité par le Conseil sur proposition de la Commission, alors que les programmes de mise en œuvre seraient approuvés à la majorité qualifiée.

Lors de la CIG, un autre sujet fit l'objet de vifs débats : la coopération en matière de politique économique et monétaire. Au cours des trente années précédentes, aucune modification n'avait été apportée au traité CEE. L'Acte unique stipula que la coopération monétaire tiendrait compte « des expériences acquises grâce à la coopération menée dans le cadre du Système monétaire européen (SME) et en vertu du développement de l'écu ». Spinelli déclara alors que la Conférence avait accouché d'une souris...

L'Acte unique reconnaissait aussi la compétence communautaire dans le domaine social. Le Conseil déciderait à la majorité qualifiée dans les domaines ayant trait à l'amélioration des conditions de travail, à la sécurité et à la santé des travailleurs. L'Acte unique chargeait en outre la Commission de promouvoir et de développer un dialogue entre les acteurs sociaux au niveau européen qui puisse aboutir, le cas échéant, à des conventions collectives.

Les réformes institutionnelles étaient considérées par beaucoup, et en particulier par le Parlement européen, comme tout à fait insuffisantes. Le point le plus contesté concernait les compétences du Parlement. L'Acte unique conférait à celui-ci un pouvoir d'« avis conforme » pour les accords d'adhésion et d'association avec les pays tiers. Il instituait également une procédure de coopération entre le Parlement et le Conseil, applicable à la majorité qualifiée dans les secteurs du marché intérieur, de la cohésion économique, de la recherche et dans certains aspects de la politique sociale. Cette procédure peut se résumer de la manière suivante :

LA PROCÉDURE DE COOPÉRATION DANS L'ACTE UNIQUE

• Sur proposition de la Commission et après avis du Parlement, le Conseil définit une position commune entre les gouvernements nationaux. Celle-ci est alors examinée par le

Parlement qui peut y adhérer, la rejeter ou l'amender pendant trois mois. La Commission dispose du délai d'un mois pour décider si elle adopte ou non les amendements du Parlement ;

• le Conseil procède alors à une seconde lecture de la proposition de la Commission, éventuellement amendée par le Parlement ;

• en cas de rejet de la proposition par le Parlement, le Conseil doit se prononcer à l'unanimité. Si le Parlement a proposé des amendements, le Conseil doit voter à la majorité qualifiée, dans les cas où la Commission ne les aurait pas approuvés ;

• à défaut d'une décision du Conseil dans un délai de trois mois, on considère que la proposition de la Commission est rejetée.

Le second volet de l'Acte unique concernait la coopération politique. Il codifiait pour la première fois les règles informelles qui sous-tendaient la politique étrangère des États membres. Le traité formalisait le principe, souvent négligé, de l'harmonisation et de la cohérence des politiques étrangères de la Communauté et des États membres. La présence de la Commission à tous les niveaux était officiellement reconnue. L'Acte unique introduisait quelques paragraphes sur la politique de sécurité commune, qui était ainsi consacrée pour la première fois dans un texte officiel en dehors du champ de l'OTAN et de l'UEO. En outre, le traité affirmait qu'« une coopération plus étroite relative aux problèmes de la sécurité européenne » devrait « contribuer au développement d'une identité de l'Europe en termes de politique extérieure ». Ce principe n'était cependant suivi d'aucune disposition pratique. L'extrême généralité de ces propositions n'autorisait pas à penser que l'Acte unique favoriserait l'essor d'une authentique politique extérieure.

La seule véritable nouveauté consistait dans l'institution d'un secrétariat qui aurait son siège à Bruxelles et qui assisterait la présidence dans la préparation et la mise en œuvre des activités en matière de coopération politique. Pour le reste, la structure restait inchangée : une présidence (assurée pendant un semestre par le gouvernement en charge du Conseil de la Communauté), un comité des directeurs politiques, le groupe des correspondants européens et des groupes de travail.

Mis à part les problèmes de sécurité, les objectifs de la coopération politique restaient vagues, et les procédures envisagées étaient insuffisantes par rapport aux objectifs affichés. En d'autres termes, l'Acte unique eut pour seule conséquence de formaliser certaines coutumes, ce qui eut pour effet de renforcer l'identité politique de la Communauté à l'égard des pays tiers, sans cependant apporter aucune garantie de continuité ni de cohérence. La portée limitée de ces engagements et de ces procédures reflétait l'incapacité des États membres à définir des objectifs stratégiques communs qui soient à la hauteur des responsabilités internationales de l'Europe.

L'Acte unique confirmait donc les limites de la coopération politique européenne, telles qu'elles étaient déjà apparues au cours des années précédentes. En l'absence d'une structure commune et de procédures obligatoires, il était impossible de coordonner les politiques étrangères nationales. La réticence à intégrer le secrétariat dans la structure communautaire contrastait avec les exigences du pragmatisme : ce n'est qu'avec le traité de Maastricht que l'on arriverait à résoudre une question essentiellement pratique, qui n'était rendue complexe que par des divergences idéologiques.

Le premier « paquet Delors »

Avant même l'entrée en vigueur de l'Acte unique, la Commission formula un programme de travail intitulé symboliquement « Réussir l'Acte unique ». Le 18 février 1987, Jacques Delors présenta devant le Parlement européen à Strasbourg un ensemble de propositions, qui seront connues sous le nom de « premier paquet Delors ». Il s'agissait de doter la Communauté des ressources nécessaires pour réaliser les réformes indispensables à la mise en œuvre de l'Acte unique. Delors y recensait « l'obligation de réaliser en même temps le grand marché sans frontières, une plus grande cohésion économique et sociale, une politique européenne de la recherche et de la technologie, le renforcement du Système monétaire européen, la création d'un espace social européen et des actions significatives en matière d'environnement ». D'après Delors, il fallait relever quatre défis : « Une politique agricole adaptée au nouveau contexte mondial, des politiques communautaires ayant un impact économique réel, des ressources propres stables, suffisantes et garanties, et une discipline budgétaire réellement efficace. »

Dans son discours, Jacques Delors soulignait la nécessité de parvenir à une nouvelle répartition des dépenses qui permette à tous les États membres de mettre en œuvre l'Acte unique. La Commission demanda le doublement des sommes allouées aux fonds structurels, tout en maîtrisant l'évolution des dépenses agricoles. Le contrôle de celles-ci devait s'effectuer par une meilleure gestion des marchés, moyennant l'introduction de stabilisateurs pour les organisations de marché et une réorganisation de la gestion du FEOGA.

En ce qui concerne la réforme du budget communautaire, la Commission affirmait que le système mis au point en 1970, et corrigé à Fontainebleau en 1984, avait fait son temps. Pour mettre en œuvre l'Acte unique, il fallait corriger l'anomalie la plus importante du budget communautaire, à savoir la quasi-impossibilité de modifier les recettes. Jacques Delors proposait de substituer les prévisions pluriannuelles au principe de l'annualité et de fixer un plafond global qui assurerait « la sécurité financière » au budget communautaire jusqu'à la fin de 1992, date à laquelle était prévue la mise en œuvre du Marché unique. Ce plafond global devait s'élever à 1,2 % du produit national brut (PNB) des pays de la Communauté. Outre les ressources traditionnelles (droits de douane, prélèvements agricoles, TVA), on prévoyait de nouvelles catégories de recettes destinées à compenser l'abaissement du taux de TVA.

Dans l'ensemble, le programme de la Commission présentait des caractères incontestablement originaux par rapport au passé. L'exécutif communautaire n'avait jamais osé formuler et présenter au Conseil un programme pluriannuel et, en même temps, des propositions de réforme de la structure du budget communautaire. La manœuvre politique était habile et contrastait avec la timidité traditionnelle de la Commission en matière financière depuis la crise provoquée en 1965 par les propositions de Walter Hallstein. À présent, la réalisation d'un marché sans frontières requérait l'approfondissement des politiques d'accompagnement, sans lesquelles le succès final ne serait pas possible. La « fuite en avant » était ingénieuse : l'Acte unique n'était même pas entré en vigueur que déjà les propositions de la Commission se bousculaient dans les réunions du Conseil européen. Ces propositions étaient le reflet d'une forte volonté politique. Ne voulant pas seulement apparaître comme l'inventeur du Marché unique, Jacques Delors souhaitait aussi promouvoir un changement dans les rapports sociaux entre les Européens. En augmentant le montant des fonds européens, les États membres confirmaient leur solidarité réciproque, en particulier à l'égard des pays les plus pauvres de la Communauté.

La communication de la Commission fut officiellement présentée au Conseil européen de Bruxelles (29-30 juin 1987) et amorça une dure bataille institutionnelle. Il y avait le danger que la discussion se focalise sur certaines parties du « paquet », en bouleversant la cohérence du programme. Comme personne ne semblait pressé d'examiner l'ensemble des propositions, le Conseil européen confia à la Commission le mandat de préparer les décisions sur les points essentiels du programme. Au cours des semaines suivantes, la Commission présenta au Conseil et au Parlement européen les propositions relatives à la communication « Réussir l'Acte unique ». En novembre, ces propositions reçurent le soutien du Parlement européen qui en approuva presque à l'unanimité l'esprit et le contenu.

Le Conseil européen de Copenhague (4-5 décembre 1987) fut probablement l'une des réunions les plus inutiles de cette institution. Dans un climat de grande tension, le programme de la Commission fit l'objet de débats infructueux. Margaret Thatcher refusa de discuter de quoi que ce soit en dehors des conséquences financières de la politique agricole, réaffirmant une fois de plus la réticence britannique pour des discussions « globales ».

Le climat changea lors de la présidence allemande, au premier semestre de 1988. Le chancelier Kohl, assisté du ministre des Affaires étrangères Genscher, était décidé à sortir la Communauté de l'impasse. Pendant le Conseil européen de Bruxelles (11-12 février 1988), les chefs d'État et de gouvernement parvinrent à adopter les décisions sur les questions en suspens. Les discussions furent âpres, mais l'accord qui intervint était étonnamment proche des propositions initiales de la Commission. Le « paquet » était très équilibré et fut soutenu avec une vigueur particulière par la présidence allemande : les trois lignes directrices — économie sur les dépenses agricoles, nouvelles ressources et doublement des fonds structurels — ne pouvaient plus être refusées par Margaret Thatcher, puisque la Grande-Bretagne avait obtenu la prolongation de la compensation obtenue à Fontainebleau.

Les ressources propres, jusqu'alors limitées en fonction des recettes de la TVA, dépendaient désormais du produit intérieur communautaire. Les ressources de la Communauté passaient ainsi de 1,4 % de la TVA à 1,2 % du produit intérieur brut des États membres. Les fonds structurels furent ainsi doublés, même si cette mesure n'entrerait en vigueur qu'un an plus tard. En parallèle, la Politique agricole commune faisait l'objet d'une réforme profonde. On introduisait ainsi les fameux « stabilisateurs », c'est-à-dire des mesures destinées à adapter la production agricole aux besoins du marché.

La complexité extrême des conclusions de ce Conseil européen mettait en lumière l'inefficacité politique du Conseil des ministres « spécialisés ». Il incomba donc aux chefs d'État et de gouvernement de décider les limites de la dépense pour chaque produit et d'adopter pour la première fois une mesure appelée à avoir un grand retentissement politique et psychologique : la mise en jachère de certaines terres pour limiter les risques de surproduction. Ces décisions eurent la conséquence positive d'augmenter les ressources de la Communauté, qui furent allouées aux fonds structurels, mais aussi aux autres politiques communes et à l'aide au développement.

La mise en œuvre de l'Acte unique

Dans une atmosphère bien plus détendue qu'aux sessions précédentes, le Conseil européen se réunit à Hanovre les 27 et 28 juin 1988. L'achèvement du marché intérieur, qui constituait l'objectif principal de l'Acte unique, était désormais irréversible. Le Conseil releva qu'un tiers des mesures programmées dans le Livre blanc de la Commission avaient déjà été adoptées, comme la libéralisation complète des mouvements de capitaux, la reconnaissance réciproque des diplômes, l'ouverture des marchés publics, la libéralisation des assurances et des transports routiers et aériens. Le Conseil européen observait également que ces progrès avaient été rendus possibles « grâce à la pleine utilisation des procédures de vote prévues dans l'Acte unique européen ».

Le Conseil européen de Hanovre prit une décision qui s'avéra plus importante que prévu au cours des années suivantes. Confirmant l'objectif de l'Union économique et monétaire, le Conseil confia à un comité la mission d'étudier et de proposer les étapes concrètes qui pourraient conduire à une telle union. Le comité, qui serait présidé par Jacques Delors, présenterait son rapport au Conseil européen de Madrid (juin 1989) : les présidents et gouverneurs des Banques centrales étaient invités à y participer, ainsi que d'autres personnalités désignées par le Conseil européen. Le rapport Delors se révéla bien plus important que ce qui était prévu lors de son institution. Il constitua en effet le point de départ pour les travaux de la CIG qui négocierait l'Union économique et monétaire.

Dans ce contexte, la Commission publia une étude (intitulée « Le coût de la non-Europe » ou « Rapport Cecchini », du nom de son coordinateur) qui évaluait les avantages du Marché unique. Le rapport Cecchini estimait à environ 5 % le surcroît de croissance dû à l'achèvement du Marché unique. Le calcul ne prenait pas seulement en compte les économies dérivant de la suppression des barrières qui entravaient le commerce intercommunautaire, mais également les avantages liés à l'entrée de nouvelles entreprises sur le marché. Le rapport y ajoutait également les économies d'échelle que pourraient réaliser les entreprises dans un marché plus vaste. Grâce à la suppression des frontières, à l'ouverture des marchés publics et à la libéralisation des services financiers, l'intégration du marché intérieur communautaire aurait l'effet, à moyen terme, de faire baisser les prix à la consommation de 6 % en moyenne, sans compter l'augmentation de la production et l'élévation des niveaux de vie.

Au Conseil européen de Rhodes (2-3 décembre 1988), la Commission présenta un rapport sur la réalisation du marché intérieur, qui permettait de constater que la moitié du programme législatif avait été réalisée. Le Conseil aborda avec une certaine sérénité le thème de la « dimension sociale » de l'Europe. Le sujet avait été âprement débattu au cours de la négociation sur l'Acte unique. Jacques Delors désirait remettre en chantier l'« espace social européen » cher à François Mitterrand, qui avait été réélu triomphalement quelques mois auparavant. Ces idées n'étaient cependant pas appréciées par le gouvernement britannique, qui avait accepté avec réticence les quelques paragraphes sociaux de l'Acte unique.

CHAPITRE VIII

LA FIN DE LA GUERRE FROIDE

Les rapports entre la Communauté
et le bloc de l'Est

On a dit de 1989 que ce fut une *annus mirabilis*. La guerre froide prit définitivement fin en l'espace de quelques mois, entraînant la dissolution du bloc de l'Est. Les événements de 1989 ne pouvaient ne pas avoir des conséquences sur la Communauté, qui était née de la guerre froide. L'Union soviétique, qui dominait d'une poigne de fer son empire européen, avait violemment critiqué la mise en place de la CECA. En 1957, lors de la ratification des traités de Rome, l'Institut d'économie mondiale et des relations internationales de Moscou énonçait dix-sept thèses que l'on retrouverait souvent dans les discours des responsables communistes : le Marché commun était le fruit d'une alliance des forces réactionnaires avec les traîtres socialistes et le Vatican ; la Communauté était la base économique et l'Euratom une agence technique de l'OTAN. L'ensemble communautaire témoignait ainsi d'un caractère « agressif et néo-colonialiste » qui favorisait l'exploitation de la classe ouvrière. En 1962, l'Académie des sciences de Moscou publiait ses trente-deux thèses sur l'intégration impérialiste de l'Europe occidentale. Selon ces thèses, le Marché commun était désormais devenu une réalité économique et politique, même s'il restait une réalité politiquement condamnable, car il nuisait au développement mondial des échanges tel qu'il était préconisé par l'Union soviétique.

Les trente-deux thèses demeurèrent pendant des années la doctrine officielle de l'Union soviétique et des États du pacte de Varsovie, qui refusèrent dès lors de reconnaître la Communauté, même lorsque celle-ci faisait valoir la compétence en matière de politique commerciale. Au début des années soixante-dix, reconnaissant l'intégration comme un « phénomène objectif » du développement capitaliste, l'Union soviétique tenta de promouvoir des rapports directs entre la Communauté et le COMECON, l'organisation économique qui réunissait depuis 1949 les pays du bloc communiste. Le COMECON avait une structure très différente de celle de la Communauté et manquait de compétences propres en matière commerciale. Il était accepté avec beaucoup de réticence par les pays de l'Est qui voulaient conserver, dans la mesure du possible, une indépendance économique par rapport à l'hégémonie soviétique. Le plus souvent, les pays de l'Europe de l'Est négociaient directement avec la Communauté au lieu de passer par le COMECON. Déjà difficiles, les rapports entre le COMECON et la Communauté s'interrompirent à la suite de l'intervention soviétique en Afghanistan.

Les rapports économiques entre la Communauté et les pays de l'Est n'avaient jamais atteint une grande ampleur. Le système économique communiste ne pouvait permettre de développer des rapports commerciaux de type compétitif sur les marchés mondiaux. Les diverses tentatives de réforme s'étaient toujours heurtées à d'insurmontables oppositions d'ordre politique. Au cours des années soixante-dix et au début des années quatre-vingt, le ralentissement du progrès technique devenait encore plus sensible, tandis que les économies de marché, frappées par la crise, avaient entamé un profond processus de reconversion. Au début des années quatre-vingt, malgré une disponibilité presque illimitée de ressources, l'industrie militaire soviétique ne pouvait plus suivre la cadence du réarmement américain. La crise du système était désormais clairement perceptible dans tous les pays du Bloc. Les événements survenus en 1980 en Pologne avaient sanctionné l'irréversibilité de la crise du système économique, qui se doublait de très graves conséquences d'ordre politique. Il était désormais manifeste qu'aucune réforme économique structurelle ne serait jamais possible sans une réforme profonde du système politique.

Avant même que Mikhaïl Gorbatchev ne prît le pouvoir, les pays du Bloc et la Communauté montrèrent la volonté de normaliser leurs relations. Une nouvelle phase de tractations entre la Communauté et le COMECON commença en juin 1984. Après l'avènement de Gorbatchev (11 mars 1985), l'Union soviétique changea de politique vis-à-vis de la Communauté. Toutefois, la normalisation des rapports entre les États membres du COMECON et la Communauté fut longue et difficile. Une déclaration conjointe signée à Luxembourg le 25 juin 1988 consacra l'officialisation des rapports entre les deux organisations. L'accord mettait fin à une querelle de quarante ans, mais la négociation s'avéra vite inutile. Au fur et à mesure que les pays de l'Est entamaient des pourparlers avec la Communauté, leurs propres rapports avec le COMECON s'affaiblissaient. Il devenait de plus en plus évident que les États à économie socialiste avaient avantage à négocier directement avec la Communauté. Née pour coordonner des économies complètement étatisées, le COMECON ne pouvait que se désintégrer devant les mouvements de réforme politique et économique de ces États.

On connaît les raisons qui ont accéléré le processus de désagrégation du bloc soviétique. Gorbatchev souhaitait procéder à une réforme profonde de l'économie soviétique, qui aurait dû être remplacée par un « marché socialiste », dans lequel des entreprises d'État indépendantes et concurrentes auraient été libres de s'adapter au progrès technique et de répondre à la demande des consommateurs. Les entreprises devaient être en mesure de tirer profit des rapports directs de coopération et de concurrence avec les entreprises occidentales. Pour rendre possible la transformation d'une économie construite depuis les origines sur le modèle d'une économie de guerre, il fallait avant tout éliminer les causes de conflit avec les pays occidentaux. Cela supposait la destruction d'un des piliers idéologiques du marxisme-léninisme, à savoir la confrontation entre le système socialiste et l'économie de marché. Il s'ensuivait la nécessité de réformer à fond le système politique. C'était là la grande inconnue de la perestroïka et la raison première de la dissolution de l'empire soviétique.

En Union soviétique, les conséquences de la perestroïka apparurent de manière irréversible en 1989, après soixante-dix ans de régime totalitaire.

Pour les populations des pays de l'Est, la Communauté offrait l'image d'une autre Europe, qui apparaissait comme une terre de privilège et dont la proximité aiguisait le sentiment d'une séparation injuste et inutile.

La Communauté ne restait pas inerte face à ces bouleversements. En juillet 1989, elle lança le programme PHARE d'aide à la reconstruction des économies polonaise et hongroise. Un an plus tard, les accords de Paris (20 mai 1990) instituèrent la Banque européenne de reconstruction et de développement (BERD). Ces deux initiatives visaient à accélérer le redressement et la reconversion économique des pays de l'ancien bloc communiste.

Le rapport Delors sur l'Union économique et monétaire

Pendant que l'Europe de l'Est connaissait ces mutations, la Communauté relançait le chantier de l'Europe économique et monétaire. Conformément au mandat de Hanovre, Jacques Delors remit son rapport au Conseil européen de Madrid (26-27 juin 1989). Le rapport Delors fut l'un des documents les plus importants de l'histoire de la Communauté. Il ne donnait pas une nouvelle définition de l'Union monétaire, mais reprenait celle qui était déjà exprimée dans le rapport Werner de 1970. Trois conditions devaient être remplies pour sa mise en œuvre : une convertibilité totale et irréversible des monnaies, la libéralisation totale des mouvements de capitaux et l'élimination des marges de fluctuation entre monnaies. La convertibilité des monnaies et son irréversibilité étaient réalisées depuis longtemps. Restaient les deux autres conditions : la première faisait partie du programme pour la réalisation du Marché unique, la deuxième prévoyait la construction d'une politique monétaire unique. Le rapport Delors examinait ensuite les moyens et les trois étapes pour parvenir à l'Union économique et monétaire (UEM).

La première étape visait à renforcer la coordination de la politique économique et monétaire à l'intérieur des structures existantes, en démantelant tous les obstacles à l'intégration financière. Au cours de cette phase, on préparerait les modifications aux traités existants. Dans la deuxième phase, on approuverait un nouveau traité, en instaurant de nouvelles structures institutionnelles. Dans la troisième phase, on procéderait à la fixation irrévocable des parités monétaires et au transfert des pouvoirs nécessaires aux institutions communautaires, auxquelles serait confiée la responsabilité de la politique monétaire. Enfin, au terme du processus, les monnaies nationales pourraient être remplacées par une monnaie communautaire unique.

Le rapport Delors fut très bien accueilli au Conseil européen de Madrid, qui décida que la première phase de la réalisation de l'Union économique et monétaire démarrerait le 1er juillet 1990. Les chefs d'État et de gouvernement demandèrent aux organes compétents d'adopter les dispositions nécessaires pour la libéralisation des marchés de capitaux. Enfin, le Conseil décida de convoquer une conférence intergouvernementale pour fixer les deux étapes suivantes de l'UEM. Le Conseil de Madrid représentait ainsi un tournant de l'histoire communautaire. En adoptant le rapport Delors, il ouvrait la voie à la création d'une monnaie unique européenne.

La chute du mur de Berlin
et ses premières conséquences

Au cours de l'été 1989, les événements à l'est s'accélérèrent brusquement. En septembre, des milliers de personnes fuirent la République démocratique allemande pour se rendre en Tchécoslovaquie et en Hongrie. Le 10 septembre, la Hongrie ouvrit ses frontières vers l'Occident. En octobre, le flux d'émigration entre les deux Allemagnes prit des proportions incontrôlables. Le 18 octobre, deux jours après la célébration du quarantième anniversaire de la RDA, Erich Honecker fut remplacé par Egon Krenz à la tête de l'État. Le 8 novembre, sous la pression des manifestants, les dirigeants du parti communiste et de l'État démissionnèrent. Le lendemain fut décidée l'ouverture des frontières : les Allemands pouvaient désormais se déplacer librement de l'est à l'ouest de l'Allemagne. Dans la nuit du 9 au 10 novembre, des milliers de personnes fêtèrent la chute du mur de Berlin.

Le 28 novembre, dans un climat de grand enthousiasme, le chancelier Helmut Kohl présenta au Bundestag un plan en trois étapes en vue d'une réunification de l'Allemagne. Cette prise de position était certainement dictée par les événements extraordinaires qui avaient effacé en quelques semaines les conséquences de la défaite allemande et, avec elle, les frontières de Yalta. Mais les déclarations de Kohl n'avaient pas été soumises aux alliés européens, et en particulier à la France, contrairement à l'esprit du traité de l'Élysée. L'approche de la réunification allemande fit resurgir les craintes profondes de la France, comme si la réconciliation franco-allemande impliquait la conservation définitive du statu quo.

Le 6 décembre 1989, François Mitterrand se rendit à Kiev pour y rencontrer Mikhaïl Gorbatchev et demander son soutien pour s'opposer à la réunification allemande. Il y avait une certaine similitude entre le voyage éclair de Mitterrand et la visite, tout aussi imprévue, de Valéry Giscard d'Estaing qui en 1980 avait rencontré Brejnev à Varsovie pour aborder la question de l'Afghanistan. Dans les deux cas, la France avait estimé, en parfaite harmonie avec les idées de De Gaulle, que son statut de puissance continentale l'affranchissait de ses liens européens. Plus encore, François Mitterrand ne renonça pas à se rendre du 20 au 22 décembre en visite officielle dans une RDA réduite à l'état de fantôme. Après cette visite, qui réaffirmait l'intérêt de la France pour la permanence des deux Allemagnes, Mitterrand se trouvait désormais dans une position intenable : à côté des vestiges du Mur, il se contenta de dire à Egon Krenz qu'il faisait confiance à la « maturité des Allemands à l'est et à l'ouest ».

Deux jours après la rencontre entre Mitterrand et Gorbatchev, le Conseil européen se réunit à Strasbourg (8-9 décembre 1989), sous présidence française. La réunion se déroula sous le signe des événements de l'Europe centrale. Dans les conclusions du sommet, on ne trouvait cependant qu'une petite phrase sur la réunification allemande : « Nous poursuivons le renforcement de la situation de paix en Europe dans laquelle le peuple allemand puisse retrouver son unité à travers une libre autodétermination. » Un mois après la chute du mur de Berlin, on pouvait s'attendre à quelque chose de plus, vu que les événements des dernières semaines étaient de nature à modifier la carte et les équilibres de l'Europe. Tout porte cependant à croire que ces événements eurent un impact important sur les décisions en matière d'Union économique et monétaire. Helmut Kohl et Hans Dietrich Genscher furent les principaux acteurs des progrès décisifs qui furent accomplis à cette occasion, comme s'ils avaient voulu donner des preuves concrètes de leur foi européenne. La réunification de la RFA et de la RDA devait en quelque sorte être contrebalancée par l'adoption d'une monnaie unique pour ancrer définitivement l'Allemagne dans la Communauté. Le Conseil européen prit acte des accords signés par les ministres de l'Économie et par les gouverneurs des Banques centrales pour renforcer la coordination des politiques économiques et améliorer la collaboration entre les Banques centrales. Ces décisions permettraient de lancer, le 1er juillet 1990, la première étape de l'UEM.

Comme la Grande-Bretagne maintenait sa ferme opposition à la convocation d'une conférence intergouvernementale, le Conseil européen fit usage de la procédure inaugurée par le Conseil de Milan en juin 1985. Conformément à l'article 236 du traité, le Conseil décida à la majorité de convoquer une CIG avant la fin de l'année 1990. Le mandat qui lui était confié lui laissait une grande liberté, puisqu'il appartiendrait à la CIG d'établir elle-même l'ordre du jour et le calendrier des travaux.

Le Conseil européen de Strasbourg reprit également le débat sur la « Charte communautaire des droits sociaux » qui avait été ouvert, sans succès, lors du Conseil de Madrid. L'idée de cette Charte répondait au souhait de François Mitterrand et de Jacques Delors d'équilibrer la dimension économique de la Communauté par la création d'un espace social européen. La Charte devrait énumérer et préciser les droits sociaux des travailleurs de l'espace communautaire. Comme à Madrid, la discussion fut rendue difficile par l'opposition virulente de Margaret Thatcher. Au cours du Conseil, le Premier ministre britannique n'hésita pas à prononcer des paroles méprisantes à l'égard des ambitions sociales de la Communauté qui dépassaient, selon elle, les objectifs communautaires. Mais les onze partenaires de la Grande-Bretagne y étaient désormais habitués. Une fois de plus, on procéda au vote. Le Conseil européen approuva à la majorité la Charte des droits sociaux qui concrétiserait l'« attachement profond à un modèle de relations sociales inspiré par des traditions et des pratiques communes ».

LA CHARTE DES DROITS SOCIAUX
FONDAMENTAUX DES TRAVAILLEURS

La Charte comprend 26 articles. Elle est mise en œuvre par un protocole annexé au traité de Maastricht. Les droits reconnus sont :
— la libre circulation des travailleurs ;
— le droit à l'information des travailleurs ;
— le droit à la formation professionnelle ;
— le droit à une protection sociale adéquate ;
— l'amélioration des conditions de vie des travailleurs ;
— le droit à un emploi justement rémunéré ;
— le droit de grève et le droit de conclure des conventions collectives ;

— l'égalité de traitement hommes/femmes ;
— le droit à la protection de l'enfance ;
— l'insertion professionnelle des handicapés.

Le Conseil et l'union politique

Deux ans après l'entrée en vigueur de l'Acte unique, le mécanisme de révision des traités se remit en mouvement. Se posa alors le problème de « l'architecture » du nouvel édifice qu'il fallait construire pour accueillir l'Union économique et monétaire. On voyait mûrir à nouveau un climat favorable à une reprise de la discussion sur l'Union européenne, avec le dessein d'accompagner l'UEM d'une union politique. François Mitterrand et Jacques Delors durent, une fois de plus, proposer de nouvelles initiatives pour la réforme de la Communauté. Le président français semblait avoir surmonté le moment difficile qui l'avait conduit à prendre des initiatives discutables. L'Europe revint au centre de ses préoccupations. Dans le discours prononcé à la fin de l'année 1989, Mitterrand avança une proposition : « Il faut avant tout une Communauté à douze, qui doit absolument renforcer ses structures, parce que sa seule existence a contribué au sursaut des peuples de l'Est auxquels elle a servi de point de référence et de pôle d'attraction » et en second lieu « une confédération européenne qui associera tous les États de notre continent en une organisation commune et permanente d'échanges, de paix et de sécurité ». Selon le président français, il n'y avait pas d'alternative à la construction européenne, sinon « la tendance à la fragmentation — et nous retrouverions l'Europe de 1919 ».

De son côté, Jacques Delors relançait l'option fédérale en procédant à un approfondissement radical de cette idée. Dans un discours prononcé au Parlement européen (17 janvier 1990), il dessina les contours d'une fédération des Douze qui se réaliserait « dans la définition claire des compétences respectives » (dans le texte original : « qui fait quoi »). Il fallait donner à la Communauté, pour qu'elle pût progresser, « une armature institutionnelle résistant à toute épreuve » : il s'agissait de faire en sorte que les institutions d'une future fédération des Douze respectent les principes d'un fédéralisme moderne. Delors insistait notamment sur l'importance du principe de subsidiarité, qui serait le garde-fou pour que le fédéralisme ne se transforme pas en centralisme.

Le Conseil européen se réunit à Dublin en session extraordinaire (28 avril 1990). Outre la réunification allemande, la partie la plus importante des débats portait sur le développement de la Communauté. Au mois de mars, un mémorandum du gouvernement belge, qui soutenait la nécessité de réaliser l'Union européenne, avait recueilli l'approbation de nombreux pays membres. À la veille du Conseil de Dublin, Kohl et Mitterrand demandèrent formellement la convocation d'une CIG sur l'union politique. Le Conseil européen prit acte de ces propositions et confirma son engagement à « renforcer la légitimité démocratique de l'Union, permettre à la Communauté et à ses institutions de répondre de manière efficace aux exigences de la nouvelle situation et assurer l'unité et la cohérence de l'action internationale de la Communauté ». Les conclusions du Conseil de Dublin furent d'une importance majeure. On y réaffirmait la nécessité de poursuivre ce qui avait été prévu dans l'Acte unique et d'avancer vers l'Union économique et monétaire. En affirmant sa volonté de continuer l'intégration communautaire, le Conseil démentait la thèse d'après laquelle une « pause » serait nécessaire, pour « digérer » les bouleversements issus de la chute du mur de Berlin.

Le débat portait à présent sur la définition de l'« union politique ». Il fallait élaborer une définition précise de ses objectifs pour que la Communauté devienne une véritable entité politique. Lors d'un second Conseil de Dublin (25-26 juin 1990) il fut décidé, une nouvelle fois à la majorité, de convoquer une CIG sur l'union politique, qui s'ouvrirait le 14 décembre 1990. Le Conseil de la Communauté garantirait la cohérence entre les travaux de cette conférence et ceux qui avaient lieu sur l'Union économique et monétaire.

Le Conseil européen affirma que la Communauté, appelée à agir en tant qu'entité politique sur la scène internationale, devrait adopter une politique extérieure et une politique de sécurité commune cohérentes et solidaires. Si le mandat fut approuvé à la majorité, le Premier ministre britannique ne cacha pas qu'il le considérait comme un pur exercice de style. Pour Londres, la conférence intergouvernementale serait une bonne occasion pour mettre un terme aux rêves de ceux qui croyaient encore à une Europe fédérale. On pourrait ainsi fermer la parenthèse de ce que Margaret Thatcher appelait le « fédéralisme triomphant » (*by stealth*) et développer une coopération intergouvernementale sur des questions susceptibles de rencontrer l'approbation des gouvernements.

De son côté, François Mitterrand se livrait à une sorte d'apologie du « glissement vers le fédéral ». Puisqu'on avait commencé à parler de sécurité, on avait insensiblement franchi un seuil vers un système fédéral. Pourquoi n'aurait-on pu dès lors généraliser et formaliser de façon durable un comportement encore épisodique ? Les deux positions étaient parfaitement antinomiques. Comme la position de Mitterrand était partagée par les Allemands, les Italiens et le Benelux, c'est-à-dire par la majorité des États membres, Margaret Thatcher annonça, bien avant l'ouverture de la conférence, qu'elle ferait usage de son droit de veto. Elle s'inquiétait de plus en plus devant la perspective d'une Union économique et monétaire, dont les travaux étaient désormais très avancés. L'objectif de l'UEM — une politique monétaire gérée par une institution commune — constituait une délégation de souveraineté tangible, concrète et irréversible. La Grande-Bretagne devrait se battre contre cet objectif qui était désormais accepté par tous les autres.

La nouvelle Allemagne dans la Communauté

La question allemande domina l'actualité des premiers mois de 1990 car les modalités de la réunification, considérée comme inéluctable, n'avaient pas encore été fixées. Après avoir ouvert ses frontières, la RDA continuait à vivre avec ses propres institutions. Le gouvernement de Hans Modrow, qui comprenait toutes les forces politiques est-allemandes, organisa les premières élections libres. Le 18 mars 1990, la victoire échut au parti chrétien-démocrate de Lothar de Maizières, qui se prononça en faveur d'une Allemagne unie, membre de l'OTAN et de la Communauté européenne.

La réunification allemande eut lieu dans un laps de temps très court. Le 1er juillet, l'union économique et monétaire allemande entra en vigueur. On procéda à un échange paritaire des monnaies et le deutschemark entra en vigueur en République démocratique allemande. Le 16 juillet, Mikhaïl Gorbatchev leva le dernier obstacle en déclarant au chancelier Kohl que l'Union Soviétique ne s'opposerait plus à l'appartenance de l'Allemagne réunifiée à l'OTAN. Le 31 août, le traité d'unification entre les deux Allemagnes fut conclu à Berlin-Est. Le 12 septembre, les puissances victorieuses de la Seconde Guerre mondiale signèrent à Moscou le traité qui restituait à l'Allemagne sa pleine souveraineté. Le traité fut ratifié par les Parlements de Bonn et de Berlin le 20 septembre. Le 3 octobre, un jour de fête célébra la réunification allemande.

Le chemin vers la réunification fut bref mais relativement difficile. Certaines tensions étaient inévitables au sein de la Communauté, particulièrement en France et en Grande-Bretagne. En effet, le mini-élargissement de 1990 était plus délicat que les précédents : la Communauté était née de la réconciliation franco-allemande dans le cadre d'une Europe intégrée. La réunification allemande risquait de provoquer un nouveau déséquilibre au sein de la Communauté. Si les procédures mises en place par le traité de la CECA et des traités de Rome avaient suffi dans les années cinquante, il fallait désormais inventer quelque chose de différent. Le 3 octobre

1990, en saluant l'entrée dans la CEE des cinq nouveaux Länder allemands, la Commission européenne souligna la transformation en cours dans la Communauté, qui acquérait une nouvelle dimension quantitative et qualitative. Selon Kohl, Genscher et Lafontaine (le leader du SPD), la réunification allemande et l'unification économique et monétaire imposaient d'ouvrir la voie vers une Europe fédérale.

Les succès de la Communauté n'avaient jamais été dissociés de ceux de l'Allemagne. Depuis la première moitié des années soixante, l'économie allemande avait bénéficié du Marché commun et de l'union douanière : la suppression des obstacles aux échanges dans le secteur industriel et le tarif extérieur commun relativement bas étaient conformes aux exigences de l'industrie allemande ; la Politique agricole commune jouait en faveur de la création d'une puissante industrie alimentaire ; le maintien des protections nationales dans les secteurs des services (banques, transports, assurances et travaux publics) avait contribué au maintien et au renforcement d'une formidable structure productive.

Jusqu'à l'Acte unique, la Communauté s'était modelée sur la structure allemande. Si c'était à l'Allemagne qu'incombait la plus grande charge dans les finances communautaires, les avantages de l'intégration avaient été bien supérieurs à ses inconvénients. La perspective de l'Union économique et monétaire était destinée à changer radicalement la Communauté, mais ce changement devrait s'opérer conformément aux principes dont s'inspirait l'économie allemande. L'Allemagne ne pouvait abandonner sa monnaie qu'à la condition que la monnaie unique européenne soit aussi forte et stable que le deutschemark. De plus, la réunification allemande donnait une impulsion supplémentaire à la révision des règles politiques de l'intégration. Pour les Allemands, il ne s'agissait pas seulement de rassurer ses partenaires. L'effondrement de l'Empire soviétique et la pression qui s'exerçait aux frontières allemandes imposaient à l'Allemagne de s'ancrer aux autres pays de l'Europe.

Le mouvement vers une union politique à connotation fédérale était ainsi déterminé tant par la nécessité de fournir un support politique et institutionnel à l'union monétaire que par l'exigence d'adopter une politique unitaire après la fin du bloc soviétique. La France de Mitterrand ne pouvait que soutenir un processus qui lui permettait de renouveler l'accord franco-allemand dans la nouvelle réalité européenne, conformément aux motivations qui avaient été, en leur temps, à l'origine de « l'invention communautaire ».

Quant aux autres États membres de la Communauté, la disponibilité totale des Pays-Bas, de la Belgique et du Luxembourg ne faisait aucun doute. Les pays du Benelux s'étaient toujours parfaitement intégrés à l'Allemagne : le florin et le franc belge suivaient les vicissitudes du mark allemand au sein du SME ; du point de vue politique, l'entreprise était conforme aux orientations de ces pays. En Italie, toutes les forces politiques appuyaient désormais sans réticences l'intégration européenne et son approfondissement politique. Le parti communiste, qui avait été un acteur important de sa vie sociopolitique, était contraint à une révision totale de ses idées : la fin de l'Union soviétique et du bloc socialiste, auxquels il était resté fidèle jusqu'à la fin, l'obligeait à se ranger définitivement du côté des

partis proeuropéens, c'est-à-dire de la quasi-totalité
des acteurs politiques italiens. Le parti communiste,
qui adopta peu après le nom de Parti démocratique
de la gauche (PDS), allait même devenir un protagoniste actif de la politique européenne de l'Italie.
L'Espagne et le Portugal avaient bien surmonté les
premières années de leur intégration. Ils n'émet-
taient aucune objection à l'union politique, à condition d'obtenir des aides pour remédier aux difficultés engendrées par la faiblesse de leurs économies.
Les problèmes de l'Irlande et de la Grèce étaient
analogues. La position de la Grande-Bretagne et du
Danemark était au contraire bien différente. L'Union
économique et monétaire était considérée comme
un objectif inaccessible. Aux yeux de Margaret
Thatcher, ces projets des autres États membres
étaient le fruit d'une rhétorique verbeuse, qui empêchait la poursuite d'une coopération concrète et
équilibrée, dans le respect des souverainetés nationales et des intérêts réciproques. Ces divergences
d'approche allaient s'exprimer dans toute leur ampleur lors de la négociation du traité sur l'Union
européenne.

CHAPITRE IX

LE TRAITÉ DE MAASTRICHT

Les Conseils européens de Rome

Pendant la seconde moitié de 1990, la présidence de la Communauté revenait à l'Italie : le traditionnel enthousiasme des Italiens pour l'Europe allait de pair, dans certaines parties de la classe dirigeante, avec l'espoir qu'un nouveau traité imposerait à l'Italie la discipline économique nécessaire pour faire face aux dangers auxquels elle était plus que jamais exposée.

C'est au cours de ce semestre qu'éclata la crise du Golfe. Malgré l'absence d'un cadre institutionnel adéquat, la réaction de l'Europe communautaire fut réelle. Le 2 août, avant même la réunion du Conseil de sécurité de l'ONU, la Communauté avait condamné l'occupation du Koweït par l'Irak de Saddam Hussein et décidé l'embargo à l'égard du pays agresseur. Les séances au Conseil et à la Commission s'étaient multipliées durant le mois d'août. Sur le plan militaire, les efforts des États membres avaient été coordonnés au sein de l'Union de l'Europe occidentale, le seul cadre autonome pour les questions de défense européenne. Bref, la Communauté avait fait tout ce qui était en son pouvoir en de pareilles circonstances.

Toutefois, la réaction de l'opinion publique fut négative. Face à l'évidente supériorité militaire des Américains et à la fermeté du président George Bush, interdisant toute interférence des alliés, l'impression générale fut une fois de plus que l'Europe n'existait pas en tant qu'acteur politique. Sur le plan institutionnel, la question fit l'objet d'un débat au siège du Parlement européen le 12 septembre 1990. Le Parlement s'était plaint de ne pas avoir été convoqué en session extraordinaire immédiatement après le commencement de la crise, pour contribuer à déterminer l'orientation politique de la Communauté. Chacun pouvait déplorer le système institutionnel et le refus des gouvernements de transférer la moindre part de souveraineté à un pouvoir commun.

En réalité, la crise avait prouvé que le *statu quo* ne permettait pas à la Communauté d'en faire davantage. Sans une modification profonde du système existant, l'action de la Communauté ne parviendrait pas à assumer une dimension politique crédible. La crise du Golfe fut un argument supplémentaire en faveur des thèses de ceux qui souhaitaient transformer la Communauté en une véritable entité politique, dotée de pouvoirs et moyens réels pour assumer des responsabilités mondiales. La perspective d'une monnaie unique renforçait ces convictions. De plus en plus de dirigeants politiques pensaient que l'Union économique et monétaire devrait s'appuyer sur des institutions communes dotées de compétences et de pouvoirs suffisants pour en garantir l'existence.

Le Conseil européen de Rome (29-30 octobre 1990) eut une importance décisive. Ce fut le dernier auquel Margaret Thatcher participa en tant que Premier ministre. La veille, elle avait pris prétexte des difficultés rencontrées dans la recherche d'un accord à douze sur la position de la Communauté dans les négociations pour l'Uruguay Round, pour exiger que le Conseil européen s'occupe de ce problème, plutôt que de se lancer dans des débats jugés vains : si les États membres ne réussissaient même pas à trouver un accord sur la réforme de la PAC, la seule politique commune existante, ils ne pouvaient pas lancer des « desseins grandioses » comme l'union monétaire et l'union politique.

La prophétie de Margaret Thatcher fut démentie par les faits. Le travail préparatoire avait incité le Conseil européen à indiquer les hypothèses dessinant les lignes directrices des conférences intergouvernementales. En ce qui concerne la Conférence sur l'union politique, le Conseil européen était parvenu à exprimer un accord sur certains principes essentiels, comme l'extension des compétences communautaires et le développement du rôle du Parlement européen en matière législative. La légitimité démocratique de l'Union européenne devait être consolidée par la définition d'une citoyenneté européenne qui naîtrait avec le nouveau traité. Dans le domaine de la politique étrangère, le Conseil européen constatait un quasi-consensus sur l'objectif d'une politique étrangère et de sécurité commune. Onze États membres avaient donné leur accord sur tous ces points. Le gouvernement britannique avait préféré « ne pas hypothéquer la discussion qui aurait lieu lors de la conférence intergouvernementale ».

Les progrès les plus spectaculaires concernaient l'Union économique et monétaire. Le Conseil était parvenu à un accord sur la création d'une nouvelle institution, le Système européen des Banques centrales (SEBC), et d'un organisme qui exercerait l'entière responsabilité de la politique monétaire : l'Institut monétaire européen (IME), qui prendrait plus tard le nom de Banque centrale européenne (BCE). La déclaration la plus importante concernait la phase finale de l'Union économique et monétaire : la monnaie unique serait « un écu fort et stable, expression de son identité et de son unité ». Les chefs d'État et de gouvernement fixèrent aussi l'entrée en vigueur de la deuxième phase de l'UEM, prévue au 1er janvier 1994. Cette phase devait marquer la convergence des politiques économiques et monétaires, particulièrement en matière de stabilité des prix et d'assainissement des finances publiques. Le Conseil détermina en outre les procédures de passage à la troisième phase, à savoir l'union monétaire.

Le Royaume-Uni se déclara disposé à aller au-delà de la première phase, et même à envisager la possibilité d'une monnaie commune (parallèle aux monnaies nationales), et à un fonds intergouvernemental chargé de la gérer. Mais il refusait la Banque centrale et la monnaie unique. Selon Margaret Thatcher, une proposition de ce type ne serait jamais approuvée par le Parlement britannique ou par l'opinion anglaise. Le Conseil européen se clôturait cependant par un succès manifeste. Margaret Thatcher elle-même soulignait, au sujet de la crise du Golfe, que « l'unité des douze pays était un signal particulièrement fort adressé à l'Irak ».

Ce Conseil européen fut la dernière occasion pour Margaret Thatcher de se battre « contre tout et contre tous ». Le 22 novembre 1990, après quelques jours de violentes polémiques au sein du Parti conservateur, elle démissionna du poste de Premier ministre, qu'elle avait occupé pendant dix ans. Le nouveau Premier ministre, John Major, n'aurait ni la force ni le style de son prédécesseur, comme il apparut clairement dès sa première sortie européenne.

Le Conseil européen se réunit une nouvelle fois à Rome (14-15 décembre 1990) pour discuter les documents sur l'union politique mis au point par les ministres des Affaires étrangères. Le Conseil européen put alors préciser les directives de la négociation sur les points les plus controversés de la future Union européenne. L'un des sujets à l'ordre du jour était le renforcement du rôle du Parlement, auquel on souhaitait conférer des pouvoirs accrus en matière budgétaire et de contrôle des politiques communautaires.

Le Conseil avait ensuite commencé la négociation relative à la politique étrangère et de sécurité commune (PESC), qui constituait l'une des parties les plus novatrices du nouveau traité. Après avoir défini les objectifs généraux de la PESC (paix, stabilité internationale, promotion de la démocratie et du respect des droits de l'homme, etc.), le Conseil européen en précisait le cadre institutionnel et les procédures de décision pour que l'Union puisse « s'exprimer efficacement à l'unisson sur la scène internationale, en particulier dans le contexte d'organisations internationales et à l'égard des pays tiers ». Dans le domaine de la défense, on évoqua la possibilité de renforcer les liens entre les États membres, en examinant l'idée d'un engagement d'assistance réciproque, et en passant au crible les propositions présentées par certains États membres sur l'avenir de l'Union de l'Europe occidentale.

Au sujet de la « citoyenneté européenne », le Conseil suggérait la possibilité de reconnaître des droits civiques (électorat actif et passif aux élections européennes et municipales), des droits sociaux et économiques (liberté totale de circulation et de résidence) et enfin une protection commune aux citoyens européens hors des frontières communautaires.

Venait ensuite la liste des compétences communautaires à approfondir ou à introduire dans le traité. La protection de l'environnement, la santé, la recherche et la politique énergétique devaient être prises en considération, de même que la réalisation de grandes infrastructures (les réseaux transeuropéens) et une politique d'échanges culturels, de protection du patrimoine et de formation au niveau européen. La possibilité d'observer des politiques communes dans les secteurs clés des affaires intérieures et de la justice (parmi lesquels l'immigration, la lutte contre la drogue et le crime organisé) devait également être discutée.

Les décisions du Conseil européen de décembre venaient en complément des deux conférences intergouvernementales, consacrées à l'union politique et à l'Union économique et monétaire. Il demeurait cependant une grande différence entre les directives sur l'union politique et celles sur l'UEM : quant à l'union politique, de nombreuses options restaient ouvertes, notamment sur les sujets les plus sensibles. En revanche, la plupart des décisions sur l'UEM étaient désormais acquises.

La seconde partie des conclusions était consacrée aux relations avec l'Union soviétique et les pays d'Europe centrale. L'évolution rapide de la situation en URSS imposait à la Communauté de prendre l'engagement solennel de favoriser le processus de démocratisation et le passage à une économie de marché. La Communauté se trouvait devant une tâche immense. Elle devait se doter d'une nouvelle politique à l'égard de l'Union soviétique et de ses anciens pays satellites. Les Allemands en particulier, reconnaissants vis-à-vis de Gorbatchev qui avait permis une réunification pacifique de l'Allemagne, considéraient que la Communauté devait lancer une politique de grande ouverture vers l'Union soviétique et ses dirigeants réformateurs. C'était à l'Allemagne qu'il incombait de jouer les médiateurs entre l'Europe occidentale et celle de l'Est, ce qui était un élément radicalement nouveau dans le jeu d'équilibre au sein de l'accord franco-allemand et donc de la Communauté tout entière.

En décembre 1990, le démembrement de l'Union soviétique et le changement de régime n'étaient pas encore achevés. L'indépendance n'était acquise que dans les pays baltes (Lituanie, Estonie et Lettonie), mais d'autres républiques annonçaient leur sécession. Le pouvoir central soviétique en était sérieusement atteint. Dans les autres pays du pacte de Varsovie, les structures totalitaires s'effondraient les unes après les autres. Gorbatchev entreprit alors ses dernières tentatives de réforme économique et politique, vouées pourtant à l'échec à cause de la rigidité du système soviétique.

La situation était à présent bien différente de celle de 1988, quand avait été signé l'accord entre la Communauté et le COMECON. L'accord était tombé dans l'oubli et l'on négociait déjà de nouvelles ententes avec la Pologne, la Tchécoslovaquie et la Hongrie en vue de leur association à la Communauté. Dans ses conclusions, le Conseil européen de décembre confirmait que les négociations avec les pays d'Europe centrale étaient une priorité politique et annonçait en même temps des aides financières directes en leur faveur.

La déclaration sur les relations avec l'Union soviétique mérite une mention particulière. Confirmant son appui à Mikhaïl Gorbatchev, la Communauté annonçait des engagements solennels à moyen et à long terme pour aider l'Union soviétique à surmonter les très graves difficultés provoquées par l'entrée en vigueur des réformes. Il était cependant difficile de reconvertir une économie centralisée et gérée comme une économie de guerre pendant plus de soixante ans : d'énormes problèmes d'environnement surgissaient, tandis que se posait la question de la reconversion des classes dirigeantes appelées à construire l'économie de marché, sans compter les risques de pénurie alimentaire et énergétique. L'aide alimentaire et financière était de taille : en 1991, il s'agissait de 750 millions d'écus en aides alimentaires et de 400 millions d'écus pour l'assistance technique. La Commission fut chargée de la gestion de ces aides, ce qui semblait annoncer la naissance d'une Europe capable de faire des choix politiques et de les mettre en œuvre.

Les projets luxembourgeois et hollandais

Le 1er janvier 1991, la présidence du Conseil de la Communauté revint au Luxembourg. Les conférences intergouvernementales s'ouvrirent au cœur d'une crise mondiale particulièrement aiguë. Les sanctions contre l'Irak, votées cinq mois plus tôt par les Nations unies, étaient entrées en vigueur, mais aucune solution n'était en vue. La Communauté était l'entité politique la plus directement impliquée dans la région, en raison de ses liens historiques et de sa contiguïté territoriale avec le Moyen-Orient.

La situation dans les pays d'Europe de l'Est était tout aussi inquiétante. Après l'euphorie des premiers mois, les difficultés du changement devenaient toujours plus évidentes. La déception succédait à l'illusion. En Union soviétique, Mikhaïl Gorbatchev devait faire face à des difficultés politiques et économiques croissantes.

Le ralentissement de la croissance, déjà amorcé avant la crise du Golfe, s'était brusquement accentué et agissait directement sur les premières réformes. La faveur avec laquelle les acteurs économiques avaient encouragé l'achèvement du Marché unique faisait désormais défaut, au moment même où l'on se dirigeait vers une Union économique et monétaire et une union politique.

Des difficultés majeures s'annonçaient dans le cadre de la CIG pour l'union politique, car le mandat donné par le Conseil européen était plus vague que celui relatif à l'Union économique et monétaire. Le problème fondamental n'avait pas été résolu : devait-on donner vie à une Union européenne qui englobe les institutions et les politiques communes de la Communauté, ainsi que la coopération politique et la sécurité commune ? Ou fallait-il maintenir la distinction entre l'union économique et l'union politique ?

Dans un avis rendu public le 21 octobre 1990, la Commission se prononçait pour une Communauté unique, titulaire de toutes les compétences nouvelles et anciennes, y compris la politique extérieure de sécurité commune. Le 6 décembre 1990, Helmut Kohl et François Mitterrand envoyèrent à leurs homologues une lettre qui évoquait « la vocation fédérale » de la future Union et qui indiquait à quelles matières il fallait élargir les compétences de la Communauté.

Le début de la Conférence intergouvernementale sur l'union politique commença sous le signe de l'incertitude. Au cours des trois premiers mois, les réunions des représentants des ministres des Affaires étrangères furent marquées par une grande confusion. Certaines questions à l'ordre du jour, comme l'extension des pouvoirs du Parlement européen ou les questions de défense, ne pouvaient être abordées qu'au niveau du Conseil européen. En février 1991, la France et l'Allemagne avaient proposé d'étudier les moyens permettant, à terme, de parvenir à une défense européenne. Il fallait dans ce but ranimer l'Union de l'Europe occidentale, créée en 1954 par les six pays fondateurs de la Communauté et par la Grande-Bretagne, auxquels allaient s'ajouter l'Espagne et le Portugal. L'UEO devait devenir une sorte de « bras militaire » de l'Union, sans préjuger des structures et du fonctionnement de l'OTAN. Le couple franco-allemand était donc favorable à la création d'une « défense commune ». Le Royaume-Uni et les Pays-Bas ne partageaient pas ces objectifs parce qu'ils craignaient que l'avènement d'une défense européenne n'affaiblisse l'Alliance atlantique.

La mise en place d'une politique extérieure commune posait un autre problème : allait-on voter à l'unanimité ou à la majorité ? L'introduction de cette procédure, empruntée au système communautaire, était essentielle pour arriver à une politique extérieure réellement efficace. Mais, une fois de plus, l'extension du vote à la majorité au Conseil se heurta à l'opposition des Britanniques.

Le 3 mars 1991, le gouvernement espagnol présenta un long mémorandum qui proposait une nouvelle conception de la cohésion économique et sociale. La mise en œuvre du Marché unique et de l'Union économique et monétaire allait aggraver la situation des États les plus pauvres. Dès lors, l'Union devait se doter de systèmes de compensation pour atteindre un niveau de cohésion optimal. Selon les Espagnols, il fallait avant tout remodeler le système des ressources propres, afin que la contribution globale de chaque État au budget communautaire soit proportionnelle à son niveau de prospérité. En second lieu, il fallait créer un nouvel instrument financier destiné à promouvoir la formation du capital « physique et humain » pour atteindre les objectifs de la cohésion. Enfin, il fallait augmenter le montant des fonds structurels pour assurer le développement des régions défavorisées de la Communauté.

Felipe Gonzáles conduisit cette bataille avec beaucoup de détermination. Le chef du gouvernement espagnol demanda que les pays dont le PNB était inférieur à 90 % de la moyenne communautaire puissent bénéficier de l'aide d'un nouveau Fonds de cohésion économique et social. Seuls l'Espagne, l'Irlande, la Grèce et le Portugal étaient concernés. De cette manière on excluait du mécanisme l'Italie, dont le PNB se situait à 105 % de la moyenne communautaire, alors que le Mezzogiorno restait en grande partie sous-développé. Le Fonds de cohésion (adopté au Conseil européen d'Édimbourg, en décembre 1992) permettrait notamment de financer les infrastructures transeuropéennes et les projets liés à l'environnement.

Le 17 avril 1991, la présidence luxembourgeoise présenta un projet de traité sur l'union politique, qui posait à nouveau le problème de la structure de l'Union. Selon l'architecture de ce projet, l'Union européenne reposait sur trois piliers. Le premier était constitué par la Communauté européenne, englobant les trois Communautés existantes (CECA, la CEE et Euratom). La Communauté européenne étendait sa compétence à de nouveaux domaines : l'énergie, les grands réseaux transfrontaliers, la santé, la culture et la défense des consommateurs. Les lois seraient adoptées conjointement par le Parlement et le Conseil à travers la procédure de codécision. Le deuxième pilier était constitué de la politique extérieure de sécurité commune (PESC). En matière de défense, le projet n'était pas très ambitieux et bien plus proche des idées anglo-hollandaises que des propositions franco-allemandes. Enfin, le troisième pilier ajoutait de nouvelles compétences intergouvernementales dans les domaines de la police et de la justice.

Le 21 mai, la Commission réagit au projet luxembourgeois, considéré comme « minimaliste », et réaffirma sa préférence pour une structure unique. L'Union européenne devait se substituer aux communautés existantes, en reprenant toutes leurs compétences et en y ajoutant la politique extérieure et la sécurité commune. Les amendements de la Commission au projet luxembourgeois furent discutés à Dresde par les ministres des Affaires étrangères (3 juin 1991). La position de la Commission fut soutenue par les Belges et les Hollandais et, avec moins de chaleur, par les Italiens et les Allemands. De leur côté, les Français manifestaient quelque réticence et les Britanniques s'y opposaient totalement.

À la veille du Conseil européen, Jacques Santer prépara un compromis, introduisant dans les dispositions communes aux trois piliers la référence à un « processus graduel qui conduirait à une Union à vocation fédérale ». Pour la première fois depuis les années cinquante le terme « fédéral » refaisait surface lors de tractations diplomatiques : il ne faciliterait pas la réussite de la réunion des chefs d'État et de gouvernement. En effet, le Conseil européen de Luxembourg (28-29 juin 1991) ne parvint à un accord que sur la « communautarisation » des politiques d'immigration et d'asile politique, ainsi que de lutte contre le trafic international de drogue.

Le 1er juillet la présidence du Conseil passa du Luxembourg aux Pays-Bas. Les États membres avaient décidé que le projet luxembourgeois serait la base de la négociation, même s'il n'y avait pas eu d'accord sur la structure du traité. C'est donc avec une certaine surprise que les gouvernements des États membres apprirent l'existence d'un nouveau projet de traité, mis au point par la présidence hollandaise. Pour préparer la naissance de la future Union européenne, on proposait l'unification de toutes les compétences communautaires et de la coopération politique dans le cadre de la Communauté européenne. La politique de sécurité et de défense serait complémentaire de celle de l'OTAN, ce qui excluait de manière très nette l'hypothèse d'une défense européenne. De cette manière, les Hollan- dais espéraient satisfaire les Britanniques et obtenir leur accord sur les propositions les plus intégrationnistes, au nombre desquelles l'accroissement des compétences du Parlement européen, et la structure unitaire du nouveau traité.

Les possibilités de succès du gouvernement néerlandais étaient très limitées : la structure à trois piliers proposée par le Luxembourg était la seule acceptable par les Britanniques, les Danois, les Grecs et les Irlandais. Le projet des Pays-Bas fut rapidement abandonné, n'ayant pas obtenu l'appui attendu des pays les plus proeuropéens, comme l'Italie. Le projet hollandais échoua, ce qui aboutit à faire accepter le projet luxembourgeois et donc la structure à trois piliers du futur traité.

La controverse sur la défense européenne

En juin 1991, la Croatie et la Slovénie déclaraient leur indépendance de la République fédérale de Yougoslavie, gouvernée par Slobodan Milošević, un ancien dirigeant communiste converti aux thèses nationalistes de la « Grande Serbie ». Le gouvernement allemand commit l'erreur de reconnaître l'indépendance des deux États avant même que n'intervienne une réorganisation définitive de l'ex-Yougoslavie. Une guerre atroce commença ainsi entre l'armée fédérale et les forces croates. La crise yougoslave fut examinée pour la première fois lors du Conseil européen de Luxembourg (28-29 juin 1991). La Communauté décida d'envoyer en Yougoslavie la « troïka » composée des ministres des Affaires étrangères du Luxembourg, de l'Italie et des Pays-Bas (Poos, De Michelis et van den Broek). Les Douze ne parvinrent cependant pas à un accord pour l'envoi d'une force militaire d'interposition entre les belligérants. À l'initiative de la Communauté, une conférence de paix s'ouvrit à La Haye en septembre 1991, sous la présidence de Lord Carrington, ancien ministre des Affaires étrangères britannique. La conférence ne parvint pas à faire cesser les combats. Pis, la Communauté ne réussit même pas à adopter une position commune. Les divergences étaient évidentes entre la France, qui n'avait pas oublié son ancienne solidarité avec la Serbie, l'Allemagne, sensible à la tradition germanophile des Croates ou encore l'Italie, qui avait cherché à établir une concertation régionale au sein de l'« hexagonale » (qui incluait l'Italie, l'Autriche, la Tchécoslovaquie, la Yougoslavie, la Pologne et la Hongrie). Au cours des années suivantes, l'affaire yougoslave mettrait ainsi en évidence l'absence d'une politique étrangère commune des États de la Communauté.

En Russie, malgré l'échec du putsch du mois d'août, la position de Gorbatchev s'était considérablement affaiblie. Après la dissolution du parti communiste, la plus grande confusion régnait à Moscou. La fin de l'Union soviétique se profilait dans la plus grande incertitude, tandis que les difficultés grandissaient en Europe centrale. Les problèmes engendrés par la réunification allemande exigeaient une conclusion rapide des négociations. L'Allemagne mesurait l'énorme fardeau dont elle avait hérité avec la chute du Mur. La situation structurelle, industrielle et environnementale de l'ancienne RDA était bien plus grave que ne laissaient présager les prévisions les plus pessimistes. Les dirigeants allemands découvraient le prix exorbitant de la réunification et craignaient que cela ne compromette la négociation du futur traité, jugé indispensable pour l'ancrage européen de l'Allemagne.

La solidarité franco-allemande se manifesta par la création d'une Brigade franco-allemande, considérée comme la première expérience d'un « Eurocorps », le noyau d'une armée européenne auquel les autres pays européens étaient invités à participer. L'action franco-allemande survenait au moment propice pour que les normes du futur traité sur l'union politique soient établies dans ce sens.

Mitterrand et Kohl préparaient un nouveau texte sur la politique de sécurité inspiré par ces premières expériences. Ils furent donc surpris en apprenant l'existence d'une proposition italo-britannique sur la politique de sécurité commune, communiquée le 4 octobre à tous les gouvernements. Le document, signé par Gianni De Michelis et Douglas Hurd, soulignait la relation spéciale entre l'Europe occidentale et l'Alliance atlantique. La politique de sécurité commune devait être conçue comme un instrument pour renforcer l'Alliance atlantique. Dans ce but, De Michelis et Hurd proposaient de ranimer l'Union de l'Europe occidentale et de transférer ses structures à Bruxelles.

L'effet de surprise fut total : les Britanniques étaient rayonnants, les Français furieux. L'antinomie entre la proposition italo-britannique et la position franco-allemande était complète : selon la première proposition, l'UEO devait s'appuyer sur l'OTAN et donc s'abstenir de participer directement à la défense européenne ; selon la seconde, l'UEO devait faire partie intégrante de l'Union européenne. Cette dernière proposition fut confirmée, le 11 octobre à Paris, par les ministres des Affaires étrangères français, allemand et espagnol. Le même jour, François Mitterrand et Helmut Kohl firent parvenir à leurs homologues un mémorandum dans lequel on précisait que l'UEO serait incluse dans l'Union européenne et deviendrait, en coopération avec l'Alliance atlantique, l'instrument de la politique de défense européenne. L'initiative franco-allemande fut appuyée par les Espagnols et reçut un accord de principe des Américains, au Sommet atlantique de Rome (7-8 novembre 1991).

La CIG sur l'union politique devait se conclure avant le Conseil européen de Maastricht. Le climat politique n'était pas favorable. La Communauté ressentait les premiers signes d'une grave récession économique. Un profond malaise régnait dans l'opinion publique devant l'aggravation de la guerre aux Balkans, que la Communauté n'avait ni l'autorité ni les moyens d'arrêter. Les instruments de la coopération politique étaient nettement insuffisants ; il n'y avait d'ailleurs pas d'accord de fond entre les pays intéressés. L'absence d'une intervention efficace de l'Europe communautaire face au drame qui se déroulait à ses frontières affaiblissait singulièrement l'intérêt de la négociation communautaire. Dans ce contexte, les travaux de la CIG s'avéraient aussi incompréhensibles aux yeux de l'opinion publique que pour la majorité des observateurs.

Le 4 décembre, la présidence hollandaise présenta un nouveau projet de traité. Cette fois, les Pays-Bas abandonnaient toute velléité de proposer une structure unique : le choix des trois piliers était désormais arrêté. Plus qu'un projet pur et simple, il s'agissait d'une série d'options sur les grandes questions à débattre, avec des textes alternatifs et des suggestions spécifiques. On voyait apparaître dans ce texte ce qui avait été désapprouvé depuis des années : la possibilité pour un État membre de se soustraire à des obligations spécifiques dans un domaine donné. Ce concept serait résumé par l'expression anglaise d'*opting out*, qui créait de fait une Europe « à deux vitesses ». L'acharnement des Britanniques contre certaines propositions fondamentales, sans les bloquer complètement, avait cependant défiguré l'inspiration d'ensemble du projet. Encore une fois, l'accord se concluait sur la base du plus petit dénominateur commun, comme cela avait toujours été le cas depuis l'arrivée de la Grande-Bretagne. En d'autres mots, il s'avérait encore une fois qu'un accord à l'unanimité ne serait conclu que sur la base d'un texte approuvé préalablement par le Royaume-Uni.

La négociation sur l'Union économique et monétaire s'était poursuivie au cours de l'année 1991. À la suite du rapport Delors, la présidence luxembourgeoise avait préparé un document qui fixait les lignes directrices de l'UEM et la structure du Système européen des Banques centrales (SEBC). Le Conseil européen des 28 et 29 juin approuva la structure de l'UEM, mais ne parvint pas à un accord sur les critères de convergence à adopter lors de la troisième phase.

Depuis la fin des années soixante, un débat acharné opposait les « économistes » et les « monétaristes » : une partie importante des États membres estimait que l'on ne pourrait parvenir à l'Union monétaire qu'après une longue période préparatoire, qui devait aboutir à la convergence des économies dans un contexte de croissance et de stabilité. De leur côté, les monétaristes considéraient qu'il fallait réaliser tout de suite l'UEM, qui induirait l'intégration des politiques économiques. L'approche adoptée par la conférence était celle qui avait déjà été mentionnée dans le rapport Delors :

les actions à mener en politique économique et en politique monétaire iraient de pair, par la fixation de critères de convergence assez précis. La création de la Banque centrale n'aurait lieu que lors de la troisième phase, ce qui indiquait que la prudence des « économistes » avait en quelque sorte prévalu.

Venait ensuite le problème de l'*opting out*, qui comportait la création d'une structure à deux vitesses. Ceux qui s'y opposaient craignaient que cette exception ne mette en danger l'équilibre global des droits et des devoirs dans une phase finale de la construction européenne. Les hésitations des négociateurs à accepter la clause d'*opting out* étaient donc justifiées par la crainte de créer un précédent, qui risquait de se refléter sur le fonctionnement des institutions. Le 28 octobre, la présidence hollandaise présenta un projet complet de traité sur l'UEM. Le 1er décembre suivant, les ministres de l'Économie et des Finances, réunis à Scheveningen, procédèrent à une négociation serrée. Le 3 décembre, la CIG annonça l'accord sur le projet de traité. Le Conseil européen ne devrait donc affronter que deux questions : la transition vers la troisième phase de l'UEM et le problème de l'*opting out*.

Le Conseil européen de Maastricht

Le Conseil européen de Maastricht (9-10 décembre 1991) est certainement le plus connu de l'histoire communautaire. La ville hollandaise de Maastricht prend son nom de l'expression latine « *ad Mosae trajectum* » (sur le trajet de la Meuse). À cause de sa position géographique, Maastricht avait été un carrefour commercial et le lieu de plusieurs batailles. D'Artagnan y était mort lors du siège de 1673. Le nom de Maastricht allait désormais être associé à l'une des grandes avancées de la construction européenne.

Le premier jour, le Conseil européen affronta les problèmes qui devaient encore être résolus dans le cadre de l'UEM. Il décida que le passage à la troisième phase de l'UEM (avec la naissance de la monnaie unique) aurait lieu le 1er janvier 1997 (si sept États sur douze respectaient les critères de convergence) ou, au plus tard, le 1er janvier 1999. Avant la fin de 1996, le Conseil européen examinerait le respect des critères de convergence fixés par le traité et établirait la liste des États qui adopteraient la monnaie unique.

Les Britanniques se livrèrent à une dernière bataille pour que la clause d'_opting out_ soit transformée en clause générale, applicable à tous les domaines communautaires, mais ils durent céder. Si l'_opting out_ concernant la monnaie unique était une grande nouveauté pour la Communauté, elle était beaucoup plus grave pour la Grande-Bretagne car elle en consacrait l'isolement. Le gouvernement danois obtint que le passage à la monnaie unique serait soumis à un référendum, qui ne mettrait cependant pas en cause la décision finale des autres pays membres, désormais liés par l'engagement irrévocable de la date du 1er janvier 1999.

L'expression d'une Union européenne « à vocation fédérale » fut rapidement écartée, en raison de l'opposition des Britanniques, des Danois et des Grecs. En matière sociale, le traité de Maastricht introduisait les engagements souscrits en 1989 dans la Charte communautaire des droits fondamentaux des travailleurs, avec l'abstention du Royaume-Uni.

Une fois de plus, l'intransigeance britannique fut sans bornes. John Major ne pouvait pas accepter ce que son parti avait cherché à démolir au cours de la période thatchérienne. On rédigea donc deux protocoles spéciaux qui exemptaient le Royaume-Uni des nouvelles règles en matière sociale. On créait ainsi une Europe à deux vitesses en matière sociale, ce qui pouvait troubler l'équilibre général du Marché commun.

Le chapitre concernant la politique extérieure et la politique de sécurité commune (PESC) donna lieu à des discussions animées. Après de longs débats, on parvint à un compromis, qui fut résumé par une phrase particulièrement obscure : « La politique extérieure et de sécurité commune inclut l'ensemble des questions relatives à la sécurité de l'Union européenne, y compris la définition à terme d'une politique de défense commune, qui pourrait aboutir, au moment opportun, à une défense commune. » On trouvait donc réunies les deux expressions clés de la discussion : la « politique de sécurité commune », chère aux Britanniques et aux Hollandais, et la « défense commune », considérée comme essentielle par la France et l'Allemagne. Les ministres des Affaires étrangères des pays de l'UEO (qui regroupait tous les États de la Communauté moins le Danemark, la Grèce et l'Irlande) parvinrent à un accord sur les rapports entre cette organisation, l'Union européenne et l'Alliance atlantique : l'UEO était appelée à être le bras militaire de l'Union.

Après une longue confrontation, on signa un compromis sur le vote à la majorité dans le domaine de la politique extérieure. La position de John Major, opposé à cette procédure, paraissait inflexible. Un compromis fut signé avec peine : les décisions de politique générale seraient approuvées à l'unanimité, tandis que les décisions d'application feraient l'objet d'un vote à la majorité.

Le Conseil adopta aussi le nouveau Fonds de cohésion économique et sociale, ardemment souhaité par les Espagnols, qui devait permettre aux pays les plus faibles d'affronter le Marché unique et l'union monétaire dans les meilleures conditions. Pour les négociateurs espagnols, Maastricht fut donc un véritable triomphe diplomatique.

Le Conseil européen se conclut ainsi par un accord sur tous les points controversés. Le plus satisfait de tous fut le Premier ministre britannique John Major qui déclara avec assurance : « Jeu, set et match. » Il n'avait pas tort : l'expression « à vocation fédérale » qui devait qualifier l'Union européenne avait été retirée du traité ; le Royaume-Uni avait aussi obtenu un *opting out* sur la participation à la future monnaie unique ; enfin, les décisions en politique étrangère seraient adoptées à l'unanimité.

Le 7 février 1992, le texte consolidé du traité fut signé par les ministres des Affaires étrangères et de l'Économie et des Finances des États membres dans la ville de Maastricht : les Pays-Bas avaient obtenu que la signature y ait lieu, même si la présidence du Conseil était, entre-temps, passée au Portugal. Dès lors, le nom de Maastricht symbolisa la difficile transition vers l'Union européenne.

Le traité de Maastricht : l'UEM

Le traité sur l'Union européenne comprenait 252 articles nouveaux ou modifiés par rapport aux traités antérieurs, 17 protocoles et 31 déclarations.

L'Union européenne se présentait comme un temple grec qui s'appuyait sur trois piliers (voir schéma ci-dessous). Le premier pilier était constitué par la Communauté européenne (CE), qui englobait les trois communautés existantes (CEE, CECA et Euratom) avec de nouvelles compétences, en particulier celles liées à l'Union économique et monétaire. Le deuxième pilier regroupait les compétences sur la Politique extérieure et de sécurité commune (PESC). Le troisième pilier était constitué par les dispositions en matière de Justice et d'Affaires intérieures (JAI).

LES TROIS PILIERS DU TRAITÉ DE MAASTRICHT

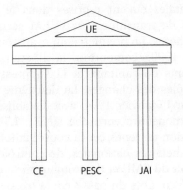

Ces trois piliers étaient assez hétérogènes : le premier avait de fortes connotations fédérales ; le deuxième présentait des traits de type confédéral ; le troisième renvoyait à la sphère de la collaboration intergouvernementale. On retrouvait ainsi réunis dans le même texte les trois grandes doctrines sur l'intégration européenne qui avaient été au centre du débat au cours de quarante années.

La nouvelle Union européenne présentait une autre anomalie : elle n'avait pas la personnalité juridique, ce qui l'empêchait d'avoir une capacité juridique sur la scène internationale (comme le droit de signer des traités ou des conventions) et de disposer de ressources propres, mis à part celles de la Communauté européenne.

La grande innovation du traité de Maastricht était la création de l'Union économique et monétaire, qui résultait d'un mouvement amorcé vingt ans plus tôt par le plan Werner-Barre et relancé en 1989 par le rapport Delors, dont les propositions fondamentales étaient reprises dans le traité. Le processus de transition vers l'UEM se déroulerait en trois phases. La première, qui avait commencé le 1er juillet 1990, comportait la libéralisation des mouvements de capitaux et la suppression totale des contrôles des changes. La deuxième phase débuterait le 1er janvier 1994, avec l'établissement de l'Institut monétaire européen (IME). L'IME aurait pour mission de renforcer la coordination des politiques monétaires nationales, de contrôler le fonctionnement du SME et de promouvoir le développement de l'écu. Lors du passage à la troisième phase, l'IME serait transformé en Banque centrale européenne (BCE). Un Système européen des Banques centrales (SEBC) réunirait la BCE et les Banques centrales européennes. Le SEBC dirigerait la politique monétaire de l'Union en étant totalement indépendant des gouvernements des États membres.

La monnaie unique n'entrerait pas immédiatement en vigueur. La troisième phase comporterait deux étapes intermédiaires : au cours de la première étape, les monnaies nationales subsisteraient, bien que liées entre elles par des rapports de change fixés d'une manière irrévocable. La monnaie unique entrerait effectivement en circulation à partir du 1er janvier 2002.

LES TROIS PHASES DU PASSAGE À LA MONNAIE UNIQUE

Phase 1	Préliminaires de l'UEM (1er juillet 1990)	Mise en place d'une coordination des politiques monétaires. Libération complète des mouvements de capitaux.
Phase 2	Préparation de l'UEM (1er janvier 1994)	Création de l'Institut monétaire européen, puis de la Banque centrale européenne. Renforcement de la coordination des politiques économiques. Création de l'Institut monétaire européen (IME).
Phase 3	Lancement de l'UEM (au plus tôt le 1er janvier 1997, au plus tard le 1er janvier 1999)	La Banque centrale européenne (BCE) assume la direction de la politique monétaire. Fixation définitive et irrévocable des taux de change entre les monnaies.
	(1er janvier 2002)	Mise en circulation de la monnaie unique.

Pour passer à la phase trois, chaque pays était soumis à cinq critères de convergence. Les deux premiers concernent la situation des finances publiques (le déficit public annuel ne pouvait excéder 3 % du Produit national brut ; de même, la dette publique doit être inférieure à 60 % du PNB), deux autres ont trait au taux d'inflation (qui ne doit pas dépasser de plus de 1,5 % celui des trois pays membres les moins inflationnistes) et au taux d'intérêt à long terme (qui ne peut pas être supérieur de plus de 2 % au taux moyen des mêmes trois pays membres). Le dernier critère exige l'appartenance au mécanisme de change du SME au moins pendant les deux dernières années, sans que la monnaie nationale ne subisse entre-temps la moindre dévaluation.

LES CINQ CRITÈRES DE MAASTRICHT

— Déficit public < 3 % du Produit national brut (PNB).
— Dette publique < 60 % du Produit national brut (PNB).
— Taux d'inflation < +1,5 % par rapport à la moyenne des trois pays les moins inflationnistes.
— Taux d'intérêt à long terme < +2 % par rapport à la moyenne des trois pays les moins inflationnistes.
— Appartenance au SME pendant au moins deux ans.

En matière d'Union économique et monétaire, les priorités étaient claires : l'article 105 du traité stipulait que « l'objectif principal [était] la stabilité des prix », conformément à la tradition monétariste de la Banque fédérale allemande. Cet objectif ne pouvait être atteint sans la garantie d'une discipline budgétaire. La coordination des politiques de budget était d'autant plus indispensable que le traité interdisait aux Banques centrales toute forme de facilité de crédit et de découvert, ainsi que tout achat de titres publics à leur gouvernement et à leurs institutions publiques.

L'indépendance des Banques centrales par rapport aux gouvernements (déjà acquise avant la signature du traité de Maastricht) était une conséquence des thèses allemandes. Dès lors, il ne serait plus possible d'ajuster les économies nationales grâce à des dévaluations compétitives. Cependant, beaucoup de pays avaient réaffirmé que l'Union économique et monétaire devait s'accompagner de la mise en place d'un « gouvernement économique », qui coordonnerait les politiques budgétaires des États membres et qui équilibrerait le pouvoir de la BCE. Prévu dans le traité de Maastricht, ce gouvernement économique n'a toujours pas vu le jour.

Les nouvelles compétences communautaires

L'Union économique et monétaire n'était pas la seule nouveauté du traité de Maastricht. Quatre secteurs faisaient l'objet de dispositions visant à améliorer l'efficacité des actions déjà menées par la Communauté. La politique de cohésion économique et sociale, introduite par l'Acte unique, fut renforcée par un protocole annexé au traité de Maastricht. Son objectif était de « promouvoir un développement harmonieux de l'ensemble de la Communauté » et de « réduire l'écart entre les niveaux de développement des diverses régions et le retard des régions les moins favorisées, y compris les zones rurales ». La véritable nouveauté était la création du Fonds de cohésion, qui financerait des projets dans le domaine de l'environnement et des réseaux transeuropéens dans les pays dont le PNB ne dépassait pas les 90 % de la moyenne communautaire. Afin de bénéficier des aides communautaires, ces États devaient se doter d'un programme de convergence, qu'ils s'engageaient à respecter sous le contrôle de la Commission.

Le deuxième secteur était celui de la politique sociale. François Mitterrand tenait particulièrement au concept de « dimension sociale » de la Communauté. Les conflits avec Margaret Thatcher, puis avec John Major, avaient pendant longtemps empêché les réalisations concrètes. Au bout du compte, le Royaume-Uni avait obtenu un *opting out* dans ce domaine. Deux protocoles annexés au traité, souscrits par onze pays, prévoyaient que « la Communauté complète et soutient l'action des États membres » dans divers secteurs tels que l'environnement, la sécurité, la santé des travailleurs, les conditions de travail, l'information et la consultation des travailleurs, l'égalité entre hommes et femmes, l'intégration des personnes exclues du marché du travail. La majorité qualifiée devenait désormais la règle pour approuver la législation sociale, à l'exception de certains domaines, comme la sécurité sociale, la protection des travailleurs et la défense collective et l'emploi des ressortissants des pays tiers.

La recherche et le développement technologique, devenus une politique commune depuis l'Acte unique, seraient financés grâce à un programme-cadre pluriannuel, approuvé à l'unanimité. Les objectifs spécifiques prévus par ce programme seraient au contraire approuvés par un vote à la majorité. Une nouvelle impulsion était également donnée à la politique de l'environnement, où le vote à la majorité devenait la règle générale, ce qui constituait une innovation de grande portée politique.

Le traité de Maastricht introduisait de nouveaux champs d'action pour la Communauté. L'éducation et la formation professionnelle, déjà mentionnées dans le traité de Rome et dans l'Acte unique, étaient élevées au rang de politiques communes. En matière de culture, les négociations avaient été marquées par de profonds désaccords entre les États membres. L'article qui spécifiait les compétences communautaires dans ce domaine était donc rédigé d'une manière fort obscure : « la Communauté contribue au plein développement de la culture des États membres dans le respect de leurs diversités nationales et régionales, mettant en évidence l'héritage culturel commun. » La Communauté pouvait appuyer et compléter l'action des États membres dans des domaines comme la diffusion de la culture et de l'histoire des peuples européens, la sauvegarde du patrimoine culturel, les échanges culturels non commerciaux, la création artistique et littéraire, y compris le secteur audiovisuel. Dans ce domaine, l'unanimité du Conseil resterait de rigueur.

La Communauté intervenait également pour assurer « un niveau élevé de protection de la santé humaine » et plus particulièrement pour favoriser la prévention des maladies et des « grands fléaux » (y compris la toxicomanie). La protection des consommateurs ferait elle aussi l'objet de la politique commune. La compétence communautaire visait à compléter et à coordonner l'action des États membres, en harmonisant leurs dispositions législatives, réglementaires et administratives (article 100A du traité).

Parmi les nouvelles compétences économiques introduites par le traité de Maastricht, on trouvait notamment le développement des réseaux transeuropéens (de transports, de télécommunications et d'énergie). Le traité favorisait ainsi « l'interconnexion des réseaux nationaux et l'accès à ces réseaux ». La compétence communautaire fut également étendue à la politique industrielle. Vivement souhaitée par les Français et durement contrecarrée par les Allemands, cette politique portait la marque des contrastes observés pendant les négociations. Le traité assignait plusieurs objectifs à la politique industrielle : accélérer les adaptations de l'industrie aux mutations économiques ; créer un environnement favorable à l'initiative et au développement des entreprises, en particulier les petites et moyennes ; promouvoir le potentiel industriel résultant de l'innovation. La politique industrielle, dont les décisions devaient être prises à l'unanimité, ne devait naturellement entraîner aucune distorsion de concurrence.

Le moment est venu de décrire l'une des dispositions les plus importantes du traité de Maastricht : le principe de subsidiarité. Ce principe, qui figurait déjà dans le projet Spinelli, fut énoncé de la manière suivante dans l'article 3B du nouveau traité.

LE PRINCIPE DE SUBSIDIARITÉ

« La Communauté agit dans les limites des compétences qui lui sont conférées et des objectifs qui lui sont assignés dans le présent traité. Dans les secteurs qui ne sont pas de sa compétence exclusive la Communauté intervient, selon le principe de la subsidiarité, seulement si et dans la mesure où les objectifs de l'action prévue ne peuvent être suffisamment réalisés par les États membres et peuvent donc, en raison des dimensions ou des effets de l'action en question, être mieux réalisés au niveau communautaire. L'action de la Communauté ne va pas au-delà de ce qui est nécessaire pour atteindre les objectifs du présent traité. »

Historiquement, le principe de subsidiarité avait été utilisé par la doctrine sociale de l'Église, dans les encycliques « *Quadragesimo Anno* » (1931) et « *Mater et Magistra* » (1961) pour réguler les rapports de pouvoir entre l'État, les secteurs intermédiaires de la société et de la famille. L'action de l'État et des secteurs intermédiaires devait donc être considérée comme « subsidiaire » à l'égard de la famille, cellule de base de la société. Le concept catholique de « *civitas propter cives, non cives propter civitatem* » (ce sont les citoyens qui font la cité et non la cité qui fait les citoyens) avait été repris par la papauté pour déterminer les limites de l'activité de l'État et pour défendre la liberté religieuse et celle de l'Église.

En particulier, la règle de la subsidiarité est présente en Allemagne, où le « *Subsidiaritäts Prinzip* » régit depuis longtemps les rapports entre les *Länder* et le *Bund*. Dans les discussions du projet Spinelli, l'exemple allemand avait joué un rôle important. Au cours de son élaboration, on avait établi la distinction entre compétences « exclusives » et « concurrentes » sur la base des articles 71 et 72 de la Loi fondamentale allemande (*Grundgesetz*). Dans le traité de Maastricht, cette distinction n'est pas aussi claire. L'ambiguïté concerne les compétences concurrentes, qui ne sont pas suffisamment explicitées. Ce manque de clarté fut la cause première de l'âpreté des controverses qui auraient lieu après le référendum danois.

Le deuxième et le troisième pilier

Durant les négociations de la CIG, la discussion sur le « deuxième pilier » du traité, c'est-à-dire la Politique extérieure et de sécurité commune (PESC), avait été particulièrement animée. C'était celle qui répondait le plus aux préoccupations de l'opinion publique européenne, en raison de la crise du Golfe et de la guerre en Yougoslavie. Malgré la volonté franco-allemande de créer quelque chose de radicalement nouveau, les décisions adoptées à Maastricht restent bien en deçà des ambitions préalables, surtout en raison de l'opposition irréductible des États membres qui y étaient contraires, principalement la Grande-Bretagne.

Un progrès avait été accompli sur le plan des objectifs et des engagements : les États membres réaffirmaient leur volonté de coordonner les politiques nationales et de rechercher des positions communes au sein des organisations internationales. La Commission recevait un droit d'initiative, partagé avec les États membres. Le rôle du Parlement res-

tait purement consultatif. Les procédures chan-
geaient aussi, mais pas d'une manière décisive. Les
actions communes seraient, comme par le passé,
décidées à l'unanimité. Il était toutefois possible
d'introduire le vote à la majorité qualifiée pour la
réalisation des actions communes, mais l'usage de
cette procédure devait être décidé à l'unanimité. Il
s'agissait d'un compromis bancal, qui s'avérerait
souvent impraticable.

Le traité de Maastricht instaurait une politique
de sécurité commune. Le texte du traité reflétait les
différentes positions des États membres : la politique de sécurité commune mènerait « à la définition, à terme, d'une politique de défense qui pourrait conduire, au moment opportun, à une défense
commune ». L'UEO était désormais partie intégrante de l'Union européenne et il lui appartiendrait d'élaborer et mettre en pratique les actions de
l'Union ayant des implications militaires. Un protocole annexé au traité établissait un lien organique
entre l'UEO et l'Union européenne. Les décisions en
matière de sécurité et de défense étaient en substance conformes aux thèses franco-allemandes.
Elles affirmaient aussi la vocation future de l'Union
d'assumer la responsabilité de sa propre défense, et
pas seulement de gérer des conflits hors de son territoire, comme le souhaitaient les Britanniques.

Le troisième pilier était celui de la coopération
intergouvernementale dans les domaines de la justice et des affaires intérieures (JAI). Jusque-là, la
coopération gouvernementale s'était déroulée en dehors du cadre communautaire. Le groupe TREVI,
créé en 1975 par les ministres de l'Intérieur de la
CEE pour lutter contre le crime et la drogue, avait
par la suite été élargi à d'autres pays européens.

La libre circulation des personnes rendait désormais indispensable la coopération sur des questions jugées d'intérêt commun, comme les normes sur le statut des citoyens extracommunautaires (entrée, circulation, conditions de séjour, droit d'asile, regroupement familial, accès au travail et lutte contre l'immigration clandestine). Le traité énumérait également des dispositions pour développer la coopération judiciaire, douanière et policière, pour lutter contre le terrorisme, le trafic de drogue et la grande criminalité.

Une déclaration annexée au traité prévoyait également la création, avant 1994, d'un Office européen des polices (Europol) pour rationaliser les relations entre les polices des États membres. La coopération en matière de police et de justice ressemblait beaucoup, sur le plan institutionnel, à la PESC : dans ce domaine aussi, la Commission disposait d'un droit d'initiative non exclusif, tandis que le Parlement n'avait qu'un rôle purement consultatif. Les matières de la coopération n'étaient pas soumises à la juridiction de la Cour de justice. S'ébauchait ainsi un espace européen de sécurité et de justice, dont on reparlera par la suite.

La citoyenneté européenne et les réformes institutionnelles

L'idée d'une citoyenneté européenne était apparue en 1984 au Conseil européen de Fontainebleau, et avait progressé dans le rapport Adonnino, puis au Conseil européen de Dublin (décembre 1990), où il avait été prévu d'accorder des droits politiques et sociaux aux citoyens de la Communauté.

Le traité de Maastricht confirmait les droits d'établissement, de circulation et de séjour et conférait de nouveaux droits : tout citoyen de l'Union résidant dans un autre État membre aurait le droit de voter et d'être élu aux élections municipales et européennes. Une nouvelle disposition inscrivait un droit de protection consulaire : les citoyens européens pourraient être défendus, dans les pays tiers où leur état n'était pas représenté, par les autorités consulaires des autres États membres.

La citoyenneté de l'Union accordait à tous les citoyens européens le droit de présenter une pétition au Parlement européen sur des thèmes de compétence de la Communauté. Le traité créait aussi l'institution du Médiateur européen, l'*Ombudsman* d'inspiration nordique, qui défendrait les personnes physiques ou juridiques qui s'adresseraient à lui en cas de mauvaise administration des institutions et des organes communautaires.

En revanche, les dispositions du traité de Maastricht en matière institutionnelle étaient sûrement inférieures aux attentes. En particulier, les normes introduites ne réussissaient pas à combler le « déficit démocratique ». Les députés européens n'avaient cessé d'insister pour que l'on accorde à leur assemblée des pouvoirs réels dans la procédure législative et de plus grandes responsabilités dans le domaine de la politique extérieure. De son côté, la Commission souhaitait voir ses attributions mieux précisées, afin de consolider son rôle d'organe exécutif de l'Union.

Le système institutionnel établi par le traité de Maastricht ne constituait pas une nette amélioration par rapport au passé, en particulier à cause du déséquilibre de la structure à trois piliers. L'exigence de renforcer la légitimité démocratique de l'Union européenne s'était cependant traduite par une réforme institutionnelle d'envergure. Aux procédures de consultation (prévue par le traité de Rome) et de coopération (instaurée par l'Acte unique), le nouveau traité ajoutait une procédure de codécision, qui donnait au Parlement européen le pouvoir d'approuver, conjointement avec le Conseil, les actes législatifs communautaires (règlements, directives, décisions ou recommandations).

LA PROCÉDURE DE CODÉCISION

Après avoir reçu une proposition de la Commission, le Conseil rend un avis à la majorité qualifiée et transmet le texte au Parlement.

Le Parlement doit se prononcer dans un délai de trois mois (sinon le texte est approuvé).

Le Parlement peut soit approuver, soit rejeter le texte du Conseil. Dans ce dernier cas, le texte du Conseil n'est pas adopté, si une tentative de conciliation ne réussit pas à élaborer un projet commun (préparé par un Comité de conciliation six semaines après le rejet). Le Parlement peut également proposer des amendements. Le Conseil peut approuver ou rejeter ces amendements. Une procédure de conciliation est appliquée dans le cas où le Conseil les refuse. Si la tentative ne réussit pas, on procède à une troisième lecture.

Le Parlement peut alors approuver ou rejeter le texte amendé par le Conseil.

Si, au bout de six semaines, l'approbation d'une des deux institutions fait défaut, le texte est réputé non adopté.

La codécision s'applique aux domaines suivants : la libre circulation des travailleurs, la liberté d'établissement, le marché intérieur, la recherche (pour l'adoption des programmes pluriannuels), l'environnement, les consommateurs, les réseaux intereuropéens.

En ce qui concerne la culture, l'éducation et la santé publique, la codécision ne s'applique que lorsqu'il ne s'agit pas de propositions d'harmonisation de dispositions législatives et réglementaires.

Le traité reconnaissait également au Parlement le pouvoir d'investir la Commission européenne : le président de la Commission serait désigné par les gouvernements après consultation du Parlement. Avant d'entrer en fonctions, la nouvelle Commission devait obtenir l'approbation du Parlement européen. Comme par le passé, le Parlement avait la possibilité d'exprimer un vote de censure ou de méfiance à l'égard de la Commission, ce qui provoquerait sa démission.

La Cour des comptes était élevée au rang d'institution de la Communauté, au même titre que le Parlement, le Conseil, la Commission et la Cour de justice, et ses compétences étaient accrues. Il faut enfin évoquer la création d'un Comité des régions, composé de représentants des collectivités régionales et locales, qui aurait un rôle consultatif à l'égard de la Commission et du Conseil sur toutes les matières d'intérêt régional.

Comment juger les dispositions du nouveau traité ? Il y avait des avancées incontestables, comme l'Union économique et monétaire. Au passif, il faut souligner le déséquilibre global de la structure institutionnelle, le manque d'homogénéité des instruments législatifs et l'absence d'une cohérence d'ensemble, qui rendaient l'ensemble peu compré-

hensible pour le citoyen. L'ancien chancelier allemand Helmut Schmidt affirmait ainsi que le traité
de Maastricht n'était pas un bon traité : « On y
trouve mélangés l'essentiel et l'accessoire, le long et
le court terme. Je crois objectivement qu'il sera
inapplicable, du moins partiellement. » En d'autres
termes, on avait voulu fixer des objectifs de type
fédéral, sans modifier les structures communautaires et en y ajoutant des procédures intergouvernementales.

Par ailleurs, il était illusoire de vouloir combler le
« déficit démocratique » en élargissant les compétences du Parlement. La procédure de codécision,
confuse et bureaucratique, ne faciliterait certainement pas la transparence et l'efficacité de l'action
parlementaire : elle aurait pour objet des matières
généralement techniques dont l'impact politique
était mineur. L'opinion publique européenne allait
réagir avec hostilité à ce qu'elle comprenait mal,
comme le montreraient les événements de l'année
1992.

Le second « paquet Delors »

Le 11 février 1992, quelques jours après la signature du traité de Maastricht, la Commission envoyait au Conseil une communication intitulée « De
l'Acte unique à l'après-Maastricht : les moyens pour
réaliser nos ambitions », qui fut surnommée « paquet Delors II », succédant ainsi au « paquet Delors »
de 1987. Le document définissait les mesures pour
permettre l'entrée en vigueur du nouveau traité.
L'élément central des propositions portait sur les
ressources nécessaires à garantir le succès des am-

bitions européennes en matière de politique étrangère, de la cohésion économique et sociale et de compétitivité industrielle.

La Commission proposait de doubler, au cours de la période 1992-1997, les moyens financiers consacrés aux fonds structurels (politique régionale). La Commission demandait ainsi un nouvel engagement pour renforcer la cohésion économique et sociale : il s'agissait de concentrer les interventions sur les régions communautaires qui présentaient un retard de développement et d'augmenter de deux tiers les ressources qui leur étaient attribuées à travers les fonds structurels. Le Fonds de cohésion, décidé par le Conseil européen de Maastricht, vit ainsi le jour. La fragilité de l'industrie européenne par rapport à celle des États-Unis et du Japon rendait nécessaire un effort de recherche et de développement. La Communauté devrait ainsi prendre en charge l'amélioration de la formation professionnelle et la promotion des réseaux de transports, de télécommunications et d'énergie.

Un tel programme nécessiterait une augmentation des ressources propres. La Commission proposa de les porter de 1,20 % du PIB communautaire en 1992 à 1,37 % en 1997, ce qui correspondrait à un accroissement de 5 % par an. Au mois de mars, la Commission présenta des propositions financières et budgétaires détaillées. Ce fut le début d'un long débat qui se prolongerait jusqu'au Conseil européen d'Édimbourg. L'accord sur le « paquet Delors II » permit ainsi d'éviter la paralysie de la Communauté, après la tourmente provoquée par le non danois et les vicissitudes du référendum français.

CHAPITRE X

LA CRISE DE L'APRÈS-MAASTRICHT

L'Espace économique européen

Le 2 mai 1992, les sept pays de l'Association européenne de libre-échange (AELE, connue par ailleurs sous le sigle anglais EFTA) signaient à Porto un accord avec les pays membres de la Communauté européenne pour la création d'un Espace économique européen (EEE). L'Autriche, la Finlande, l'Islande, le Liechtenstein, la Norvège, la Suède et la Suisse étaient les rescapés de l'organisation née à Stockholm en janvier 1960. L'AELE était l'expression de l'Europe à l'anglaise : une zone de libre-échange pour les produits industriels, sans ambitions politiques ni institutions dotées de pouvoirs propres. Le dessein des Britanniques n'entrava jamais le développement de la CEE ni celui des échanges entre les deux zones. Plus tard, l'adhésion du Royaume-Uni et du Danemark favorisa l'adoption d'accords commerciaux entre la CEE et l'AELE, qui furent négociés et conclus au cours de l'année 1972.

Au milieu des années quatre-vingt, on commença à étudier de nouvelles initiatives entre les deux organisations. Lorsqu'on commença à parler de Marché unique européen, les pays de l'AELE, suivis en cela par la Communauté, manifestèrent un intérêt croissant pour une refonte complète des accords existants. La déclaration de Luxembourg souscrite au mois d'avril 1984 par les sept ministres de l'AELE et les dix ministres de la Communauté prévoyait pour la première fois l'Espace économique européen, c'est-à-dire la création d'un grand marché intérieur des produits industriels, avec l'élimination des derniers obstacles au libre-échange et l'extension de la coopération dans divers secteurs qui faisaient l'objet de politiques communes en Europe.

Le 17 janvier 1989, dans un discours prononcé à Strasbourg, Jacques Delors esquissa la nouvelle physionomie des rapports bilatéraux entre les pays de la Communauté et ceux de l'AELE. Delors préconisait « une nouvelle forme d'association plus structurée sur le plan institutionnel, avec des organes communs de décision et de gestion ». Les contacts s'intensifièrent, ouvrant la voie à une négociation qui fut décidée à Bruxelles le 19 décembre 1989. En mai 1990, le Conseil conféra à la Commission le mandat pour négocier. L'objectif de l'Espace économique européen était d'instaurer un ensemble économique intégré, fondé sur des normes communes et des conditions de concurrence équivalentes. Les pays de l'AELE devaient adopter la législation communautaire en vigueur dans les secteurs des quatre libertés (liberté de circulation des biens, des personnes, des services et des capitaux).

L'agriculture demeurait exclue de l'accord global : une clause évolutive engageait les parties à poursuivre les efforts pour libéraliser les échanges de produits agricoles. Les accords établissant l'EEE prévoyaient une coopération large et équilibrée entre la Communauté et les pays de l'AELE dans les domaines de la politique sociale, de la défense des consommateurs, de l'environnement et du droit des sociétés. En outre, les pays de l'AELE obtinrent le droit de participer aux programmes communautaires.

L'accord de Porto créait un cadre institutionnel chargé de superviser l'exécution des accords et de résoudre les conflits en matière commerciale. Ce cadre institutionnel incluait un Conseil de l'EEE, comprenant le Conseil de la Communauté, la Commission et les ministres compétents des pays de l'AELE ; un comité mixte responsable de la mise en œuvre de l'accord ; un comité parlementaire mixte et un comité consultatif, où auraient lieu les contacts entre les parlementaires et les partenaires sociaux. Une Cour de justice de l'EEE serait aussi constituée, tout comme une autorité indépendante de surveillance dont la compétence se limiterait à l'AELE.

Les pays de l'AELE avaient refusé pendant des décennies d'entrer dans la Communauté européenne, soit à cause de leur statut de neutralité jugé incompatible avec les traités de Rome (Autriche, Suède et Suisse), soit en raison du refus de l'opinion publique (Norvège). La chute de l'empire soviétique remettait en question le concept de neutralité en Europe. L'entrée dans la Communauté n'avait jamais été soumise à l'appartenance à l'Alliance atlantique : l'adhésion de l'Irlande en était la preuve. Toutefois, il était clair depuis toujours qu'être membre de la Communauté impliquait de choisir son camp politique. En définitive, l'Espace économique européen devenait plutôt une antichambre pour l'accès à la Communauté, comme le montrèrent les candidatures présentées par l'Autriche, la Suède, la Finlande et la Norvège.

La réforme de la Politique agricole commune

La réforme de la Politique agricole commune avait commencé dans un climat difficile, au début des années quatre-vingt. Cette réforme était devenue urgente en raison de l'accroissement constant de la production communautaire, de la stagnation de la consommation interne et de la diminution progressive des ventes sur les marchés tiers. Cela avait entraîné un accroissement des dépenses communautaires et de fréquents litiges avec les pays concurrents sur les marchés mondiaux, en premier lieu les États-Unis.

Une première réforme avait été adoptée en 1988 pour contrôler les dépenses agricoles et réduire les quantités produites. Pendant ce temps, les membres du GATT avaient entamé la grande négociation connue sous le nom d'Uruguay Round, qui visait à une réduction générale des droits de douane et des protections agricoles. Certains pays exportateurs avaient réussi à faire de l'agriculture le thème dominant de la négociation. Une première proposition formulée au mois d'octobre 1990 pour réduire les aides aux principales denrées (céréales, riz, sucre, graines oléagineuses, bétail) avait été refusée par les parties contractantes. Les négociations avaient duré toute l'année 1991, entraînant un mécontentement croissant au sein des États membres. Le poids financier de la PAC devenait insoutenable tandis que le retard des décisions pesait sur le climat social. Le 1ᵉʳ février 1991, la Commission avait envoyé au Conseil un document de réflexion qui contenait des propositions de mesures drastiques pour réduire les protections. Ces propositions transformaient radicalement les principes sur lesquels était fondée la PAC. Le 21 mai, on parvint enfin à un accord global.

La réforme était capitale. La PAC avait été conçue en 1962 pour soutenir les revenus agricoles. Comme on pouvait s'y attendre, le système avait favorisé les agriculteurs dont les terres étaient vastes et fertiles, tout en provoquant la formation d'importants excédents de production, financés à l'exportation par le budget communautaire.

Si les éléments essentiels de la PAC avaient été conservés (le prix unique, la préférence communautaire et la solidarité financière), des facteurs correctifs furent introduits. On voulait avant tout diminuer les prix agricoles garantis pour rendre les produits communautaires plus compétitifs à l'intérieur et à l'extérieur de la Communauté. Les conséquences de ces rabais seraient compensées par les primes liées à une diminution de la production, et par la mise en jachère de certaines terres, dont une partie serait reboisée. Enfin, on prévoyait des mesures d'accompagnement, comme les préretraites accordées aux agriculteurs les plus âgés et l'usage de technologies plus respectueuses de l'environnement. Le changement de cap était net, car l'on passait ainsi du régime des prix uniques garantis sans limites à un régime de limitation quantitative des productions et de compensation du revenu.

Il est difficile de tirer un bilan de trois décennies de Politique agricole commune. Lorsque la Com-

munauté s'attela à construire le marché commun
agricole, l'Europe des Six comptait une importante
population paysanne et avait encore le souvenir de
la pénurie alimentaire de la guerre et de l'immédiat
après-guerre. Les pays qui avaient une agriculture
plus moderne et une législation plus évoluée
(comme la France et les Pays-Bas) réussirent à imposer une unification des normes fondée sur leur
expérience. Il ne faut pas oublier que la PAC permit
à la Communauté de maintenir une cohésion politique menacée. Sans la perspective de l'intégration
agricole, la France de De Gaulle n'aurait pas permis
la survie des institutions européennes. En outre,
l'expérience de la PAC avait facilité l'élaboration
d'autres politiques communes, telles la politique régionale et la politique sociale. Même à prix d'or, la
PAC s'était donc révélée un puissant facteur d'intégration.

Quand la réforme fut adoptée, les réactions des
organisations agricoles furent immédiates : encou-
ragés depuis des décennies à une productivité maximale par l'amélioration des techniques, les agriculteurs acceptèrent mal la diminution drastique des
quotas et la mise en jachère des terres excédentaires. La perspective d'une réduction de la main-
d'œuvre agricole était difficilement supportable
dans un climat de récession économique. C'est surtout en France, où l'agriculture possédait encore un
poids économique important et un impact politique
et social non négligeable, que la réforme de la politique agricole fut perçue comme une capitulation
face aux pressions des Américains. Les conséquences des décisions du mois de mai furent extrêmement importantes pour la suite, lors de la campa-

gne pour le référendum sur la ratification du traité de Maastricht.

Les réactions négatives et les protestations de la classe paysanne reprirent force au cours de l'automne lorsque la Commission européenne, dans le cadre des négociations de l'Uruguay Round, parvint à un accord avec les États-Unis pour une réduction de 21 % des exportations subventionnées. La Communauté obtenait en même temps ce qu'on lui avait toujours refusé : la reconnaissance formelle de la part du GATT des instruments de la PAC, y compris le soutien interne et les aides à l'exportation. Cet accord (qui incluait un point spécifique concernant les produits oléagineux) fut contesté par le gouvernement français qui le jugeait encore plus restrictif que la réforme de la PAC. Compte tenu des échéances électorales et de la fermeté dont faisaient preuve les Américains, il semblait difficilement envisageable de conclure le cycle de négociations de l'Uruguay Round avant la fin de 1992.

Le non danois

Le référendum convoqué au Danemark pour le 2 juin 1992 ne suscitait pas de grandes préoccupations dans la Communauté. En 1973, lors du référendum pour la ratification du traité d'adhésion à la Communauté, 63 % des électeurs avaient voté oui ; en 1986, 56 % des Danois avaient approuvé l'Acte unique. Cette fois, à la stupeur générale, les Danois refusèrent le traité à une très courte majorité (50,7 % de non). Il aurait suffi que vingt-trois mille personnes inversent leur vote pour changer le résultat du référendum.

Le référendum danois fut le premier signe de la grande crise de l'après-Maastricht. Les Danois s'étaient montrés dès le départ quelque peu différents des autres Européens. C'était surtout l'étroite dépendance économique de la Grande-Bretagne qui les avait poussés à adhérer à la Communauté. La réticence danoise à l'égard d'une Europe intégrée s'était toujours clairement manifestée, malgré les avantages économiques qui dérivaient du marché commun agricole. Cet orgueil de la différence avait sûrement contribué à la victoire du non, bien que les partis danois eussent appelé à voter pour la ratification. Malgré les efforts du Premier ministre Schlüter et ceux du ministre des Affaires étrangères Elleman-Jensen, le traité de Maastricht était trop compliqué pour susciter les adhésions.

Avec leur vote négatif, les Danois avaient voulu censurer l'Europe technocratique, l'Europe franco-allemande ou encore l'Europe du grand capital plutôt que le contenu du traité de Maastricht. L'hostilité envers le « Léviathan de Bruxelles » grandissait au fur et à mesure que l'Europe s'enlisait dans la crise et n'arrivait pas à faire cesser la guerre en ex-Yougoslavie. Ainsi, quelques milliers d'électeurs danois amorcèrent au sein de la Communauté une ample réflexion qui se prolongerait au-delà de l'année 1992.

Le lendemain du non danois, François Mitterrand annonça la convocation d'un référendum pour la ratification du traité de Maastricht. Le référendum n'était pas indispensable, puisque la constitution française avait été modifiée et que l'approbation du Parlement était assurée. Au cours de la campagne référendaire, on se demanda souvent si les raisons de politique intérieure n'allaient pas l'emporter sur les raisons de politique européenne. En tout cas, la décision de Mitterrand ouvrit en France et en Europe un grand débat qui se prolongea durant tout l'été.

Pour John Major non plus, le résultat du référendum danois ne représentait pas une bonne nouvelle. Le gouvernement conservateur avait prévu d'attendre les ratifications de tous les autres pays membres avant d'affronter la Chambre des Communes. Il fallait à présent élaborer une nouvelle stratégie politique pour éviter un référendum en Grande-Bretagne. Un grand débat sur les raisons du vote danois fut aussitôt ouvert, notamment dans la presse britannique qui relança la controverse idéologique, en énumérant les défauts de la Communauté et les inconnues du traité de Maastricht. Le non danois devenait l'emblème du rejet, par l'opinion publique européenne, d'une structure qui s'était développée sans une véritable adhésion démocratique. La presse raviva la polémique contre les velléités fédérales de la structure communautaire, qui visait tout particulièrement la Commission. On en vint alors à mettre en cause les fondations mêmes de l'intégration conçue selon le modèle fonctionnaliste, qui avaient jusqu'alors garanti le succès du système juridique communautaire.

Ce fut également l'occasion de rouvrir le débat sur le principe de subsidiarité tel qu'il avait été codifié par le traité de Maastricht. La définition semblait devoir être précisée pour que les compétences respectives de la Communauté et des États nationaux soient mieux définies. Une révision du traité aurait sans doute été nécessaire, mais aucun des onze partenaires du Danemark n'était disposé à l'entreprendre. Certains voulaient réduire les compétences communautaires, voire remettre en cause tout le système. Une telle doctrine aurait eu des conséquences irréparables si les gouvernements danois et britannique — les plus enclins à la révision — avaient voulu se battre jusqu'au bout au risque de dissoudre la Communauté.

Pour tous les États membres, la philosophie générale qui sous-tendait le concept de subsidiarité était claire : la difficulté résidait dans son application, faute d'une constitution complète et lisible que les auteurs du traité de Maastricht avaient refusé de rédiger. Dans un rapport présenté en juillet 1990 à la Commission institutionnelle du Parlement européen, Valéry Giscard d'Estaing avait suggéré que la Cour de justice de la Communauté exerce le rôle d'arbitre suprême dans les conflits en matière de subsidiarité. Le principe était inapplicable dans un contexte caractérisé par un mélange de contenus fédéraux, confédéraux et intergouvernementaux.

Une autre question posée par le vote danois concernait la transparence des décisions au niveau communautaire : il s'agissait d'un problème complexe qui interférait avec celui du déficit démocratique de la structure communautaire. Dans la polémique, on oubliait souvent que, pendant plus de trente ans, l'information sur la Communauté avait été insuffisante surtout parce que les États membres rechignaient à la solliciter et à la diffuser. Ce n'est qu'à partir des campagnes électorales pour l'élection du Parlement européen que l'on avait commencé à informer les citoyens. Le problème du déficit démocratique ne pouvait être résolu seulement par l'attribution de pouvoirs supplémentaires au Parlement européen. Il manquait aussi à la Communauté un rapport direct avec les corps intermédiaires de la société. La création d'un Comité des régions, institué par le traité de Maastricht, ne constituait qu'une réponse très insuffisante.

Au Conseil européen de Lisbonne (26-27 juin 1992), les chefs d'État et de gouvernement manifestèrent le même désarroi : personne n'osa présenter de propositions, mais on voulait avant tout éviter de déclarer caducs les accords de Maastricht, comme le préconisaient certains juristes. Le Conseil européen exprimait au contraire la volonté de ratifier le traité sur l'Union européenne dans les délais prévus pour qu'il puisse entrer en vigueur le 1er janvier 1993. Dans les conclusions du Conseil, on ne trouvait pas un mot sur le vote danois. Le Premier ministre Poul Schlüter déclara à la presse que son pays serait consulté une nouvelle fois après le vote français et la ratification par le Royaume-Uni. Pendant ce temps, le 18 juin, les Irlandais avaient approuvé le traité par référendum.

À l'occasion du Conseil européen de Lisbonne, le Premier ministre espagnol Felipe Gonzáles manifesta clairement la volonté de l'Espagne d'obtenir entière satisfaction sur le doublement des fonds structurels et sur la création du Fonds de cohésion prévu par le traité de Maastricht. La ratification espagnole dépendait donc des décisions du Conseil européen sur le « paquet Delors II ».

La guerre yougoslave fut elle aussi au cœur des débats du Conseil européen. Depuis des semaines, la bataille faisait rage en Bosnie-Herzégovine. Sarajevo était assiégée par les forces serbo-bosniaques qui empêchaient l'accès et la distribution des aides humanitaires à la population civile. Conscient de l'émotion suscitée au sein de l'opinion publique, le Conseil voulut donner un signal fort aux Serbes. Il déclara que la Communauté ne reconnaîtrait pas le nouvel ensemble fédéral constitué par la Serbie et le Monténégro et exprimait la plus vive préoccupation pour le sort du Kosovo. Mais il était désormais clair que les Serbes ne céderaient pas devant les représailles juridiques. La crise yougoslave s'avérait déterminante pour la crédibilité politique de la Communauté. Si l'on ne pouvait pas convaincre les Européens de « mourir pour Sarajevo », le sentiment d'impuissance se doublait d'interrogations sur l'incapacité de l'Europe à éteindre les foyers de guerre à ses frontières. L'Europe aurait dû — on ne sait trop comment — contraindre les adversaires à la paix. Ce constat se répandit de plus en plus, notamment en France. Le geste de François Mitterrand, qui se rendit à Sarajevo et réussit à y faire ouvrir l'aéroport pour permettre l'accès des aides humanitaires, ne parvint pas à changer l'atmosphère.

Lors du Conseil de Lisbonne, Jacques Delors fut confirmé dans ses fonctions de président de la Commission pour deux ans, bien qu'il fût devenu la cible des adversaires du traité de Maastricht. Le renouvellement de son mandat à la tête de la Commission voulait mettre l'accent sur la continuité, comme si rien n'avait changé depuis le vote du Danemark.

Le référendum français

Le regard des Européens se tournait à présent vers la France où le référendum pour la ratification du traité de Maastricht était fixé au 20 septembre 1992. Au mois de juin les prévisions de vote donnaient le oui gagnant avec les deux tiers des votes. Au cours de l'été, une forte augmentation des votes défavorables commença à se dessiner. La cote de popularité de François Mitterrand avait encore baissé au cours de l'année 1992, qui avait été marquée par une forte hausse du taux de chômage. Le résultat du vote danois et la vague de pessimisme européen qui en découlait faisaient réfléchir les électeurs indécis. L'identification de Mitterrand avec Maastricht avait été habilement suggérée par les partisans du non. Dès les premières semaines de l'été, ils avaient entamé une campagne active, parfois calomnieuse, avant que le contenu du traité de Maastricht ne soit vraiment connu.

Les thèmes traditionnels du nationalisme français, alimenté par le spectre d'une Allemagne puissante et réunifiée, resurgissaient avec une force inattendue. L'opposition se prononçait pour une « autre Europe », une Europe à la française où le pays, libéré des contraintes de l'intégration communautaire, pourrait retrouver le rang de grande puissance. À droite et à gauche, les partisans du non tenaient un discours habile. La simplicité de leurs arguments entraînait des adhésions imprévues. Le 26 août, les sondages donnèrent pour la première fois l'avantage au non. À ce stade, les partisans du oui entamèrent une vaste opération d'information, tardive mais efficace, qui contribua de façon déterminante à la remontée de votes favorables. Pour la première fois, les thèmes européens enflammèrent les esprits et l'intérêt du public : l'Europe semblait avoir rendu aux Français le goût de la politique.

Les autres États membres attendaient avec anxiété le résultat du référendum français. La France détenait une fois de plus les clés de l'avenir de l'intégration européenne. Quarante ans plus tôt, le refus de la CED avait bloqué l'intégration politique. Un vote négatif au référendum entraînerait l'annulation définitive du traité de Maastricht, mettant en danger la solidarité communautaire et la coopération politique. Ces scénarios pessimistes étaient pris au sérieux par les opérateurs du monde de la finance internationale. Dès le lendemain du vote négatif au Danemark, la confiance dans l'avenir de l'UEM et du SME commençait à s'ébranler. Au cours de l'été, les pressions contre les monnaies faibles, y compris le franc, s'étaient accentuées et les mauvais sondages d'opinion les avaient renforcées.

Le vote référendaire est, en France comme ailleurs, un vote d'humeur et d'émotion, bien plus que le vote électoral où l'on choisit des hommes et des programmes. Les électeurs étaient-ils sensibles aux arguments du vote négatif ou voulaient-ils sanctionner François Mitterrand ? La question demeure, même si le 20 septembre le oui l'emporta avec 51,01 % des voix contre 48,98 % pour le non. La victoire était serrée et aucun des partisans de la ratification ne s'en cacha, ni François Mitterrand ni Jacques Delors.

Le choc du « non danois » avait fait fléchir la confiance des opérateurs financiers dans la capacité des Douze à réaliser l'Union économique et monétaire. La crise était aggravée par la chute du dollar qui avait atteint en juillet le niveau historiquement le plus bas par rapport au deutschemark. Les autorités monétaires de la Communauté commençaient à douter que la stabilité entre les monnaies du SME pourrait se maintenir, alors que les différences de compétitivité entre ces monnaies n'avaient cessé de croître.

Le vendredi 28 août, le comité monétaire de la Communauté publia un communiqué dans lequel il affirmait qu'un changement des parités ne serait pas « une réponse adéquate ». Les opérateurs financiers crurent au contraire qu'un tel changement aurait lieu et accentuèrent leurs attaques contre les monnaies les plus faibles (lire, livre sterling et franc). Lors de la réunion informelle des ministres de l'Économie et des Finances qui eut lieu à Bath les 5 et 6 septembre, les Britanniques attaquèrent violemment les Allemands, accusés de maintenir des taux d'intérêt trop élevés. Du côté allemand, on répliquait que la livre était surévaluée et qu'il n'y avait pas d'autre remède en dehors de la dévaluation. Le gouvernement britannique, qui avait adhéré au SME en 1990, n'avait aucune intention de dévaluer en dépit de la mauvaise conjoncture.

Dans l'incertitude du résultat du vote français, la pression sur le SME continuait de croître et les attaques contre la lire et la livre se multipliaient. Entre le 12 et 13 septembre, la lire fut dévaluée de 7 %. La lire était depuis longtemps surévaluée, ce qui handicapait les exportations italiennes. Toutefois, cette dévaluation se révéla insuffisante et mit le feu aux poudres. Le 13 septembre, sous le feu d'attaques répétées, la livre quitta le SME, suivie par la lire, tandis que la peseta espagnole était dévaluée de 5 %.

Le franc se trouvait désormais en première ligne. La victoire serrée du oui ne changea pas les choses. Une grande vague d'attaques spéculatives fut déclenchée contre le franc, qui était soutenu à couteaux tirés par la Bundesbank : les spéculateurs visaient maintenant le noyau dur du SME. Mais cette fois, après quatre jours de bataille ininterrompue (qui brûlèrent plusieurs milliards de francs dans les réserves de la Banque de France), la spéculation fut vaincue. Le franc n'allait donc pas être dévalué.

La crise monétaire s'ajoutait à la crise politique. Malgré leurs déclarations empreintes de bonne volonté, les Italiens ne pouvaient pas réintégrer rapidement le SME. Les Britanniques ne voulaient plus en entendre parler. Le Système monétaire européen se limitait désormais à quelques monnaies qui gravitaient autour du deutschemark. Le franc demeurait faible mais était lié au deutschemark, préservant ainsi l'avenir de la monnaie unique, à laquelle les marchés financiers ne voulaient plus croire.

Le Conseil européen d'Édimbourg

John Major, président du Conseil en exercice, organisa un sommet extraordinaire à Birmingham (16 octobre 1992). Il s'agissait de réaffirmer la cohésion des Douze face à l'opinion publique, plutôt que d'en souligner les contrastes : le jour avant l'ouverture de la réunion, John Major publiait dans certains journaux importants de la Communauté un article où il parlait en ces termes : « Le traité de Maastricht trace la voie du progrès que les pays de la Communauté doivent suivre ensemble. » Il exprimait par ailleurs la certitude que le traité serait ratifié par le Parlement britannique, sans préciser les délais de cette approbation.

Le principe de subsidiarité, la transparence et le contrôle démocratique furent au centre des débats. Au cours de son intervention au Conseil européen, Jacques Delors souligna la nécessité de réduire, de simplifier et de clarifier les procédures de décision. Concernant le contrôle démocratique, il affirma qu'il fallait trouver le moyen d'associer les parlements nationaux au processus décisionnel, en renforçant simultanément le rôle du Parlement européen. Quant à la subsidiarité, Delors déclara qu'il n'était pas aisé d'en résoudre les problèmes car le système communautaire n'était pas une structure fédérale. Par conséquent, il ne disposait pas de l'attribution juridique des compétences. Il fallait donc définir des critères pour clarifier les objectifs communautaires, favoriser la décentralisation de la gestion et laisser à la Communauté le contrôle de l'exécution des actions financées par le budget communautaire. La subsidiarité était une règle d'action qui ne devait menacer ni l'équilibre des institutions ni les rapports entre la Communauté et les États membres.

En l'absence d'une définition précise des compétences exclusives et concurrentes de la Communauté et des États, il fallait adopter des règles de bonne conduite. La déclaration de Birmingham fut un acte solennel par lequel on voulut transmettre un message aux citoyens européens. On soulignait ainsi que les décisions « devaient être prises au niveau le plus proche possible des citoyens » et que toute action au niveau communautaire ne devait « être entreprise que lorsque cela s'avérait juste et nécessaire ». La discussion sur l'application du principe de subsidiarité fut donc renvoyée au Conseil européen d'Édimbourg.

La présidence britannique de la Communauté n'eut pas la tâche facile. Un mois après le non danois, elle devait affronter l'une des périodes les plus agitées de son histoire. La récession économique touchait désormais tous les États membres. L'Allemagne était contrainte d'appliquer une politique d'austérité et de contrôle de la masse monétaire en raison des coûts financiers qui avaient été engendrés par la réunification. Les événements monétaires que nous venons d'évoquer avaient entamé l'autorité de la Grande-Bretagne. John Major était forcé de tenir un double langage selon qu'il se trouvait à Bruxelles ou à Westminster car l'opinion britannique demeurait majoritairement hostile à la Communauté. Pendant ce temps, les conservateurs eurosceptiques faisaient pression sur la Chambre des Communes et étaient prêts à tout pour éviter la ratification du traité de Maastricht.

Le 27 octobre, les partis politiques danois approuvèrent un document intitulé « Le Danemark en Europe » qui fut aussitôt envoyé aux gouvernements des États membres. Après avoir reconnu que la Communauté constituait une forme valable de coopération européenne, le document demandait que l'on applique aux procédures des mesures plus transparentes pour rapprocher les citoyens de la Communauté et leur permettre de participer à la prise de décision. Les exigences danoises tenaient en cinq points. Le premier avait trait à l'Europe de la défense, à laquelle le Danemark ne voulait plus être associé. Le deuxième concernait l'UEM : le Danemark souhaitait conserver son autonomie en matière financière et monétaire et n'adopterait donc pas la monnaie unique. En troisième lieu, le Danemark ne se considérerait plus lié par les normes sur la citoyenneté de l'Union européenne, tout en conservant la législation sur l'électorat actif et passif des ressortissants communautaires. Le quatrième point concernait la coopération intergouvernementale en matière judiciaire et en matière de police : le Danemark n'y participerait pas si l'on appliquait, même en partie, les procédures communautaires dans ces domaines. Enfin, les Danois demandaient formellement que le nouvel accord, souscrit pour une durée illimitée, soit soumis au référendum populaire.

Le Conseil européen d'Édimbourg (11-12 décembre 1992) s'annonçait plein d'inconnues. Outre le cas danois, il fallait prendre les décisions sur le deuxième « paquet Delors ». Elles correspondaient à une seconde ratification du traité, parce qu'une absence de décision équivaudrait au rejet d'une grande partie du traité. Il fallait aborder à nouveau le thème des ressources propres de la Communauté et, *last but not least*, la question de la contribution britannique au budget communautaire. Le compromis avec les Danois, préparé avant l'ouverture de la session, fut plutôt généreux et acceptait la plupart de leurs demandes. Il fut cependant prévu qu'en 1996, à l'occasion de la révision du traité, on examinerait l'*opting out* danois. La date du référendum n'était pas fixée mais les Danois promettaient de le convoquer en avril ou en mai (il aurait finalement lieu le 18 mai 1993). Il était sous-entendu que, dans le cas d'un nouveau vote négatif, le Danemark devrait se résoudre à quitter la Communauté.

Le Conseil européen approuva un texte sur l'application du principe de subsidiarité, défini comme « un concept dynamique » qui s'appliquerait en relation avec les objectifs de la Communauté. Les orientations étaient avant tout d'ordre pratique : il ne faudrait entreprendre une action au niveau communautaire que si le Conseil était assuré qu'elle produirait des avantages certains. On ne procéderait ainsi à des harmonisations des législations, des normes et des standards nationaux que si cela s'avérait nécessaire pour atteindre les objectifs du traité. Les critères employés pour définir l'application du principe de subsidiarité étaient toutefois très flous et s'inspiraient de considérations de nature politique plutôt que de règles claires et précises.

Les décisions relatives au financement de la Communauté constituaient la grande interrogation d'Édimbourg. Le Conseil européen parvint à un accord satisfaisant, en partie grâce à John Major, qui sut renoncer à certaines prétentions du Royaume-Uni. La question était difficile. Il fallait assurer, en suivant les lignes du « paquet Delors II », le financement de la Communauté jusqu'à la fin du siècle, tout en incluant les nouvelles politiques prévues par le traité de Maastricht. Le premier problème à résoudre était celui des ressources financières : la Commission avait proposé que le maximum des ressources propres passe entre 1993 et 1997 de 1,20 % à 1,37 % du PIB communautaire ; le Conseil européen décida que la progression serait limitée à 1,27 % durant la période 1993-1999. Le Conseil dota également le nouveau Fonds de cohésion économique et sociale d'une somme de 15 milliards d'écus. Enfin, le problème de la contribution britannique au budget fut résolu grâce à une nouvelle répartition des charges des États membres.

Conscient de la crise de l'après-Maastricht, Jacques Delors fut à l'origine d'une proposition de relance, dont les grandes lignes furent discutées à Édimbourg. Le chômage continuait de s'aggraver dans tous les pays européens. La Communauté avait été trop longtemps accusée d'indifférence et de passivité face à ce fléau, qui se développait de façon presque endémique depuis les années soixante-dix. Il était temps que le problème du chômage occupe une place prééminente dans les politiques communautaires.

Le Conseil d'Édimbourg prit deux décisions importantes en matière institutionnelle. Il fixa la nouvelle répartition des sièges au Parlement européen : à la suite de la réunification, les sièges de l'Allemagne passaient de 81 à 99 ; ceux de la France, de la Grande-Bretagne et de l'Italie étaient augmentés de 81 à 87 ; l'Espagne aurait désormais 64 sièges, les Pays-Bas 31, la Belgique, la Grèce et le Portugal 25. Le Parlement européen compterait ainsi un total de 567 députés. Le Conseil prit aussi une décision attendue depuis des dizaines d'années, qui officialisait les sièges des institutions européennes, jusqu'alors provisoires. La Commission et le Conseil resteraient à Bruxelles. Le Parlement tiendrait douze séances plénières annuelles à Strasbourg et siégerait à Bruxelles le reste du temps. La Cour de justice, l'Office des publications de la Communauté et le secrétariat du Parlement demeuraient à Luxembourg.

Le second référendum danois

Le 1er janvier 1993, le Marché unique européen entra en vigueur. Les échéances avaient été presque entièrement respectées : la libre circulation des marchandises, des capitaux et des services était acquise ; seule la libre circulation des personnes faisait encore défaut. Cet objectif ne serait atteint que le 26 mars 1995, avec l'entrée en application des accords de Schengen.

L'« objectif 1992 » avait parfaitement fonctionné et mobilisé les administrations, les organisations professionnelles et les entreprises pour lesquelles le projet de Marché unique devint une réalité à la date prévue. La libéralisation avait concerné des secteurs clés de l'économie tels que les services financiers et les transports pour lesquels le traité de Rome était resté lettre morte. Le progrès en matière fiscale était encore plus inespéré. Dans ce domaine, l'Acte unique avait maintenu la règle de l'unanimité pour la décision au sein du Conseil. Cependant, l'harmonisation d'un taux minimal de TVA rendait possible la fin des contrôles des marchandises aux frontières. L'ensemble de ces succès était redevable à l'initiative et à l'énergie de la Commission européenne, et en grande partie à Jacques Delors : le Livre blanc de 1985 avait marqué l'histoire, en relançant la construction communautaire.

L'entrée en vigueur du Marché unique ne fut cependant pas célébrée avec éclat. La conjoncture économique mondiale se dégradait et l'année 1993 naissait sous le signe de la crise dans l'ensemble des pays de la Communauté. Les institutions de l'Union attendaient le résultat du second référendum danois. La Commission garda un profil bas, d'autant plus que Jacques Delors avait subi, notamment en Grande-Bretagne, des attaques violentes en raison de son activisme fédéraliste. Les événements danois avaient également mis en doute la ratification du Royaume-Uni, tandis que John Major essayait de contrôler la vague eurosceptique de son parti. Pendant ce temps, on essaya de mettre en œuvre certaines parties du traité, sans attendre l'achèvement

des ratifications. Ainsi, le Fonds de cohésion entra
dans sa phase opérationnelle à la fin du mois d'avril
grâce à une réglementation provisoire approuvée
par le Conseil.

Par un hasard du calendrier communautaire, la
présidence du Conseil revenait au Danemark au
premier semestre de 1993. Le gouvernement danois
allait diriger les travaux du Conseil précisément à la
veille du nouveau référendum danois, prévu pour le
mois de mai. Le Premier ministre Poul Schlüter,
qui avait dirigé le pays jusqu'au compromis
d'Édimbourg, avait été remplacé par Poul Nyrup
Rasmussen. La nouvelle équipe gouvernementale
voulait montrer à ses partenaires et à l'opinion publique qu'elle entendait jouer pleinement son rôle.
Dès le début de leur présidence, les Danois surent
ainsi démentir les prévisions les plus pessimistes.

Le second référendum danois eut lieu le 18 mai
1993 et le oui l'emporta avec 56,8 % des voix. La
majorité était nette, sans être écrasante. Le soulage-
ment fut grand à Londres où, trois jours plus tard,
la Chambre des Communes approuva le traité par
292 voix contre 112 à l'issue d'un très long débat.
Le projet passa ensuite à la Chambre des Lords où
il fut approuvé avec moins de difficultés.

Le Conseil européen de Copenhague (21-22 juin
1993) se déroula dans une atmosphère bien plus
paisible. La Commission présenta un nouveau mémorandum pour relancer l'activité communautaire.
Jacques Delors en avait déjà énoncé les grandes lignes au Parlement européen lors de la session du
mois de mai, aussitôt après le vote danois. Son intention était de ranimer le débat européen en es-
sayant de réaffirmer le rôle politique de la Commission, fortement contesté depuis plus d'un an. Le

document présenté par Delors s'intitulait emblématiquement « Entrer dans le XXIᵉ siècle ». Après un diagnostic sévère des effets de la crise sur la compétitivité des entreprises européennes, le mémorandum précisait les lignes directrices d'un programme qui devait mobiliser l'Union jusqu'à la fin du siècle.

En premier lieu, on réaffirmait la nécessité de continuer la progression vers l'UEM, en conciliant la construction de l'Europe avec les aspirations des citoyens. En deuxième lieu, la Communauté devait se montrer « ouverte et solidaire dans le monde » et œuvrer à une conclusion positive de l'Uruguay Round. Le troisième point préconisait une coopération accrue en matière de recherche-développement entre les entreprises, les États membres et la Communauté. Un vaste réseau de transports et de télécommunications devrait, en quatrième lieu, accroître la compétitivité de l'économie européenne. Le cinquième point affirmait la nécessité de mettre en place un espace commun de l'information. Il s'agissait de l'amorce de la révolution technologique vers laquelle (sixième point) devrait s'opérer une adaptation des systèmes d'instruction. On affirmait ensuite les principes d'un « nouveau modèle de développement », qui prendrait en compte l'environnement comme source de nouveaux emplois et la possibilité de taxer les produits polluants pour alléger les charges fiscales du travail. Enfin, on prévoyait des politiques plus actives pour le marché de l'emploi.

Bien qu'il fît, comme toujours, l'objet de commentaires sceptiques de la part des Britanniques, le mémorandum de la Commission permit à Jacques Delors de sortir de l'impasse. L'initiative était cohérente avec la méthode qu'il avait utilisée en permanence pour réaffirmer le rôle institutionnel et politique de la Commission. Delors parvint, une fois de plus, à remporter un franc succès au Conseil européen, qui reprit dans ses conclusions de larges passages du mémorandum. Le Conseil donna mandat à la Commission de présenter, pour la réunion de décembre 1993, « un Livre blanc relatif à une stratégie à moyen terme pour la croissance, la compétitivité et l'emploi ». Compte tenu de la crise générale qui régnait à Bruxelles, le succès personnel de Jacques Delors n'était pas négligeable.

La crise monétaire d'août 1993

Pendant la première moitié de l'année 1993, la conjoncture économique continua à se détériorer. La diminution d'environ 2 % de la production nationale allemande autorisait désormais à parler de récession au sein des Douze. Le coût exorbitant de la réunification se traduisait par une pression inflationniste, à laquelle l'autorité monétaire allemande n'aurait cédé sous aucun prétexte. La Bundesbank s'opposa donc à une diminution des taux d'intérêt qui était attendue avec impatience par les autres pays européens.

Les élections législatives françaises eurent lieu dans un climat très défavorable à la majorité sortante : l'impopularité croissante de François Mitterrand et du Parti socialiste laissaient présager une victoire de la droite. Le référendum sur le traité de Maastricht avait laissé des traces. La réforme de la PAC, contestée par les agriculteurs, occupa une place particulière dans la campagne électorale. Le 17 et le 24 mars 1993, la coalition de droite RPR-

UDF remporta une victoire écrasante. Sur le plan économique, le nouveau gouvernement d'Édouard Balladur maintint la position du gouvernement socialiste de Pierre Bérégovoy. Le franc était lié au deutschemark et devait le rester pour garantir la stabilité du système monétaire européen. Le soutien des Allemands n'avait jamais manqué au cours des crises monétaires des dernières années et, en dépit des polémiques, cette cohérence avait servi la France.

Au cours du mois de juillet, le SME fut mis à rude épreuve. Les attaques spéculatives se concentrèrent surtout contre le franc, considéré comme une monnaie faible. La parité entre le franc et le deutschemark fut sur le point de céder, mais la Bundesbank et la Banque de France parvinrent à repousser les attaques. Pour la première fois depuis 1979, les règles de la discipline des changes furent abandonnées. À l'issue d'un Conseil qui eut lieu au cours de la nuit du 1er au 2 août 1993, les ministres des Finances des Douze décidèrent d'élargir de 2,25 % à 15 % la marge de fluctuation des monnaies par rapport au cours pivot du SME. Ce dernier restait théoriquement en vigueur et, pour les monnaies concernées (le deutschemark, le florin, le franc belge, le franc français, la couronne danoise, la peseta espagnole et l'escudo portugais), les taux centraux demeuraient inchangés.

La politique de coopération monétaire, inaugurée avec la création du SME et réactivée par les Douze en 1988 au Conseil européen de Hanovre, subissait toutefois un coup fatal. Les affirmations de fidélité au programme de Maastricht furent accueillies avec un grand scepticisme par les observateurs. L'affaiblissement de l'axe franco-allemand était devenu évident, de même que la perte d'influence de la Commission européenne. Le désordre monétaire ne remettait pas seulement en cause l'UEM, mais allait jusqu'à menacer la gestion des politiques communes, et en particulier de la PAC.

La conclusion de l'Uruguay Round

Le cycle de négociations commerciales, connu sous le nom d'Uruguay Round, avait été lancé en décembre 1985 à Punta del Este. Il aurait dû se conclure en décembre 1990, mais le désaccord sur certaines questions, comme le dossier agricole, avait longtemps bloqué la négociation et le contentieux entre la Communauté et les États-Unis empêchait toute progression vers une solution globale.

Le 20 novembre 1992, lors d'une rencontre qui eut lieu à Washington, à la résidence de Blair House, la Commission européenne conclut un accord politique sur le dossier agricole avec les États-Unis. La délégation de la Commission était parvenue à obtenir des solutions, que tous les États membres considéraient à l'époque comme acceptables. L'accord prévoyait notamment une réduction de 21 % du volume des exportations subventionnées de la Communauté. On aboutissait également à la souscription d'une clause de paix entre la Communauté et les autres pays adhérant au GATT, qui reconnaissaient formellement les principes de la PAC. On réglait ainsi une querelle qui avait empoisonné les relations économiques internationales, en particulier entre la Communauté et les États-Unis.

Le préaccord de Blair House (ainsi défini parce qu'il n'avait pas encore été confirmé par le Conseil) devait permettre d'aboutir rapidement à la clôture de l'Uruguay Round et de résoudre certaines questions liées à la libéralisation des services. Cependant, les résultats de Blair House furent rapidement contestés. Outre la diminution de l'aide aux exportations, les agriculteurs français s'opposèrent à la limitation de la production d'oléagineux, qui avait été consentie par la Commission. Face à ce soulèvement, le gouvernement Bérégovoy, désormais en campagne électorale, déclara qu'il rejetait l'accord. La dispute était aggravée par la relance de certains arguments anticommunautaires, comme la critique des pouvoirs excessifs de la Commission en matière commerciale.

On reprit aussi la polémique contre la réforme de la PAC, qui n'avait jamais été acceptée par les agriculteurs français. Les forces de l'opposition, largement majoritaires d'après les sondages, avaient beau jeu de reporter sur l'intégration européenne une partie du malaise collectif, face à un front gouvernemental résigné à la défaite et peu enclin à se battre sur des thèmes européens.

Le gouvernement Balladur confirma l'hostilité à l'égard du préaccord de Blair House, bloquant tout progrès vers la conclusion des accords du GATT. Ce faisant, il approfondissait la crise des rapports transatlantiques, dans les premiers mois de l'administration Clinton. Le 7 juillet, une rencontre quadrilatérale qui eut lieu à Tokyo entre les États-Unis, le Canada, le Japon et la Communauté européenne (représentée par son vice-président, Sir Leon Brittan) permit de poser les bases d'un nouvel accord. Mais les positions de chacun demeuraient encore très confuses. Les États-Unis s'opposaient farouchement à une révision de l'accord agricole de Blair

House et ne voulaient pas s'engager dans une négociation sur la libéralisation des services, sans avoir la certitude de parvenir à un résultat global.

La question audiovisuelle attira l'attention au cours des derniers mois des négociations du GATT. La thèse de l'exception culturelle, invoquée par les Français, n'eut aucun succès : pourtant chacun était convaincu qu'il s'agissait d'un domaine que l'on ne pouvait assimiler aux autres produits et services : on choisit de l'écarter de la négociation finale et de le renvoyer à des pourparlers ultérieurs.

Plus de huit ans après le début des négociations, les résultats de l'Uruguay Round ne coïncidèrent pas avec les objectifs qui avaient été fixés à Punta del Este. La négociation se termina par plusieurs compromis : des domaines comme l'audiovisuel, l'industrie aéronautique et l'acier furent exclus des accords, de même que les réglementations sur la protection de l'environnement et la législation sociale. En matière agricole, la Communauté obtenait une modification des accords de Blair House, auxquels les Français s'étaient finalement résignés. La libéralisation des marchés progressait, tandis qu'on établissait pour la première fois des règles internationales dans des secteurs économiques (transports, mouvements de capitaux et marchés publiques). Après 2 643 jours de négociations, un nouvel accord de réduction tarifaire fut finalement signé lors de la conférence de Marrakech (15 avril 1994). Cet accord donna naissance à l'Organisation mondiale du commerce (OMC), qui remplacerait le GATT avec des pouvoirs plus étendus.

Le Livre blanc de la Commission

Le Conseil européen de Bruxelles (29 octobre 1993) approuva une déclaration solennelle pour saluer l'entrée en vigueur du traité sur l'Union européenne. Cette déclaration affirmait que le traité apporterait « une plus grande prospérité économique », stimulerait « des ambitions externes accrues », doterait les institutions « d'une plus grande efficacité ». En réalité, l'Europe et ses institutions sortaient épuisées de la procédure de ratification. Le 1er novembre, l'Union européenne vit donc le jour. Le retard de la ratification n'avait pas eu de conséquence majeure sur le début de l'application du traité de Maastricht. Le Fonds de cohésion avait vu le jour et les préparatifs pour la création de l'Institut monétaire européen étaient en cours, de même que le début de la seconde phase de l'UEM.

L'entrée en vigueur du traité sur l'Union européenne permettait de lancer le Livre blanc de la Commission. Le nouveau document (dont le titre définitif fut : « Croissance, compétitivité et emploi : les défis à relever pour entrer dans le XXIe siècle ») était une somme de l'idéologie de l'intégration européenne et, en quelque sorte, le testament politique de Jacques Delors. Le Livre blanc cherchait à répondre à certaines questions fondamentales. Quel modèle de société fallait-il préserver en Europe ? Que fallait-il changer au modèle de développement occidental pour accroître l'emploi sans exploiter de façon excessive les ressources de l'environnement ?

Le Livre blanc suggérait un nouveau modèle de croissance, à atteindre par une transformation structurelle de l'économie. Les réponses au double défi du chômage et de la pollution résidaient dans de nouvelles conditions de flexibilité et dans l'utilisation des richesses immatérielles que sont l'instruction, la formation et l'esprit d'entreprise.

Le Livre blanc identifiait le chemin à suivre pour éviter le déclin économique de l'Europe. La modération salariale temporaire devait s'accompagner d'une flexibilité accrue dans l'organisation du travail. Il fallait également réviser le financement des politiques de solidarité, renforcer les programmes de recherche et de formation professionnelle, et trouver de nouvelles sources d'emploi dans des secteurs comme l'environnement et les services sociaux. Enfin, le Livre blanc soulignait l'urgence de grands réseaux transeuropéens pour les transports, l'énergie et les télécommunications.

Ces orientations révélaient la coloration « social-démocrate » du dernier document de la commission Delors. Le Livre blanc était suffisamment pragmatique et concret pour recueillir l'approbation générale des gouvernements des États membres. Les sceptiques ne manquaient pas, comme les Britanniques, qui refusaient l'idéologie intégrationniste des propositions de Delors. Le Conseil européen de Bruxelles (10-11 décembre 1993) préféra donc mettre l'accent sur la dimension nationale des efforts à entreprendre. Les États membres devaient certes « s'inspirer des suggestions extraites du Livre blanc de la Commission » et dans un « contexte général défini en commun », mais selon « des spécificités institutionnelles, législatives et contractuelles propres à chacun ».

Les actions spécifiques sur le plan communautaire n'étaient cependant pas insignifiantes. Il revenait à la Commission de prendre l'initiative pour perfectionner le Marché unique. Le Conseil devait approuver rapidement les décisions nécessaires au lancement des réseaux transeuropéens dans les secteurs des transports et de l'énergie. Le Conseil européen débloqua 23 milliards d'écus destinés à des contributions et à des facilités de crédit pour financer ces grands réseaux.

Six mois plus tard, prenant la parole à la session de juillet du Parlement européen, Jacques Delors attaqua durement les États membres qui bloquaient ou retardaient la prise de décision et qui refusaient les dépenses nécessaires à la mise en œuvre du Livre blanc. Au cours des années suivantes, le Livre blanc sur la croissance, la compétitivité et l'emploi fut régulièrement évoqué, mais la mise en œuvre de son volet communautaire reste lettre morte.

Le compromis de Ioánnina

Le 1er janvier 1994, la présidence de l'Union européenne revint à la Grèce. Ce pays, grand bénéficiaire des Fonds structurels européens, était ouvertement hostile à la politique européenne dans les Balkans. Les Grecs ne respectaient pas le blocus de la Serbie, au mépris des résolutions de l'ONU, que l'Union s'était pourtant engagée à respecter. La Grèce avait en outre décidé le blocus économique de la Macédoine, en violation des normes communautaires. Le drame des Balkans avait donc des répercussions immédiates sur l'Union et le nationalisme fervent des Grecs ne faciliterait certainement pas une action commune dans cette région.

Le Premier ministre Andhréas Papandhréou fut confronté à une tâche difficile. En dépit de la présence européenne dans les Balkans, il tenta d'apaiser les revendications nationalistes de son pays. La présidence grecque parvint également à conclure les négociations avec la Suède, la Finlande, la Norvège et l'Autriche. Les pourparlers avaient été difficiles, surtout lorsqu'ils abordèrent les questions agricoles. L'agriculture des pays scandinaves avait survécu grâce à de généreuses subventions, en dépit de conditions climatiques et géographiques difficiles. Ces subventions étaient remises en cause dans le cadre de la PAC. De gros problèmes surgirent aussi dans le chapitre de la pêche, qui constituait une activité essentielle en Norvège, et dans celui des transports, en particulier pour l'Autriche. Malgré ces problèmes sectoriels, le haut niveau de vie et la compétitivité économique des quatre pays candidats rendaient relativement aisée leur adhésion. Le nouvel élargissement déplaçait ainsi les frontières de l'Union européenne aux confins de la Russie.

La conclusion des négociations avec les pays candidats donna lieu à une querelle politique. L'élargissement rendait nécessaire une modification du fonctionnement du Conseil, en particulier en ce qui concerne le vote à la majorité qualifiée. Avec l'entrée prévue de quatre nouveaux pays (Autriche, Finlande, Norvège Suède), le nombre de voix passerait de 76 à 90.

LA PONDÉRATION DES VOIX AU CONSEIL (1994)

Allemagne, France, Grande-Bretagne et Italie : 10 voix.

Espagne : 8 voix.
Belgique, Pays-Bas, Grèce et Portugal : 5 voix.
Autriche et Suède : 4 voix.
Danemark, Irlande, [Norvège] et Finlande : 3 voix.
Luxembourg : 2 voix.

La minorité de blocage, c'est-à-dire le nombre de voix nécessaires pour bloquer une décision, était de 23 voix dans la Communauté à douze. Elle aurait dû passer à 27 voix sur 90 dans une Union élargie à seize. La Grande-Bretagne et l'Espagne s'y opposaient. Pour le gouvernement britannique, c'était l'occasion de neutraliser l'une des normes clés de la supranationalité. Le Conseil européen de Ioánnina (29 mars 1994) parvint difficilement à un compromis, dont la complexité frisait le ridicule. Il prévoyait que la minorité de blocage passerait de 23 à 27 mais, lorsque les votes contraires atteindraient le seuil de 23, le Conseil s'abstiendrait de décider et continuerait de négocier durant « un laps de temps raisonnable ». Au-delà de cette période de négociation, un État membre pourrait demander qu'on passe au vote, auquel cas la minorité de blocage serait de 27 et non de 23 voix.

Un autre épisode vint confirmer la détermination du Premier ministre britannique contre toute dérive fédérale de l'Union. Le Conseil européen de Corfou (24-25 juin 1994) devait désigner le successeur de Jacques Delors. John Major refusa la nomination de toute personne susceptible de poursuivre la voie politique tracée par Delors. Le Premier ministre des Pays-Bas, Ruud Lubbers, et le Premier ministre belge, Jean-Luc Dehaene, étaient candidats à la présidence de la Commission européenne. Le second était présenté comme le favori, car il recueillait l'assentiment de onze gouvernements. Les Britanniques s'opposaient à sa nomination, en accusant Dehaene d'être un partisan de l'Europe fédérale. Il fallut convoquer une nouvelle réunion du Conseil européen, qui eut lieu à Bruxelles le 15 juillet, pour parvenir à la désignation de Jacques Santer, Premier ministre du grand-duché du Luxembourg, le plus petit État de l'Union.

Le 12 juin, avaient eu lieu les cinquièmes élections du Parlement européen. On attendait à présent que les nouveaux pouvoirs qui lui étaient conférés par le traité de Maastricht déploient pleinement leurs effets. La nouvelle assemblée différait quelque peu de la précédente : le nombre de députés était passé de 518 à 567 et d'importants changements marquaient la composition des groupes politiques représentés au Parlement, après la défaite des socialistes français et des conservateurs britanniques et le bouleversement politique qui avait eu lieu en Italie. Les élections législatives des 27 et 28 mars 1994 avaient vu la victoire de la coalition de droite dirigée par Silvio Berlusconi. Le nouveau parti de Berlusconi, Forza Italia, ne trouva pas place dans les groupes déjà constitués au Parlement européen, tout comme les postfascistes de Gianfranco Fini. De leur côté, les élus du Parti démocrate de la gauche (PDS) rejoignaient les rangs du Parti socialiste européen (PSE).

Le même jour des élections européennes, les Autrichiens furent consultés sur l'entrée de leur pays dans l'Union européenne. Le oui l'emporta avec 63,4 % des voix. De même, l'adhésion à l'Union recueillit les suffrages de 56,9 % des Finlandais (16 octobre) et de 52,2 % des Suédois (13 novembre). Un dernier référendum eut lieu en Norvège, le 28 novembre 1994. Cette fois, mais sans surprise, ce fut le non qui l'emporta avec 52,4 % des voix.

La nouvelle Union ne compterait donc que quinze États membres, au lieu des seize escomptés. Cela rendit nécessaire une légère modification de la pondération des voix au Conseil. Après le retrait de la Norvège, le nombre total de voix et la minorité de blocage furent réduits respectivement à 87 et 25.

Le plan Lamers-Schäuble

Au cours de l'été 1994, le parti CDU-CSU avait présenté un projet électoral sur la politique européenne, rédigé par Karl Lamers et Wolfgang Schäuble, considéré alors comme le dauphin du chancelier Kohl. Le document répondait franchement à certaines questions sur l'avenir de l'intégration européenne. Il en ressortait clairement que la priorité absolue de l'Allemagne était l'élargissement de l'Union européenne, aux alentours de l'an 2000, à cinq pays d'Europe centrale (la Hongrie, la Pologne, la République tchèque, la Slovaquie et la Slovénie). Les raisons invoquées étaient d'ordre politique : il fallait empêcher le retour de l'« instabilité en Europe centrale, qui mettrait l'Allemagne dans une situation inconfortable entre l'Est et l'Ouest ». Il fallait donc intégrer les voisins orientaux, avec l'aide d'une Union préalablement renforcée. « Sans une consolidation interne, lisait-on dans le plan Lamers-Schäuble, l'Union ne pourrait pas faire face aux immenses tâches issues de son extension à l'est et ris-

querait de se dissoudre pour redevenir un groupe
d'États incapables de répondre à l'exigence de stabilité de l'Allemagne. »

Les auteurs proposaient l'idée d'une Union à géométrie variable, capable d'accueillir rapidement les
pays d'Europe centrale (si ceux-ci parvenaient à
absorber la totalité de l'acquis communautaire), et
permettant aux États de l'Union qui le souhaitaient
d'accélérer le processus d'intégration. En tenant
compte de la situation de l'époque, ce noyau dur serait composé de cinq pays (l'Allemagne, la France,
la Belgique, le Luxembourg et les Pays-Bas). Il demeurerait toutefois ouvert à l'Italie et à l'Espagne,
si ces deux États étaient en mesure d'y participer, et
à la Grande-Bretagne, si elle modifiait sa vision politique de l'Europe. Les pays du noyau dur devraient
œuvrer sans attendre à la création de l'Union monétaire et s'atteler immédiatement à une véritable politique étrangère commune. En ce qui concerne la
défense commune, ajoutait le document, « c'était le
moment opportun pour sa création ». En d'autres
termes, le plan Lamers-Schäuble affirmait la volonté de s'orienter rapidement vers une Union à caractère fédéral.

Le premier destinataire de ce document était évidemment la France. La proposition allemande supposait une reprise des relations franco-allemandes,
puisque la France et l'Allemagne étaient appelées à
redevenir le cœur de l'Europe. Les rapports entre
les deux pays s'étaient refroidis depuis la victoire de
la droite en France. En France, les querelles qui
avaient précédé le référendum de Maastricht
avaient laissé des traces profondes. La perspective
du départ de Mitterrand, qui était depuis des années le partenaire de Kohl, ne facilitait pas la re-

prise de ce rapport privilégié. Le document de la CDU appelait une réponse qui tarda à arriver.

Édouard Balladur attendit les élections allemandes du mois d'octobre et la courte victoire d'Helmut Kohl avant de répondre. Dans un article intitulé « Pour un nouveau traité de l'Élysée », publié dans *Le Monde* du 30 novembre 1994, Balladur éluda brutalement la question posée dans le document allemand. Il évita d'insister sur l'exclusivité de la relation franco-allemande, tout en reconnaissant l'importance de l'accord qui liait les deux pays. Le Premier ministre français lança une contre-proposition plutôt ambiguë, qui visait à répartir les relations intereuropéennes en différents cercles : le premier serait constitué par l'Union actuelle et ses structures ; les autres cercles, plus restreints, seraient voués à des relations sectorielles plus approfondies, telles que les relations monétaires avec les Allemands, les relations militaires avec les Britanniques, etc. Il s'agissait d'une nouvelle forme d'Europe à la carte, qui aurait pu être partagée par toutes les sensibilités de la classe politique française, notamment en vue des élections présidentielles.

De son côté, le Premier ministre britannique rejeta aussitôt la proposition d'un noyau dur. Dans une Union à cercles concentriques, disait-il, certains États seraient plus égaux que d'autres. John Major ajoutait : « L'Union européenne comporte une vaste gamme de politiques communes et des secteurs d'étroite coopération. Aucun État membre ne devrait prétendre à un statut privilégié sur la base de sa participation à certaines de ces politiques. » Selon Major, il ne fallait pas de cercles mais un cadre unique, où chaque pays pourrait décider de participer ou non à certaines politiques. Il s'agissait d'établir une fois pour toutes ce « concert de coopération intergouvernemental » qui exclurait tout élément supranational et qui appliquerait rigoureusement la doctrine britannique sur la Communauté européenne.

Enfin, l'Italie rejeta à la fois l'Europe à la carte proposée par Major et l'Europe à plusieurs vitesses mise en avant par l'Allemagne, craignant dans ce dernier cas d'être reléguée dans une « deuxième division » européenne.

En dépit de ces réactions, le document allemand avait eu le grand mérite de rappeler à tous les partenaires européens quels étaient les problèmes d'organisation de l'Europe. Il était rarement arrivé qu'un État membre présente une proposition aussi précise à la veille d'une négociation intergouvernementale. Le projet allemand avait un profil nettement fédéral, tandis que la proposition française hésitait entre « un fonctionnalisme à la carte » et l'éternelle coopération intergouvernementale. Enfin, la réponse britannique confirmait le refus constant d'un partage de souveraineté.

Le retrait de Jacques Delors

Le Conseil européen d'Essen (9-10 décembre 1994) marqua la fin de la présidence allemande. Cette réunion fut importante à plusieurs égards. Les chefs de gouvernement de l'Autriche, de la Finlande et de la Suède (qui allaient adhérer le 1er janvier 1995) y participèrent pour la première fois. Le Conseil européen amorça aussi la négociation avec la République tchèque et la Slovaquie (qui s'étaient séparées un an plus tôt), la Hongrie, la Pologne, la

Bulgarie et la Roumanie. Si les négociations n'étaient pas formellement ouvertes, l'Union s'engageait à fournir l'aide nécessaire à un « premier rapprochement ». Le Conseil approuva également le Livre blanc sur la compétitivité, la croissance et l'emploi, qui serait le cadre de référence des actions nationales et européennes. Enfin, le sommet d'Essen fut le dernier Conseil européen auquel participèrent François Mitterrand et Jacques Delors.

Le 11 décembre, Delors annonça à la télévision son intention de ne pas se présenter à l'élection présidentielle française, prévue au mois de mai. Il s'agissait d'une décision très importante, attendue impatiemment depuis des mois, car les sondages étaient de plus en plus favorables au président de la Commission. Les raisons invoquées pour justifier ce retrait reflétaient la cohérence du personnage. Jacques Delors affirmait ouvertement qu'il n'avait pas le goût du pouvoir et qu'il refusait d'être un « roi fainéant » dans le cadre d'une cohabitation, qu'il estimait inévitable, avec l'opposition de droite.

Le départ de Jacques Delors de la présidence de la Commission européenne marquait la fin d'une époque. Delors était l'un des rares personnages à avoir eu l'opportunité et le temps d'œuvrer, avec passion et réalisme, en faveur de l'unité de l'Europe. Son parcours idéologique avait été d'une grande cohérence. Delors n'appartenait pas aux rangs clairsemés des fédéralistes européens. Ses racines idéologiques et son expérience le portèrent plutôt à privilégier une vision pragmatique de l'intégration européenne. Selon Delors, il fallait à chaque fois réfléchir en vue d'un objectif à long terme, tout en prévoyant, dans la mesure du possible, un programme d'action bien défini. Cette méthode avait permis d'aboutir à l'Acte unique, au traité de Maastricht et à la monnaie unique.

La négociation du traité de Maastricht l'avait convaincu qu'il était nécessaire d'agir en vue d'un objectif définitif. Delors n'avait pas hésité à reprendre à son compte le terme de « fédération » en le teintant de sa propre conception politique de l'Europe. Il refusait l'idée que les nations puissent perdre leur identité dans une Europe fédérale. Il estimait au contraire qu'elles constituaient la base indispensable de l'édifice européen. Il fallait ainsi créer une union des peuples souverains qui décident ensemble des objectifs communs et qui les réalisent dans l'intérêt général. Aucun exemple de coopération de type intergouvernemental n'avait cependant résisté à l'épreuve du temps. Il fallait donc qu'un mécanisme fédérateur permette de surmonter l'impuissance de la coopération intergouvernementale. Sur la base de ses longues années d'expérience, Delors proposa ainsi le concept, quelque peu provocateur, d'une « Fédération d'États-nations », qui serait l'objectif final de l'intégration européenne. Cette idée de fédération d'États-nations constituait le dernier legs de Delors après ses dix ans de présidence, qui avaient contribué à changer profondément l'Europe.

CHAPITRE XI

LE TRAITÉ D'AMSTERDAM

La guerre en ex-Yougoslavie

Le 1er janvier 1995, l'Union européenne s'élargissait à l'Autriche, à la Finlande et à la Suède. Les trois nouveaux États membres avaient toujours adopté une politique de neutralité. Ce statut avait jusqu'alors entravé leur participation à la Communauté. L'élargissement confirmait ainsi la fin de la guerre froide.

L'élargissement devait coïncider avec l'entrée en fonction de la Commission Santer. Selon les règles du traité de Maastricht, la nouvelle Commission européenne devait d'abord obtenir la confiance du Parlement européen. Celui-ci ne donna son approbation que le 18 janvier, après avoir examiné la candidature des futurs commissaires. C'était là le signe évident de la mauvaise humeur qu'avait suscitée la nomination de Jacques Santer chez les parlementaires, qui souhaitaient faire valoir la nature politique de l'institution parlementaire. Parmi les nouveaux commissaires, il y avait l'Autrichien Franz Fischler, à qui revint la responsabilité de la politique agricole, les Français Yves-Thibault de Silguy, chargé de la mise en œuvre de l'Union économique et monétaire et l'ancien Premier ministre Édith Cresson. L'économiste italien Mario Monti se voyait attribuer le portefeuille du marché intérieur et de la fiscalité ; celui de l'aide humanitaire et de la protection des consommateurs fut confié à Emma Bonino, femme politique à la forte personnalité.

La présidence du Conseil de l'Union revenait à la France, qui se trouvait à la veille d'une nouvelle élection présidentielle. François Mitterrand, conscient de la gravité de sa maladie, semblait désormais étranger aux vicissitudes de la vie politique. Le Premier ministre Édouard Balladur avait fini par se porter candidat contre Jacques Chirac, le chef de la coalition qui l'avait porté au pouvoir.

Le 7 mai, Jacques Chirac fut élu président de la République avec 52,6 % des voix contre les 47,4 % obtenus par le socialiste Lionel Jospin. Le dernier mois de la campagne électorale n'avait pas réservé de surprise particulière. Dans un climat de crise économique, le thème de l'Europe, et plus particulièrement le projet d'Union économique et monétaire, n'avait pas joué un rôle de premier plan. Jacques Chirac entendait combler « la fracture sociale » au sein de la population française et affirmer davantage la présence de la France sur la scène européenne, en particulier dans les Balkans où la situation continuait à se détériorer.

Depuis le début de la guerre en ex-Yougoslavie, la crédibilité politique de la Communauté n'avait cessé de s'affaiblir. En juin 1991, l'indépendance de la Slovénie et de la Croatie avait été aussitôt reconnue par l'Allemagne. Malgré leurs hésitations (et une indignation mal dissimulée, surtout chez les Français), les autres États membres suivirent l'exemple allemand. Le 15 janvier, la conférence de

Zagreb marqua la fin de la fédération yougoslave. Cela entraîna la sécession de la Bosnie, où les combats interethniques se multiplièrent. Le 6 avril 1992, l'Union reconnut l'indépendance de la Bosnie-Herzégovine. Le 22 mai, la Croatie, la Slovénie et la Bosnie devenaient membres de l'ONU, tandis que la République fédérale yougoslave, proclamée le 27 avril par la Serbie et le Monténégro, faisait l'objet d'un boycott international. Le Conseil de sécurité de l'ONU décida d'envoyer un contingent de Casques bleus (la FORPRONU) pour protéger l'acheminement de l'aide humanitaire en Bosnie-Herzégovine.

Le 28 juin 1992, François Mitterrand effectua une visite-surprise à Sarajevo, dont l'aéroport était toujours bloqué par les forces serbes. Ce geste spectaculaire, qui eut lieu juste après le Conseil européen de Lisbonne, était emblématique de l'inexistence de l'Europe dans la question yougoslave. Après la visite de Mitterrand, la France accentua son action au sein de la FORPRONU, tandis que le Congrès refusait toute implication directe des États-Unis dans les Balkans.

À Genève, les plans de paix de l'ONU (mis au point par les médiateurs Cyrus Vance et Lord David Owen) étaient sans cesse renouvelés, sans aucun résultat. La situation empira encore lors des années 1993-1994. Sous l'impulsion de Radovan Karadžić et Ratko Mladić, les Serbes de Bosnie se rendirent responsables de massacres de grande ampleur à l'égard de la population musulmane de Bosnie-Herzégovine. Le 31 janvier 1994, les belligérants acceptèrent une trêve, grâce à la médiation de l'ancien président américain Jimmy Carter, mais la cessation des hostilités ne fut que partielle. Le « nettoyage ethnique » qui avait lieu dans les Balkans rappelait aux Européens les pires horreurs de la Seconde Guerre mondiale.

La Grande-Bretagne, qui n'était entrée dans la FORPRONU qu'en août 1992, hésitait toujours entre un alignement sur les positions américaines et un engagement militaire accru. L'Allemagne se limitait à assurer une aide logistique dans le cadre de l'UEO et ne souhaitait pas intervenir militairement. Des forces militaires belges, espagnoles, hollandaises et espagnoles participaient elles aussi à la FORPRONU, tandis que l'Italie fournissait la logistique aérienne et assurait le blocus naval.

La perspective d'une commission d'enquête internationale sur les crimes de Karadžić et Mladić, les initiatives diplomatiques des Français et la décision du Congrès américain de lever l'embargo sur la fourniture d'armes à la Bosnie sont autant d'éléments qui provoquèrent la fin de la trêve du 31 janvier. Les Serbes de Bosnie entendaient réaffirmer une supériorité politique et militaire qui paraissait menacée.

C'est alors que les événements connurent une accélération importante. En mai 1995, quatre cents Casques bleus de l'ONU furent pris en otage. Le 3 juin, le nouveau président Jacques Chirac proposa de constituer une force de réaction rapide (FRR), constituée de contingents français et britanniques. La question fut abordée lors du Conseil européen de Cannes (27-28 juin 1995). Instituée dans le cadre de l'ONU, cette force d'intervention disposerait d'une marge de manœuvre et d'un armement bien supérieurs à ceux des Casques bleus.

Au mois de juillet, l'horrible massacre de Srebrenica déclencha une profonde émotion dans l'opinion publique européenne. L'enclave musulmane de Srebrenica avait été placée sous la protection de l'ONU. En quelques jours, dix mille réfugiés bosniaques furent sauvagement tués par les Serbes de Bosnie. Les Casques bleus européens (et en particulier hollandais) assistèrent impuissants à l'un des pires crimes de l'histoire de la guerre en Bosnie. Le massacre de Srebrenica modifia la position défendue jusqu'alors par Bill Clinton. Washington décida de faire intervenir massivement les forces aériennes américaines de l'OTAN, dans une vaste opération contre les forces serbo-bosniaques. Les Serbes de Bosnie furent vaincus en quelques semaines. Le 12 octobre 1995, un cessez-le-feu général entra en vigueur dans l'ex-Yougoslavie.

Les États-Unis entamèrent des pourparlers diplomatiques pour trouver une solution à la question bosniaque. Le secrétaire d'État adjoint Richard Holbrooke fut chargé des négociations. Son efficacité contrastait avec la faiblesse des Européens. Les accords de Dayton, signés le 21 novembre et ratifiés à Paris le 14 décembre, consacrèrent la fin de la guerre dans les Balkans, mais aussi l'échec politique de l'Union européenne. Malgré les forces militaires dont celle-ci disposait, les États européens n'étaient pas parvenus à faire cesser les combats. Les procédures du traité de Maastricht en matière de politique étrangère et de sécurité commune avaient été vaines et l'UEO, dans laquelle beaucoup voyaient le futur bras armé de l'Union, s'était révélée impuissante.

La conférence de Barcelone

Dès l'aube de la Communauté, les pays méditerranéens avaient montré leur intérêt pour les développements de l'intégration européenne. Parmi les États fondateurs, l'Italie appartenait à l'aire méditerranéenne. La situation de la France, à mi-chemin entre le nord et le sud de l'Europe, s'était toujours traduite par une forte présence politique, militaire et culturelle dans cette région. Très tôt, les institutions européennes avaient entamé des initiatives pour conclure des accords bilatéraux avec les pays voisins. Dès 1959, la Grèce avait demandé une « association » avec la CEE. La Turquie avait rapidement présenté une demande analogue. Au cours des années, la nécessité pour la Communauté européenne de se doter d'une politique méditerranéenne cohérente fut souvent réitérée. L'adhésion de la Grèce, de l'Espagne et du Portugal accéléra l'élaboration de cette politique méditerranéenne.

La réunification de l'Allemagne et l'entrée des pays scandinaves et de l'Autriche avaient déplacé au nord le barycentre de l'Union. La chute du mur de Berlin avait accéléré le débat sur l'instauration de relations coordonnées dans la région méditerranéenne. On craignait en effet que le coût financier de la réunification n'entraîne la baisse des ressources communautaires disponibles pour les politiques de développement et l'aide aux pays tiers.

La Commission européenne se battait depuis longtemps pour une politique méditerranéenne globale. Les accords bilatéraux avec les pays de la région s'étaient multipliés, mais les efforts entrepris pour parvenir à un ensemble politique cohérent s'étaient avérés inefficaces. Les accords conclus s'appuyaient sur deux piliers, d'ordre commercial et financier. Dans le cas d'Israël et de la Turquie, on avait même prévu de parvenir à une union douanière, projet qui concernait aussi Malte et Chypre.

Lors du Conseil européen de Corfou (24-25 juin 1994), les chefs d'État et de gouvernement demandèrent à la Commission d'élaborer des propositions visant à renforcer la politique méditerranéenne de l'Union européenne en faveur de la paix, de la stabilité, de la sécurité et du développement économique de la région. À cette occasion, le Conseil évoqua la possibilité d'organiser une Conférence méditerranéenne. Cette idée était fortement soutenue par l'Espagne, avec l'appui de l'Italie et de la France.

La conférence de Barcelone eut lieu les 27 et 28 novembre 1995. Tous les pays de la région méditerranéenne y participaient, à l'exception des États de l'ex-Yougoslavie et de la Libye de Kadhafi. Les conclusions de la conférence faisaient état d'un « partenariat euro-méditerranéen » dans trois grands secteurs : la politique et la sécurité, l'économie et les finances, et le secteur culturel et humain.

Dans le premier de ces domaines, on proclamait la nécessité d'étudier les mesures à adopter pour constituer un « espace de paix et de stabilité en Méditerranée ». La partie consacrée au « partenariat économique et financier » était plus importante, même si le mot « partenariat » n'avait aucune valeur juridique. Elle prévoyait les modalités d'une coopération dans différents secteurs et affirmait l'objectif de parvenir à une zone de libre-échange euro-méditerranéenne, qui entrerait en vigueur en 2010. La coopération financière se concrétiserait par la concession de crédits pour un montant total de 4 685 millions d'écus pour la période de 1995 à 1999. On prévoyait également des interventions de la Banque européenne d'investissements (BEI) et des contributions financières bilatérales en provenance des États membres.

La conférence de Barcelone fut un tournant dans les relations entre l'Union européenne et ses voisins des rives méridionales et orientales de la Méditerranée. En 2005, on célébra le dixième anniversaire de cette conférence. À cette date, l'Union européenne absorbait 50 % des produits des pays de la région méditerranéenne. L'Europe est le premier bailleur de fonds dans la région (avec 36 % de l'investissement étranger direct total). En outre, elle accorde chaque année près de 3 milliards d'euros en prêts et aides non remboursables. Enfin, l'Union est la première source de tourisme et la première destination des migrants des pays méditerranéens.

L'Europe et la société de l'information

Le 1ᵉʳ janvier 1995 marquait également le début des activités de l'Organisation mondiale du commerce, née des cendres du GATT à la conférence de Marrakech (15 avril 1994). La gestion des accords fondamentaux relatifs aux échanges mondiaux, à savoir le GATT (commerce des biens), le GATS (échange des services) et le TRIPS (droits de propriété intellectuelle relatifs au commerce) était concentrée dans une structure unique. Comme le GATT, l'OMC visait à prévenir et à aplanir les conflits en matière d'échanges commerciaux, en définissant des règles communes au niveau international.

Cinquante ans après la fin de la Seconde Guerre mondiale, les obstacles aux échanges diminuaient dans tous les continents, grâce notamment à l'introduction des nouvelles technologies de l'information. La globalisation s'était affirmée peu à peu, en vertu d'une évolution continue de l'économie mondiale, même si elle avait subi des ralentissements et des accélérations. Un véritable marché mondial était ainsi en train de se créer, entraînant inévitablement succès et fractures, développement et récession.

La globalisation des marchés (ou « mondialisation » dans sa version francophone) suscitait les protestations de ceux qui craignaient le désordre engendré par l'absence de contrôles et par la volonté libre-échangiste. Dans les pays membres de l'Union aussi, le débat sur la mondialisation gagnait de l'ampleur, au fur et à mesure qu'il apparaissait que l'on ne pourrait pas concurrencer les produits en provenance de pays où le niveau des salaires était bien inférieur aux standards européens.

Dès l'après-guerre, la Communauté européenne avait contribué de façon décisive à l'affirmation du libre-échange entre les pays européens. Le modèle européen — si l'on peut appeler ainsi les différentes formes de l'économie sociale de marché — s'était développé grâce à une ouverture toujours croissante des marchés, que ce soit au niveau intracommunautaire ou avec les pays extérieurs.

La globalisation avait été accélérée par le progrès des technologies de l'information. Dès les années quatre-vingt, les institutions européennes avaient commencé à aborder les nouveaux enjeux de ces technologies. L'expression « société de l'information » était apparue pour la première fois dans le Livre blanc « Croissance, compétitivité et emploi ». Entre 1994 et 1996, plusieurs directives communautaires avaient favorisé la fin du monopole étatique dans le domaine des télécommunications. En particulier, la directive du 19 juillet 1995 prévoyait l'ouverture totale du marché de la téléphonie vocale et des infrastructures de télécommunications à partir du 1er janvier 1998. C'est ainsi que la Commission européenne, sous l'impulsion de Karel Van Miert, puis de Mario Monti, donna le coup d'envoi à une grande vague de libéralisations. Dans les années suivantes, ces mesures seraient fortement critiquées et perçues comme un diktat de Bruxelles. Il convient de préciser que, lors des différentes sessions du Conseil consacrées à ce sujet, tous les États membres donnèrent leur accord aux propositions de la Commission.

Les difficultés de l'Union monétaire

Au début de l'année 1995, commençait à se répandre la conviction qu'il serait impossible d'aborder la troisième phase de l'UEM avant 1997, contrairement à l'option optimiste du traité de Maastricht. La reprise économique tardait à se manifester et les déficits se creusaient. John Major subissait les attaques des eurosceptiques de son parti. En Italie, le gouvernement Dini, qui avait succédé en janvier à celui de Silvio Berlusconi, illustrait une fois de plus l'instabilité politique de la péninsule. Au début du mois de mars, la peseta et l'escudo subirent une dévaluation (respectivement de 7 et de 3,3 %) qui n'entraîna cependant pas leur sortie du SME.

Deux points importants figuraient à l'ordre du jour du Conseil européen de Cannes (27-28 juin 1995) : la monnaie unique et la politique européenne de l'emploi. La Commission européenne avait présenté des propositions sur la période de transition vers la monnaie unique. Leur but était de rendre crédible, même sur le plan pratique, l'avènement de la monnaie unique. Dans les conclusions du Conseil de Cannes, on réitéra « la ferme intention de préparer le passage à la monnaie unique pour le 1er janvier 1999 au plus tard, en respectant rigoureusement les critères de convergence, le calendrier, les protocoles et les procédures prévues par le traité ». Cette affirmation sans détour (dont s'abstinrent le Royaume-Uni et le Danemark) eut des conséquences importantes au cours des mois qui suivirent, notamment en Allemagne. La fermeté politique du chancelier Kohl allait de pair avec une opposition croissante de l'opinion publique qui craignait la fin du deutschemark, symbole de la croissance économique allemande.

Helmut Kohl fit preuve de la même fermeté au Conseil européen informel de Majorque (22-23 septembre 1995). À cette occasion, il déclara également qu'il était « dans l'intérêt de l'Allemagne que la majorité des pays membres y participe dès le départ ». En disant cela, il s'opposait à son ministre des Finances, Theo Waigel, qui exprimait son scepticisme quant à la possibilité que certains pays membres (et notamment l'Italie) puissent être prêts en 1999. Le ministre allemand laissait entendre que pour parvenir à la monnaie unique les pays intéressés devaient s'engager à respecter une discipline budgétaire à long terme. Ce fut pour les forces politiques et l'opinion publique allemandes le début d'un débat fondamental pour l'avenir de la monnaie unique, appelé à se prolonger et à s'envenimer au cours des années suivantes. À cette époque, la non-participation de l'Italie et d'autres pays à la date prévue semblait acquise. Les propos du ministre Waigel s'adressaient donc surtout à la France. Les Français réagirent vivement en soutenant que sans eux la monnaie unique ne verrait sûrement pas le jour. Cette affirmation fut réitérée à la réunion des ministres de l'Économie et des Finances qui se déroula à Valence, les 19 et 30 septembre. La liste des pays qui participeraient à la monnaie unique serait arrêtée sur la base des résultats réels de 1997 et non plus sur la base de projections. La décision serait donc prise au printemps 1998 et non pas en 1997. Cela ne modifiait pas la date du début de l'Union monétaire, fixée irrévocablement au 1er janvier 1999.

Le Conseil européen de Madrid (15-16 décembre 1995) fut marqué par une série de décisions fondamentales. La réunion avait été soigneusement préparée. L'Institut monétaire européen (IME) avait soumis un scénario technique pour le passage à la monnaie unique. Pour sa part, la Commission avait procédé à une large consultation des secteurs économiques de l'Union. L'intense activité des institutions de l'Union permit d'aboutir à des décisions claires et définitives sur les questions restées en suspens. À partir du Conseil de Madrid, les marchés financiers et les opinions publiques commencèrent véritablement à croire à la naissance de la monnaie unique.

C'est aussi au sommet de Madrid que l'on donna un nom à la future monnaie unique. Le terme « écu » ne sonnait pas bien aux oreilles des Allemands (« eine Kuh » signifie « une vache »). On proposa alors de l'appeler « franc ». Cette fois, ce furent les Espagnols à s'y opposer, car le mot évoquait indirectement les souvenirs de la dictature franquiste. Finalement, on s'accorda sur le nom « euro », qui pouvait être prononcé sans ambiguïté dans toutes les langues de l'Union.

Le calendrier de passage à l'euro fut également fixé à Madrid. La troisième phase de l'UEM débuterait le 1er janvier 1999, tandis que la liste des participants serait établie au cours de l'année 1998. La Banque centrale européenne devrait être opérationnelle pour le 1er janvier 1999, après la fixation irrévocable des taux de change entre les monnaies. L'euro deviendrait alors la monnaie d'usage sur les marchés financiers. La circulation des billets et des monnaies exprimés en euros commencerait le 1er janvier 2002 ; six mois plus tard, l'euro aurait totalement remplacé les monnaies et les billets nationaux.

Le gouvernement allemand obtint satisfaction sur un autre point fondamental. Le Conseil décida que la discipline budgétaire devrait être poursuivie même après le passage à la troisième phase de l'UEM. Le futur « pacte de stabilité » fut ainsi ébauché à Madrid. Il garantissait le respect permanent des critères de convergence et prévoyait des sanctions à l'égard des États défaillants.

Le début de la nouvelle CIG

La présidence italienne succéda à la présidence espagnole dans des conditions difficiles. Le gouvernement de Lamberto Dini était démissionnaire depuis le 30 décembre. Dans ce contexte, l'Italie semblait incapable d'assainir ses finances publiques et de poursuivre les efforts accomplis durant les années 1992-1994 par les gouvernements Amato et Ciampi.

L'année 1996 commençait sous de mauvais auspices. L'Union européenne était confrontée à une crise sanitaire sans précédent. Les élevages britanniques furent les premiers à être touchés par la maladie de Creutzfeldt-Jakob (plus connue sous le nom de maladie de la « vache folle »). L'épidémie spongiforme bovine (ESB) pouvait se transmettre à l'homme. Elle provoqua ainsi une vague de panique dans les pays de l'Union. En vertu du principe de précaution, la Commission décréta l'interdiction d'exporter la viande anglaise. Les Britanniques menacèrent alors de boycotter l'activité des institutions de l'Union.

Dans la plupart des pays membres, l'opinion publique donnait des signes de découragement devant l'augmentation du chômage, qui touchait désormais dix-huit millions de personnes au sein de l'Union. La situation était particulièrement grave en Allemagne et en France, où les grèves de la fin de 1995 avaient mis en évidence l'impopularité du gouvernement d'Alain Juppé. La conjoncture n'était favorable qu'en Grande-Bretagne, sans que cela se répercute pour autant sur la politique européenne de John Major. Les pays de l'Union n'arrivaient cependant pas à définir une stratégie commune pour l'emploi. Le Livre blanc de la Commission « Croissance, compétitivité et emploi » figurait depuis des années sur la table du Conseil, sans avoir donné lieu à aucune décision importante.

Ce climat de pessimisme marqua le début de la nouvelle conférence intergouvernementale, qui fut officiellement lancée lors du Conseil européen de Turin (29 mars 1996). Le traité de Maastricht prévoyait la convocation d'une conférence intergouvernementale en 1996. La CIG devait affronter la réforme institutionnelle en vue du futur élargissement de l'Union. En particulier, les négociateurs étaient conscients des défauts de l'étrange construction à trois piliers qui avait été définie par le dernier traité. La préparation de la CIG avait commencé très tôt. Le Conseil européen de Corfou (24-25 juin 1994) avait pris la décision de créer un groupe de réflexion, composé des représentants des ministres et présidé par Carlos Westendorp, secrétaire d'État espagnol aux affaires européennes. Toutes les institutions furent appelées à fournir leur contribution au groupe, en particulier sur l'application du traité de Maastricht.

Le groupe Westendorp présenta un premier rapport au Conseil européen de Madrid (15-16 décembre 1995), et son rapport final au Conseil européen de Florence (21-22 juin 1996). Le rapport du groupe Westendorp s'articulait autour de trois chapitres : « Une Union plus proche du citoyen » portait sur les questions de l'emploi, de l'environnement et des affaires intérieures et judiciaires ; « Les institutions d'une Union plus démocratique et plus efficace » concernait les problèmes institutionnels ; « Une capacité renforcée pour l'action extérieure » traitait en particulier des questions de politique commerciale et de la PESC. Le Conseil européen de Florence reprit les conclusions du rapport Westendorp, en fixant les trois objectifs de la nouvelle CIG : rapprocher les citoyens de l'Union européenne ; élargir le champ d'action de la politique extérieure de sécurité commune ; assurer le bon fonctionnement des institutions européennes.

Le Conseil européen de Florence fut marqué par la présence du nouveau président du Conseil italien, Romano Prodi, qui venait de remporter les élections du 21 avril 1996. Le nouveau gouvernement italien exprima dès le départ sa volonté de respecter les critères de convergence du traité de Maastricht. Pour le reste, le Conseil se conclut sur

un demi-échec : les solutions préconisées pour relancer l'emploi (des transferts au sein du budget
communautaire) n'étaient pas à la hauteur du problème et mécontentèrent tout le monde.

Le Pacte de stabilité

Le 24 juin 1996, la Commission européenne déclarait que seuls le Danemark, l'Irlande et le Luxembourg respectaient le critère du déficit budgétaire:
Même en Allemagne, le déficit était désormais supérieur à 3 % du PIB. Le gouvernement du chancelier Kohl avait dû présenter un plan d'austérité qui
prévoyait des coupes budgétaires dans les dépenses
sociales, notamment dans le domaine de l'assurance maladie. Le 15 juin, les syndicats allemands
organisèrent à Bonn la plus grande manifestation
de l'après-guerre. Les sacrifices requis en vue de
l'euro étaient désormais contestés aussi en Allemagne. À deux ans des élections, la politique européenne de l'inébranlable chancelier se retrouvait
ainsi au centre du débat politique.

Dans les autres pays aussi, le climat politique ne
cessait de se dégrader. En dépit de la large majorité
dont il disposait à l'Assemblée nationale, le gouvernement Juppé battait des records d'impopularité.
Jacques Chirac avait réitéré ses convictions européennes, mais les divisions au sein de la majorité
ôtaient au gouvernement toute possibilité d'action.
En Grande-Bretagne, John Major tentait désespérément de restaurer l'unité au sein des conservateurs
en vue des échéances électorales. Pour ce faire, il
s'appuyait de plus en plus sur la faction des eurosceptiques qui semblaient jouir du soutien de l'opi-

nion. En Italie, le ministre de l'Économie, Carlo Azeglio Ciampi, avait présenté un projet de loi budgétaire pour 1997 qui prévoyait une forte réduction du déficit. L'Italie parvint à réintégrer le SME le 25 novembre, soit deux ans avant la date fatidique du 1er janvier 1999, qui était stipulée par le traité.

Lors du Conseil européen de Dublin (13-14 décembre 1996), l'accord sur les propositions du Livre blanc de la Commission Delors vint à manquer. Depuis décembre 1993, le Livre blanc avait fait maintes fois l'objet de discussions au cours des réunions du Conseil européen. Jacques Santer avait défendu obstinément les propositions de la Commission, mais n'avait pas réussi à les faire approuver. La proposition la plus intéressante du Livre blanc, le lancement de grands travaux transeuropéens, fut définitivement rejetée car la France, l'Allemagne et le Royaume-Uni refusèrent d'y consacrer les ressources nécessaires.

À Dublin, les chefs d'États et de gouvernement parvinrent toutefois à un accord sur le « Pacte de stabilité », qui avait été esquissé au Conseil européen de Madrid. L'idée d'un « Pacte de stabilité pour l'Europe » avait été mise en avant en novembre 1995 par le ministre des Finances allemand, Theo Waigel. Les autorités allemandes craignaient en effet un relâchement de la discipline budgétaire après le début de la troisième phase de l'UEM.

Le 16 octobre 1996, la Commission européenne avait présenté deux propositions de règlement. La première prévoyait que tous les États participant à l'euro présentent des programmes de stabilité, en précisant des objectifs budgétaires à moyen terme. La seconde, fortement controversée, prévoyait des sanctions à l'égard des États n'adoptant pas de mesures correctrices en cas de déficit excessif. La négociation sur les modalités d'application fut longue et acharnée. Theo Waigel souhaitait que le déficit public autorisé ne dépasse pas 1 % du PIB. Finalement, les gouvernements gardèrent la limite prévue par le traité de Maastricht, c'est-à-dire 3 % du PIB.

Le Pacte de stabilité, approuvé au Conseil européen de Dublin, comporte finalement deux volets. Le volet « préventif » incite les États à poursuivre leurs efforts de convergence économique et à éviter tout relâchement budgétaire. Un système d'alerte rapide (*early warning*) est mis en place pour détecter rapidement les écarts par rapport aux objectifs fixés dans les programmes de stabilité. Si le Conseil constate un dérapage par rapport au plafond des 3 %, il adresse (sur proposition de la Commission) une recommandation à l'État membre concerné. Le volet « dissuasif » ne s'applique que si l'État membre décide de ne pas suivre cette recommandation. Si le déficit budgétaire dépasse durablement les 3 % du PIB, l'État en question est soumis à une amende fixe de 0,2 % de son PIB (à laquelle s'ajoute une amende variable en fonction de l'ampleur du déficit). Le Pacte de stabilité prévoit cependant une certaine souplesse dans son application. Les déficits supérieurs à la barre des 3 % sont acceptés, si ce dépassement résulte d'une circonstance exceptionnelle, comme une guerre, une catastrophe naturelle ou une récession économique d'au moins – 2 % du PIB. Si la récession est d'une moindre ampleur, il appartient au Conseil d'évaluer la situation et, le cas échéant, d'infliger des sanctions à l'État fautif.

Pendant ce temps, le pessimisme ne cessait de croître en Europe. Les statistiques de l'emploi étaient plus que jamais négatives et cette situation aurait inévitablement des répercussions sur les finances publiques. Le chancelier Kohl avait fermement déclaré au début de l'année : « C'est en 1997 que se jouera le destin de l'Allemagne et de la monnaie unique. » La tension était grande entre la majorité et l'opposition (sans oublier les forces syndicales) pour parvenir à réduire les dépenses.

Le débat était particulièrement tendu en Italie, où le gouvernement de centre-gauche était contraint de réduire les dépenses sociales pour respecter les critères de Maastricht. Le 25 avril, la Commission annonça que, faute de nouvelles initiatives, le déficit budgétaire italien atteindrait 3,9 % en 1998. Cela équivalait à affirmer que l'Italie ne ferait pas partie du premier groupe de pays qui adopteraient l'euro. Cela suscita la colère de Romano Prodi, qui contesta les chiffres de la Commission et déclencha une polémique dans la presse. La loi budgétaire pour l'année 1998 allait donc avoir une importance déterminante.

La victoire inattendue de Lionel Jospin aux élections législatives du 25 mai et du 1er juin 1997 changea la donne. Jacques Chirac avait dissous l'Assemblée pour éviter que la baisse continue de la popularité du gouvernement Juppé n'entraîne la défaite de la droite. À cette époque, l'aggravation du déficit budgétaire semblait exiger une politique d'austérité. Le président français crut habile d'utiliser ce prétexte pour renouveler sa majorité. La suite des événements lui donnerait tort sur toute la ligne. La dissolution se traduisit par une déroute électorale. De plus, le retour d'une croissance forte permettrait à la France de respecter assez aisément les critères de Maastricht et sans exiger une nouvelle période de rigueur budgétaire.

Le nouveau gouvernement socialiste se déclara favorable à la monnaie unique, tout en posant quatre conditions pour le passage à l'euro. La première concernait le rapport de change entre l'euro et les grandes monnaies telles que le dollar et le yen. Un euro surévalué ne serait pas accepté. La deuxième était l'institution d'un « gouvernement économique » pour coordonner les politiques économiques et servir de contrepoids au pouvoir de la Banque centrale européenne. La troisième condition était la participation des pays d'Europe du Sud aux débuts de l'euro. Jospin se référait surtout à l'Italie, car la participation de l'Espagne et du Portugal était acquise. Enfin, à côté du Pacte de stabilité, les pays de la zone euro devaient aussi conclure un pacte pour la croissance et l'emploi.

Ce programme suscita l'inquiétude du gouvernement allemand. Selon Theo Waigel, le Pacte de stabilité était incompatible avec un pacte pour la croissance et l'emploi. Dominique Strauss-Kahn, le nouveau ministre français de l'Économie et des Finances, demanda de son côté que l'approbation du Pacte de stabilité ne figure pas à l'ordre du jour du Conseil européen, car le gouvernement français avait besoin d'un temps de réflexion. Dominique Strauss-Kahn confirma cependant que la France s'engageait à respecter les critères de convergence et à participer à la monnaie unique dans les termes prévus.

Le traité d'Amsterdam

Depuis le 1ᵉʳ janvier 1997, la présidence néerlandaise cherchait à élaborer un compromis pour clore les travaux de la CIG, lesquels ne s'étaient pas déroulés dans une atmosphère sereine. Les positions du Royaume-Uni influençaient les trois nouveaux pays membres, très réticents à l'égard de la PESC. De leur côté, les petits pays étaient très sourcilleux sur la composition et les compétences de la Commission et la nouvelle répartition des voix au Conseil. À l'approche des élections, John Major radicalisa son opposition. Il fallut attendre la victoire de Tony Blair aux élections de la Chambre des Communes (1er mai 1997) et le retour des travaillistes au gouvernement pour que l'attitude de la délégation britannique devînt plus constructive.

Le 10 juin, la présidence néerlandaise présenta un nouveau projet du traité. Quelques jours après, le Conseil européen se réunit à Amsterdam (16-17 juin 1997). L'ordre du jour était particulièrement chargé : les chefs d'État et de gouvernement devaient parvenir à un accord sur les questions institutionnelles, sur la défense et sur le Pacte de stabilité.

Le Conseil européen d'Amsterdam débutait donc dans la plus grande incertitude. Pour l'Allemagne, il était hors de question de remettre en cause l'indépendance de la Banque centrale européenne. Le nouveau gouvernement français souhaitait mettre en place un Pacte pour la croissance et l'emploi. On parvint à un compromis le 17 juin, notamment grâce aux efforts de la Commission. Le Conseil européen déclara explicitement que la politique de l'emploi constituait l'autre pilier de l'Union économique et monétaire. L'assainissement budgétaire n'était pas un but en soi, mais un moyen de favoriser la création d'emplois. Ces considérations expliquent la dénomination de « Pacte de stabilité et de croissance » qui remplacerait celle de « Pacte de stabilité ».

En d'autres termes, le Conseil européen décida que la coordination des politiques économiques couvrirait également la politique sociale, l'emploi et les politiques structurelles. L'Union européenne devrait en outre « compléter » les mesures nationales, après avoir examiné les mesures communautaires en vigueur (réseaux transeuropéens, programmes de recherche et de développement), et intervenir dans la politique fiscale pour éviter des distorsions de concurrence dans le marché intérieur. Le gouvernement français accepta ainsi de signer en l'état le Pacte de stabilité (qui fut inscrit dans les articles 103 et 104 du nouveau traité), mais obtint l'organisation d'un Conseil européen consacré aux questions de la croissance et de l'emploi.

Le Conseil européen d'Amsterdam marqua également la fin des négociations lancées à Turin en 1996. Les chefs d'État et de gouvernement réglèrent les derniers points en suspens pour finaliser le nouveau traité. Divisé en trois parties (modification de fond, clarifications, dispositions finales), le traité d'Amsterdam fut signé le 2 octobre 1997 et entra en vigueur le 1er mai 1999.

Le traité d'Amsterdam introduisait une série de changements positifs. La Cour de justice des Communautés européennes se voyait attribuer la compétence en matière de droits de l'homme. Le Conseil européen obtint le pouvoir de constater à l'unanimité la « violation grave et persistante » des droits de l'homme par un État membre et de décider à la majorité de le suspendre de l'exercice de certains droits prévus par les traités européens.

Seconde nouveauté, le traité d'Amsterdam accordait à un groupe d'États la possibilité d'établir des « coopérations renforcées », c'est-à-dire le droit d'avancer plus vite dans un domaine donné sans se heurter à un veto des États opposés à cette avancée. Le traité établissait néanmoins plusieurs conditions, comme la préservation de l'acquis communautaire et le principe de non-discrimination. Ce dispositif était d'une grande importance politique : il conférait pour la première fois une certaine flexibilité au système communautaire. Cependant, les modalités pour établir une coopération renforcée restaient compliquées. Aucune coopération ne vit le jour au cours des années suivantes. Ces modalités allaient donc être simplifiées par le traité de Nice, puis par le projet de traité constitutionnel.

En matière institutionnelle, la CIG était parvenue à d'autres avancées : la procédure de codécision avait été simplifiée, par l'élimination de la troisième lecture du Conseil. De plus, la codécision était étendue à la majorité des procédures législatives, sauf pour les dispositions concernant l'UEM. C'était une victoire pour le Parlement européen, qui voyait ses pouvoirs notablement étendus.

Un autre point positif était l'inclusion dans le traité d'Amsterdam des conventions de Schengen. Il s'agissait d'un accord intergouvernemental signé le 14 juin 1985 à Schengen (Luxembourg) par l'Allemagne, la Belgique, la France, le Luxembourg et les Pays-Bas. Cet accord prévoyait la suppression des contrôles aux frontières des États signataires. Après cinq ans de négociation, la convention d'application fut signée le 19 juin 1990, date à laquelle l'Italie, l'Espagne, le Portugal et la Grèce se joignaient aux cinq premiers États signataires. L'accord n'entra en vigueur que le 26 mars 1995 (l'Italie et la Grèce ne l'appliquèrent qu'à partir de 1997). Dans les mois suivants, l'Autriche, le Danemark, la Suède et la Finlande entrèrent à leur tour dans l'« espace Schengen », qui incluait désormais tous les États de l'Union, à l'exception du Royaume-Uni et de l'Irlande.

Avec l'entrée en vigueur de la convention, tous les contrôles aux frontières intracommunautaires étaient désormais supprimés. Le principe de base des accords de Schengen était la reconnaissance mutuelle des dispositifs d'accueil. En d'autres termes, les États signataires s'engageaient à faire confiance aux systèmes douaniers, policiers et judiciaires de leurs partenaires. L'inclusion de la convention de Schengen dans le traité d'Amsterdam marqua la fin d'un long processus. La liberté de circulation des personnes était désormais effective en dépit des difficultés que rencontre toujours son application effective.

Le traité fixait également une date limite de cinq ans pour la réalisation d'un programme d'action qui devrait faire de l'Union « un espace de liberté, de sécurité et de justice ». Il prévoyait ainsi que le Conseil adopte, dans un délai de cinq ans, des mesures visant à faciliter l'action de l'Office européen des polices, même si dans ce domaine la juridiction relevait encore des autorités nationales.

Le nouveau gouvernement travailliste de Tony Blair avait accepté la Charte sociale de Maastricht (que Margaret Thatcher et John Major avaient toujours refusée), ce qui avait permis d'inclure un chapitre social dans le traité d'Amsterdam. Au Royaume-Uni, cela se traduisit par la mise en place d'un salaire minimum et par une limitation du temps de travail à 48 heures hebdomadaires.

Si le traité d'Amsterdam présentait des avancées indiscutables, il était cependant une déception pour la plupart des observateurs, car nombre de sujets à l'ordre du jour n'avaient pas fait l'objet d'un accord. Le traité de Maastricht avait prévu que la nouvelle CIG procède à un réexamen des questions de sécurité et de défense, en tenant compte de la leçon politico-militaire de l'Europe en Bosnie. Dans ce domaine, les résultats d'Amsterdam furent un nouvel échec. Les Français avaient proposé de nommer un « Monsieur PESC », qui représenterait l'Union sur la scène internationale. Le nouveau traité ne parvint qu'à attribuer les fonctions de « Haut représentant pour la politique étrangère et de sécurité commune » au secrétariat général du Conseil.

En ce qui concerne la mise en œuvre de la politique extérieure commune, les procédures du traité d'Amsterdam rendaient encore plus complexes les règles du traité de Maastricht. Le Conseil européen devait adopter une stratégie commune, qui serait mise en œuvre par des actions collectives décidées à la majorité qualifiée, sauf si un État membre s'y opposait « pour des raisons importantes de politique nationale ». Seul un vote unanime du Conseil européen pourrait lever cet obstacle.

Enfin — et c'était le point le plus important — les gouvernements n'arrivèrent pas à s'entendre sur une réforme de la Commission et sur les procédures de vote au Conseil européen. Ces réformes paraissaient indispensables avant d'ouvrir les négociations avec les pays d'Europe centrale, mais la défense des intérêts nationaux avait bloqué tout compromis. La solution de ces problèmes fut donc renvoyée, pour la seconde fois, à une CIG ultérieure. Les sujets restés en suspens furent aussitôt définis comme *leftovers* ou « reliquats d'Amsterdam ». La Belgique, la France et l'Italie joignirent une déclaration au traité. Cette déclaration soumettait l'élargissement à une réforme institutionnelle préalable. En l'absence d'une telle réforme, les trois pays mettraient leur veto à l'élargissement.

La négociation d'Amsterdam avait montré les faiblesses de la méthode intergouvernementale. L'Allemagne manifestait une attitude bien différente de celle adoptée lors des négociations de Maastricht. À cette époque, il n'était pas rare d'entendre les Allemands souhaiter la création des États-Unis d'Europe. Les problèmes qui avaient suivi la réunification et l'évolution de l'opinion publique avaient amené le gouvernement allemand à prendre des positions moins avancées, parfois minimalistes. Le moteur franco-allemand n'avait pas fonctionné convenablement. Le passage de consignes de Mitterrand à Chirac, puis la victoire inattendue de Lionel Jospin avaient empêché une identité de visions qui, par le passé, avait contribué à résoudre des problèmes épineux.

Le sommet de Luxembourg sur l'emploi

Sous la pression du nouveau gouvernement français, il avait été décidé de convoquer un Conseil européen extraordinaire pour définir une action commune de l'Union contre le fléau du chômage. En dépit du scepticisme des Allemands, les Français obtinrent que la Communauté se dote d'un certain nombre de critères sociaux, qui seraient le pendant des critères économiques établis par le traité de Maastricht. Les conclusions d'Amsterdam précisaient déjà la nécessité de coordonner les politiques pour l'emploi et d'adopter au niveau européen des décisions analogues à celles qui étaient prises dans le domaine monétaire.

À la veille du Conseil européen de Luxembourg (20-21 novembre 1997), le scepticisme grandissait. On craignait que le Conseil européen ne se cantonne dans une discussion sur des objectifs de réduction du chômage, ou qu'il n'aborde de nouveaux engagements financiers que les délégations nationales pourraient difficilement accepter. Les Allemands s'interrogeaient sur les charges supplémentaires qui pourraient peser sur leur budget. La Commission européenne et la présidence luxembourgeoise avaient donc consacré beaucoup d'efforts à la préparation d'un ordre du jour susceptible d'apporter des solutions nouvelles.

La nouvelle méthode, ou « stratégie coordonnée pour l'emploi », s'inspirait clairement de celle suivie dans le cadre de l'UEM pour parvenir à la convergence des politiques économiques. En résumé, on définirait chaque année les lignes directrices communes qui orienteraient les plans nationaux de lutte contre le chômage. Ces lignes directrices proposeraient une philosophie générale et fixeraient des objectifs concrets, dont la réalisation serait régulièrement soumise à l'évaluation du Conseil. Le premier examen de ces stratégies pour l'emploi aurait lieu en juin 1998 au Conseil européen de Cardiff.

Quatre lignes directrices furent adoptées. La première se proposait d'accroître l'insertion professionnelle. La deuxième concernait le développement de l'esprit d'entreprise dans de nouveaux domaines, comme les services sociaux. La troisième visait à favoriser les négociations entre les partenaires sociaux pour améliorer l'organisation et la flexibilité du travail et accroître simultanément la productivité et la sécurité de l'emploi. La quatrième ligne directrice avait trait au renforcement de l'égalité des chances.

D'un point de vue politique, les décisions de Luxembourg sur la politique de l'emploi étaient une nouveauté remarquable. Toutefois, les similitudes avec les règles de l'Union monétaire n'étaient qu'apparentes. En effet, aucune sanction n'était prévue contre les États membres qui ne respecteraient pas les engagements annuels sur les orientations et les objectifs définis en commun.

Un second Conseil européen eut lieu à Luxembourg (12-13 décembre 1997). Les chefs d'État et de gouvernement devaient y aborder des questions débattues sans succès au cours de l'année. La première d'entre elles concernait le Conseil des ministres des Finances. Le traité de Maastricht confiait la gestion de la monnaie à la Banque centrale européenne, indépendante des États et des institutions de l'Union. Avec le retour de la gauche en France, la demande d'un « gouvernement économique » avait été officiellement présentée. Au Conseil européen de Maastricht, on avait déjà prévu que la BCE serait assistée d'un Conseil des ministres des Finances des pays ayant adopté la monnaie unique. La question centrale concernait la participation au nouvel organisme des États qui n'adhéreraient pas à l'euro (Grande-Bretagne, Danemark, Suède et Grèce). Pour Tony Blair, la question revêtait une grande importance depuis qu'il avait proclamé la volonté du Royaume-Uni d'entrer dans l'euro à la fin de la législature.

Le compromis qui fut atteint se caractérisa par un manque de clarté évident : on décida de mettre en place un organe directeur qui regrouperait les pays ayant adopté l'euro, nommé EURO-X (la lettre X serait remplacée par le nombre de ces pays). Les ministres des Finances pourraient y discuter des questions relatives à la gestion de l'Union monétaire. Toutefois, l'EURO-X n'avait aucun pouvoir formel en matière monétaire, que le traité de Maastricht attribuait de manière exclusive à la BCE. En outre, Tony Blair avait obtenu que les pays qui n'avaient pas adopté l'euro puissent participer aux réunions, quand les questions traitées étaient d'intérêt commun.

Un autre sujet d'une importance historique fut au centre du second Conseil de Luxembourg. Il s'agissait de donner le coup d'envoi au nouvel élargissement de l'Union européenne. Dans un document présenté le 15 juillet et intitulé « Agenda 2000 », la Commission avait déjà indiqué les grandes lignes du processus, notamment en matière financière. Le Conseil européen ne parvint pas à décider une répartition globale des charges globales pour l'exercice 2000-2006. Malgré cela, il décida officiellement d'engager les négociations d'adhésion avec Chypre, l'Estonie, la Hongrie, la Pologne, la République tchèque et la Slovénie. Après avoir notamment examiné la question des droits de l'homme, le Conseil européen refusa en revanche d'accorder à la Turquie le statut de candidat à l'adhésion.

La présidence britannique

Le 1ᵉʳ janvier 1998, la Grande-Bretagne prit la présidence du Conseil de l'Union. Le souvenir de l'année 1992 était encore présent dans les esprits, quand John Major avait dû présider une Communauté en crise. Après dix-huit ans de pouvoir des conservateurs, le nouveau gouvernement travailliste souhaitait manifester à ses partenaires une attitude constructive et proeuropéenne. Il était certes exclu que la Grande-Bretagne puisse adhérer à court terme à la monnaie unique. Dans le programme du parti travailliste, la participation de la Grande-Bretagne à l'euro n'était évoquée que comme une éventualité, avec un *a priori* positif. Il était toutefois exclu qu'un référendum puisse avoir lieu avant la fin de la législature. De plus, le Royaume-Uni s'opposait toujours à certaines revendications de ses partenaires, comme l'harmonisation fiscale.

Le premier sujet à l'ordre du jour de la présidence britannique fut la situation au Kosovo, où les Serbes de Slobodan Milošević intensifiaient leurs persécutions à l'encontre de la majorité albanaise. Une réunion des représentants des États frontaliers de la Serbie-Monténégro fut donc organisée à Londres. L'alerte sur le nouveau conflit dans les Balkans avait été enfin lancée au plus haut niveau européen, par une mise en garde qui engageait solennellement l'Union européenne.

Il revint au Conseil des ministres des Affaires étrangères, réuni à Édimbourg les 13 et 14 mars suivants, de résoudre les dernières questions politiques qui retardaient encore le début des négociations avec la première vague de candidats à l'adhésion (République tchèque, Chypre, Estonie, Pologne, Slovénie, Hongrie). La participation de Chypre était l'objet de graves désaccords entre la Grèce et la Turquie. On ne parvint pas à un accord : l'intégration d'une île partagée entre les Grecs et les Turcs semblait hors de portée, même si la République chypriote turque, issue de l'invasion de 1973, n'était pas reconnue par les pays de l'UE. La décision finale sur l'adhésion de Chypre, qui devait être prise à l'unanimité des États membres, fut donc ajournée.

En dehors de Chypre et de Malte, les nouveaux pays candidats appartenaient tous à l'aire d'influence de l'ancien Empire soviétique, avec de grandes différences économiques et politiques. Parmi les pays candidats, la Pologne était le plus important par sa population, son histoire et son économie. Les négociations s'annonçaient difficiles, notamment en raison des effectifs employés par l'agriculture polonaise. De leur côté, la République tchèque, la Slovénie et la Hongrie avaient fait des progrès remarquables en matière de reconstruction économique et de consolidation des institutions démocratiques. La longueur des négociations et la complexité des procédures communautaires provoquèrent parfois l'irritation et le découragement des opinions publiques de ces pays, d'autant plus qu'il était impossible de fixer clairement une date d'adhésion. Le déroulement peu transparent de la Conférence intergouvernementale (CIG) et le débat intermittent sur les limites géographiques de l'Union n'arrangeaient pas la situation.

Au Conseil européen de Cardiff (15-16 juin 1998), le Premier ministre britannique chercha à montrer sa différence par rapport à ses prédécesseurs conservateurs. Tony Blair décida de promouvoir « un vrai débat sur l'avenir de l'Europe » et de placer au centre de l'agenda un programme politique pour les dix années suivantes. Il fallait tout d'abord ratifier dans les plus brefs délais le nouveau traité pour appliquer rapidement ses dispositions institutionnelles. Il conviendrait ensuite de relancer le débat sur les points non résolus à Amsterdam, sur lesquels il était indispensable de parvenir à un accord en vue de l'élargissement. Enfin, le long plaidoyer sur la situation au Kosovo était une reconnaissance implicite de l'urgence d'une politique étrangère commune.

Après presque vingt ans de présence active et assidue, le chancelier allemand Helmut Kohl participait pour la dernière fois à un Conseil européen. Kohl avait été l'un des protagonistes les plus tenaces et les plus efficaces de l'intégration européenne et le grand artisan de la réunification allemande. Son amitié avec François Mitterrand avait rendu possible, grâce à la relance du couple franco-allemand, un ancrage renouvelé de l'Allemagne à l'Europe et un approfondissement de l'intégration communautaire. Helmut Kohl s'apprêtait à briguer un

cinquième mandat, mais les pronostics ne lui étaient
pas favorables.

En France, la cohabitation entre Jacques Chirac
et Lionel Jospin ne favorisait pas les propositions
audacieuses. Par conséquent, le couple franco-allemand n'était pas en mesure de donner un nouveau
souffle à la construction communautaire. Kohl et
Chirac avaient néanmoins pris une initiative
commune, en envoyant au Premier ministre britannique une lettre qui aurait dû lancer un « débat
ouvert et objectif sur l'état actuel et sur les perspectives de l'intégration européenne ». Il ne s'agissait
pas d'un grand projet, mais d'un rappel du principe
de subsidiarité : il s'agissait de délimiter les compétences des institutions européennes, en particulier
de la Commission européenne et de la Cour de justice. Pour Kohl, c'était une question sensible en vue
des élections de l'automne, étant donné le nombre
croissant de conflits entre les *Länder* et l'Union. Pour
Chirac, l'initiative permettait d'apaiser les eurosceptiques du parti gaulliste. Il était pourtant évident
qu'il ne s'agissait pas d'une initiative de relance,
mais d'une opération de pure façade, qui suscita
aussitôt l'hostilité des Belges et des Hollandais.

La mise en place de la zone euro

À la veille du passage à la monnaie unique, on attendait avec impatience la liste des États qui participeraient au premier groupe de l'UEM à partir du
1er janvier 1999. L'une des plus grandes inconnues
était la participation de l'Italie à la monnaie unique.
C'était depuis longtemps l'objectif affiché par le
nouveau gouvernement italien, à la suite de la vic-

toire de la coalition de l'Olivier aux élections législatives de 1996. Le président du Conseil, Romano
Prodi, et le ministre du Trésor, Carlo Azeglio
Ciampi, étaient parvenus à des résultats spectaculaires dans le redressement des finances publiques. Toutefois, le scepticisme était clairement perceptible parmi les autres candidats à l'UEM. Au
cours de l'hiver 1997-1998, l'opinion publique de
l'Allemagne et des Pays-Bas avait manifesté un fort
courant d'opposition à la participation italienne. Le
ministre hollandais des Finances, Gerrit Zalm, avait
même menacé de démissionner si l'Italie était admise parmi la première vague du « club de l'euro ».

Le 19 janvier, les ministres de l'Économie et des
Finances des Quinze se réunirent à Bruxelles. Le
commissaire européen Yves-Thibault de Silguy
souligna les efforts impressionnants accomplis par
le gouvernement italien, qui en un an avait réduit le
déficit budgétaire de 6,7 à 3 % du PIB national.
Dans le communiqué de presse final, le Conseil
ECOFIN exprima à l'unanimité ses félicitations pour
ces efforts. Cette approbation unanime ne signifiait
cependant pas que le chemin de l'Italie vers la monnaie unique serait sans encombre. Le scepticisme
des partenaires persistait, vivement entretenu par
les observateurs économiques internationaux.

Il semblait incroyable — et dans une certaine mesure, ça l'était — qu'en cinq ans d'austérité l'Italie
eût réussi à réduire son déficit annuel de 12 à 3 %
du PIB. Certains accusaient les autorités italiennes
d'avoir truqué les comptes publics. Si la politique
économique de l'Italie avait beaucoup changé, le
scepticisme sur la stabilité politique de la péninsule
se justifiait toujours. On en eut une confirmation
au mois d'octobre, quand le parti de la Refondation

communiste, allié turbulent et incertain de la majorité de l'Olivier, faillit provoquer une crise de gouvernement, que Romano Prodi parvint à éviter avec beaucoup d'habileté.

Conformément au traité de Maastricht, la Commission européenne devait communiquer au Conseil les résultats de son examen sur la convergence des économies des États membres. Les recommandations de la Commission étaient considérées comme l'indispensable laissez-passer pour la zone euro. Le document présenté le 25 mars ne tarissait pas d'éloges pour les efforts accomplis par les États membres, en particulier ceux de l'Espagne, de l'Italie et du Portugal. Même si les monnaies italienne et finlandaise n'étaient entrées dans le SME que depuis deux ans, la stabilité des changes semblait assurée, tandis que l'objectif d'un budget équilibré semblait efficacement poursuivi par tous les États candidats à l'UEM, à l'exception de la Grèce. La Commission recommandait ainsi au Conseil européen de considérer que onze des quinze États membres satisfaisaient aux critères pour adopter l'euro à partir du 1er janvier 1999.

Le rapport de l'Institut monétaire européen avait abouti aux mêmes conclusions. L'Allemagne, l'Autriche, la Belgique, l'Espagne, la Finlande, la France, l'Irlande, l'Italie, le Luxembourg, les Pays-Bas et le Portugal obtenaient le premier feu vert, en vue du Conseil européen du 2 mai suivant. Quatre États membres de l'Union européenne resteraient en dehors de la « zone euro » (le terme, forgé par la presse, entra rapidement dans l'usage courant) : la Grande-Bretagne et le Danemark qui avaient obtenu une clause d'*opting out* dans le traité de Maastricht ; la Suède, qui avait décidé unilatéralement de ne pas participer à l'UEM même si, au moment de son adhésion, elle avait accepté l'intégralité des clauses du traité ; enfin la Grèce, qui ne respectait pas encore les critères de convergence.

Les semaines qui précédèrent le Conseil européen de Bruxelles furent marquées par une confrontation acharnée entre la France et l'Allemagne à propos de la présidence de la Banque centrale européenne. Le 1ᵉʳ juillet 1997, Wim Duisenberg, ancien gouverneur de la Banque centrale des Pays-Bas, avait succédé à Alexandre Lamfalussy à la présidence de l'IME. Duisenberg était fortement soutenu par les Allemands. De son côté, la France défendait la candidature du gouverneur de la Banque de France, Jean-Claude Trichet, sous prétexte que l'Allemagne, qui avait déjà obtenu que la BCE siège à Francfort, ne pouvait pas imposer aussi son candidat à la tête de la nouvelle institution.

Le Conseil européen se réunit le 2 mai 1998 à Bruxelles, car Tony Blair n'avait pas voulu qu'il ait lieu au Royaume-Uni. La réunion fut dominée par l'altercation entre Jacques Chirac et Helmut Kohl. Le président français avait besoin d'un succès personnel après son échec aux élections législatives. Avec son arrogance habituelle, il réaffirma la primauté européenne de la France, qu'il considérait menacée par l'attitude presque hégémonique de l'Allemagne. Quant au chancelier allemand, qui était à la veille d'un rendez-vous électoral très incertain, il défendit avec énergie la nomination de Duisenberg, considéré comme le garant d'une bonne gestion de la monnaie, conformément à la politique suivie depuis toujours par la Bundesbank.

Le Conseil européen de Bruxelles ne fut donc pas à la hauteur de l'événement que représentait la naissance de l'euro. Ces longues heures perdues pour une question de nomination étaient révélatrices du changement qui était survenu dans les relations franco-allemandes. Il fut cependant convenu que Wim Duisenberg resterait en place pendant quatre ans, avant de céder sa place à Jean-Claude Trichet « pour des raisons personnelles » (comme Jacques Chirac osa le préciser lors de la conférence de presse).

Le 7 mai, le Parlement européen fut appelé à ratifier les décisions du Conseil européen. La désignation du président de la BCE et des membres de son directoire fut au centre des débats. Wim Duisenberg fut contraint de réaffirmer, dans une déclaration confuse, qu'il ne « souhaitait » pas rester jusqu'à la fin de son mandat. Il fut aussitôt désavoué par le Parlement qui, dans une résolution votée à une courte majorité, l'invitait à « éviter une succession anticipée ».

Le 1er juin suivant, les institutions de la BCE entraient en fonctions à Francfort-sur-le-Main. La zone euro voyait ainsi le jour. Jamais dans l'histoire autant de peuples n'avaient décidé, en temps de paix et sans contrainte, de renoncer à leur monnaie nationale.

La naissance de la monnaie unique

Le 1er juillet 1998, l'Autriche succéda à la Grande-Bretagne à la présidence du Conseil de l'Union. Le gouvernement autrichien s'apprêtait à entamer l'intense activité requise par le début imminent de l'Union monétaire. Au début du mois de septembre, les ministres de l'ECOFIN avaient lancé plusieurs messages à destination des marchés financiers. Au mois de septembre, le Conseil des gouverneurs et le Conseil général de la BCE avaient adopté de nombreuses décisions concernant le fonctionnement de la Banque et l'émission de la nouvelle monnaie. Le 31 décembre, les taux de conversion des monnaies nationales en euro seraient fixés d'une manière irrévocable. Pendant ce temps, le débat sur la « représentation extérieure de l'euro » progressait difficilement. C'était un problème emblématique de la gestion *sui generis* de la monnaie commune, qui avait été conçue en l'absence d'un pouvoir politique et d'une politique extérieure commune. La BCE était naturellement l'organisme de représentation de la politique monétaire. On ne pouvait toutefois déléguer à ses membres des pouvoirs de représentation des politiques qui étaient du ressort de l'Union.

Les chefs d'État et de gouvernement de l'UE se réunirent à Pörtschach (24-25 octobre 1998). En quelques mois, la physionomie politique de l'Union avait changé : elle comptait désormais onze gouvernements sociaux-démocrates sur quinze. Deux nouveaux chefs de gouvernement participaient au Conseil européen. Gerhard Schröder était le nouveau chancelier allemand, après la victoire du SPD aux élections du 27 septembre. Schröder appartenait à la génération « sans souvenir et sans remords », selon l'expression de Günter Grass. On l'attendait donc au tournant, de même que Joschka Fischer, le ministre des Affaires étrangères issu du parti des Verts. L'autre nouveau chef de gouvernement était Massimo D'Alema, qui avait été nommé le 16 novembre 1998. L'exécutif de Romano Prodi avait dû démissionner après avoir été lâché par Refondation communiste, le parti dirigé par Fausto

Bertinotti, à l'issue de l'une des crises les plus inattendues et irrationnelles de l'après-guerre.

Au Conseil européen de Vienne (11-12 décembre 1998), les chefs d'État et de gouvernement étudièrent les mesures qui devaient accompagner la mise en place de la monnaie unique. Les conclusions de la présidence résumaient cette stratégie en deux pages d'engagements de grande portée. L'agenda retenu était impressionnant : les institutions européennes devaient résoudre les problèmes de la réforme des politiques communautaires et de leur financement ; définir et adopter un « Pacte européen pour l'emploi » ; et enfin, lancer le chantier de l'harmonisation fiscale.

Le 31 décembre 1998, à 12 h 53, Jacques Santer et Yves-Thibault de Silguy dévoilaient à Bruxelles un panneau lumineux affichant les valeurs de l'euro par rapport aux onze monnaies nationales de la zone euro. Les taux de change avaient été négociés, avec acharnement, lors des réunions du mois de mai. À la réunion des ministres de l'Économie, Carlo Azeglio Ciampi ne cachait pas son bonheur. À l'unisson de certains de ses collègues, Ciampi souhaitait que l'on donne désormais à l'Europe « une dimension politique égale à son poids économique ». Mais l'événement fut fêté sans éclat : les trois années qui restaient encore avant la disparition physique des monnaies nationales en diluaient inévitablement l'impact sur l'opinion publique.

L'euro commençait ainsi son aventure sur les marchés financiers. L'événement que représentait sa naissance posait cependant de nombreuses interrogations. Le gouvernement économique prévu par le traité de Maastricht n'avait pas vu le jour. À l'échelle européenne, il n'existait donc pas une instance qui puisse servir de contrepoids politique à la Banque centrale.

La démission de la Commission Santer

Jacques Santer avait été choisi après une période tout à fait exceptionnelle dans l'histoire des institutions européennes, pendant laquelle le personnage, les idées et l'efficacité de Jacques Delors avaient dominé la scène européenne. Pour redorer son blason auprès des eurosceptiques anglais, John Major s'était opposé à la nomination de Jean-Luc Dehaene, homme de poigne et fervent Européen. Major avait réussi à imposer Jacques Santer, qui était une personnalité de moindre envergure européenne. Celui-ci avait dû affronter une situation très complexe. D'une part, il n'avait pas su s'imposer avec une suffisante autorité face aux membres du collège. D'autre part, la Commission n'avait pas obtenu les moyens suffisants pour faire face aux nouvelles tâches qui lui avaient été confiées.

Le 17 décembre, le Parlement refusa de donner quitus à la Commission pour l'exercice budgétaire 1996 en raison d'une série d'irrégularités administratives et financières. Le vote du Parlement n'était que l'ultime manifestation d'un malaise croissant, après une année de polémiques entre les deux institutions. Dans les milieux bruxellois, on insinuait aussi que la crise était également une tentative de diversion. Le Parlement faisait depuis longtemps l'objet de nombreuses critiques de la presse allemande et scandinave, qui accusait certains parlementaires d'avoir bénéficié irrégulièrement d'indemnités et d'autres avantages. Il faut ajouter qu'à la veille des élections nombre de parlementaires européens souhaitaient profiter de l'occasion pour mettre en relief leur activité auprès de l'électorat.

Le Parlement demanda à la Commission d'accentuer son contrôle administratif et budgétaire. Après l'échec d'une tentative de conciliation, le dépôt d'une motion de censure était inévitable. Lors de la séance plénière de janvier 1999, la censure fut repoussée par 293 voix contre, 232 pour et 27 abstentions. Cependant, le Parlement mit en place un comité d'experts indépendants (ou comité des sages), chargé d'examiner les accusations contre la Commission (fraudes, népotisme et mauvaise gestion). La commissaire Édith Cresson était la seule à être soupçonnée de favoritisme. On reprochait aussi au commissaire Manuel Marin, chargé de l'organisme d'aide humanitaire ECHO, une série de fraudes administratives. D'une manière générale, ces accusations portaient sur l'incapacité de la Commission à faire face aux missions qui lui avaient été confiées.

En soi, les reproches adressés aux commissaires n'étaient pas d'une gravité extrême. *In fine*, la seule conséquence juridique serait un arrêt rendu par la Cour de justice le 11 juillet 2006. Cet arrêt déclarerait qu'Édith Cresson avait enfreint les obligations de sa charge pour le recrutement d'un employé temporaire, mais l'exonérait de toute sanction. En 1999, la Commission géra la crise avec beaucoup de maladresse. Le président Santer montra son absence de leadership, échouant dans sa négociation avec le Parlement.

Les circonstances qui ont conduit à la démission collective de la Commission Santer ne sont pas entièrement claires. En tout cas, l'attitude maladroite du collège (dont la plupart des membres étaient des personnalités éminentes et au-dessus de tout soupçon) contribua à précipiter la crise. En se réfugiant derrière la méconnaissance des pratiques administratives en vigueur dans leurs services, les commissaires prêtèrent le flanc à des critiques sévères du groupe d'experts, qui souligna leur irresponsabilité.

Contrairement aux attentes de nombreux observateurs, les deux membres de la Commission mis directement en cause refusèrent de démissionner. Le 15 mars suivant, le comité des sages remit son rapport, qui critiquait sévèrement la gestion de la Commission. La présidente du groupe socialiste au Parlement européen, Pauline Green, annonça que son groupe était prêt à joindre ses voix à celles du PPE pour censurer l'exécutif européen. Le soir même, après de longues discussions et rencontres avec les représentants politiques du Parlement européen, la Commission décida de démissionner, pour éviter le dépôt d'une nouvelle motion de censure qui aurait inévitablement abouti à son renversement.

CHAPITRE XIII

L'UNION DANS LES DERNIÈRES ANNÉES DU SIÈCLE

*Le Conseil européen de Berlin
et la Commission Prodi*

La Commission démissionnaire ne pouvait pas être aussitôt remplacée. Les nouvelles normes des traités imposaient une longue procédure. Dans l'intervalle, un agenda chargé de rendez-vous et de décisions urgentes imposait un intérim de l'exécutif.

Le gouvernement allemand, chargé de la présidence du Conseil, connaissait à son tour une période difficile. La social-démocratie allemande, parvenue au pouvoir, avait donné presque aussitôt des signaux d'incertitude. Le chancelier Schröder était entré en conflit avec son ministre des Finances et président du SPD, Oskar Lafontaine. Ce désaccord s'était soldé par la démission de Lafontaine, partisan d'une politique moins libérale. La victoire de Schröder n'était qu'apparente, car ce signal avait été mal perçu par son opinion publique. Le chancelier était conscient que son action serait compromise, s'il ne parvenait pas à s'affirmer sur la scène européenne. Il était donc déterminé à remporter un succès personnel au Conseil européen de Berlin (24-25 mars 1999).

Dès l'ouverture du sommet, Schröder proposa de désigner Romano Prodi comme nouveau président de la Commission européenne. La candidature de Prodi était fortement soutenue par le gouvernement italien et en particulier par Massimo D'Alema, qui était à la fois son rival et son successeur à la présidence du Conseil. Le prestige de Prodi s'était affirmé depuis sa victoire aux élections législatives de 1996. Prodi avait été l'un des deux grands artisans (l'autre étant le ministre de l'Économie et des Finances, Carlo Azeglio Ciampi) de l'entrée de son pays dans le premier groupe de l'UEM : au terme d'une vigoureuse cure d'austérité, l'Italie était parvenue à respecter les critères de Maastricht (sauf celui de la dette) et à surmonter le scepticisme de ses partenaires européens. Après deux ans et demi de pouvoir, le gouvernement de l'Olivier avait été renversé à la suite d'une des crises politiques les plus inexplicables de l'après-guerre. Prodi devait maintenant affronter une expérience difficile, dans un contexte marqué par un affaiblissement de la Commission.

La nomination de Prodi ne fut pas le seul succès de Schröder, qui parvint également à conclure les négociations sur l'« Agenda 2000 ». Le retard qui s'était accumulé ne contribua pas à la qualité des décisions. En particulier, le Conseil ne réussit pas à réformer le fonctionnement de la Politique agricole commune. Avec l'Agenda 2000, l'Union européenne parvint cependant à planifier ses dépenses jusqu'à la fin du siècle, en vue de l'élargissement aux nouveaux pays.

Un autre thème était toutefois à l'ordre du jour. Après une longue période de gestation, la crise du Kosovo avait éclaté à la fin de l'année 1998. Slobodan Milošević avait mis fin à l'autonomie que Tito avait accordée à cette région dont la majorité des habitants était d'origine albanaise. La police serbe avait lancé des actions de nettoyage ethnique, qui ravivaient le souvenir des massacres accomplis en Bosnie. De son côté, le mouvement de résistance albanaise, l'UCK, menait une guérilla qui menaçait une extension du conflit. Après l'échec de la conférence de Rambouillet (décembre 1998-février 1999), le gouvernement américain décida de bombarder la Serbie. Les opérations militaires commencèrent le 24 mars, date à laquelle s'était réuni le Conseil européen de Berlin.

Les bombardements de l'OTAN, qui agissait sans le mandat de l'ONU, se prolongèrent jusqu'au début de l'été. La guerre du Kosovo eut des conséquences notables sur la politique étrangère européenne. Au Conseil européen de Cologne (3-4 juin 1999), les chefs d'État et de gouvernement déclarèrent que l'Europe devait « disposer d'une capacité d'action autonome soutenue par des forces militaires crédibles pour réagir face aux crises internationales sans préjuger des actions entreprises par l'OTAN ». C'était la première fois que des affirmations aussi explicites en matière de défense européenne figuraient dans les conclusions d'un Conseil européen.

Le 5 mai 1999, le Parlement européen approuva la nomination du nouveau président de la Commission. Le 19 juillet, les gouvernements des États membres désignèrent, avec l'accord de Prodi, les membres de l'exécutif communautaire. Après avoir été auditionnés par le Parlement européen, les nouveaux commissaires prêtèrent serment devant la Cour de justice (17 septembre). Parmi ceux-ci, on ne trouvait que quatre rescapés de la Commission Santer : le Britannique Neil Kinnock, l'Autrichien

Franz Fischler, le Finlandais Erkki Likkanen et l'Italien Mario Monti. En tant que commissaire au marché intérieur et à la fiscalité, ce dernier avait été l'un des membres les plus appréciés de la Commission Santer. Mario Monti avait combattu deux grandes batailles pour l'achèvement du marché unique. Il avait remporté la première, l'abolition des *duty free*. La seconde, qui portait sur l'imposition des revenus financiers transfrontaliers, était au centre de vives polémiques. Dans la nouvelle Commission, Monti héritait du portefeuille de la concurrence qui, pour la première fois, était confié à un commissaire d'un pays du Sud.

Parmi les nouveaux commissaires, on remarquait la présence de personnages de grande envergure. Pascal Lamy, ancien chef de cabinet de Jacques Delors, tentait d'assurer la continuité de la pensée et de l'action de l'ancien président de la Commission, avec une énergie et une habileté remarquables. Christopher Patten était lui aussi un personnage prestigieux : conservateur atypique, puisque proeuropéen, il avait une grande expérience internationale, ayant été le dernier gouverneur britannique à Hong Kong.

Le sommet d'Helsinki

Vingt ans après l'introduction de l'élection directe, les cinquièmes élections européennes eurent lieu du 10 au 13 juin 1999. Le taux de participation au vote (49,9 %) avait été nettement inférieur à celui des élections de 1994 (56,8 %). Les 626 membres de la nouvelle assemblée étaient les premiers à bénéficier des pouvoirs conférés par le traité d'Amsterdam.

Le nouveau Parlement, présidé par la Française Nicole Fontaine, héritait d'une situation institutionnelle complexe. La majorité au sein de l'assemblée était passée du groupe socialiste (PSE) à celui du Parti populaire européen (PPE), mettant ainsi fin à l'alliance historique entre les deux plus grands groupes de l'Assemblée. La majorité des membres du Conseil et de la Commission avait donc une couleur politique différente de celle de la majorité parlementaire. Toutefois, les premières relations entre Commission et Parlement furent plutôt positives et le discours programmatique de Romano Prodi fut très bien accueilli.

Le 1er juillet, la Finlande prit la présidence du Conseil. Parmi les pays nordiques, la Finlande était sans doute celui qui avait eu le moins de difficultés lors de l'adhésion à l'Union européenne. Elle en avait accepté de bon gré la législation et les engagements politiques, comme le montrait sa participation à l'UEM. Une histoire dramatique et un développement économique extraordinaire en faisaient l'un des membres les plus convaincus de l'Union. La présidence finlandaise s'annonçait donc à la hauteur des décisions importantes qu'il fallait prendre avant la fin de l'année.

Parmi les grands thèmes à l'ordre du jour du Conseil européen de Tampere (15-16 octobre 1999), celui de la justice et de la sécurité intérieure (JAI) était sans aucun doute le plus significatif : le troisième pilier de Maastricht entrait enfin dans l'agenda de l'Union. Il s'agissait de matières pour lesquelles l'opinion publique manifestait une sensibilité croissante. Le Conseil de Tampere définissait les principes et les programmes pour la réalisation d'un « espace de liberté, de sécurité et de justice ».

Parmi les résultats de Tampere, il faut également signaler le lancement d'un programme visant à rapprocher les systèmes juridiques des Quinze, afin de mieux combattre la criminalité transfrontalière et de faciliter le respect des décisions judiciaires sur tout le territoire de l'Union.

Le Conseil européen de Tampere resterait également dans les annales pour avoir fixé les modalités d'élaboration de la Charte des droits fondamentaux. Après des décennies de débat, le problème constitutionnel de l'intégration européenne arrivait au plus haut niveau. Le temps était enfin venu de définir d'un point de vue politique les objectifs et les garanties de la citoyenneté européenne.

Pendant ce temps, la perspective de l'élargissement relançait le chantier des réformes institutionnelles. À la fin du mois d'août, Romano Prodi avait demandé à un « comité des sages » (l'ancien Premier ministre belge Jean-Luc Dehaene, l'ancien président de la RFA Richard von Weizsäcker, l'ancien ministre britannique Lord David Simon) un rapport d'orientation sur la future CIG. Le rapport des sages concluait que la CIG ne devait pas se limiter aux trois thèmes laissés en suspens par le traité d'Amsterdam (les dimensions et la composition de la Commission, la pondération des voix au sein du Conseil et l'extension du vote à la majorité), mais procéder à une véritable réforme. La CIG devait ainsi fixer des règles claires sur des thèmes fondamentaux comme les coopérations renforcées, c'est-à-dire la possibilité pour un groupe de pays de signer des accords d'intégration dans un certain nombre de domaines.

L'ordre du jour du Conseil d'Helsinki (10-11 décembre 1999) était très chargé. Trois sujets principaux furent au centre du débat : la défense européenne, l'élargissement et la réforme des institutions. L'harmonisation fiscale avait été ôtée de l'ordre du jour. Dès le mois de juin, on s'était rendu compte qu'un accord serait impossible, en raison du veto du chancelier de l'Échiquier, Gordon Brown. Le Conseil européen décida la convocation d'une nouvelle CIG, qui conclurait ses travaux au Conseil européen de Nice, sous présidence française. Le mandat de la CIG portait naturellement sur les problèmes laissés en suspens par le traité d'Amsterdam.

Ayant pris acte des progrès dans la négociation avec Chypre, la Hongrie, la Pologne, l'Estonie, la République tchèque et la Slovénie, le Conseil européen lança les négociations avec les six autres pays (Roumanie, Slovaquie, Lettonie, Lituanie, Bulgarie et Malte). Il s'agissait d'une décision majeure, qui contribuait à clore une période d'incertitude politique. Le problème des frontières définitives de l'Union européenne était ainsi clairement posé. Le Conseil européen d'Helsinki prit aussi, sans débat préalable, une autre décision importante pour l'avenir : la Turquie se voyait reconnaître le statut de candidat à l'Union et bénéficierait des aides liées à la « stratégie de préadhésion ». Il ne s'agissait pas d'une ouverture formelle des négociations, mais d'une coopération économique renforcée (le « partenariat pour l'adhésion »). Comme l'avait explicitement réclamé le Parlement européen, il s'agissait de pousser la Turquie à prendre des engagements politiques qui la rendraient acceptable à la table d'une éventuelle négociation.

Les progrès de la défense européenne

On avait commencé à reparler sérieusement d'une défense européenne après la chute du mur de Berlin, qui avait conduit à repenser les objectifs de l'Alliance atlantique. Le traité de Maastricht évoquait le principe d'une défense européenne à travers la réforme de l'Union de l'Europe occidentale (UEO). Son urgence se manifesta surtout à la suite de l'engagement militaire dans les Balkans, qui avait clairement montré que l'Europe militaire était dans une impasse, étant donné les réticences américaines à intervenir et l'insuffisance manifeste de l'action européenne. L'UEO avait été revitalisée par le traité d'Amsterdam, qui en précisait formellement les missions dans la perspective d'en faire l'« instrument militaire de l'Union ».

Le débat sur la défense européenne avait été relancé par la rencontre franco-britannique de Saint-Malo (4 décembre 1998). À l'échelle européenne, seules la France et la Grande-Bretagne étaient de véritables puissances militaires. La perspective d'une Europe de la défense rendait indispensable l'accord entre les deux pays. Cependant, le Royaume-Uni avait toujours manifesté des réticences à l'égard d'une défense européenne, soupçonnée de vouloir concurrencer l'OTAN. La déclaration de Saint-Malo était donc un tournant. Elle affirmait sans détour que l'Union européenne devait être en mesure « de jouer tout son rôle sur la scène internationale ». À cette fin, elle devait « avoir une capacité autonome d'action, appuyée sur des forces militaires crédibles, avec les moyens de les utiliser [...] afin de répondre aux crises internationales ». Jacques Chirac et Tony Blair se disaient déterminés à unir leurs efforts pour permettre à l'Union européenne de progresser concrètement vers ces objectifs.

Le débat sur la défense européenne, qui avait lieu en même temps que la réforme de l'OTAN, fut accéléré par la guerre au Kosovo. Ce conflit avait laissé un arrière-goût amer aux Européens, qui avaient pu constater leur incapacité à conduire de grandes actions communes et l'abîme technologique qui les séparait des Américains. Le sommet de Washington (24 avril 1999), qui célébrait le 50ᵉ anniversaire de l'OTAN, souhaitait poser les bases d'une « nouvelle alliance » entre ses pays membres. Le communiqué final du sommet, intitulé solennellement « Une alliance pour le XXIᵉ siècle », avait pour ambition de résoudre les interrogations et les problèmes légués par la fin de la guerre froide. Les signataires du texte affirmaient leur satisfaction pour l'élargissement de l'OTAN et pour l'extension du partenariat à la Russie et aux autres pays de l'ex-URSS. Ce document marquait surtout le lancement de l'« identité européenne de sécurité et de défense » (IESD). Il appartenait maintenant aux États de l'Union de construire, dans le cadre de l'OTAN, une organisation de défense efficace et à la hauteur des enjeux européens et internationaux.

La question de la défense européenne fut abordée au Conseil d'Helsinki. Après la guerre du Kosovo, les raisons d'être d'une défense autonome étaient devenues plus claires. Même les membres neutres de l'Union européenne avaient modifié leur position. Les conclusions du Conseil européen précisaient que « l'Union contribuerait à la sécurité et à la paix internationale, conformément aux principes de la Charte des Nations unies ». Les chefs d'État et de gouvernement se fixèrent l'objectif de créer une force de réaction rapide pour l'année 2003. Elle serait composée de 50 000 à 60 000 hommes, qui pourraient être déployés dans les 60 jours, si l'OTAN décidait de ne pas s'engager. La force de réaction rapide serait utilisée dans le cadre des « missions de Petersberg », définies en 1992 par les États membres de l'UEO. Cette expression recouvrait trois types d'intervention : l'action humanitaire, les missions de maintien et de rétablissement de la paix. La force de réaction allait effectivement voir le jour en 2004 et être rapidement engagée en Macédoine.

La crise autrichienne

L'année 2000 parut commencer sous de mauvais auspices. L'euro ne cessait de s'effondrer face au dollar. L'opinion publique semblait de plus en plus indifférente aux enjeux européens. Enfin, le mois de janvier réserva soudain une crise politique majeure au sein de l'Union. Depuis les élections politiques du 3 octobre 1999, l'Autriche n'avait plus de gouvernement. Il se révéla impossible de reconduire la « grande coalition » entre le Parti social-démocrate (SPÖ) et le Parti populaire (ÖVP), qui avait gouverné le pays depuis 1986. Les deux partis avaient perdu beaucoup de voix, surtout l'ÖVP qui avait obtenu le même pourcentage de voix (26,9 %) que le Parti libéral (FPÖ). Le leader du FPÖ, Jörg Haider, ne cachait pas ses idées antieuropéennes et néo-nazies, ce qui en faisait déjà un personnage bien connu et honni en Europe.

Devant l'impossibilité de résoudre la crise, le président autrichien, Thomas Klestil, chargea le leader du Parti populaire, Wolfgang Schüssel, de former un gouvernement avec le FPÖ de Jörg Haider. Quelques jours auparavant, le 31 janvier, la présidence portugaise avait notifié au président autrichien la réaction des quatorze autres États de l'Union à la naissance éventuelle de la nouvelle coalition : ceux-ci interrompraient tout contact bilatéral officiel avec le gouvernement autrichien. Les rapports avec les ambassadeurs autrichiens seraient limités au niveau technique. Le 3 février, le Parlement européen approuva par 406 voix contre 53 une résolution qui soulignait que « l'UE ne pouvait pas exiger des États candidats le respect de règles qui ne seraient pas appliquées d'une façon rigoureuse par les États membres ». Le vote avait été précédé d'un débat passionné. Il fut suivi pendant des semaines par de vives polémiques dans les groupes politiques, en particulier au sein du PPE, dont les membres autrichiens évitèrent de justesse l'expulsion.

C'était la première fois que l'Union intervenait directement dans la politique intérieure d'un État membre. Les avis étaient partagés, et les sanctions contre l'Autriche ne faisaient pas l'unanimité parmi les États membres. La Commission européenne, tout en partageant les préoccupations des autres institutions, déclara qu'elle se conformerait aux règles des traités et s'abstiendrait de toute condamnation politique explicite. Il semble avéré que la réaction de l'Union frappa durement l'extrême droite européenne, et en particulier Jörg Haider qui quitta la présidence de son parti quelques semaines plus tard. Le précédent autrichien parut ainsi confirmer le contenu politique des engagements pris par les États membres lors de leur adhésion.

Pendant quelques mois, un fort malaise plana sur les réunions ministérielles. À la veille de la conférence intergouvernementale, on redouta que le gouvernement autrichien ne bloque l'activité des institutions européennes, en mettant son veto à toute proposition de réforme. Le 8 septembre, les trois Sages nommés au Conseil européen de Feira (l'ancien président finlandais Martti Ahtisaari, l'ancien commissaire européen Marcelino Oreja et le professeur allemand Jochen Frowein) remirent un rapport sur la situation politique autrichienne. Les Sages n'avaient pu constater aucun manquement aux engagements européens souscrits par l'Autriche lors de son adhésion. Le 12 septembre, tirant les conséquences de ce rapport, les quatorze États membres décidèrent de lever les sanctions contre l'Autriche. Avec le recul, on peut estimer que les États européens avaient réagi avec une certaine précipitation, en censurant d'une manière préventive un gouvernement qui ne s'était *in fine* rendu coupable d'aucune violation des droits de l'homme.

La stratégie de Lisbonne

Le Portugal présidait le Conseil de l'Union depuis le 1er janvier 2000. Le gouvernement d'António Guterres avait proposé à ses partenaires un programme ambitieux et volontariste. Il présenta un document de travail intitulé « Emploi, réforme économique et cohésion sociale — Pour une Europe de l'innovation et de la croissance ». L'objectif affiché par le document était ambitieux : doter l'Europe d'une « économie fondée sur la connaissance » qui devait devenir, en dix ans, la plus compétitive et dynamique du monde. Cette économie de la connaissance permettrait d'assurer une forte création d'emplois et une plus grande cohésion sociale.

Cette ambition obtint sans difficulté le consensus des chefs d'État et de gouvernement, réunis à Lisbonne pour un Conseil européen extraordinaire (23-24 mars 2000). La « stratégie de Lisbonne » (comme on la nomma par la suite) comportait plusieurs volets. Elle visait tout d'abord à donner une impulsion à la « société de l'information », source de nouveaux emplois et d'une plus grande compétitivité. Il fallait ensuite améliorer l'efficacité du modèle social européen, en faisant reculer le chômage et en élevant l'âge du départ à la retraite. Tout cela devrait s'accompagner d'une libéralisation des marchés des télécommunications, du gaz, de l'électricité, des services postaux et des transports. La stratégie de Lisbonne parvenait ainsi à recueillir l'accord de toutes les sensibilités politiques au niveau européen, à une époque où les débats sur les réformes institutionnelles tendaient à s'enliser.

Une nouvelle Conférence intergouvernementale s'ouvrit à Bruxelles le 14 février, en même temps que le début des négociations avec un second groupe de pays candidats (Malte, Chypre, la Roumanie, la Slovaquie, la Lettonie et la Bulgarie). Les travaux de la CIG avaient fait l'objet d'une longue série de réflexions et de discussions préparatoires. L'amélioration du système institutionnel semblait une condition *sine qua non* pour la réussite de l'élargissement. D'autres thèmes devaient faire l'objet d'une révision des traités : la défense européenne, la réorganisation des traités et la Charte des droits fondamentaux.

La présidence portugaise s'acheva au Conseil européen de Santa Maria da Feira (19-20 juin 2000), qui avait été préparé d'une manière remarquable. La société de l'information fut le premier des thèmes à l'ordre du jour. Sur la base d'une communication de la Commission, le Conseil approuva un plan d'action global, dont le titre « *e*Europe » se voulait dans l'air du temps. Les gouvernements demandaient que les directives sur le commerce électronique, sur les droits d'auteur, sur le paiement électronique soient approuvées avant la fin de l'année. Dans un élan quasi visionnaire, les chefs d'État et de gouvernement décidèrent en outre que toutes les écoles de l'Union européenne devraient être reliées à Internet avant la fin de l'année 2001.

Le Conseil européen de Feira approuva aussi l'adhésion de la Grèce à la monnaie unique. Après de grands efforts d'assainissement économique (et quelques trucages des comptes publics, comme il apparaîtrait par la suite), la Grèce était parvenue à respecter les critères du traité de Maastricht. La « zone euro » comptait désormais douze membres. Les chefs d'État et de gouvernement parvinrent aussi à un accord sur la fiscalité de l'épargne, même si son application ne devait intervenir qu'en 2010.

Les autres thèmes à l'ordre du jour du Conseil étaient d'une très grande importance. Une longue discussion eut lieu au sujet de la défense européenne. La présidence portugaise avait accompli un travail remarquable pour intégrer les structures politiques et militaires de l'UEO dans le dispositif communautaire. La décision finale sur ce dossier était prévue au Conseil européen de Nice.

La politique extérieure commune prit aussi une place prépondérante dans les débats de Feira. On adopta une stratégie commune en matière de politique méditerranéenne. Le Conseil relança aussi le dialogue avec la Russie, en vue d'un partenariat « fondé sur la confiance », tout en évoquant dans ses conclusions les massacres qui avaient lieu en Tchétchénie.

Le semestre de présidence portugaise s'achevait ainsi sur un succès remarquable, même si l'aggravation de la crise de la vache folle et la faiblesse persistante de l'euro ne favorisaient pas le retour à la confiance de l'opinion publique européenne.

Les discours sur l'avenir de l'Europe

Cinquante ans après la déclaration Schuman, les interrogations sur la nature politique de l'unification européenne revinrent enfin sur le devant de la scène. Le 12 mai 2000, le ministre allemand des Affaires étrangères, Joschka Fischer, prononça un discours remarqué à l'université Humboldt de Berlin. Avant lui, d'autres personnalités européennes, telles qu'Helmut Schmidt, Valéry Giscard d'Estaing et Jacques Delors, s'étaient déjà exprimées en des termes analogues. Si les idées de Fischer n'étaient pas originales, l'importance de son discours fut immédiatement perçue par le monde politique européen. En effet, on ne s'attendait pas que l'initiative vienne d'un ministre du gouvernement du chancelier Schröder, qui avait toujours fait preuve d'un enthousiasme modéré sur les sujets européens.

Dans son discours, Fischer affirmait de façon abrupte que la « méthode Monnet » était en crise et que cette crise « ne pouvait être résolue dans les limites de sa logique ». Il était donc nécessaire d'opérer une refondation qui remettrait de l'ordre dans l'ensemble de la construction européenne. Le ministre allemand des Affaires étrangères n'hésita pas à utiliser l'expression, hautement controversée, de fédération européenne : « Le partage de souveraineté entre la Fédération et les États-nations, proclamait-il, suppose comme préalable un traité constitutionnel consignant ce qui sera réglé au niveau européen et ce qui continuera de l'être à l'échelon national. »

La philosophie de Fischer reprenait, dans ses grandes lignes, la pensée de Jacques Delors : la fédération européenne ne pouvait pas suivre les modèles des fédérations d'États déjà existantes. Il fallait au contraire clore toute discussion sur ce point. L'existence d'une pluralité de nations en Europe était une réalité incontestable et cela imposait une organisation originale. Il serait donc indispensable d'établir une définition nette des compétences entre la fédération des nations et les États membres.

En matière institutionnelle, le ministre allemand des Affaires étrangères proposait d'instituer une seconde chambre, composée de représentants des parlements nationaux. Le Parlement européen représenterait les citoyens européens et cette seconde chambre les États de l'Union. Quant à l'exécutif européen, Fischer mettait en avant deux options : soit développer le Conseil européen pour en faire un gouvernement de l'Union ; soit élire au suffrage universel un président de la Commission doté de vastes pouvoirs.

Le traité constitutionnel préconisé par Fischer permettrait aux États qui le souhaiteraient (et qui seraient en mesure de le faire) de constituer un « noyau dur » de nature fédérale. Ce noyau dur resterait ouvert aux autres États européens (en particulier aux nouveaux adhérents), qui pourraient s'y associer après avoir atteint le niveau d'intégration du premier groupe de pays.

Le discours du chef de la diplomatie allemande n'était pas suffisamment articulé pour définir le fonctionnement d'un nouveau système communautaire. Il n'était pas clair que l'Europe de Fischer fût de nature « fédérale » ou « confédérale ». Ces propositions offraient cependant la matière nécessaire à une réflexion politique, à un moment où l'intégration européenne semblait dans l'impasse.

Lancé à la veille de la présidence française, ce pavé dans la mare ne pouvait que susciter de nombreuses réactions. Celle de Jacques Chirac fut presque immédiate. Dans un discours prononcé à Berlin devant le Bundestag (27 juin 2000), le président français approuvait l'idée d'une constitution européenne. Il proposait en outre qu'un « groupe pionnier » d'États membres puisse se détacher des autres pour approfondir l'intégration. Comme souvent chez Jacques Chirac, il s'agissait d'un effet d'annonce. Le 4 juillet, présentant à Strasbourg le programme de la présidence française, il s'abstint de parler du « groupe pionnier » qu'il avait évoqué à Berlin.

À partir de ce moment, on assista à une floraison de discours sur l'avenir de l'Europe. Le 18 juillet, Gerhard Schröder et Giuliano Amato se prononcèrent eux aussi pour une constitution européenne, qui devait inclure la Charte des droits fondamentaux. Le président de la République italienne, Carlo Azeglio Ciampi, intervint plusieurs fois dans le débat, une première fois à Leipzig (le 6 juillet), puis devant le Parlement européen (le 4 octobre). Ciampi se prononçait lui aussi en faveur d'une constitution européenne, mais souhaitait au préalable un accord sur les échéances qui attendaient l'Union et l'approbation de la Charte de droits fondamentaux.

Le 3 octobre, Romano Prodi prononça à son tour un discours remarqué. Il mit l'accent sur le maintien de la méthode communautaire et sur le rôle fondamental de la Commission, qui était la garantie de la solidité de l'Union. La discussion se poursuivit pendant le reste de l'année dans les autres États membres. Lionel Jospin attendrait jusqu'au 28 mai 2001 avant d'exposer sa vision sur l'avenir de l'Europe élargie, qu'il articulait lui aussi autour du concept deloriste de « fédération d'États-nations ».

Toutes ces réactions montraient que la sortie de Joschka Fischer avait fait mouche et que le débat sur les finalités de la construction européenne, attendu depuis de nombreuses années, avait enfin été lancé.

La Charte des droits fondamentaux

Les travaux pour la rédaction du projet de la Charte des droits fondamentaux étaient en cours depuis plus d'un an. En juin 1999, le Conseil européen de Cologne avait décidé l'élaboration d'un texte qui rassemblerait, dans le respect des différentes traditions constitutionnelles, les droits fondamentaux des citoyens de l'Union et les droits économiques et sociaux énoncés dans la Charte sociale européenne et dans la Charte communautaire des droits sociaux fondamentaux des travailleurs.

La composition de l'« enceinte » chargée de la rédaction du projet (qui se nomma « Convention » à partir du printemps 2000) fut définie par le Conseil européen de Tampere. Cette première « Convention » comptait soixante-deux membres, qui représentaient les chefs des gouvernements, la Commission et les parlements nationaux et européen. L'ancien président allemand Roman Herzog en fut nommé président.

Les résultats des travaux furent remarquables. Rédigés dans un style clair et accessible, les cinquante-quatre articles du texte étaient regroupés autour de six valeurs fondamentales : la dignité, la liberté, l'égalité, la solidarité, la citoyenneté et la justice. Les caractéristiques de la Charte l'identifiaient au préambule d'une constitution. Se posait dès lors le problème de la nature juridique du document : s'agissait-il d'un acte de nature constitutionnelle ou d'une simple déclaration du Conseil ?

Le texte de la Charte reprenait les dispositions de la Convention européenne des droits de l'homme, approuvée en 1950 par le Conseil de l'Europe, tout en ajoutant une série de droits nouveaux qui relevaient du domaine économique, de l'évolution sociale et même des progrès de la médecine. Voici un aperçu des articles qui se distinguent par leur importance ou par leur caractère novateur :

LA CHARTE DES DROITS FONDAMENTAUX
(Extraits)

Art. 1 : La dignité humaine est inviolable et doit être respectée et protégée.

Art. 2 : Toute personne a droit à la vie. Nul ne peut être condamné à la peine de mort, ni exécuté.

Art. 3 : Toute personne a droit à son intégrité physique et mentale.

Dans le cadre de la médecine et de la biologie, doivent notamment être respectés :

— le consentement libre et éclairé de la personne concernée [...] ;

— l'interdiction des pratiques eugéniques, notamment celles qui ont pour but la sélection des personnes ;

— l'interdiction de faire du corps humain et de ses parties, en tant que telles, une source de profit ;

— l'interdiction du clonage reproductif des êtres humains ;

Art. 9 : Le droit de se marier et le droit de fonder une famille sont garantis selon les lois nationales qui en régissent l'exercice.

Art. 15 : Toute personne a le droit de travailler et d'exercer une profession librement choisie ou acceptée.

Tout citoyen ou toute citoyenne de l'Union a la liberté de chercher un emploi, de travailler, de s'établir ou de fournir des services dans tout État membre.

Les ressortissants des pays tiers, qui sont autorisés à travailler sur le territoire des États membres, ont droit à des conditions de travail équivalentes à celles dont bénéficient les citoyens de l'Union.

Art. 27 : Les travailleurs ou leurs représentants doivent se voir garantir, aux niveaux appropriés, une information et une consultation en temps utile, dans les cas et conditions prévues par le droit communautaire et les législations et pratiques nationales.

Art. 28 : Les travailleurs et les employeurs, ou leurs organisations respectives, ont, conformément au droit communautaire et aux législations et pratiques nationales, le droit de négocier et de conclure des conventions collectives aux niveaux appropriés et de recourir, en cas de conflit d'intérêts, à des actions collectives pour la défense de leurs intérêts, y compris la grève.

Art. 36 : L'Union reconnaît et respecte l'accès aux services d'intérêt économique général tel qu'il est prévu par les législations et pratiques nationales [...].

Art 41 : Toute personne a le droit de voir ses affaires traitées impartialement, équitablement et dans un délai raisonnable par les institutions et organes de l'Union [...].

Art 51 : Les dispositions de la présente Charte s'adressent aux institutions et organes de l'Union dans le respect du principe de subsidiarité [...], ainsi qu'aux États membres uniquement lorsqu'ils mettent en œuvre le droit de l'Union.

Art. 53 : Aucune disposition de la présente Charte ne doit être interprétée comme limitant ou portant atteinte aux droits de l'homme et libertés fondamentales reconnus par le droit de l'Union, le droit des États membres et les conventions internationales.

La présidence française et le traité de Nice

Le second semestre de l'année 2000 était considéré depuis longtemps comme une période clé du calendrier communautaire. Le Conseil européen de Nice, prévu à la fin du semestre français, devait couronner les auteurs du compromis institutionnel qui avait fait défaut à Amsterdam et sans lequel il serait impossible de poursuivre les négociations avec les États candidats. Les Français savaient très bien qu'une réussite était indispensable. Jacques Chirac avait besoin d'un succès européen pour améliorer les relations franco-allemandes et s'imposer face à Lionel Jospin. De son côté, le gouvernement socialiste avait l'intention de faire approuver un « agenda social » qui fixerait des priorités au niveau européen pour les cinq années suivantes.

Le 28 septembre, le peuple danois se prononça à une assez forte majorité (53,1 %) contre l'entrée du Danemark dans l'UEM. Le résultat ne fut pas une surprise, malgré les efforts du gouvernement de Poul Nyrup Rasmussen, favorable à l'euro. La monnaie unique européenne ne semblait guère populaire dans les pays de l'Europe du Nord. Pendant ce temps, la CIG ne parvenait pas à un compromis sur les trois points les plus controversés : le vote à la majorité, les coopérations renforcées et la dimension de la Commission.

Le gouvernement français prit l'initiative de réunir un Conseil européen informel à Biarritz (13-14 octobre 2000) pour tenter d'avancer sur ces sujets. Les débats ne furent pas faciles. Un front de « petits » États s'insurgea contre des propositions soupçonnées de favoriser les « grands ». La tension fut particulièrement vive entre la France et les Pays-Bas. Le Conseil de Biarritz ne parvint donc à aucun accord en matière institutionnelle, ce qui semblait annoncer un échec au Conseil européen de Nice. En revanche, les chefs d'État et de gouvernement approuvèrent la Charte des droits fondamentaux, tout en éludant le débat sur sa valeur juridique, qui fut reporté à une date ultérieure. En marge du Conseil, les Quinze accueillirent le nouveau président yougoslave, Vojislav Koštunica, qui venait de remporter les élections contre Slobodan Milošević. Le Conseil annonça la levée immédiate des sanctions économiques contre la Serbie-Monténégro.

Le 7 décembre s'ouvrait à Nice le plus long sommet de l'histoire communautaire. La préparation d'un Conseil européen avait rarement duré aussi longtemps. Les mois de discussions et de débats au sein de la CIG avaient dramatisé l'attente et nourri le pessimisme. Dans les dernières années, l'opinion publique européenne n'avait pas eu une attitude favorable vis-à-vis de l'Europe et de ses institutions. La baisse continue de l'euro et l'aggravation de la crise de la vache folle, qui touchait désormais plusieurs grands pays de l'UE, avaient soumis les négociateurs des États membres à une pression des médias et des parlements nationaux.

L'absence de personnalités européennes de prestige et d'envergure rendait encore plus difficile le rendez-vous de Nice. Les nouveaux leaders, plus que jamais prisonniers d'intérêts nationaux et d'opinions publiques désenchantées, se devaient de remporter un succès européen pour faire oublier leurs difficultés intérieures. Aux prises avec une cohabitation qui estompait son rôle, Jacques Chirac aspirait à un succès qui confirmerait la primauté française. Il lui arriva ainsi de présider le Conseil européen avec une certaine arrogance à l'égard des petits pays. De son côté, les Allemands souhaitaient mettre un terme à leur insuffisante représentation démographique. Tony Blair rêvait d'un retour victorieux à Londres. Enfin, les petits États voulaient contenir les velléités dominatrices des grands pays.

Même dans les prévisions de la présidence, le Conseil européen de Nice (7-10 décembre 2000) était destiné à durer au-delà des deux jours initialement envisagés. Il en fallut finalement quatre pour conclure les travaux. Avant l'ouverture formelle du Conseil, la Charte des droits fondamentaux fut « proclamée » par le Conseil, le Parlement et la Commission lors d'une cérémonie sans éclat. Le sommet s'ouvrit sur un certain nombre de succès. Le travail de la diplomatie française avait été d'une efficacité remarquable : l'« Agenda social » fut rapidement approuvé. Sa mise en œuvre ferait l'objet d'un examen annuel par le Conseil européen, en étroite collaboration avec les partenaires sociaux. À l'initiative du gouvernement français, il fut décidé que le Conseil des ministres des Finances des onze États de la zone euro (l'ancien Euro-X) s'appellerait « Eurogroupe ». Sans être un véritable gouvernement économique, l'Eurogroupe avait la mission de coordonner les politiques budgétaires des pays qui avaient adopté la monnaie unique. Les délégations parvinrent aussi à un accord, attendu depuis trente ans, sur le statut juridique des sociétés anonymes européennes. Une longue résolution établissant les règles d'application du « principe de précaution » fut adoptée pour éviter des crises sanitaires comme celle de la vache folle. Enfin, plusieurs mesures furent prises en matière de mobilité des jeunes, d'éducation et de culture.

Les débats s'engagèrent alors sur la réforme institutionnelle. Deux points firent l'objet d'un accord immédiat : l'extension des pouvoirs du président de la Commission et l'assouplissement des coopérations renforcées. Le président de la Commission serait dorénavant nommé à la majorité qualifiée par les chefs d'État et de gouvernement. C'était une décision importante, car la désignation à l'unanimité avait déjà montré ses limites lors du choix laborieux de Jacques Santer. De plus, les pouvoirs du président étaient accrus : celui-ci serait désormais chargé de répartir les portefeuilles des commissaires et de nommer les vice-présidents de la Commission.

Le Conseil européen décida aussi de simplifier la mise en œuvre des coopérations renforcées, instituées par le traité d'Amsterdam, mais qui n'avaient jamais été appliquées du fait de leur complexité. Le traité introduisait des assouplissements. Le nombre minimum d'États pour créer une coopération renforcée fut ainsi abaissé à huit. Les domaines auxquels pourrait s'appliquer une coopération renforcée demeuraient toutefois limités. En particulier, le Royaume-Uni obtint que la défense commune européenne soit exclue du champ d'une éventuelle coopération renforcée.

Les réformes nécessaires à l'élargissement, restées en suspens depuis le traité d'Amsterdam, firent l'objet de débats plus animés. Il apparut d'emblée que les égoïsmes nationaux rendraient difficile un compromis. On touchait en effet à la structure des institutions et aux équilibres subtils du pouvoir des États membres. En ce qui concerne la composition de la Commission, les grands pays (Allemagne, France, Italie, Royaume-Uni) avaient accepté de renoncer à l'un de leurs deux commissaires, tandis que les petits États s'opposaient corps et âme à la perte de leur commissaire. Les Quinze décidèrent donc d'adopter le principe d'« un commissaire par État ». Les commissaires devenaient en quelque sorte les représentants de leurs États, ce qui était contraire à l'esprit des institutions. De plus, les autres problèmes concernant la Commission (taille et répartition des portefeuilles) n'avaient pas été résolus. On aboutirait ainsi à un collège qui compterait vingt-cinq, puis vingt-sept membres, ce qui ne faciliterait pas la prise de décision.

Le Parlement européen compterait 732 députés dans une Europe à vingt-sept membres. Le Conseil abrogeait ainsi une disposition du traité d'Amsterdam qui limitait à 700 le nombre maximum de députés. Le nombre de sièges attribués à l'Allemagne (99) demeurait inchangé, alors que celui de la France, de l'Italie et du Royaume-Uni fut ramené à 72. Des réaménagements analogues limitaient le nombre de sièges des autres pays. Le nouveau tableau de la répartition des sièges incluait également, à titre déclaratoire, les États qui allaient rejoindre l'Union dans les années à venir.

Le vote à la majorité qualifiée fut étendu à une trentaine de nouveaux domaines, souvent de faible importance. L'Espagne obtint jusqu'au 1er janvier 2007 le maintien de l'unanimité en matière d'aides régionales. De même, l'unanimité était maintenue jusqu'en 2004 pour la plupart des domaines liés à l'immigration. De son côté, la France défendit avec succès le principe de l'« exception culturelle ». Dans le cadre des négociations de l'OMC, les décisions concernant les services culturels et audiovisuels devraient être soumis au préalable au vote unanime des États membres. Enfin, le Royaume-Uni n'avait accepté aucun abandon de souveraineté en matière de fiscalité : dans ce domaine aussi, les décisions resteraient à l'unanimité.

Le dernier point à l'ordre du jour, la « repondération » des voix au Conseil des ministres, ne fut réglé que dans les premières heures du 11 décembre. Derrière cette question apparemment technique, se cachait le futur équilibre politique de l'Union européenne. Il s'agissait de déterminer le nombre et le pourcentage de voix permettant d'atteindre la majorité qualifiée — ou, *a contrario*, de bloquer une décision. Depuis le début, la France avait refusé d'abandonner la parité de voix avec l'Allemagne, legs historique du couple franco-allemand. Sur ce désaccord s'étaient greffés d'autres conflits entre États de taille équivalente, comme les Pays-Bas et la Belgique. Les Quinze parvinrent à un accord particulièrement complexe, que présentent les schémas suivants :

LA RÉPARTITION DES SIÈGES
AU PARLEMENT ET DE VOIX AU CONSEIL
(Traité de Nice)

	Nombre de sièges au Parlement européen	Nombre de voix au Conseil européen
Allemagne	99	29
Autriche	17	10
Belgique	22	12
Bulgarie	17	10
Chypre	6	4
Danemark	13	7
Espagne	50	27
Estonie	6	4
Finlande	13	7
France	72	29
Grèce	22	12
Hongrie	20	12
Irlande	12	7
Italie	72	29
Lettonie	8	4
Lituanie	12	7

Luxembourg	6	4
Malte	5	3
Pays-Bas	25	13
Pologne	50	27
Portugal	22	12
République tchèque	20	12
Roumanie	33	14
Royaume-Uni	72	29
Slovaquie	13	7
Slovénie	7	4
Suède	18	10
TOTAL	732 députés	345 voix

LES RÈGLES DE VOTE AU CONSEIL
(Traité de Nice)

« Les délibérations au Conseil sont acquises si elles re-cueillent au moins 255 voix exprimant le vote favorable de la majorité des membres, lorsque, en vertu du présent traité, elles doivent être prises sur proposition de la Commission. Dans les autres cas, les délibérations sont acquises si elles ont recueilli au moins 255 voix exprimant le vote favorable d'au moins deux tiers des membres.

Un membre du Conseil peut demander que, lors de la prise d'une décision par le Conseil à la majorité qualifiée, il soit véri-fié que les États membres constituant cette majorité qualifiée représenter au moins 62 % de la population totale de l'Union. S'il s'avère que cette condition n'est pas remplie, la décision en cause n'est pas adoptée. »

Dans le cadre d'une Europe élargie à 27, on parviendrait ainsi à une majorité qualifiée de 255 voix sur 345 (soit 73,9 %). Dans le cadre des Vingt-Cinq, la majorité serait de 232 voix sur 321 (72,3 %). Le principe de la parité franco-allemande (qui concernait aussi l'Italie et le Royaume-Uni) était ainsi respecté, mais l'Allemagne avait réussi à imposer une clause : à la demande d'un État, lors de la prise d'une décision à la majorité qualifiée, on vérifierait que cette majorité représentait au moins 62 % de la population totale de l'Union. La complexité de cette repondération, caractérisée par un système de triple majorité, s'illustra dès les semaines qui suivirent. Il fallut en effet un mois avant que les diplomates ne parviennent à déduire de l'accord auquel on était parvenu la version définitive du traité, qui se heurtait à d'ardus problèmes d'arithmétique. Quelques années plus tard, dans l'indifférence générale, le système dut être amendé à la marge pour parvenir à un fonctionnement mathématiquement viable.

Le traité de Nice intégrait les pays candidats à l'élargissement dans le fonctionnement des institutions. Il n'améliorait cependant en rien la lisibilité d'un système déjà particulièrement complexe, au terme d'une présidence dont l'un des objectifs avait été de « rendre l'Europe plus proche du citoyen ». Enfin, dans un certain nombre de domaines importants, la réforme était reportée à une date ultérieure. L'examen des rapports de force l'avait ainsi emporté sur l'ouverture de nouveaux chantiers. Le Conseil européen de Nice avait fait éclater au grand jour le conflit politique entre la France et l'Allemagne. Les Allemands avaient pour eux un poids démographique et économique incontestable. Quant aux Français, ils revendiquaient un héritage qui était le fondement historique de la construction européenne. La plupart des observateurs avaient cependant été écœurés par la dureté des propos et une certaine impudeur des protagonistes, après des décennies de coopération fructueuse. En fin de compte, le seul protagoniste vraiment satisfait par les conclusions de Nice fut Tony Blair. Les élections au Royaume-Uni approchaient et Blair ne les perdrait pas à cause de ses faiblesses européennes. Pour le reste, une lourde hypothèque pesait désormais sur le fonctionnement des institutions européennes.

Le non irlandais au traité de Nice

La procédure de ratification du nouveau traité commença quelques semaines après le Conseil européen. Dans l'esprit des leaders européens, il s'agissait d'adopter le plus rapidement possible les règles de vote qui rendaient techniquement possible l'entrée des nouveaux pays, puis de relancer aussitôt le chantier de la réforme institutionnelle. En d'autres termes, le traité de Nice ne devait avoir qu'une durée transitoire, jusqu'à l'adoption d'un texte plus satisfaisant. Pour ces raisons, la plupart des pays firent le choix d'une ratification parlementaire. Parmi les exceptions, il y avait celle de l'Irlande, qui avait décidé de ratifier le traité par un référendum populaire, qui devait avoir lieu le 7 juin 2001.

L'Irlande était le pays qui avait tiré le plus grand profit de son appartenance à la Communauté. Lors de son adhésion, elle présentait une économie proche du sous-développement. Grâce à l'importance et au bon usage des fonds communautaires (et à une fiscalité très appréciée par les investisseurs étrangers), l'Irlande avait su dépasser le revenu par tête de la plupart des autres États membres. Le « miracle irlandais » avait fait de cet État l'un des plus prospères et les plus dynamiques de l'Union européenne. Pour ces raisons, et étant donné l'issue des référendums antérieurs, personne ne s'attendait à un résultat négatif lors de la consultation. Le scrutin fut cependant marqué par une très forte abstention : seul le tiers des électeurs (34,8 %) se rendit aux urnes, ce qui marquait le plus faible taux de participation à un référendum européen. Cette abstention eut certainement un effet favorable sur le « non », qui l'emporta avec 53,9 % des voix, tandis que le « oui » n'obtenait que 41,1 % des suffrages. Ces résultats semblaient refléter l'irritation des électeurs contre les décisions incompréhensibles d'un pouvoir lointain, et allaient de pair avec le refus de la nouvelle dimension politique de l'Union européenne. Le référendum irlandais constituait ainsi un signe avant-coureur de la crise que la construction européenne allait connaître dans les années suivantes.

CHAPITRE XIV

LA CONSTITUTION

Le Conseil européen de Laeken

Les conclusions du traité de Nice avaient suscité une vive amertume parmi la majorité des participants, y compris chez ceux qui avaient officiellement manifesté leur satisfaction devant l'accord final. Le mécontentement n'eut qu'une exception : celle des pays candidats, qui estimaient que le traité de Nice permettrait de conclure rapidement les négociations en cours. Après Nice, il y aurait cependant consensus pour lancer la grande réforme institutionnelle qui aurait dû simplifier le fonctionnement de l'Union. Trois conférences intergouvernementales s'étaient succédé dans les années 1980 et 1990, donnant naissance à l'Acte unique et aux traités de Maastricht et d'Amsterdam. Le traité de Nice résultait d'une quatrième CIG, qui aurait dû clore le cycle des traités, en complétant les politiques communes (notamment dans les domaines de la politique étrangère, de l'immigration et des coopérations renforcées), tout en définissant le fonctionnement d'une Union européenne élargie.

Ces conférences intergouvernementales, non prévues par les traités, fonctionnaient selon les règles du droit international et reflétaient donc les rapports de force entre les différents pays. Les négociations d'Amsterdam et de Nice avaient mis en évidence les limites de cette méthode. En particulier, les sujets les plus sensibles avaient été constamment reportés aux conférences futures. À Amsterdam, les chefs d'État et de gouvernement n'étaient pas parvenus à un accord sur les réformes institutionnelles en vue d'un élargissement qui, à l'époque, paraissait encore bien éloigné. Les résultats décevants de Nice rendaient désormais urgente l'adoption d'un nouveau cadre institutionnel, à mettre en place avant l'entrée des nouveaux États membres. Les remords des négociateurs, conscients de n'avoir abouti qu'à des compromis très imparfaits, s'exprimaient en particulier dans l'une des déclarations annexées au traité de Nice. Ainsi, la déclaration n° 23 annonçait l'organisation d'une nouvelle CIG, qui serait précédée d'un « large débat associant toutes les parties intéressées », c'est-à-dire les représentants des parlements nationaux, des milieux politiques et économiques, ainsi que la société civile. Elle énumérait en outre certains problèmes institutionnels à résoudre pour redonner clarté et cohérence à l'immense législation communautaire. Le but était d'« assurer d'une manière permanente la légitimité démocratique de l'Union et de ses institutions, dans le but de rapprocher d'elles les citoyens des États membres ». Il s'agissait d'une perspective très large, qui visait à définir l'essence de l'Union européenne, c'est-à-dire sa définition juridique, son fonctionnement et la répartition de ses compétences avec les États membres. En d'autres termes, il fallait redéfinir les fondations mêmes de l'Union.

La présidence du Conseil européen revenait, au second semestre 2001, au gouvernement belge qui s'était déjà prononcé plusieurs fois pour la convocation d'une « convention constituante ». Cette idée n'était pas nouvelle. Comme on l'a vu, une première convention, composée en grande partie de techniciens du droit, avait déjà rédigé la Charte des droits fondamentaux. Cette fois, il s'agissait cependant d'une entité solennelle, composée de personnalités représentatives. Lors d'une réunion des ministres des Affaires étrangères (Genval, 9 septembre 2001), le gouvernement belge avait réussi à faire adopter ce principe. La composition de la Convention fut précisée lors d'une réunion analogue, à Gand au mois d'octobre. Les temps étaient désormais mûrs pour élaborer un mandat, qui serait soumis à l'approbation du Conseil européen. Le gouvernement belge fut assisté, dans cette tâche, par un groupe de sages qui incluait des personnalités de haut niveau (Giuliano Amato, Jean-Luc Dehaene, Jacques Delors, Bronislaw Geremek et David Millibaud).

Le Conseil européen de Laeken (décembre 2001) fut dominé par le problème du terrorisme international. Après les terribles attentats du 11 septembre, les gouvernements européens voulaient se doter de nouveaux instruments, dont un mandat d'arrêt européen commun à tous les pays de l'Union, en remplaçant la procédure traditionnelle (et très complexe) de l'extradition. Le Conseil européen approuva également le texte préparé par la présidence belge, traduisant l'accord unanime sur la convocation d'une convention. Le mandat qui lui était conféré était très large. La convention devrait répondre à soixante-sept questions, en particulier sur la répartition des compétences entre les États et l'Union européenne, la simplification des procédures et le fonctionnement des organismes communautaires.

La Convention devait élaborer différentes options, renvoyant le choix définitif à la future CIG. En théorie, le mandat de la Convention ne différait pas d'un mandat de réflexion, car le Conseil n'avait même pas l'obligation de discuter le projet. En réalité, on comprit aussitôt que les travaux de la Convention auraient une profonde influence sur les choix définitifs de la CIG.

Le dernier acte de Laeken fut la nomination du président de la Convention. L'ancien chef d'État français Valéry Giscard d'Estaing joua ses cartes avec habileté. Dans un premier temps, il n'avait pas exclu de se présenter aux élections présidentielles françaises. Ensuite, il se dit disponible pour présider les travaux de la Convention. Jacques Chirac appuya la candidature de Giscard pour l'écarter du débat présidentiel français. En prenant les devants, Giscard parvint à l'emporter sur les autres personnalités éminentes (comme Jacques Delors) qui auraient pu aspirer à cette nouvelle fonction. Le Conseil européen de Laeken confia donc la présidence de la Convention à Giscard d'Estaing. Celui-ci serait assisté dans sa tâche par deux prestigieux vice-présidents, Giuliano Amato et Jean-Luc Dehaene, anciens Premiers ministres de l'Italie et de la Belgique.

La Convention européenne

Les travaux de la Convention furent inaugurés le dernier jour de février 2002. La Convention comptait 105 membres (auxquels il faut ajouter les 102 suppléants), issus aussi bien des gouvernements et des parlements nationaux que des institutions européennes (Parlement, Commission, Comité des régions, Comité économique et social...). Les représentants des États proches de l'adhésion ou officiellement candidats (Roumanie, Bulgarie, Turquie) participaient eux aussi aux travaux de la Convention. La Convention comptait aussi certaines personnalités politiques de premier plan, Louis Michel, Joschka Fischer et Dominique de Villepin, ministres des Affaires étrangères de la Belgique, de l'Allemagne et de la France (les deux derniers nommés lors de la phase décisive des travaux de la Convention), Gianfranco Fini, le leader postfasciste qui représentait le gouvernement italien, et l'ancien président de la Commission, Jacques Santer.

La structure de la Convention était complexe et son fonctionnement plutôt laborieux : elle était supervisée par un Présidium de 12 membres (les trois membres de la présidence, trois représentants des gouvernements, deux membres pour la Commission, le Parlement européen et les parlements nationaux et un représentant des États candidats). En dépit des réticences au sein de la Convention, le Présidium fut le vrai moteur de l'assemblée et contribua en grande partie à la rédaction du traité constitutionnel. Parfois critiqué pour son jeu personnel, parfois loué pour ses talents de négociateur, Valéry Giscard d'Estaing sut diriger avec autorité les travaux de l'assemblée, tout en mesurant les réactions des gouvernements européens. Les deux vice-présidents jouèrent eux aussi un rôle capital. Jean-Luc Dehaene fit une éloquente démonstration de la complexité des instruments juridiques de l'Union. Au début des travaux, Giuliano Amato présenta un rapport fondamental qui ouvrit la voie à une reconnaissance de la personnalité juridique de l'Union.

Le déroulement des travaux suivit à peu près le schéma présenté par Giscard lors de la séance inaugurale de la Convention. Une première phase des travaux serait consacrée à l'« écoute », par des auditions du monde politique et de la société civile (qui pouvait également s'exprimer à travers un site Internet). Une deuxième phase devait être consacrée aux « réponses » aux interrogations posées au cours de la première phase et dans le mandat de Laken. Dans une troisième et dernière partie, la Convention devrait exprimer ses propositions constitutionnelles, sous la forme d'options ou d'un texte unique. Depuis le début, il fut clair qu'en parvenant à un texte unique la Convention pouvait profondément orienter les choix futurs de la conférence intergouvernementale.

Le 28 octobre 2002, Giscard d'Estaing présenta le « squelette » du nouveau traité. En un an et demi, la Convention était déjà parvenue à des progrès notables. Le principe d'une constitution était désormais accepté par toutes les délégations, y compris par les représentants britanniques. On était parvenu à un accord pour inclure dans le nouveau traité la Charte des droits fondamentaux et pour attribuer à l'Union la personnalité juridique, qui lui avait été niée par les traités de Maastricht, d'Amsterdam et de Nice. En revanche, toute décision concernant l'architecture des institutions fut reportée à un débat ultérieur.

Dans les derniers mois, Giscard d'Estaing avait mis en avant deux idées nouvelles : la première, la

naissance d'un Congrès des peuples européens, fut
rapidement abandonnée, car elle aurait compliqué
encore davantage la structure institutionnelle de
l'Union. La seconde, la création d'un président du
Conseil européen, eut plus de succès. Depuis quelques années, le système des présidences tournantes
montrait ses limites. Giscard proposa de confier à
une personnalité européenne indépendante la tâche
de préparer et de coordonner les réunions du
Conseil européen. Le but était de renforcer cette
institution, dont Giscard avait été l'un des fondateurs en 1974. Au début, la proposition suscita des
critiques. Beaucoup de commentateurs dénoncè-
rent le risque d'un conflit entre cette nouvelle figure
du président du Conseil et le président de la Commission (conflit que la France cohabitationniste
était en train de vivre). Les membres les plus fédéralistes de la Convention proposèrent de nommer
un « président de l'Europe » qui dirigerait à la fois
le Conseil européen et la Commission. La proposition était évidemment inacceptable pour les leaders
des grands pays de l'Union. La proposition de
Giscard reçut aussitôt le soutien de Tony Blair, de
José María Aznar et de Jacques Chirac. Gerhard
Schröder et la plupart des petits pays voulaient au
contraire renforcer les pouvoirs de la Commission,
en proposant que son président soit élu par le Parlement européen.

Pendant ce temps, plusieurs groupes de travail
étaient organisés au sein de la Convention. Certains
d'entre eux travaillèrent d'une manière efficace,
comme en matière de défense ou de répartition des
compétences. Les résultats d'autres groupes furent
cependant plus décevants, comme dans le domaine
social (où l'on ne parvint à aucun accord). D'une

crise à l'autre, la Convention commençait à rédiger le texte du traité constitutionnel. Au début de décembre 2002, la Commission européenne présenta pour sa part un texte de constitution (intitulé significativement « Pénélope »), rédigé dans le plus grand secret par quelques fonctionnaires, sous la houlette de François Lamoureux. Cette initiative se solda par un échec. En dépit de quelques contributions intéressantes, le projet fut rapidement oublié, ce qui révélait encore une fois la faiblesse de l'exécutif communautaire. Les Commissions présidées par Jacques Delors avaient toujours été au centre des négociations qui avaient conduit à l'Acte unique et au traité de Maastricht. Pendant les travaux de la Convention, malgré la participation active des commissaires Michel Barnier et Antonio Vitorino et en dépit de cette ultime tentative, le rôle politique de la Commission fut quasi inexistant.

Le début de la guerre en Irak modifia rapidement le cadre international. Si l'opinion européenne manifestait quasi unanimement son opposition à la guerre, les dirigeants politiques adoptèrent des positions contrastées. Le Royaume-Uni, l'Espagne, l'Italie et la plupart des futurs États de l'Union soutenaient l'action entreprise, avec des arguments douteux, par le président américain George W. Bush contre le régime de Saddam Hussein. Les autres pays, comme la France et l'Allemagne (qualifiés avec mépris de « vieille Europe » par le secrétaire américain à la Défense, Donald Rumsfeld) menaient une forte opposition dans les instances de l'ONU. Dans ce contexte, l'axe franco-allemand fut relancé. Le 15 janvier 2003, quelques jours avant le 40ᵉ anniversaire du traité de l'Élysée, Jacques Chirac et Gerhard Schröder parvinrent à un compromis qui

était, en réalité, la juxtaposition de deux propositions : l'Allemagne acceptait l'idée d'un président du
Conseil élu par ses pairs pour une durée de deux
ans et demi, renouvelable une fois ; en échange, elle
obtenait que le président de la Commission soit élu
par le Parlement européen, ce qui renforcerait sa
légitimité démocratique. La guerre en Irak (mars-
avril 2003) aggrava les divergences entre les diplomaties nationales et souligna, une fois de plus,
l'inexistence d'une politique étrangère européenne.
Cependant, les travaux de la Convention continuèrent presque normalement. La figure du président
du Conseil fut progressivement acceptée, à condition que ses compétences fussent clairement déli-
mitées : il ne s'agirait pas d'un président véritable,
mais d'un *chairman* à l'anglaise, tandis que le président de la Commission conserverait tous ses pouvoirs. La Convention acceptait aussi la création
d'un ministre européen des Affaires étrangères,
membre à la fois de la Commission et du Conseil
européen.

Le premier semestre de 2003 fut consacré au travail de rédaction, mené en grande partie par les
membres du Présidium et par leurs conseillers juridiques. Jusqu'à la dernière minute, plusieurs questions restaient en suspens et risquaient de provoquer l'échec de la Convention. Parmi celles-ci, il y
avait le problème habituel du vote du Conseil à la
majorité qualifiée. Giscard avait proposé un système de double majorité : pour qu'une décision soit
adoptée au Conseil européen, elle devait être votée
au moins par la moitié des États membres, représentant au moins 60 % de la population de l'Union.
L'Espagne, qui avait été favorisée par les règles du
traité de Nice, s'y opposait d'une manière formelle.

L'autre désaccord concernait un sujet de tout autre nature. Un groupe de pays (parmi lesquels l'Espagne, l'Italie et la Pologne), avec le soutien du Vatican et d'une partie du groupe parlementaire du PPE, souhaitait introduire dans la Constitution une référence aux « racines chrétiennes » de l'Europe. De telles références étaient effectivement présentes dans certaines constitutions des États européens, mais paraissaient déplacées dans une Union qui comptait plusieurs millions de croyants juifs, musulmans et d'autres religions. En fin de compte, le préambule mentionna effectivement l'héritage « culturel, religieux et humaniste » de l'Europe, sans cependant citer le christianisme ou toute autre religion.

Les derniers débats concernaient la révision de la Constitution qui devrait avoir lieu (sauf certains cas particuliers) à l'unanimité. Après quelques jours de crise, où le projet parut sombrer, la Convention parvint le 13 juin à un accord global. Le nouveau texte fut présenté le 20 juin 2003 au Conseil européen de Salonique. En réalité, la Convention continua à se réunir jusqu'au 10 juillet pour mettre au point certains articles sur les politiques communes de l'Union. Au cours de ces semaines, la Constitution subit une modification apparemment formelle, qui eut cependant une influence déterminante pour l'avenir. Le projet de Constitution présenté à Salonique n'incluait que la partie institutionnelle et la Charte des droits fondamentaux. Trois semaines après, il intégrait aussi une troisième partie, reprenant sous une forme simplifiée les traités antérieurs. Il s'agissait d'un simple travail de codification, qui n'aurait pas nécessité une nouvelle ratification, car aucun changement n'était apporté aux politiques communes. D'un point de vue juridique, l'objectif était louable : remettre de l'ordre dans la confusion qui résultait de l'accumulation des traités antérieurs. D'un point de vue politique, l'effet fut suicidaire. Dans l'esprit de ses auteurs, le traité constitutionnel devait être un texte léger et compréhensible. La troisième partie l'alourdissait d'une manière considérable : le nombre d'articles de la Constitution passait ainsi de 114 à 448. De plus, les mécanismes décisionnels, souvent obscurs, décrits dans la troisième partie, ne pouvaient qu'inspirer le soupçon au lecteur non averti.

Les travaux de la Convention avaient duré deux ans et demi. Le texte final était certainement plus complexe que prévu et incluait certaines imperfections formelles (certains articles étaient redondants) et plusieurs imperfections structurelles, comme le maintien de l'unanimité en matière fiscale — cela avait été exigé par les négociateurs britanniques — ou la procédure compliquée de révision. Il s'agissait cependant d'un succès indiscutable par rapport aux attentes et aux bilans des dernières conférences intergouvernementales. Le président Giscard d'Estaing parla à juste titre d'un « résultat insuffisant, mais inespéré ». Tout pouvait cependant être remis en jeu par la Conférence intergouvernementale qui devait s'ouvrir, quelques semaines plus tard, sous présidence italienne.

La présidence italienne et le Conseil de Bruxelles

En mai 2001, Silvio Berlusconi était revenu à la tête du gouvernement italien. Comme en 1994, sa coalition incluait son parti, Forza Italia, les post-fascistes de l'Alliance nationale et la Ligue Nord d'Umberto Bossi, qui suscitait des doutes et des inquiétudes parmi les partenaires européens. Après l'Autriche, un autre parti antieuropéen d'extrême droite arrivait au pouvoir dans un État membre. Berlusconi avait cherché à rassurer ses partenaires en nommant au ministère des Affaires étrangères l'ancien directeur de l'OMC, Renato Ruggiero, connu pour son expérience et ses convictions pro-européennes. Cependant, le gouvernement Berlusconi avait pris dès ses premiers mois des distances par rapport aux idées proeuropéennes qui avaient caractérisé les exécutifs italiens de l'après-guerre. On en eut une première illustration lors du Conseil de Laeken, quand le gouvernement italien fut le seul à s'opposer à l'adoption d'un mandat d'arrêt européen. Les représentants des quatorze autres États firent de nombreux efforts pour convaincre le président du Conseil. Le mandat d'arrêt européen fut finalement adopté, mais Berlusconi obtint des clauses qui en retardaient l'application en Italie. Le 1er janvier 2002, l'euro était entré dans les poches des citoyens de douze pays. L'aile la plus eurosceptique du gouvernement italien (qui incluait, outre Bossi, le ministre des Finances Giulio Tremonti) avait multiplié les critiques, allant à l'encontre de l'enthousiasme avec lequel l'événement fut célébré dans les autres pays européens. Ruggiero demanda au gouvernement une confirmation de sa politique européenne. Insatisfait par les réponses obtenues, il remit sa démission. Berlusconi prit l'intérim pendant une longue période, avant de confier les Affaires étrangères à Franco Frattini.

À la veille du semestre italien, Berlusconi n'avait pas caché ses grandes ambitions. La CIG, convoquée après le Conseil de Salonique, aurait dû achever ses travaux avant la fin de l'année, de manière à signer un nouveau « traité de Rome » avant l'adhésion des dix nouveaux États membres. Tout se passa autrement. La présidence italienne fut marquée, dès ses débuts, par une série de gaffes et de déclarations malheureuses. Les autres gouvernements ne brillaient pas non plus par leur engagement européen. L'Espagne et la Pologne refusaient d'abandonner la pondération décidée à Nice en matière de vote au Conseil qui, comme nous l'avons vu, les favorisait notablement par rapport à leur poids démographique. Les États les plus petits refusaient de renoncer à leur commissaire.

Pendant ce temps, l'Allemagne et la France (et bientôt d'autres pays membres, comme le Portugal et les Pays-Bas) annonçaient que leur déficit franchirait le seuil de 3 %, dépassant pour la troisième fois consécutive la limite prévue par le Pacte de stabilité. La polémique sur le Pacte de stabilité avait commencé quelques mois auparavant. Dans une interview, le président Prodi l'avait même qualifié de « stupide », car les critères comptables ne faisaient aucune distinction quant à l'origine du déficit (qui, par exemple, pouvait être lié à des dépenses d'investissement et de recherche). Mais, en tant que gardienne du traité, la Commission devait faire respecter le traité et envoyer, le cas échéant, des avertissements au Conseil européen.

Le Conseil européen de Bruxelles (12-13 décembre 2003) se déroula dans un climat de discorde. À la veille du Conseil, Silvio Berlusconi avait manifesté son optimisme : ses propositions de compromis permettraient de parvenir à un accord. En réalité, les positions semblaient inconciliables. Après de nombreuses rencontres bilatérales, et quelques minutes de réunion plénière, Berlusconi se borna à constater que la situation ne permettait pas d'atteindre un compromis. Les leaders européens avaient préféré ne pas répéter les disputes nocturnes de Nice et reporter la négociation à une occasion ultérieure. L'échec du Conseil de Bruxelles semblait marquer, une fois de plus, l'incapacité des États membres à réformer les institutions de l'Union, à la veille du nouvel élargissement.

L'Union à Vingt-Cinq

Le 1er mai 2004, l'Union européenne accueillit dix nouveaux États : l'Estonie, la Hongrie, la Lettonie, la Lituanie, la Pologne, la République tchèque, la Slovaquie, la Slovénie, Chypre et Malte. Contrairement aux attentes, l'entrée des nouveaux États membres n'avait pas posé de problème majeur, même si elle avait dû être retardée de six mois à cause d'une série d'obstacles techniques. Se concluait ainsi une longue période de négociation qui avait commencé au début des années 1990, avec la fin de la guerre froide et la dissolution de l'Union soviétique.

Depuis le Conseil européen de Copenhague (21-22 juin 1993), l'Union européenne avait annoncé sa disponibilité à accueillir les États de l'Europe centrale et orientale — déjà liés à l'UE par un rapport d'association — en définissant les conditions préalables à l'adhésion. Les États candidats devraient se conformer à plusieurs critères politiques et économiques : ils devaient, d'une part, se doter d'institutions stables garantissant « la démocratie, la primauté du droit, les droits de l'homme, le respect et la protection des minorités » ; d'autre part, ils devaient démontrer que leur économie de marché pourrait « affronter la pression de la concurrence », « assumer les obligations dérivant de l'appartenance à l'UE » et « souscrire aux objectifs de l'union politique, économique et monétaire ».

Après le Conseil européen de Luxembourg (décembre 1997), qui avait décidé le début des négociations, la Commission commença les tractations avec un groupe de six pays (Chypre, Estonie, Hongrie, Slovénie, Pologne, République tchèque). Dans les premiers mois de 2000, quatre autres pays s'ajoutèrent à la liste : la Lettonie, la Lituanie, Malte et la Slovaquie. On pensait à l'époque que ces pays entreraient dans l'Union en deux vagues successives. Pendant ce temps, la Commission prenait les premiers contacts avec la Bulgarie et la Roumanie, considérées comme « moins prêtes » à adhérer.

La principale difficulté pour les pays candidats était, comme toujours, l'absorption de l'ensemble de l'acquis communautaire. La Commission avait divisé les 80 000 pages d'acquis communautaire en 29 chapitres qui devaient être progressivement « adoptés » par l'État candidat. L'année 2002 fut décisive pour le succès de ces négociations. Le 9 octobre, la Commission avait présenté un « document de stratégie » et un rapport sur les progrès accomplis par chacun des pays candidats. Ce rapport ouvrait la voie à l'entrée de dix nouveaux États membres, tandis que la Bulgarie et la Roumanie devraient patienter encore quelques années. L'Union européenne se préparait donc à un « big bang » : dans le passé, elle n'avait jamais connu un élargissement de cette ampleur. Ce n'était pas la seule difficulté. L'entrée de nouveaux pays s'était toujours accompagnée de la création de nouveaux fonds régionaux, ou de l'augmentation de leur montant. Cette fois, les leaders européens avaient décidé que l'élargissement se ferait à budget constant.

Le 19 octobre, l'Irlande avait organisé un nouveau référendum pour ratifier le traité de Nice. Cette fois, le oui l'avait emporté avec 62,9 % des voix, ce qui levait le dernier obstacle juridique avant l'élargissement. Au Conseil européen de Copenhague (12-13 décembre 2002), dans la ville où neuf ans plus tôt avaient été énoncés les critères d'adhésion pour les États candidats, l'Union européenne annonçait l'entrée dans l'Union de dix nouveaux pays, dont huit avait jadis appartenu au « glacis » de l'Union soviétique.

Le 16 avril 2003, le traité d'adhésion fut signé à Athènes. Tous les États candidats le ratifièrent, la plupart par une procédure référendaire où les opinions favorables furent largement majoritaires. La logique aurait voulu que la Constitution européenne entre en vigueur avant l'entrée des nouveaux États. Les difficultés que rencontrait la CIG en décidèrent autrement. Le traité de Nice s'appliquait donc à l'Europe des Vingt-Cinq, pour une période qu'à l'époque on estimait limitée à quelques années. Le 1er mai 2004, une grande fête marqua la réunification du continent européen, six décennies après le partage de Yalta.

Un mois plus tard, les citoyens des vingt-cinq pays membres étaient appelés aux urnes pour les élections européennes (10-13 juin 2004). Cette sixième consultation électorale fut marquée par un nouveau record d'abstention. Les taux de participation n'avaient cessé de baisser depuis le premier scrutin de 1979. Si les partis de centre-gauche obtinrent des victoires éclatantes en France et en Italie, le PPE l'emporta dans la plupart des pays, en particulier dans les nouveaux États membres. La majorité du nouveau Parlement européen penchait donc vers le centre-droit, ce qui allait avoir une influence sur le choix du nouveau président de la Commission.

La conclusion des négociations de la CIG

Il revint à la présidence irlandaise (premier semestre 2004) de reprendre le fil des négociations au sein de la CIG. Les divisions des États européens sur la guerre en Irak avaient laissé des traces profondes et l'intransigeance des gouvernements espagnol et polonais laissait peu d'espoirs pour un compromis. Juste après le Conseil de Bruxelles, les leaders de six pays (France, Allemagne, Royaume-Uni, Pays-Bas, Autriche et Suède) avaient envoyé une lettre commune à Romano Prodi, dans laquelle ils manifestaient l'intention de réduire les ressources communautaires : le budget de l'Union élargie n'aurait pas dû dépasser 1 % du PIB européen. Cette intention, ou plutôt cette menace, était évidemment adressée contre la Pologne et l'Espagne, grandes bénéficiaires de fonds communautaires, qui étaient accusées de privilégier leur intérêt national au lieu de favoriser l'accord sur la Constitution. Mais l'acte des gouvernements signataires de la lettre n'était pas non plus conforme à l'esprit de solidarité européenne, à l'heure où le budget communautaire était déjà largement insuffisant pour les missions, nouvelles ou traditionnelles, que l'Union devait garantir après l'élargissement. Les chances de succès de la conférence intergouvernementale paraissaient donc très minces.

La situation changea soudain dans les premiers mois de 2004. Le 11 mars, Madrid fut frappée par une série d'attentats sanglants, à la veille des élections législatives. Le Premier ministre José María Aznar (qui ne sollicitait pas un autre mandat) géra la crise d'une manière maladroite et favorisa une victoire surprenante de l'opposition socialiste. Le nouveau Premier ministre, José Luis Zapatero, annonça aussitôt le retrait des troupes espagnoles de l'Irak et la volonté de conclure un accord sur la Constitution. Après ce revirement, la Pologne renonça à son tour à défendre avec acharnement les règles de vote du traité de Nice.

Il faut reconnaître à la présidence irlandaise (et au Premier ministre Bertie Ahern) le mérite d'être parvenu, en quelques mois, à relancer la CIG après l'échec du Conseil de Bruxelles. La réunion décisive eut lieu une fois encore à Bruxelles (17-18 juin 2004). Il s'agissait d'un Conseil européen historique, car les gouvernements des nouveaux États de l'Union y participaient pour la première fois.

Après deux jours de discussions, le Conseil parvint enfin à un accord sur le traité constitutionnel européen, en suivant en grande partie le projet présenté par la Convention. Les modifications étaient très peu nombreuses, même si elles portaient sur des points importants. La principale concernait les règles de vote au Conseil européen. La Convention avait proposé une double majorité (50 % des États, qui devaient représenter au moins 60 % de la population européenne). Le Conseil européen modifia ces règles et éleva les seuils de la double majorité à 55 % des États et à 65 % de la population. Il s'agissait certainement d'un pas en arrière par rapport aux propositions de la Convention. Le nouveau système était cependant plus clair et efficace que les pondérations compliquées du traité de Nice.

En ce qui concerne la Commission, les propositions de la Convention ne furent pas retenues. Giscard avait proposé un système plutôt élaboré : la Commission serait composée d'un membre par État, mais seuls quinze commissaires auraient eu effectivement un portefeuille et le droit de vote. Ne voulant pas créer des mécontents, le Conseil rétablit le système de Nice (un commissaire par pays), qui serait prolongé jusqu'en 2014, date à laquelle entrerait en vigueur le principe d'une Commission de taille plus réduite.

Le Conseil européen avait discuté d'un autre sujet qui n'avait jamais été abordé par la Convention : la composition future du Parlement européen. Les chefs d'État et de gouvernement décidèrent qu'à partir de 2009 l'effectif du Parlement ne dépasserait pas 750 membres. Le nombre maximal de députés pour le pays le plus peuplé (l'Allemagne) était limité à 96, tandis que les États les plus petits compteraient au moins six députés. La répartition précise des sièges était cependant reportée à une autre occasion.

Dans d'autres domaines, la CIG avait réduit la portée des innovations de la Convention. La « clause passerelle » qui devait simplifier la révision du texte constitutionnel était soumise au droit de veto des Parlements nationaux. Et dans les domaines de la fiscalité, de la politique sociale et de la coopération judiciaire, Tony Blair n'avait pas voulu renoncer au vote à l'unanimité. Une autre modification concerna le préambule de la Constitution : la citation de Thucydide qui figurait au début du projet de la Convention (« Notre constitution [...] s'appelle démocratie parce que le pouvoir est dans les mains non d'une minorité, mais du plus grand nombre ») fut supprimée par la CIG à la demande des États les plus petits de l'Union.

Au lendemain du Conseil, les commentaires de la presse ne furent pas toujours positifs. Malgré les modifications de la dernière heure, plus de 90 % du texte de la Convention restaient inchangés. Le progrès était sûrement remarquable par rapport aux résultats décevants des dernières CIG. Le 18 juin, anniversaire de la bataille de Waterloo et de l'appel du général de Gaulle, l'Union européenne était enfin dotée d'un projet de constitution. Le chemin vers la ratification s'annonçait cependant long et hérissé d'embûches.

Le traité constitutionnel

Le texte final de la Constitution fut signé à Rome le 29 octobre 2004, dans la même salle où, quarante-sept ans plus tôt, avaient déjà été souscrits les deux traités de Rome. Du point de vue juridique, il s'agissait encore une fois d'un traité international, qui devait être ratifié par les États membres de l'Union. Le contenu le rendait cependant très semblable à un texte constitutionnel, car il incluait un catalogue de valeurs communes et la description des institutions de l'Union. Les membres de la Convention avaient essayé de contourner la difficulté en utilisant l'expression ampoulée de « Traité établissant une constitution pour l'Europe ». Depuis le début, les juristes avaient manifesté des doutes quant à la définition de « traité constitutionnel ». L'avenir dira s'il s'agissait d'une invention juridique ou d'un nouveau type de traité destiné à faire école.

Le traité constitutionnel comptait 448 articles, répartis en quatre parties (auxquels il faut ajouter une longue série de protocoles et de déclarations). La première partie, qui n'avait pas de titre, définissait les valeurs et les institutions de l'Union. La deuxième reprenait intégralement (avec une petite modification finale) le texte de la Charte des droits fondamentaux, proclamée à Nice en décembre 2000. La troisième partie du texte, consacrée aux politiques de l'Union, était de loin la plus complexe. Elle décrivait le fonctionnement des institutions et des politiques communautaires (marché intérieur, politique économique et monétaire, espace de liberté, sécurité et justice, politique étrangère et sécurité commune, pour ne citer que les plus importantes). Beaucoup de spécialistes estimaient pourtant que ces matières auraient dû être précisées dans une série de lois constitutionnelles, au lieu de rentrer dans le champ du traité lui-même. Tout en étant d'une lecture difficile, la troisième partie parvenait à réunir en un seul texte les normes des cinq traités antérieurs. Enfin, la quatrième partie incluait les dispositions sur la ratification, l'entrée en vigueur du texte et la procédure de révision.

Si la Constitution reprenait et parfois simplifiait le contenu de cinq traités, elle présentait un certain nombre de nouveautés par rapport aux textes antérieurs. Elle supprimait la structure du temple à trois piliers (qui représentaient respectivement la Communauté européenne, la politique européenne de sécurité commune et la justice et les affaires intérieures), qui serait remplacée par un organisme unique appelé Union européenne, doté de la personnalité juridique. Ce faisant, l'UE pourrait enfin avoir une existence propre sur la scène internationale et signer des traités et des accords internationaux.

Le rôle du Parlement européen était considérablement étendu et rationalisé. La procédure législative (terme qui remplaçait celui de codécision) était étendue à presque tous les domaines, à l'exception de la politique étrangère, pour laquelle le Parlement n'avait qu'un rôle consultatif. Comme toutes les assemblées démocratiques, le Parlement pourrait voter la totalité du budget européen (et non seulement les dépenses « non obligatoires », comme c'était le cas dans le passé). En outre, l'investiture du président de la Commission résulterait des résultats des élections européennes, rendant plus explicite le lien entre le vote des électeurs et la couleur politique du président de l'exécutif européen.

Les propositions concernant le Conseil européen étaient cruciales. En effet, dans une Europe élargie à vingt-cinq membres, le système des présidences semestrielles n'était plus adapté : chaque État devrait attendre douze ans et demi pour présider le Conseil. Depuis longtemps, on avait pu voir les défauts de ce tour de rôle entre les différentes bureaucraties nationales, qui aboutissait à une grande perte d'efficacité. La Constitution reconnaissait au Conseil européen la fonction d'orienter la politique de l'Union. Son président, élu par le Conseil européen pour un mandat de 30 mois (renouvelable une fois) devenait le plus haut représentant de l'Union européenne.

La Constitution prévoyait enfin un système de vote clair et cohérent au Conseil des ministres. Pour adopter une décision, il fallait le vote de 55 % des États membres représentant au moins 65 % de la population de l'Union. Une autre innovation importante était la création d'un ministre européen des Affaires étrangères, qui serait en même temps vice-président de la Commission européenne, membre du Conseil européen et président du Conseil chargé des affaires étrangères. En revanche, les autres formations du Conseil des ministres continueraient à être présidées avec l'ancien système des présidences tournantes.

Les fonctions et les compétences de la Commission européenne restaient en substance inchangées, même si le président de l'exécutif disposait d'une plus grande liberté dans le choix des commissaires et de leur portefeuille. La règle fixée à Nice, qui accordait un commissaire à chaque pays, était prorogée jusqu'à 2014. Après cette date, seuls les deux tiers des États désigneraient un commissaire, selon un système de rotation égalitaire. Ainsi, la Commission compterait 18 membres dans le cadre d'une Europe élargie à 27 pays.

Le projet de constitution définissait donc les compétences de l'UE, en éclairant une fois pour toutes la répartition des compétences et en précisant la notion de subsidiarité. La Constitution distinguait les compétences exclusives (où l'Union adopte seule les lois et les actes juridiques obligatoires), les compétences partagées entre l'Union et les États et les compétences de soutien et de coordination (où l'Union n'intervient que pour coordonner et compléter l'action des États). Les instruments juridiques étaient eux aussi notablement simplifiés :

le nombre de procédures passait de trente-six à six. On distinguerait ainsi les actes législatifs (lois et lois-cadres européennes), les actes non législatifs (règlements et décisions), et les actes non obligatoires (avis et recommandations).

D'autres dispositions élargissaient notablement les domaines où l'on votait à la majorité qualifiée (tandis que l'unanimité demeurait obligatoire dans une dizaine de domaines, dont la fiscalité, les accords commerciaux internationaux en matière culturelle, certains secteurs de la politique sociale et l'adhésion de nouveaux membres). La grande nouveauté concernait l'espace de liberté et de sécurité commune, ce qui ouvrait théoriquement la voie à une politique commune d'asile et d'immigration. En outre, la Constitution prévoyait la création d'un parquet européen, entre autres pour lutter contre l'utilisation frauduleuse des fonds communautaires.

Il y avait également une innovation importante dans le domaine de la politique de défense, avec l'institution d'une agence européenne qui coordonnerait les politiques d'achat et de production d'armements. La Constitution simplifiait également le fonctionnement des coopérations renforcées, qui avaient été instituées par les traités d'Amsterdam et de Nice. Le traité de Nice avait exclu qu'il puisse y avoir des coopérations renforcées dans le domaine de la défense et de la politique étrangère. La Constitution prévoyait désormais un dispositif *ad hoc*, les « coopérations structurées ». Les citoyens obtenaient aussi un droit d'initiative populaire, c'est-à-dire la possibilité (pour un million de personnes appartenant à un nombre « significatif » d'États) de demander à la Commission de présenter une proposition de loi européenne. Enfin, la Constitution reconnaissait — conformément aux dispositions en vigueur dans les États fédéraux — le droit de sécession pour un État qui ne souhaiterait plus appartenir à l'Union européenne.

La Commission Barroso

La Commission Prodi avait dû affronter un lourd héritage. Les scandales qui avaient provoqué la démission de la Commission Santer avaient conduit à une mise sous tutelle de l'administration communautaire par le Parlement européen. Dès le début de son mandat, Prodi avait été soumis aux feux croisés des médias européens. Piètre communicant, Prodi n'avait pas su s'imposer comme un leader charismatique, même si les critiques qu'il avait subies, parfois fondées sur des stéréotypes nationaux, pouvaient sembler injustes.

Son bilan à la tête de la Commission était cependant nuancé. Sous sa présidence, l'exécutif communautaire avait affronté deux grands chantiers. Le premier chantier, l'adhésion des dix nouveaux États membres, s'était conclu par un indéniable succès technique. La Commission s'était aussi attelée à une profonde réforme administrative, confiée au commissaire Neil Kinnock. C'était un travail extrêmement complexe, qui supposait un renouvellement des procédures et des fonctions. Après les dysfonctionnements constatés lors de la période précédente, la transparence était devenue le maître mot de la Commission, et même un objectif en soi. Un nouveau règlement financier fut adopté. Le statut des fonctionnaires et les procédures administratives firent l'objet d'une profonde révision. La réforme n'obtint cependant pas tous les objectifs escomptés et finit par compliquer davantage le fonctionnement d'une machine administrative déjà particulièrement lourde. Plus encore, le soupçon pesait désormais sur l'exécutif communautaire. Les fonctionnaires vivaient dans un état de crispation : toute infraction mineure pouvait faire l'objet de procédures dont on put parfois mesurer l'arbitraire. Ce climat de suspicion contribua à paralyser l'action de la Commission, qui se borna à la gestion des affaires courantes.

C'est surtout sur le plan politique que l'on pouvait mesurer la perte d'influence de la Commission. Sous la présidence de Jacques Delors, elle avait constamment été au centre de l'élaboration des traités européens. Dans la plupart des cas, son œuvre de médiation avait permis d'aboutir à des compromis entre les États et à un approfondissement des actions communes. Pendant les travaux de la Convention, la Commission avait brillé par son absence, et le projet « Pénélope », qu'elle avait secrètement conçu, n'avait eu aucune influence sur la version finale du traité constitutionnel.

Les chefs d'État et de gouvernement peinèrent à trouver un successeur à Prodi. À la suite du rejet de Guy Verhofstad, jugé trop fédéraliste, et du renoncement de Jean-Claude Juncker, l'accord sur la nomination de José Manuel Barroso constituait un accord *a minima*. Le Conseil européen officialisa cette nomination à la fin de la présidence irlandaise. Le Premier ministre portugais était apprécié par la nouvelle majorité du Parlement européen, car il avait la réputation d'être un leader philo-américain. À l'automne 2002, il avait organisé le sommet des Açores, auquel avaient participé George W. Bush,

Tony Blair et les leaders politiques qui soutenaient l'intervention américaine en Irak. Barroso soumit les priorités de son mandat au Parlement européen, qui confirma sa désignation. Conformément à son règlement interne, le Parlement procéda ensuite à l'audition des futurs commissaires. Cet exercice, apparemment de routine, allait aboutir à un véritable psychodrame institutionnel. Plusieurs commissaires ne furent pas jugés à la hauteur de la tâche qui les attendait. En particulier, le ministre italien Rocco Buttiglione, désigné pour le portefeuille de la justice et des affaires intérieures, avait été mis sur la sellette à cause de ses déclarations malheureuses sur l'homosexualité, assimilée à un péché. Buttiglione fut remplacé par le ministre italien des Affaires étrangères, Franco Frattini. Deux autres changements intervinrent à l'issue des auditions : le Hongrois László Kovács obtint finalement le portefeuille de la fiscalité et de l'union douanière, tandis que le Letton Andris Piebalgs devenait commissaire à l'énergie.

La fin du mandat de la Commission Prodi était prévue pour le 31 octobre 2004. En raison de ces péripéties, elle resta en fonction encore pendant trois semaines. Le 18 novembre 2004, la Commission Barroso fut enfin approuvée par le Parlement européen à une large majorité (449 voix pour, 149 contre, 82 abstenus). Cet affrontement avait confirmé que le rôle du Parlement était désormais central, comme le rappelait une résolution que celui-ci avait adressée à la Commission pour tirer les leçons de cet épisode.

Les non français et néerlandais

Un mois après la signature du traité constitutionnel, la Lituanie était le premier pays à le ratifier (11 novembre 2004). Comme la Lituanie, la plupart des États membres avaient fait le choix de la ratification parlementaire. Une minorité d'entre eux avait opté pour un référendum, parmi lesquels l'Espagne, la France et les Pays-Bas. Le 20 février 2005, le oui avait triomphé en Espagne avec 76,7 % des voix, même si le taux d'abstention avait été particulièrement élevé (57 % des électeurs). Un mois plus tard (12 et 27 mai), le Bundestag et le Bundesrat allemands avaient à leur tour ratifié la Constitution. Les regards de l'Europe étaient désormais tournés vers la France, où le référendum aurait lieu le 29 mai 2005 et où les sondages pronostiquaient depuis quelques mois une victoire du non.

En 2002, Jacques Chirac avait été réélu président de la République à l'issue d'un vote rocambolesque. Le Premier ministre socialiste, Lionel Jospin, avait été éliminé à la surprise générale au premier tour de l'élection (21 avril 2002). Le second tour avait vu une victoire écrasante du président sortant, qui avait obtenu 82 % des voix contre le leader de l'extrême droite Jean-Marie Le Pen. Au cours des trois années suivantes, la situation économique de la France n'avait cessé de se dégrader. S'ajoutait à cela une profonde insatisfaction du pays devant le bilan des deux mandats de Jacques Chirac et la forte impopularité du Premier ministre Jean-Pierre Raffarin. Le référendum sur la Constitution européenne risquait ainsi de se transformer en un vote de sanction contre le gouvernement.

Le « choc du 21 avril » avait profondément marqué les électeurs socialistes et le parti avait connu un mouvement de bascule vers la gauche. Une fraction conséquente du parti demandait désormais une réorientation de l'Union européenne vers des objectifs plus sociaux. Avec un revirement idéologique spectaculaire, l'ancien Premier ministre, Laurent Fabius, chercha à prendre la tête de ce mouvement. À la surprise générale, il déclara son intention de voter contre le traité constitutionnel, emportant avec lui une partie des socialistes. En décembre 2004, un référendum interne détermina la position officielle du parti. Le oui l'emporta avec près de 60 % des voix, mais plusieurs leaders socialistes continuèrent à faire campagne pour le non.

La campagne référendaire mit également en évidence l'importance des mouvements antimondialisation (ou altermondialistes). Ces mouvements avaient fait leur première apparition remarquée en novembre 1999, lors du sommet de l'OMC à Seattle. De nature très composite, la plupart des associations concentraient leurs attaques contre la spéculation financière, en proposant d'appliquer la célèbre « taxe Tobin » sur les mouvements internationaux de capitaux, et contre la politique des institutions financières internationales, comme le FMI, la Banque mondiale et l'OMC. Peu à peu les critiques s'étendirent également aux institutions européennes. En décembre 2000, les altermondialistes avait manifesté lors du sommet de Nice. Une partie d'entre eux avait dénoncé le caractère « ultralibéral » de la Charte des droits fondamentaux, dénonçant les risques d'une régression sociale. Ces critiques pouvaient sembler étonnantes, étant donné le contenu et le champ d'application de la Charte. En tout cas, la formule avait fait florès. Pendant toute la campagne référendaire, plusieurs associations martelèrent le slogan d'une « constitution ultralibérale » qui « gravait dans le marbre » les principes du libéralisme. En réalité, le traité constitutionnel pouvait être révisé comme tous les traités antérieurs. Quant à l'article I-3, qui mentionnait parmi les objectifs de l'Union « un marché intérieur où la concurrence est libre et non faussée », il ne faisait que reprendre la formule du traité de Rome, qui était en vigueur depuis 1957. Un autre thème de campagne fut la proposition de directive relative aux services dans le marché intérieur. Cette proposition, connue sous le nom de « directive Bolkestein » (du nom du commissaire hollandais Frits Bolkestein, membre de la Commission Prodi, non confirmé dans l'exécutif présidé par José Barroso) avait été présentée dans l'indifférence générale en janvier 2004. Comme il s'agissait d'une proposition, elle devait encore être approuvée par le Parlement (elle le serait deux ans plus tard, sous une forme modifiée) et n'avait aucun lien direct avec le traité constitutionnel. Avec la crainte des délocalisations et de la concurrence des travailleurs venus des pays de l'Est (le célèbre « plombier polonais »), la directive Bolkestein fut cependant l'un des thèmes au centre de la discussion.

La campagne référendaire fut longue et passionnée. Jamais les sujets européens n'avaient fait l'objet d'un débat aussi intense, qui eut le double effet d'améliorer les connaissances institutionnelles des Français, mais aussi de répandre un certain nombre de contre-vérités. En tout cas, après des années de relative indifférence, la construction européenne était parvenue à cristalliser les passions et les dé-

ceptions de tout le pays, grâce notamment à une
utilisation massive de l'Internet. La campagne
confirma le clivage entre les partis pro- et anti-
européens, tout en révélant l'apparition de nouvelles tendances, notamment au sein du parti socialiste. Le président Chirac tenta de peser sur le vote,
mais son absence de crédibilité et une intervention
catastrophique à la télévision française ne firent
que renforcer le camp des opposants. Le 29 mai, le
non l'emporta avec 54,7 % des voix (contre 45,3 %
de oui). Treize ans après le référendum sur le traité
de Maastricht, la situation avait fortement changé.
La comparaison avec les résultats de 1992 montrait
que la victoire du non était due au basculement
d'une partie de l'électorat de gauche et des classes
moyennes. Il s'agissait en grande partie d'un vote
de sanction contre le gouvernement Raffarin, qui
remit aussitôt sa démission. Certains mécontente-
ments portaient cependant sur des sujets directement liés à l'Europe. L'introduction de l'euro s'était
accompagnée d'une forte hausse des prix, qui avait
réduit le pouvoir d'achat. Les enquêtes d'opinion
avaient également montré une forte hostilité à
l'égard de l'élargissement de l'Union, sur lequel les
Français n'avaient pas été consultés. Enfin, une
partie des opposants avait défendu la thèse du « non
d'espoir » ou d'un plan alternatif (le « plan B »),
confiants que la France pourrait renégocier un
texte plus avancé d'un point de vue social, qui serait
rapidement adopté par l'électorat. La suite des événements allait rapidement montrer la vacuité de cet
espoir.

Deux jours après le non français, les électeurs
hollandais rejetaient à leur tour la Constitution avec
61,6 % de voix défavorables. Comme en France, la

situation politique des Pays-Bas avait fortement changé au cours des dernières années. Les réussites de l'économie néerlandaise, fondées sur la concertation entre syndicats et patronat (ou accords de Wassenaar, signés en 1982) avaient fait figure de modèle au niveau européen. Après dix ans de gouvernement social-démocrate, le Premier ministre Wim Kok avait donné sa démission en mai 2002. Cette année avait été marquée par la montée en puissance d'un nouveau parti d'extrême droite, la liste Pim Fortuyn (LPF). Le leader du mouvement fut assassiné à la veille des élections. Sous le coup de l'émotion, les Hollandais accordèrent 17 % des sièges au LPF. Le nouveau Premier ministre, le chrétien-démocrate Jan Peter Balkenende, fit entrer le LPF dans sa coalition gouvernementale. Les désaccords ne tardèrent pas à se manifester, entraînant les Pays-Bas dans une phase d'instabilité chronique. Cette instabilité reflétait une profonde crise politique. La quasi-totalité des partis hollandais s'était prononcée pour la Constitution. Comme en France, on assista à un vote de sanction à l'égard du gouvernement, qui venait d'annoncer une série de coupes budgétaires, tandis que les thèmes directement liés à la Constitution avaient été peu évoqués au cours de la campagne. Au demeurant, les résultats du référendum français avaient certainement eu une influence sur le vote des Hollandais, brisant en quelque sorte le tabou du « non ».

La victoire du non présentait des aspects paradoxaux, notamment en France. Les critiques des opposants avaient porté en grande partie sur la troisième partie du projet de constitution, qui était *de facto* déjà en vigueur, et n'avaient qu'effleuré les deux premières, qui constituaient l'originalité du projet. Comme on l'a dit, le choix de regrouper les traités antérieurs était juridiquement louable, mais suicidaire d'un point de vue politique, car il avait abouti à un texte trop long et compliqué. Pour la France elle-même, le rejet du traité constitutionnel pouvait sembler une absurdité. Elle s'était battue pendant des années pour que l'Union européenne ait une constitution. Au cours des travaux de la Convention, puis de la négociation intergouvernementale, les représentants français avaient obtenu tout ce qu'ils demandaient : une repondération des voix au Conseil européen, la reconnaissance des services publics et de l'exception culturelle, l'insertion d'une clause sociale. Le traité lui-même portait la marque de la France et des hommes qui avaient contribué à construire l'Europe, de Jean Monnet à Valéry Giscard d'Estaing, en passant par François Mitterrand et Jacques Delors. Pour les nationalistes aussi, la victoire du non n'était pas sans évoquer celle de Pyrrhus, car le poids de la France au sein des institutions communautaires en sortait affaibli. Elle ne disposerait ainsi que de 9 % des voix au Conseil, contrairement aux 13 % qui étaient prévus par la Constitution. Le traité de Nice, conçu dans la douleur et appelé à avoir un caractère provisoire, se trouvait ainsi gravé dans le marbre au moins pendant quelques années.

L'ouverture des négociations avec la Turquie

On savait depuis longtemps qu'une décision sur l'ouverture des négociations entre l'Union européenne et la Turquie devait être prise avec une certaine urgence. Dès 1963, la Turquie avait signé un traité d'association avec la Communauté économique européenne. Elle avait présenté plusieurs demandes d'adhésion, la dernière en 1996. En 1999, lors du Conseil européen d'Helsinki, les chefs d'État et de gouvernement lui avaient reconnu le statut de candidat. La décision avait étonné, car elle n'avait été précédée d'aucun débat approfondi. Les autorités européennes espéraient vraisemblablement qu'un rapprochement avec Ankara faciliterait le règlement du problème de la question de Chypre, dont la partie nord était toujours occupée par des troupes liées à la Turquie. Un compromis avait été préparé par l'ONU, qui aurait dû conduire à la réunification de Chypre avant son adhésion à l'Union européenne. Cet accord, soumis à référendum en 2003, avait cependant été rejeté à une courte majorité. Au-delà de la question de Chypre, l'ouverture de la négociation avec la Turquie répondait à d'autres objectifs. Il s'agissait, d'une part, d'inclure dans l'Union européenne l'un des membres historiques de l'OTAN et, d'autre part, d'empêcher le pays de basculer dans le camp de l'islam intégriste.

Le 6 octobre 2004, Romano Prodi et Günter Verheugen, commissaire chargé de l'élargissement, avaient présenté au Parlement européen un document de synthèse sur l'adhésion de la Turquie. Après avoir mis en lumière les progrès accomplis par l'État turc, qui avait réformé sa législation (en interdisant la peine de mort et en accordant une plus grande autonomie aux minorités kurdes), le document de la Commission faisait le point sur le degré de respect des critères de Copenhague (stabilité démocratique, respect de l'État de droit, économie de marché) et l'absorption de l'acquis communautaire.

La discussion fut très animée, reflétant les sentiments contrastés des opinions publiques, en majorité hostiles à l'adhésion de la Turquie. Dans le passé, la conscience nationale de plusieurs États européens s'était construite en s'opposant à l'avancée des Ottomans. La perspective de l'entrée de la Turquie n'était pas sans poser un problème de mémoire, enfouie dans l'inconscient collectif de plusieurs peuples européens. S'ajoutait à cela le poids démographique de la Turquie qui, dans vingt ans, allait devenir l'État le plus peuplé d'Europe, ce qui pouvait remettre en cause les équilibres de pouvoir à l'intérieur de l'Union européenne.

Le 13 décembre, le Parlement européen, réuni en séance plénière, exprimait à la majorité un avis favorable au début des négociations avec la Turquie. La résolution qui était approuvée précisait que cela ne signifiait pas que l'entrée du pays dans l'Union se ferait d'une manière automatique à la fin des négociations. En d'autres mots, le Parlement se réservait le droit d'exprimer un jugement à l'issue des négociations. Quelques jours plus tard, le Conseil européen se réunissait à Bruxelles (16-17 décembre 2004). Les vingt-cinq chefs d'État et de gouvernement approuvaient une série de conclusions qui reprenaient en substance celles de la Commission. Après avoir exprimé sa satisfaction pour les progrès accomplis par la Turquie dans le domaine des droits de l'homme, le Conseil européen formulait le vœu que ces progrès soient irréversibles. Il appartiendrait à la Commission de vérifier la poursuite de ces progrès et de présenter régulièrement des rapports d'avancement au Conseil européen.

Les négociations avec la Turquie furent officiellement ouvertes un an plus tard, le 3 octobre 2005.
Cette décision mettait fin à une longue période de
prénégociation, qui avait commencé à Helsinki en
1999. Cependant, le débat sur l'adhésion de la Turquie ne faisait que commencer. Ce débat met en jeu
des considérations politiques, historiques et mêmes
religieuses. L'élargissement à la Turquie met sur le
devant de la scène les problèmes de l'identité européenne et la question essentielle des frontières de
l'Union. Le 29 novembre 2006, la Commission proposa de geler partiellement les négociations avec la
Turquie. À l'heure actuelle, on ne saurait se prononcer sur les chances de succès ni sur la durée de ces
négociations, que la plupart des spécialistes estiment à dix ou quinze ans.

L'entrée de la Roumanie et de la Bulgarie

Après la victoire du non en France et aux Pays-
Bas, l'Union européenne entra dans une période
d'apathie. La présidence luxembourgeoise essaya de
relancer le processus de ratification. Le référendum
consultatif eut lieu au Luxembourg le 10 juillet 2005 :
le oui l'emporta avec 56 % des voix. En même
temps, le Premier ministre Jean-Claude Juncker,
président en exercice du Conseil de l'Union, annonçait l'ouverture d'une période de réflexion. Dans les
mois suivants, la Commission lançait une initiative
de « dialogue » et de « débat » (le « plan D ») pour
« impliquer les citoyens de l'Union dans la réflexion
sur l'avenir de l'Europe », sans toutefois proposer
de piste concrète. En dépit des effets d'annonce, il
était évident que la poursuite du processus consti-

tutionnel était grippée. Aucun projet d'envergure ne serait lancé au cours des mois suivants, tandis que la Commission était cantonnée à la gestion de ses compétences propres.

Pendant ce temps, de nouvelles alternances politiques modifiaient les équilibres politiques européens. Le 27 septembre 2005, les conservateurs remportaient les élections législatives en Pologne, où le 9 octobre Lech Kaczyński était élu président de la République. Le leader d'un parti eurosceptique arrivait ainsi aux affaires dans le plus grand pays de la « nouvelle Europe ». En Allemagne, les élections du 18 septembre avaient donné un résultat quasiment équivalent à la CDU/CSU, qui avait obtenu 35,2 % des voix et au SPD, qui avait recueilli 34,3 % des suffrages. Il n'était plus possible au chancelier Gerhard Schröder de reconduire sa coalition. Après deux mois de négociations, on parvint à une grande coalition entre les deux partis dominants. Angela Merkel devenait ainsi la première chancelière d'Allemagne. Enfin, les élections législatives italiennes (9-10 avril 2006) donnaient une très courte victoire au centre-gauche. L'ancien président de la Commission Romano Prodi succédait à Silvio Berlusconi à la tête du gouvernement.

Le 1er janvier 2007, la Roumanie et la Bulgarie devenaient membres de l'Union européenne. Les négociations s'étaient heurtées à des situations désastreuses : l'application de l'énorme législation communautaire s'était révélée une entreprise presque impossible. Des doutes demeuraient sur la capacité de ces États à lutter contre la corruption et à moderniser une bureaucratie imposante et non adaptée aux réalités nouvelles. Le même jour, la

Slovénie devenait le premier des nouveaux pays membres à adopter la monnaie unique.

En intégrant l'est de la péninsule balkanique, l'Union affirmait sa volonté d'accueillir la partie de l'Europe qui, plus que toute autre, avait été le lieu d'hostilités, de guerres et de conflits insolubles. Après la chute du mur de Berlin, la fin du communisme et le retour des nationalismes avaient immédiatement déclenché l'incendie. Aujourd'hui, l'UE ne peut donc pas laisser les Balkans en dehors de ses nouvelles frontières. Les adhésions futures concerneront en priorité la Serbie, la Bosnie, la Macédoine, l'Albanie et le Monténégro, dont dépendra vraisemblablement le maintien de la paix en Europe dans les prochaines décennies. Si l'Union européenne pose son passé de garant indéfectible de la paix comme mesure de son succès et comme raison suprême de son existence, elle ne peut que poursuivre la voie de l'intégration des Balkans. Cela demande à tous les États membres des efforts immédiats pour résoudre les problèmes structurels de l'Union. Tout le monde est conscient qu'avec les règles de Nice (qui ne peuvent s'appliquer qu'aux vingt-sept États membres) l'Europe ne pourra pas fonctionner efficacement. Sans une réforme des institutions, on ne saurait procéder à d'autres élargissements, en particulier ceux dont on a décrit l'urgence, et presque l'irrémédiable fatalité. Et cela risque même de menacer l'avenir de la construction européenne.

APPENDICES

SIGLES

ACP	Afrique Pacifique Caraïbes
AELE	Association européenne de libre-échange
BCE	Banque centrale européenne
BEI	Banque européenne d'investissement
BERD	Banque européenne de reconstruction et développement
COMECON (ou CAEM)	Conseil d'Aide économique mutuelle
CDU	Christlich Demokratische Union
CE	Communauté européenne
CECA	Communauté européenne du charbon et de l'acier
CED	Communauté européenne de défense
CEE	Communauté économique européenne
CIG	Conférence intergouvernementale
CPE	Communauté politique européenne
CSU	Christlich Soziale Union
DC	Democrazia cristiana
ECU	European currency unit
EEE	Espace économique européen
EFTA	European free trade association (voir AELE)
ESB	Épidémie spongiforme bovine
FED	Fonds européen de développement
FEDER	Fonds européen de développement régional
FEOGA	Fonds européen d'orientation et de garantie agricole
FMI	Fonds monétaire international
FPÖ	Freiheitliche Partei Österreichs

FSE	Fonds social européen
GATT	General Agreement on Tariffs and Trade
GATS	General Agreement on Trade in Services
IESD	Identité européenne de sécurité et de défense
IME	Institut monétaire européen
JAI	Justice et Affaires intérieures
LPF	Lijst Pim Fortuyn
MRP	Mouvement républicain populaire
OCDE	Organisation de coopération et de développement économique
OECE	Organisation européenne de coopération économique (plus tard OCDE)
OMC	Organisation mondiale du commerce
ONU	Organisation des nations unies
ÖVP	Österreichische Volkspartei
PAC	Politique agricole commune
PCI	Partito comunista italiano
PCUS	Parti communiste de l'Union soviétique
PDS	Partito democratico di sinistra
PESC	Politique étrangère de sécurité commune
PNB	Produit national brut
PIB	Produit intérieur brut
PHARE	Pologne-Hongrie : assistance à la restructuration économique
PPE	Parti populaire européen
PPI	Parti populaire italien
PSE	Parti socialiste européen
PS	Parti socialiste
PSOE	Partido Socialista Obrero Español
RDA	République démocratique allemande
RFA	République fédérale allemande
RPF	Rassemblement du peuple français
RPR	Rassemblement pour la République
SALT	Strategic Arms Limitation Talks
SEBC	Système européen des Banques centrales
SFIO	Section française de l'Internationale ouvrière
SME	Système monétaire européen
SPD	Sozialdemokratische Partei Deutschlands
SPÖ	Sozialdemokratische Partei Österreichs

TREVI	Terrorisme, radicalisme, extrémisme et violence internationale
TRIPS	Trade-Related Aspects of Intellectual Property Rights
TVA	Taxe sur la valeur ajoutée
UDF	Union pour la démocratie française
UEM	Union économique et monétaire
UEO	Union de l'Europe occidentale
URSS	Union des républiques socialistes soviétiques
OTAN	Organisation du traité de l'Atlantique Nord.
UCK	Ushtria Çlirimtare e Kosovës (Armée de libération du Kosovo)
UMP	Union pour la majorité présidentielle, puis Union pour un mouvement populaire
UE	Union européenne

CHRONOLOGIE

1950. *9 mai*. Dans le grand salon de l'Horloge du Quai d'Orsay, le ministre des Affaires étrangères, Robert Schuman, rend publique une déclaration préparée par Jean Monnet et son équipe. Dans cette déclaration, le gouvernement français propose de mettre en commun les ressources en charbon et en acier de la France et de l'Allemagne, dans une organisation ouverte à tous les pays d'Europe, pour réconcilier à la fois la France et l'Allemagne et créer une Communauté économique sectorielle qui constitue également la première étape d'une fédération européenne.

Les gouvernements de la République fédérale d'Allemagne (RFA), de l'Italie, de la Belgique, des Pays-Bas et du Luxembourg présentent rapidement une adhésion de principe. De son côté, le gouvernement britannique pense qu'il est impossible d'accepter l'engagement de créer une autorité disposant de pouvoirs souverains. L'Europe commence donc « à six ».

24 octobre. Le gouvernement français dirigé par René Pleven présente un projet pour la création d'une Communauté européenne de défense (CED).

1951. *18 avril*. Les Six signent à Paris le traité instituant la Communauté européenne du charbon et de l'acier (CECA).

1952. *27 mai*. Les gouvernements des Six signent à Paris le traité instituant la Communauté européenne de défense.

27 juillet. Le traité de la CECA entre en vigueur au cours de l'année. Les institutions établissent leur siège à Luxembourg. Jean Monnet devient président de la Haute Autorité, Paul-Henri Spaak est nommé à la tête de l'Assemblée commune et Massimo Pilotti est nommé président de la Cour de Justice.

11 août. Le gouvernement britannique déclare son intention de créer une association entre le Royaume-Uni et la CECA.

10 septembre. Une conférence des ministres des Affaires étrangères des Six demande à l'assemblée de la CECA, intégrée par un certain nombre de députés, d'élaborer un projet de traité pour instituer une Communauté politique européenne.

13 septembre. Création d'une « assemblée *ad hoc* » pour élaborer le projet de Communauté politique européenne, qui désigne une Commission constitutionnelle chargée de la préparation des travaux.

1953. *1er janvier.* Entrée en vigueur du prélèvement de la CECA, il s'agit du premier impôt européen.

10 février-10 mars. Ouverture du marché commun pour les produits prévus par le traité de la CECA : charbon et minerai de fer au début (10 février), fer et acier ensuite (respectivement le 15 février et le 1er mars).

18 février. Le gouvernement des Pays-Bas présente un plan d'intégration pour l'ensemble des économies des Six, fondé sur une union douanière et un marché commun.

10 mars. L'« assemblée *ad hoc* » approuve le projet de traité pour mettre en place la Communauté politique européenne et le transmet aux six gouvernements.

1954. *30-31 août.* L'Assemblée nationale rejette le traité de la Communauté européenne de défense.

11 novembre. Jean Monnet annonce qu'il ne briguera pas un second mandat de président de la Haute Autorité.

21 décembre. Signature à Londres de l'accord d'association entre le Royaume-Uni et la CECA.

1955. *1er-2 juin.* Réunis à Messine, les ministres des Affaires étrangères des États membres de la CECA décident de poursuivre la construction d'une Europe unie « pour préserver le rôle de l'Europe dans le monde, pour lui redonner son influence et son prestige et pour accroître en permanence le niveau de vie de sa population ».

Les ministres chargent un Comité intergouvernemental dirigé par Paul-Henri Spaak de rédiger un rapport concernant les possibilités de réaliser une union économique globale et une union dans le secteur nucléaire.

23 septembre. Entrée en vigueur de l'accord d'association CECA-Royaume-Uni.

13 octobre. Jean Monnet fonde le Comité d'action pour les États-Unis d'Europe.

1956. *29 mai.* Réunis à Venise, les ministres des Affaires étrangères décident, sur la base d'un rapport du Comité Spaak, d'entamer les négociations en vue de la conclusion des traités concernant la création d'un marché commun global et une organisation européenne de l'énergie atomique.

26 juin. Bruxelles : premières négociations pour les nouveaux traités.

3 octobre. Le Royaume-Uni, qui a refusé de participer aux négociations, propose la création d'une zone de libre-échange.

1957. *13 février.* Le conseil de l'OECE décide d'entamer des négociations visant à la création d'une zone européenne de libre-échange auxquelles les États membres de la Communauté acceptent de participer.

19-20 février. Une conférence des chefs de gouvernement des Six organisée à Paris se prononce sur un certain nombre de controverses, notamment sur le traitement des DOM-TOM pour l'association à la CEE.

25 mars. Signature à Rome, au palais du Capitole, des traités instituant la Communauté économique européenne (CEE) et la Communauté européenne de l'énergie atomique (EURATOM). Au cours de l'année, les six Parlements nationaux approuvent les traités, avec des pourcentages d'adhésion supérieurs par rapport à ceux qui avaient concerné le traité de la CECA.

1958. *1er janvier.* Entrée en vigueur des traités de la CEE et d'EURATOM.

7 janvier. Les gouvernements des États membres désignent les membres de la Commission de la CEE et de l'EURATOM. Walter Hallstein devient président de la Commission de la CEE et Louis Armand président de la Commission de l'EURATOM.

10 février. Fin de la période de transition de la CECA.

19 mars. Robert Schuman est élu président du Parlement européen.

3-11 juillet. La conférence agricole de Stresa pose les jalons de la Politique agricole commune (PAC).

14 novembre. Le gouvernement français déclare qu'il est impossible de réaliser une zone européenne de libre-échange (entre les Six de la CEE et les autres États membres de l'OECE), sans instituer un tarif douanier commun et en l'absence d'une certaine harmonisation en matière économique et sociale.

Les négociations sur la zone de libre-échange échouent.

1959. *1ᵉʳ janvier.* Début, au sein de la CEE, de la suppression progressive des droits de douane et des quotas à l'importation.

8 juin. La Grèce présente une demande d'association à la CEE.

20-21 juillet. Une conférence interministérielle des Sept (Danemark, Royaume-Uni, Norvège, Autriche, Portugal, Suède, Suisse) décide de proposer aux gouvernements la création d'une Association de libre-échange, après l'échec des négociations concernant la création d'une zone européenne de libre-échange réunissant tous les pays membres de l'OECE.

31 juillet. La Turquie présente une demande d'association à la CEE.

20 novembre. Le Comité d'action pour les États-Unis d'Europe (Comité Monnet) propose la fusion des exécutifs des trois Communautés européennes (Haute Autorité de la CECA, Commission de la CEE, Commission de l'EURATOM) et des trois Conseils des ministres.

1960. *13 février.* Le conseil de la CEE approuve le tarif douanier commun duquel devront se rapprocher progressivement, pendant la phase transitoire, tous les tarifs des États membres.

3 mai. Entrée en vigueur de la convention concernant la création de l'Association européenne de libre-échange.

12 mai. Le Conseil des CEE décide d'accélérer le processus d'achèvement du Marché commun.

17 mai. Le Parlement européen présente un projet de convention sur son élection au suffrage universel direct (Dehousse).

30 juin. Sur la base des conclusions de la conférence de Stresa et du débat sur les « premières orientations » présentées en novembre 1959, la Commission transmet au Conseil ses propositions au sujet de la réalisation de la Politique agricole commune.

20 septembre. Entrée en vigueur du règlement du Fonds social européen (FSE).

19-20 décembre. Le Conseil de la CEE donne son approbation sur les principes de base de la Politique agricole commune, notamment en ce qui concerne le système des prélèvements.

1961. *10-11 février*. Une conférence au sommet des chefs d'État et de gouvernement, réunie à Paris, s'accorde sur la création d'une union politique des Six.

9 juillet. Signature à Athènes de l'accord d'association entre la CEE et la Grèce.

18 juillet. Pendant la conférence au sommet de Bonn, les chefs d'État et de gouvernement adoptent une déclaration concernant la coopération culturelle et une déclaration sur la coopération politique. En ce qui concerne cette dernière, les Six s'engagent à coopérer en matière politique et à organiser régulièrement des réunions de concertation.

Juillet-août. L'Irlande (31 juillet), le Royaume-Uni (9 août) et le Danemark (10 août) présentent une demande d'adhésion à la CEE.

6-7 décembre. Une conférence ministérielle entre les États membres et le Conseil de la CEE d'une part, et les États africains et malgache associés (EAMA) de l'autre (anciens DOM-TOM associés à la CEE, devenus indépendants après la conclusion du traité de Rome) définit les objectifs et les principes d'une convention pour l'association.

12 décembre. La Suède demande à négocier un accord d'association avec la CEE. L'Autriche demande à ouvrir des négociations en vue d'un accord économique avec la CEE.

1962. *14 janvier.* Le Conseil constate que les principaux objectifs fixés par le traité de la CEE pour la réalisation de la première étape du Marché commun ont été atteints. Cette constatation permet de passer à la deuxième étape à partir du 1er janvier 1962.

Le Conseil adopte en même temps les règlements de base du Marché commun agricole (organisation commune des marchés pour un certain nombre de produits, création du Fonds européen de garantie et d'orientation agricole [FEOGA]).

18 janvier. Le gouvernement français présente une nouvelle version du plan Fouchet.

1er février. Les cinq partenaires de la France présentent un projet alternatif d'union politique.

9 février. L'Espagne présente une demande d'adhésion à la Communauté.

17 avril. Lors d'une conférence des ministres des Affaires étrangères les négociations pour l'union politique échouent, surtout en raison du manque d'accord sur la participation du Royaume-Uni.

30 avril. La Norvège présente une demande d'adhésion à la Communauté.

15 mai. Les Six décident à nouveau d'accélérer les délais de réalisation du Marché commun.

18 mai. Le Portugal présente une demande d'association à la CEE.

1963. *14 janvier.* Dans une conférence de presse, le général de Gaulle déclare que le Royaume-Uni n'est pas « prêt » à entrer dans la CEE.

22 janvier. La France et la RFA signent à Paris un traité d'amitié et de coopération.

29 janvier. Sur une demande du gouvernement français, les négociations pour l'adhésion du Royaume-Uni sont suspendues, ce qui entraîne aussi la suspension des négociations avec les autres pays candidats.

Le Conseil de la CEE se déclare prêt à conclure des accords d'association avec les pays africains ayant des structures de production comparables avec ceux des EAMA.

11 juillet. Le Conseil des ministres de la CEE propose au Royaume-Uni d'entretenir des contacts réguliers dans le cadre de l'Union de l'Europe occidentale (UEO).

20 juillet. Signature à Yaoundé (Cameroun) de la convention d'association entre la CEE et les 18 États africains et malgache.

12 septembre. Signature à Ankara de l'accord d'association entre la CEE et la Turquie.

24 septembre. Le Conseil des trois Communautés entame les procédures en vue de la fusion des exécutifs.

25 septembre. Les pays du marché commun de l'Afrique orientale (Kenya, Tanzanie, Ouganda) demandent l'ouverture des négociations pour établir des « relations économiques formelles » avec la CEE.

14 octobre. Signature à Bruxelles d'un accord commercial entre la CEE et l'Iran. Il s'agit du premier accord avec un pays tiers.

1964. *15 avril.* Sur proposition de la Commission, le Conseil de la CEE décide de mettre en place une politique économique à moyen terme au niveau communautaire.

4 mai. Début à Genève des négociations tarifaires multilatérales dans le cadre du GATT (Accord général sur le commerce et les droits de douane — General Agreement on Trade and Tariffs) connu aussi sous le nom de Kennedy Round.

1er juin. Entrée en vigueur de la convention de Yaoundé.

1er juillet. Entrée en vigueur des règlements qui instituent les premières organisations communes de marché pour les produits agricoles et le FEOGA.

1er octobre. Dans une communication intitulée « Initiative 1964 », la Commission de la CEE propose un calendrier pour accélérer le processus d'achèvement de l'Union douanière.

1ᵉʳ décembre. Entrée en vigueur de l'accord d'association avec la Turquie.

15 décembre. Le Conseil de la CEE adopte pour la première fois les prix communs pour les céréales.

1965. *31 mars.* La Commission de la CEE présente au Conseil ses propositions concernant le financement de la PAC, ainsi que des propositions visant à remplacer les contributions des États membres au budget communautaire par des ressources propres de la Communauté et à renforcer les pouvoirs budgétaires du Parlement européen.

8 avril. Les Six signent le traité de fusion des exécutifs de la CEE, de la CECA et de l'EURATOM, instituant un seul Conseil et une seule Commission des Communautés européennes.

30 juin. Le ministre des Affaires étrangères Couve de Murville demande un débat sur les propositions de la Commission concernant le financement de la politique agricole, les ressources propres et les pouvoirs budgétaires du Parlement, en soulignant que le Conseil n'est pas arrivé à un accord sur le régime de financement dans les délais établis (d'après les décisions de janvier 1962, le règlement financier aurait dû en effet être terminé avant juillet 1965).

1ᵉʳ juillet. Une communication du gouvernement français déclare que la Communauté est « en crise ».

6 juillet. Le gouvernement français informe les États membres que le représentant permanent de la France auprès de la Communauté a été rappelé à Paris et que la délégation française ne participera pas aux réunions du Conseil, du Comité des représentants permanents ainsi qu'aux travaux des comités et des groupes de travail qui préparent les projets ou effectuent des études pour la réalisation de l'Union économique et la continuation des procédures en cours.

26-27 juillet. Le Conseil de la CEE se réunit pour la première fois sans la participation de la France. Le Conseil constate que l'absence d'une délégation ne compromet pas la validité de la séance.

9 septembre. Dans une conférence de presse, le général de Gaulle exprime ses préoccupations sur le fonctionnement des institutions communautaires, notamment en ce qui concerne la procédure du vote majoritaire au sein du Conseil et les rapports entre le Conseil et la Commission.

26 octobre. Dans une déclaration du Conseil, les cinq partenaires de la France réaffirment leur fidélité aux traités et l'invitent à reprendre sa place au sein des institutions communautaires. Pour résoudre les problèmes de la Communauté ils proposent l'organisation d'une séance extraordinaire du Conseil sans la participation de la Commission.

1966. *1ᵉʳ janvier.* La CEE entre dans la troisième et dernière phase de transition du Marché commun, ce qui implique le remplacement du vote à l'unanimité par le système majoritaire pour la plupart des décisions du Conseil.

17-18 janvier. Le Conseil organise une réunion extraordinaire à Luxembourg à laquelle participe aussi la Commission.

28-29 janvier. À l'issue d'une deuxième réunion extraordinaire, le Conseil adopte des résolutions concernant les rapports entre le Conseil et la Commission et la procédure du vote à la majorité (compromis de Luxembourg). La France regagne sa place au sein des institutions communautaires.

11 mai. Le Conseil de la CEE fixe une date précise (1ᵉʳ juillet 1968) pour l'achèvement de l'Union douanière ainsi que la mise en place anticipée d'un tarif douanier commun pour les produits industriels, et établit également un calendrier pour mettre en place, à la même date, la libre circulation des produits agricoles.

10 septembre. Le Premier ministre britannique, Harold Wilson, annonce à la Chambre des Communes l'intention de son gouvernement d'entamer les consultations pour l'adhésion du Royaume-Uni à la Communauté.

1967. *9 février.* En mettant en place, sur proposition de la Commission, un système commun de la Taxe sur la valeur ajoutée (TVA), le Conseil de la CEE commence le processus d'harmonisation des régimes d'impôt.

21 avril. Un coup d'État militaire renverse la démocratie en Grèce. La Communauté gèle l'accord d'association, dont l'application se limite aux affaires courantes.

Mai. Les gouvernements du Royaume-Uni et de l'Irlande (10 mai) et du Danemark (21 mai) présentent une nouvelle demande d'adhésion à la Communauté.

29-30 mai. Les chefs d'État et de gouvernement des États membres célèbrent à Rome le dixième anniversaire de la signature des traités de la CEE et de l'EURATOM.

30 juin. La Commission (pour le compte de la Communauté) et les autres parties signent à Genève l'acte final des négociations multilatérales du GATT (Kennedy Round).

1er juillet. Entrée en vigueur du traité de fusion des exécutifs des Communautés européennes.

6 juillet. Entrée en service de la Commission des Communautés européennes, dirigée par Jean Rey et composée de 14 membres.

25 juillet. La Norvège présente une nouvelle demande d'adhésion à la Communauté.

26 juillet. La Suède demande l'ouverture des négociations en vue d'une participation à la Communauté compatible avec son statut de neutralité.

29 septembre. Avis favorable de la Commission pour l'adhésion du Royaume-Uni, de l'Irlande, du Danemark et de la Norvège.

27 novembre. Dans une conférence de presse le général de Gaulle se prononce contre l'adhésion du Royaume-Uni à la Communauté.

19 décembre. Le Conseil n'arrive pas à un accord pour la réouverture des négociations avec les pays candidats à l'adhésion.

1968. *1er juillet.* L'Union douanière entre en vigueur 18 mois avant la date prévue par les traités. Les droits de douane entre les États membres sont supprimés et un Tarif extérieur commun (TEC) remplace les droits de douane nationaux appliqués dans les échanges avec le reste du monde.

20 juillet. Signature à Arusha (Tanzanie) de l'accord d'association entre la CEE et les pays du marché commun de l'Afrique orientale (Kenya, Ouganda, Tanzanie).

29 juillet. Plus d'un an avant la date prévue par le traité de la CEE, le règlement qui établit la libre circulation des travailleurs dans la Communauté est adopté.

18 décembre. La Commission présente au Conseil le plan Mansholt concernant la réforme de l'agriculture communautaire, visant à moderniser les structures agricoles.

1969. *23 juillet.* Le Conseil reprend l'examen des demandes d'adhésion du Royaume-Uni, de l'Irlande, du Danemark et de la Norvège.

15 octobre. La Commission propose au Conseil de donner à la Communauté les moyens nécessaires pour mettre en œuvre une politique de développement régional.

1ᵉʳ-2 décembre. Conférence à La Haye des chefs d'État et de gouvernement qui s'accordent, d'une part, sur l'adoption rapide du règlement définitif concernant le financement de la PAC, l'octroi des ressources propres de la Communauté et le renforcement des pouvoirs budgétaires du Parlement, et, de l'autre, sur l'ouverture des négociations avec les quatre pays candidats, le lancement de l'Union politique et monétaire et la mise en œuvre d'un système de coopération en matière de politique étrangère.

31 décembre. Fin de la période transitoire de 12 ans prévue par le traité de la CEE pour la réalisation du Marché commun.

1970. *9 février.* Signature par les gouverneurs des Banques centrales et entrée en vigueur de l'accord qui institue le système de soutien monétaire à court terme dans la Communauté.

21-22 avril. Conformément aux engagements pris à La Haye, le Conseil approuve le règlement définitif sur le financement de la PAC, et la décision concernant le remplacement des contributions financières des États membres par le système des ressources propres de la Communauté.

Les ministres signent le « traité qui modifie quelques dispositions concernant le budget des traités des Communautés », et confère au Parlement européen plus de pouvoirs en matière budgétaire.

30 juin. Ouverture solennelle à Luxembourg des négociations avec les quatre pays candidats à l'adhésion.

2 juillet. Nouvelle Commission composée de neuf membres et présidée par Franco Maria Malfatti.

7-8 octobre. Le comité présidé par Pierre Werner, chef du gouvernement luxembourgeois, adopte le rapport pour la réalisation en plusieurs étapes de l'Union économique et monétaire, dont le Conseil l'avait chargé après le sommet de La Haye.

1971. *1er janvier.* Entrée en vigueur de la convention de Yaoundé II et de la convention d'Arusha.

12 mai. À la suite des fluctuations des monnaies de quelques États membres, le Conseil crée un système de montants compensatoires monétaires (MCM) pour les échanges de produits agricoles entre les Six, afin de respecter le principe d'unicité du marché agricole commun.

21-22 juin. Le Conseil adopte les propositions de la Commission concernant la mise en place de mesures tarifaires préférentielles généralisées pour 91 pays en voie de développement (PVD).

15 août. Le gouvernement des États-Unis suspend la convertibilité du dollar en or.

1972. *22 janvier.* Signature à Bruxelles de l'acte d'adhésion du Royaume-Uni, de l'Irlande et de la Norvège.

21 mars. Création du « serpent » monétaire : le Conseil des Communautés et les gouvernements des États membres décident de tolérer une marge de fluctuation maximale de 2,25 % entre leurs monnaies. Les pays candidats à l'adhésion entrent dans le Serpent. Le président de la Commission Malfatti démissionne et est remplacé par Sicco L. Mansholt.

19 avril. Signature de la Convention pour la fondation de l'Institut universitaire européen de Florence.

25 septembre. Par un référendum les Norvégiens refusent d'adhérer à la Communauté (le non l'emporte avec 53,5 %). La Norvège demandera par la suite de négocier un accord de libre-échange avec la Communauté.

19-21 octobre. Les chefs d'État ou de gouvernement de la Communauté élargie tiennent une conférence au sommet à Paris. Ils définissent de nouveaux domaines d'intervention (environnement, politique régionale, politique sociale, politique industrielle...) et demandent aux institutions communautaires d'établir des programmes d'action. Les États membres s'engagent à transformer d'ici à 1980 « l'ensemble de leurs relations en une Union européenne ».

1973. *1ᵉʳ janvier*. Adhésion du Royaume-Uni, de l'Irlande et du Danemark aux Communautés européennes. Les treize membres de la Commission de la Communauté élargie sont désignés officiellement.

Entrée en vigueur des accords de libre-échange avec l'Autriche, la Suisse, le Portugal et la Suède. Les accords avec les autres pays intéressés entreront en vigueur par la suite (Islande, 1ᵉʳ avril, Norvège, 1ᵉʳ juillet, Finlande, 1ᵉʳ janvier 1974).

6 janvier. La Commission de la Communauté élargie présidée par François-Xavier Ortoli tient sa première réunion.

16 janvier. Première réunion du Parlement européen après l'élargissement. Le Parti travailliste britannique ne se fait pas représenter au Parlement.

12 mars. Session du Conseil sur la situation monétaire. Le Royaume-Uni, l'Irlande et l'Italie décident de sortir du Serpent et de laisser fluctuer librement leurs devises. Le Serpent reste en vigueur entre les autres États membres (RFA, Belgique, Danemark, France, Luxembourg, Pays-Bas).

3-7 juillet. Ouverture à Helsinki de la Conférence sur la sécurité et la coopération en Europe (CSCE).

12 septembre. Ouverture à Tokyo d'une nouvelle série de négociations commerciales multilatérales dans le cadre du GATT (Tokyo Round).

6-27 octobre. Guerre du Kippour. Les pays producteurs de pétrole annoncent une réduction ou l'interdiction des exportations de pétrole vers certains pays occidentaux. L'Organisation des pays exportateurs de pétrole (OPEP) décide d'augmenter massivement le prix du pétrole.

14-15 décembre. Sommet à Copenhague des chefs d'État et de gouvernement des États membres. Initiative des ministres des Affaires étrangères de quatre pays arabes participant à la Conférence sur mandat du sommet arabe d'Alger (26-28 novembre).

Les participants décident de mettre rapidement en place les premiers éléments d'une politique commune en matière d'énergie et de créer le Fonds européen de développement régional (FEDER) avant le 1er janvier 1974. Pendant les jours qui suivent, le Conseil de la Communauté ne réussit pas à mettre en œuvre ces décisions politiques, ce qui engendre une certaine tension au sein de la Communauté.

1974. *21 janvier.* Le franc français sort du Serpent.

8 février. Pendant la campagne électorale, le Parti travailliste annonce qu'il demandera de renégocier l'adhésion du Royaume-Uni aux Communautés.

18 février. Le Conseil n'arrive pas à décider le passage à la deuxième étape de l'Union économique et monétaire (UEM).

1er avril. Le nouveau gouvernement britannique demande de revoir l'adhésion du Royaume-Uni aux Communautés.

25 avril. Abolition au Portugal de la dictature au pouvoir depuis 1928.

24 juillet. Fin de la dictature des colonels en Grèce.

31 juillet. Ouverture à Paris du dialogue euro-arabe. La Communauté est représentée par les présidents du Conseil et de la Commission. Il est décidé de créer une Commission générale euro-arabe et une série de groupes de travail.

17 septembre. Le Conseil rétablit l'accord d'association avec la Grèce, après la chute du régime des colonels.

3-10 décembre. Conférence au sommet de la Communauté à Paris. Les chefs d'État et de gouvernement prennent des décisions importantes d'ordre institutionnel :

— le Parlement européen devra être élu au suffrage universel direct à partir de 1978 ;

— les chefs d'État tiendront désormais des réunions régulières en tant que Conseil de la Communauté et sous la forme de coopération politique qui prendront le nom de Conseil européen ;

— le Premier ministre belge Tindemans réalisera, d'ici la fin de 1975, un rapport sur l'Union européenne.

Pendant cette réunion sont prises plusieurs décisions de nature politique et un compromis est atteint sur la structure et le rôle à donner, pour les trois années à venir, au FEDER.

1975. *28 février.* Signature à Lomé d'une convention entre la Communauté et 46 États ACP au soutien, après l'élargissement de la Communauté, de la précédente convention de Yaoundé.

10-11 mars. Première réunion à Dublin du Conseil européen. Sur la base d'une proposition de la Commission, sont réglés une série de problèmes soulignés par le Royaume-Uni, concernant sa contribution au budget de la Communauté. Cet accord met fin à la procédure de la renégociation.

5 juin. Référendum au Royaume-Uni : une large majorité est favorable à ce que le Royaume-Uni reste dans la Communauté (57,2 % dont 38,7 % en Angleterre, 64,8 % au Pays de Galles, 58,4 % en Écosse, 52,1 % en Irlande du Nord). La participation au vote est de 64,5 %.

Juin-juillet. Le 25 juin, la Commission adopte un rapport sur l'Union européenne et le Parlement adopte un même type de document le 10 juillet. Les deux institutions tirent des conclusions similaires sur ce sujet.

7 juillet. À la suite du résultat positif du référendum, le Parti travailliste décide de se faire représenter au Parlement européen. Dix-huit députés travaillistes britanniques arrivent à Bruxelles.

22 juillet. Signature à Bruxelles du traité qui entraîne un renforcement des pouvoirs budgétaires du Parlement européen et la création d'une Cour des comptes européenne.

1er août. Signature à Helsinki de l'acte final de la CSCE par 35 pays : le chef du gouvernement italien Aldo Moro, président du Conseil européen, signe l'acte au nom de la Communauté.

29 décembre. Le Premier ministre belge Tindemans présente aux chefs de gouvernement de la Communauté et au président de la Commission son rapport sur l'Union européenne.

1976. *1er avril.* Entrée en vigueur de la convention CEE-ACP signée à Lomé le 28 février 1975.

25-27 avril. Signature des accords de coopération globale entre la Communauté et les pays du Maghreb (Tunisie 25 avril, Algérie 26 avril).

13 juillet. En suivant partiellement une suggestion formulée dans le rapport Tindemans, le Conseil européen désigne Roy Jenkins futur président de la Commission qui prendra service à partir du 1er janvier 1977. Dans les mois suivants, Jenkins consultera les neuf gouvernements sur la composition de la nouvelle Commission.

27 juillet. Début des négociations d'adhésion de la Grèce.

20 septembre. Signature à Bruxelles des textes relatifs à l'élection du Parlement européen au suffrage universel direct.

30 octobre. À La Haye, les ministres des Affaires étrangères décident qu'à partir du 1er janvier 1977 les États membres étendront leur zone de pêche à 200 milles au large des côtes de la mer du Nord et de l'Atlantique Nord.

29-30 novembre. Résolution du Conseil européen de La Haye sur le rapport Tindemans. Tous les ans les ministres des Affaires étrangères et la Commission rédigeront un rapport sur les résultats atteints et sur les progrès réalisables à court terme en vue de l'Union européenne.

1977. *6 janvier.* Première réunion de la nouvelle Commission présidée par Roy Jenkins.

28 mars. Le Portugal présente sa demande d'adhésion aux Communautés européennes.

7-8 mai. Troisième sommet du G 7 à Londres (sommet de Downing Street) : première participation de la Communauté.

17 mai. Le Conseil adopte la sixième directive concernant la Taxe sur la valeur ajoutée (TVA), qui établit un critère uniforme pour son acquittement. Cela permettra de créer le régime intégré de ressources propres de la Communauté.

1er juillet. Achèvement de l'Union douanière dans la Communauté élargie.

28 juillet. L'Espagne présente sa demande d'adhésion aux Communautés européennes.

27 octobre. Discours du président de la Commission Jenkins à Florence sur les perspectives de l'Union monétaire.

5-6 décembre. Réunion du Conseil européen à Bruxelles. Le Conseil se prononce en faveur d'un nouvel instrument de crédit communautaire (instrument ou « guichet » Ortoli).

1978. *6 janvier.* Visite du président des États-Unis, Jimmy Carter, à la Commission des Communautés européennes à Bruxelles.

3 février. Conclusion des pourparlers entre la Communauté et la République populaire de Chine pour un accord commercial non préférentiel de cinq ans.

3 avril. Signature à Bruxelles de l'accord commercial entre la Communauté et la République populaire de Chine.

7-8 avril. Session du Conseil européen à Copenhague. Le Conseil décide que les élections du Parlement européen au suffrage universel direct auront lieu entre le 7 et le 10 juin 1979 dans tous les pays membres de la Communauté. Le Conseil décide également d'accélérer les travaux pour la mise en place d'un système qui puisse assurer la stabilité monétaire en Europe.

29 mai. Wilhelm Haferkamp, vice-président de la Commission, et Igor Fedeev, le secrétaire du Conseil d'assistance économique mutuelle, se rencontrent à Moscou.

6-7 juillet. Session du Conseil européen à Brême. Le Conseil approuve dans les grandes lignes le nouveau Système monétaire européen (SME) dont le fonctionnement devra être approuvé avant la fin de l'année.

5-6 décembre. Le Conseil européen se réunit à Bruxelles pour discuter les mécanismes du SME, approuvés, après de longs débats, seulement par six pays (RFA, France, Belgique, Pays-Bas, Danemark, Luxembourg). L'Italie et l'Irlande demandent une « pause de réflexion » avant d'annoncer la décision définitive des gouvernements respectifs. Tous s'engagent à adopter automatiquement quelques règles du système ; le Royaume-Uni décide de ne pas participer au SME.

14 décembre. Après un vote positif au Parlement, le gouvernement italien communique son adhésion inconditionnée aux accords monétaires de Bruxelles.

17 décembre. L'Irlande envoie une communication similaire à celle de l'Italie. Tous les pays de la Communauté, à l'exception du Royaume-Uni, adhèrent au nouveau système.

22 décembre. N'ayant pas trouvé une solution aux problèmes des Montants compensatoires monétaires (MCM) en vigueur dans le marché commun agricole (que le gouvernement français juge « préjudiciels » une fois les règles du SME appliquées), l'entrée en vigueur du nouveau système, prévue pour le 1ᵉʳ janvier 1979, est renvoyée *sine die*.

1979. *17 janvier.* Adhésion de Tuvalu à la convention de Lomé (55ᵉ État ACP).

5 février. Ouverture formelle à Bruxelles des négociations en vue de l'entrée de l'Espagne dans la Communauté.

26 février. Adhésion de la Dominique à la convention de Lomé (56ᵉ État ACP).

22-23 mars. Conseil européen de Paris :

— le SME entrera en vigueur le 13 mars 1979 ;

— examen de la situation économique et sociale, de la PAC et des problèmes en matière d'énergie.

13 mars. Entrée en vigueur du SME.

16 mars. Mort de Jean Monnet.

3 avril. La conférence ministérielle de Luxembourg permet de régler les questions en suspens et de conclure les négociations pour l'adhésion de la Grèce à la Communauté.

9 avril. Introduction de l'écu dans la PAC.

12 avril. Les négociations commerciales multilatérales dans le cadre du GATT (Tokyo Round) arrivent à une conclusion. Après une dernière réunion du comité chargé des négociations commerciales, tous les textes des accords négociés sont ouverts à la signature des délégations.

8-11 mai. Dernière session du Parlement avant la première élection directe.

11 mai. Première réunion informelle des ministres du Commerce de la Communauté.

23 mai. La Commission définit les orientations concernant la gestion du Fonds social européen (FSE) pour la période 1980-1982.

28 mai. Signature à Athènes des actes concernant l'adhésion de la Grèce à la Communauté. À l'issue des procédures de ratification, la Grèce deviendra le dixième État membre de la Communauté au 1er janvier 1981.

7-10 juin. Premières élections du Parlement au suffrage universel direct.

21-22 juin. Conseil européen de Strasbourg :

— définition d'une stratégie commune en matière d'énergie ;

— examen des problèmes concernant la convergence des performances économiques des États membres.

28 juin. Le Parlement grec ratifie le traité d'adhésion de la Grèce à la Communauté européenne.

Adhésion de Santa Lucia à la convention de Lomé (57e État ACP).

28-29 juin. Sommet du G 7 de Tokyo.

29 septembre. Les États ACP approuvent le texte d'une nouvelle convention CEE/ACP.

30 octobre. Adhésion de Kiribati (ancienne île Gilbert) à la convention de Lomé (58ᵉ État ACP).

31 octobre. Signature de la deuxième convention de Lomé.

5-7 novembre. Le Parlement procède au débat et au vote en première lecture du projet de budget général de la Communauté pour 1980.

29 novembre. La Commission transmet au Conseil européen une communication où sont proposées une série d'actions concrètes dans le secteur des nouvelles technologies de l'information (télématique).

29-30 novembre. Conseil européen de Dublin :
— examen des problèmes concernant les convergences des performances économiques et les questions budgétaires ;
— décisions concernant les procédures pour l'examen du rapport du comité des sages sur les modifications à apporter aux mécanismes et aux procédures des institutions communautaires ;
— examen des propositions de la Commission pour un contrôle plus efficace des marchés agricoles.

30 novembre. Dévaluation de 5 % de la couronne danoise par rapport à toutes les monnaies qui participent au mécanisme de change et d'intervention du SME.

14 décembre. Le Parlement européen rejette le budget communautaire pour l'année 1980.

17 décembre. La Communauté signe les accords sur les négociations commerciales multilatérales dans le cadre du GATT (Tokyo Round).

18 décembre. Le Conseil approuve le plan anticrise pour la sidérurgie pour 1980. Le Conseil approuve l'accord de coopération entre la Communauté et les pays de l'ASEAN, préparé les 29 et 30 novembre.

1980. *7-8 mars.* Signature officielle de l'accord de coopération CEE-ASEAN. Les deux parties adoptent une déclaration sur les questions politiques.

30 mai. Accord global au sein du Conseil sur la contribution du Royaume-Uni au financement du budget communautaire, sur les prix agricoles et sur l'organisation commune des marchés dans les secteurs de la viande ovine, déclaration sur la politique commune de la pêche. La Commission reçoit le mandat d'apporter, avant le 30 juin 1981, des modifications à la structure du budget et de prendre des mesures pour réorganiser les politiques communautaires.

9 juin. Le Conseil adopte deux résolutions, l'une concernant les objectifs de la Communauté en matière d'énergie pour 1990, et l'autre relative aux nouveaux objectifs d'action communautaire pour économiser l'énergie.

22-23 juin. Sommet du G 7 de Venise.

23 septembre. Les Neuf prennent position dans le conflit Iran-Irak.

1ᵉʳ octobre. Entrée en vigueur de l'accord de coopération CEE-ASEAN.

6 octobre. La Commission déclare l'état de crise dans le secteur de la sidérurgie (art. 58 du traité de la CECA). Le lendemain, elle transmet au Conseil une des mesures d'accompagnement social dans ce secteur.

20 octobre. Entrée en vigueur de la nouvelle organisation commune des marchés dans le secteur de la viande de brebis et de chèvre.

27 octobre. Le Conseil adopte deux règlements, l'un sur la révision du mécanisme financier établi en 1976, l'autre concernant une série de mesures supplémentaires en faveur du Royaume-Uni. Ces règlements constituent l'application des conclusions du Conseil du 30 mai sur la contribution britannique au financement du budget communautaire.

31 octobre. La Commission adopte une décision qui établit des quotas de production dans le secteur de la sidérurgie en application de l'article 58 du traité de la CECA.

3-6 novembre. Première lecture au Parlement du projet de budget général des Communautés pour 1981.

Signature à Luxembourg de l'accord d'adhésion du Zimbabwe à la convention de Lomé.

24-25 novembre. Deuxième lecture au Conseil du projet de budget général pour 1980.

25 novembre. Face à l'aggravation du déficit de la balance commerciale entre la CEE et le Japon, le Conseil souligne dans une déclaration la nécessité d'améliorer les rapports commerciaux à travers une stratégie commune.

1ᵉʳ décembre. La Commission transmet au Conseil une proposition pour faciliter l'introduction de services aériens réguliers interrégionaux entre les États membres.

1ᵉʳ-2 décembre. Au Conseil européen de Luxembourg, les Neuf prennent position sur la situation en Pologne. Les États membres négocient avec la Pologne les modalités pour fournir des produits agricoles à des prix réduits.

3 décembre. Signature d'un accord, sous forme d'un échange de lettres, entre la Communauté et le Portugal, concernant une aide de préadhésion en sa faveur.

4 décembre. Le Conseil adopte une directive concernant l'introduction d'un permis de conduire européen.

8 décembre. La Commission transmet au Conseil une communication intitulée « Réflexions sur la Politique agricole commune ».

16-18 décembre. Session du Parlement consacrée au budget.

22 décembre. Session du Conseil consacrée aux questions budgétaires.

23 décembre. Le président du Parlement constate que le budget général de la Communauté pour 1981 est définitivement approuvé.

1981. *1ᵉʳ janvier.* La Grèce devient le dixième État membre de la Communauté européenne.

Entrée en vigueur de la convention de Lomé II, signée le 31 octobre 1979.

22 mars. Les ministres et les gouverneurs des Banques centrales des États membres décident de procéder à un ajustement des parités centrales du SME (dévaluation de la lire italienne).

26-27 mars. Le Conseil adopte une résolution sur la politique de restructuration de la sidérurgie.

26 avril et 10 mai. Élections présidentielles en France. Victoire de François Mitterrand.

23 juin. Les représentants des gouvernements des États membres adoptent une résolution pour la mise en place d'un modèle de passeport européen homogène dans les États membres.

4 octobre. Les ministres et les gouverneurs des Banques centrales des États membres décident de procéder à un ajustement des parités centrales du SME (réappréciation du deutschemark et du florin hollandais ; dévaluation du franc français et de la lire italienne).

19 novembre. Les ministres Hans Dietrich Genscher et Emilio Colombo présentent au Parlement leurs projets d'Acte unique et de déclaration sur l'intégration économique.

1982. *19 janvier.* Élection du nouveau président du Parlement européen (Pieter Dankert).

21 février. Ajustement des cours centraux du SME : dévaluation du franc belge, du franc luxembourgeois et de la couronne danoise.

10 mars. Le Parlement adopte une résolution concernant un projet de procédure électorale homogène à employer dans les élections des membres du Parlement européen.

22 juin. Ajustement des cours centraux au sein du SME : réappréciation du deutschemark et du florin hollandais, dévaluation du franc français et de la lire italienne.

24 juin. Le Conseil adopte la directive concernant la prévention des accidents industriels (directive Seveso).

1983. *9 janvier.* Le gouvernement grec décide de dévaluer la drachme.

25 janvier. Accord sur la politique commune de la pêche.

21 mars. Ajustement des cours centraux au sein du SME : réappréciation du deutschemark, du florin hollandais, de la couronne danoise, du franc belge et du franc luxembourgeois ; dévaluation du franc français, de la lire italienne et de la livre sterling.

25 mai. La Commission transmet au Conseil une proposition de décision pour l'adoption du premier programme stratégique européen de Recherche et développement dans le secteur des technologies de l'information (ESPRIT).

17-19 juin. Conseil européen de Stuttgart. Les chefs d'État et de gouvernement et les ministres des Affaires étrangères signent la déclaration solennelle sur l'Union européenne.

29 juillet. À la suite du Conseil européen de Stuttgart, la Commission transmet au Conseil deux communications sur la réforme de la Politique agricole commune et sur les Fonds structurels.

16 novembre. Le Parlement adopte une résolution sur le déploiement de missiles en Europe occidentale.

Les ministres des Affaires étrangères adoptent une déclaration par laquelle ils rejettent la proclamation d'indépendance de la « République turque » du nord de Chypre.

1984. *14 février.* Le Parlement adopte une résolution concernant le projet du traité instituant l'Union européenne (« Projet Spinelli »).

28 février. Le Conseil adopte une décision relative à un programme stratégique européen de Recherche et développement dans le secteur des technologies de l'information (ESPRIT).

14-17 juin. Deuxième élection du Parlement européen au suffrage universel direct.

25-26 juin. Conseil européen de Fontainebleau. Le problème de la contribution britannique est résolu.

24 juillet. Élection de Pierre Pflimlin, nouveau président du Parlement européen, et des vice-présidents.

8 novembre. Le Conseil décide d'accélérer les réductions tarifaires prévues par les négociations commerciales multilatérales du Tokyo Round.

8 décembre. Signature à Lomé de la 3ᵉ convention ACP-CEE.

Le Parlement rejette le projet de budget général des Communautés pour 1985.

1985. *7 janvier.* Première Commission présidée par Jacques Delors.

1ᵉʳ février. Le Groenland sort de la Communauté européenne et y reste associé avec le statut de territoire d'outre-mer.

12 juin. Signature des actes concernant l'adhésion de l'Espagne et du Portugal.

14 juin. L'Allemagne, la Belgique, la France, le Luxembourg et les Pays-Bas signent la convention de Schengen. La Commission transmet au Conseil un Livre blanc concernant l'achèvement du marché intérieur pour 1992.

28-29 juin. Conseil européen de Milan. Les chefs d'État et de gouvernement décident à la majorité qualifiée de convoquer une conférence intergouvernementale pour réformer les traités de Rome.

17 juillet. Les représentants de 17 pays européens tiennent à Paris les assises de la technologie européenne (EURÊKA).

20 juillet. Les ministres et les gouverneurs des Banques centrales des États membres décident de modifier les taux centraux au sein du SME.

1986. *1ᵉʳ janvier*. L'Espagne et le Portugal entrent dans la Communauté européenne.

17 et 28 février. Signature de l'Acte unique européen.

6 avril. Les ministres et les gouverneurs des Banques centrales des États membres s'accordent sur un ajustement des cours centraux au sein du SME.

30 avril. La Commission transmet au Conseil une proposition de directive visant à coordonner certaines législations, réglementations et aspects administratifs des États membres concernant des activités de radiodiffusion.

1ᵉʳ mai. Entrée en vigueur de la 3ᵉ convention ACP-CEE signée à Lomé le 8 décembre 1984.

16 mai. La Commission transmet au Conseil un programme d'action en faveur de la production audiovisuelle européenne.

29 mai. Le drapeau européen adopté par les institutions communautaires est hissé pour la première fois devant le palais du Berlaymont à Bruxelles.

2 août. Les ministres et les gouverneurs des Banques centrales des États membres s'accordent sur un ajustement des cours centraux au sein du SME.

15-20 septembre. Les ministres représentant les quatre-vingt-douze pays participant à la conférence du GATT à Punta del Este (Uruguay) décident de mettre en place un nouveau cycle de négociations commerciales multilatérales (Uruguay Round).

16 septembre. Les ministres des Affaires étrangères, réunis dans le cadre de la coopération politique, adoptent une déclaration sur l'Afrique du Sud.

17 novembre. Le Conseil adopte une directive qui modifie celle du 11 mai 1960 visant à augmenter les obligations de la Communauté en matière de libéralisation des mouvements de capitaux.

1987. *20 janvier.* Élection de Sir Henry Plumb à la présidence du Parlement européen.

18 février. Jacques Delors, président de la Commission, présente au Parlement, avec le programme de travail de la Commission pour 1987, la communication « Amener l'Acte unique au succès : une nouvelle frontière pour l'Europe » illustrant les conditions pour l'achèvement de l'Acte unique et les propositions pour perfectionner les réformes de la PAC, des instruments structurels et du financement de la Communauté.

14 avril. Le gouvernement de la République de Turquie présente sa demande d'adhésion aux Communautés européennes.

15 juin. Le Conseil adopte le programme d'action pour la mobilité des étudiants universitaires (Erasmus).

1er juillet. Entrée en vigueur de l'Acte unique européen.

22 octobre. Le Conseil adopte les grandes lignes concernant les négociations de la Communauté sur les aspects agricoles de l'Uruguay Round.

1988. *13-15 février.* Le Conseil européen de Bruxelles s'accorde sur l'ensemble des conclusions concernant le dossier « Amener l'Acte unique au succès : une nouvelle frontière pour l'Europe ».

24 juin. Le Conseil adopte une directive concernant la libéralisation totale des mouvements de capitaux à partir du 1er juillet 1990.

La Commission transmet au Parlement européen une communication sur le budget et sur les perspectives de l'Europe des citoyens.

La Commission transmet au Conseil une proposition de directive sur le droit de vote des citoyens des États membres aux élections municipales dans l'État membre où ils résident.

25 juin. Signature de la déclaration conjointe concernant la mise en place de relations officielles entre la Communauté et le Conseil d'assistance économique mutuelle (COMECON).

27-28 juin. Conseil européen de Hanovre :

— les chefs d'État et de gouvernement soulignent l'importance des aspects sociaux dans la réalisation des objectifs 1992 ;

— un comité spécial reçoit le mandat d'étudier les actions concrètes qui conduiront graduellement à la monnaie unique ; ce comité, composé des gouverneurs des Banques centrales des pays membres est présidé par Jacques Delors.

— décision de renouveler le mandat de président de la Commission de Jacques Delors.

24 octobre. Le Conseil adopte une décision instituant un Tribunal de première instance des Communautés européennes.

2-3 décembre. Conseil européen de Rhodes :

— consolidation des progrès vers le grand marché de 1992 ;

— nouvel élan pour la politique de l'environnement ;

— déclaration sur le rôle international de la Communauté : l'Europe sera un « partenaire » et non pas une « forteresse ».

1989. *12 avril.* Le comité Delors présente le rapport sur l'UEM.

15-18 juin. 3e élections européennes au suffrage universel direct.

19 juin. La peseta entre dans le mécanisme de change du SME.

26-27 juin. Conseil européen de Madrid :

— adoption d'une série de mesures décisives sur l'Union économique et monétaire ;

— nécessité de respecter l'équilibre entre les aspects sociaux et les aspects économiques de la construction du Marché unique ;

— priorité du dossier environnement ;

17 juillet. La République d'Autriche présente sa demande d'adhésion aux Communautés européennes.

30 septembre-octobre. Assises de l'audiovisuel à Paris. Vingt-six pays européens et la Commission adoptent de manière conjointe une déclaration concernant la création d'EURÊKA de l'audiovisuel.

3 octobre. Le Conseil adopte la directive Télévision sans frontières, concernant l'exercice d'activités de radiodiffusion.

8-9 décembre. Conseil européen de Strasbourg :

— les chefs d'État et de gouvernement des États membres adoptent la Charte communautaire des droits sociaux fondamentaux des travailleurs ;

— réaffirmation du rôle de la Communauté et des États membres sur la scène politique et économique internationale, en particulier vis-à-vis des pays d'Europe centrale et orientale (PECO).

15 décembre. Signature à Lomé de la nouvelle convention ACP-CEE par la Communauté, les États membres et les États d'Afrique, Caraïbes et Pacifique.

18 décembre. Signature d'un accord commercial et d'un accord de coopération commerciale et économique entre la Communauté et l'Union soviétique.

1990. *10 avril.* La Commission propose un programme d'action MEDIA (1990-1995) pour promouvoir le développement de l'industrie européenne de l'audiovisuel.

28 avril. Réuni en session spéciale à Dublin, le Conseil européen décide de parvenir à une orientation commune vis-à-vis de la réunification allemande, des relations avec les PECO, et du déroulement de la CSCE. Il définit également une procédure pour la préparation de propositions concernant les progrès de l'union politique.

7 mai. Le Conseil adopte le règlement concernant la création de l'Agence européenne pour l'environnement et le réseau de contrôle et d'information sur l'environnement.

29 mai. Signature à Paris de l'accord instituant la Banque européenne pour la reconstruction et le développement (BERD).

25-26 juin. Conseil européen de Dublin : organisation pour le mois de décembre de deux CIG, l'une concernant l'UEM, et l'autre l'union politique.

29 juin. Le Conseil établit les directives de négociation pour un accord avec les pays de l'AELE concernant la création de l'Espace économique européen (EEE).

1er juillet. Entrée en vigueur de la première phase de l'UEM.

4 juillet. La République de Chypre présente sa demande d'adhésion aux Communautés européennes.

16 juillet. La République de Malte présente sa demande d'adhésion aux Communautés européennes.

19 juillet. Signature de la « convention d'application des accords de Schengen » par l'Allemagne, la Belgique, l'Espagne, la France, la Grèce, l'Italie, le Luxembourg, les Pays-Bas et le Portugal.

24 juillet. Le Conseil adopte formellement trois règlements qui constituent une deuxième étape de la politique communautaire de libéralisation des transports aériens.

8 août. Suite à l'invasion du Koweït par l'Irak, des mesures d'embargo dans les échanges avec l'Irak sont adoptées.

21 août. La Commission adopte une communication sur la Communauté et la réunification allemande accompagnée d'une série de propositions concernant l'application rapide de mesures transitoires et les dérogations techniques indispensables, ainsi que les mesures transitoires et ses dérogations.

17 septembre. Le Conseil adopte les mesures provisoires prévues dans le cadre de la réunification allemande.

3 octobre. Réunification de l'Allemagne.

6 octobre. La livre entre dans le mécanisme de change du SME.

27-28 octobre. Session spéciale à Rome du Conseil européen :

— organisation de la conférence intergouvernementale sur l'UEM ;

— le Conseil européen condamne encore une fois l'Irak et souligne la priorité absolue que la Communauté et les États membres donnent à la solution de la crise du Golfe par rapport aux résolutions des Nations unies.

19-21 novembre. Réunion à Paris de trente-quatre chefs d'État et de gouvernement de la CSCE et signature d'une charte pour une nouvelle Europe.

27 novembre. L'Italie adhère aux accords Schengen.

14-15 décembre. Conseil européen de Rome :

— acceptation des travaux préparatoires concernant l'union politique, identification des points à examiner pendant la CIG ;

— la Communauté décide de fournir une assistance à l'Union soviétique pour qu'elle puisse faire face aux besoins les plus urgents et adopte une série d'orientations en soutien des réformes en cours dans ce pays.

15 décembre. Ouverture des CIG sur l'union politique et sur l'UEM.

1991. *13 mars*. La Commission adopte les cadres communautaires au soutien des investissements structurels dans les cinq nouveaux Länder allemands et à Berlin-Est.

8 avril. Le Conseil européen réuni en session informelle examine les problèmes du Moyen-Orient après la crise du Golfe et décide de mettre en place une aide humanitaire d'urgence en faveur des Kurdes et des autres réfugiés de la région.

28-29 juin. Le Conseil européen de Luxembourg confirme la nécessité particulière de poursuivre la CIG sur la base du projet de traité de la présidence.

1er juillet. La Suède présente une demande d'adhésion aux Communautés européennes.

15 juillet. Le Conseil adopte un règlement concernant la fourniture d'assistance technique à l'Union soviétique.

1er septembre. Entrée en vigueur de la 4e convention de Lomé.

21 octobre. Après avoir conclu un accord sur la pêche avec les pays de l'AELE, et des accords de transit avec l'Autriche et la Suisse, le Conseil donne son approbation politique pour la création de l'EEE.

6 novembre. La Commission décide d'instituer un Office européen des aides humanitaires (ECHO).

26 novembre. La Communauté adhère à la FAO et devient ainsi la première organisation d'intégration économique membre de plein droit d'une agence spécialisée des Nations unies.

9-10 décembre. Le Conseil européen réuni à Maastricht exprime son approbation sur le projet de traité sur l'Union européenne.

16 décembre. Signature des accords européens avec la Pologne, la Hongrie, la Tchécoslovaquie.

1992. *9 janvier.* La Commission adopte une communication sur les rapports de la Communauté avec les États indépendants de l'ex-URSS.

7 février. Les ministres des Affaires étrangères et des Finances des États membres signent à Maastricht le traité sur l'Union européenne.

11 février. La Commission adopte des propositions concernant un second paquet de mesures structurelles et financières (« paquet Delors II »).

18 mars. La Finlande présente sa demande officielle d'adhésion aux Communautés européennes.

4 avril. L'escudo entre dans le mécanisme de change du SME.

2 mai. Signature de l'accord qui institue l'EEE.

20 mai. La Suisse présente sa demande officielle d'adhésion aux Communautés européennes.

21-22 mai. Lors du sommet franco-allemand de La Rochelle, annonce de la création d'un corps d'armée commun (Euro-corps).

2 juin. Référendum au Danemark : les Danois se prononcent contre la ratification du traité sur l'Union européenne.

3-14 juin. La Communauté participe à la conférence de Rio sur l'environnement et sur le développement (CNUED) et signe les conventions internationales sur les modifications du climat planétaire et sur la diversité biologique.

19 juin. Les ministres des Affaires étrangères et de la Défense des États membres de l'UEO assignent trois missions nouvelles à cette organisation : actions humanitaires, opérations de maintien de la paix et missions de rétablissement de la paix (missions de Petersberg).

25 juin. Espagne et Portugal adhèrent aux accords Schengen.

26-27 juin. Le Conseil européen réuni à Lisbonne rappelle l'importance du respect du calendrier de la ratification du traité sur l'Union européenne.

2 juillet. Le Parlement luxembourgeois ratifie le traité sur l'Union européenne.

31 juillet. Le Parlement grec ratifie le traité sur l'Union européenne. La Commission adopte un avis sur la demande d'adhésion de la Suède aux Communautés européennes.

25 août. Ouverture à Londres de la conférence internationale sur l'ex-Yougoslavie.

20 septembre. Référendum en France : les Français se prononcent en faveur de la ratification du traité sur l'Union européenne par 51 % de oui contre 49 % de non.

16 octobre. Réunion extraordinaire à Birmingham du Conseil européen : adoption de la déclaration « Une Europe plus proche de ses citoyens ».

26 octobre. L'Italie ratifie le traité sur l'Union européenne.

27 octobre. La Commission adopte une communication sur la mise en place du principe de subsidiarité.

4 novembre. La Belgique ratifie le traité sur l'Union européenne.

6 novembre. La Grèce adhère aux accords Schengen.

20 novembre. Conclusion à la Blair House de Washington d'un préaccord entre la Commission européenne et les États-Unis concernant le volet agricole des négociations de l'Uruguay Round dans le cadre du GATT.

25 novembre. La Norvège présente sa demande officielle d'adhésion aux Communautés européennes.

L'Espagne ratifie le traité sur l'Union européenne.

6 décembre. Référendum en Suisse : les Suisses se prononcent contre la ratification de l'accord concernant la création de l'EEE.

11 décembre. Le Portugal ratifie le traité sur l'Union européenne.

11-12 décembre. Le Conseil européen d'Édimbourg accorde au Danemark les dérogations qui lui permettront de soumettre la ratification du traité à un nouveau référendum. Il donne son approbation sur le « paquet Delors II » et fixe au 1er janvier 1993 le début des négociations d'adhésion avec l'Autriche, la Suède et la Finlande.

15 décembre. Les Pays-Bas ratifient le traité sur l'Union européenne.

1993. *1er janvier.* Entrée en vigueur de toute la législation nécessaire pour l'achèvement du Marché unique.

1er février. Ouverture à Bruxelles des négociations pour l'adhésion de l'Autriche, de la Finlande et de la Suède. Le Conseil adopte une décision qui modifie le nombre et la répartition par État membre des représentants au sein du Parlement européen.

16 février. Entrée en fonctions de la troisième Commission Delors.

30 mars. Le Conseil adopte un règlement qui institue un instrument financier de cohésion pour le financement des projets d'infrastructure avant l'entrée en vigueur du Fonds de cohésion.

5 avril. Ouverture à Luxembourg des négociations pour l'adhésion de la Norvège.

18 mai. Second référendum au Danemark : les Danois se prononcent en faveur du traité sur l'Union européenne.

21-22 juin. Conseil européen de Copenhague :

— la Commission est chargée de préparer un **Livre** blanc sur une stratégie à long terme pour promouvoir la compétitivité et l'occupation ;

— le Conseil européen invite la BEI à augmenter de 3 milliards d'écus le mécanisme temporaire de prêt décidé par le Conseil européen d'Édimbourg ;

— le Conseil européen rappelle que l'Autriche, la Finlande, la Norvège et la Suède entreront dans la Communauté à partir du 1er janvier 1995 ;

— le Conseil européen rappelle que les PECO associés qui le désirent pourront devenir membres de l'Union européenne dès qu'ils satisferont aux conditions économiques et politiques prévues et décide notamment d'accélérer l'ouverture des marchés de la Communauté.

2 août. Le gouvernement du Royaume-Uni dépose les instruments de ratification du traité sur l'Union européenne. Les ministres et les gouvernements des Banques centrales des États membres décident d'augmenter les marges de fluctuation des monnaies.

12 octobre. Suite à l'arrêt de la Cour constitutionnelle de Karlsruhe, qui déclare le traité sur l'Union européenne compatible avec la Constitution, le gouvernement allemand dépose ses instruments de ratification.

29 octobre. Réunion du Conseil européen à Bruxelles :

— adoption d'une déclaration à l'occasion de l'entrée en vigueur du traité sur l'Union européenne ;

— le Conseil européen rappelle l'entrée en vigueur de la deuxième phase de l'UEM à partir du 1er janvier 1994 ;

— décision d'appliquer plusieurs actions communes que l'Union devra mener dans le cadre de la PESC ;

1er novembre. Les procédures de ratification terminées, le traité sur l'Union européenne entre en vigueur. Le Conseil adopte une première série de décisions et de règlements sur la législation dérivée nécessaire pour la deuxième phase de l'UEM.

5 décembre. La Commission adopte le Livre blanc « Croissance, compétitivité, emploi : les défis et le chemin à parcourir pour entrer dans le XXIe siècle ».

6 décembre. Le Conseil adopte la directive concernant le droit de vote et d'éligibilité aux élections du Parlement européen.

9 décembre. Boris Eltsine, le président de la Commission Jacques Delors et le président du Conseil Jean-Luc Dehaene signent une déclaration sur le renforcement des relations, surtout politiques, entre la Fédération de Russie et l'Union.

10-11 décembre. Conseil européen de Bruxelles :

— mise en place d'un plan d'action à court et à moyen terme, sur la base du Livre blanc de la Commission « Croissance, compétitivité, emploi » ;

— mise en place d'un premier plan d'action sur la justice et les affaires intérieures ;

— décision d'organiser une conférence concernant un pacte de stabilité destiné aux PECO.

1994. *1er janvier.* La création de l'Institut monétaire européen (IME) ouvre la deuxième phase de l'UEM et l'entrée en vigueur de l'accord qui institue l'EEE.

30 mars. Conclusion à Bruxelles des négociations pour l'adhésion de l'Autriche, la Finlande, la Suède et la Norvège.

1er avril. La Hongrie présente sa demande d'adhésion à l'Union européenne.

6 avril. La Commission adopte un Livre vert sur la politique de l'audiovisuel dans l'Union européenne.

8 avril. La Pologne présente sa demande d'adhésion à l'Union européenne.

15 avril. Signature à Marrakech de l'acte final des négociations de l'Uruguay Round. Création de l'Organisation mondiale du commerce (OMC).

9-12 juin. 4e élections européennes au suffrage universel direct.

12 juin. Référendum en Autriche : 66,6 % des Autrichiens approuvent l'adhésion à l'Union européenne.

24-25 juin. Conseil européen de Corfou sous la présidence d'Andhréas Papandhréou :

— mise en œuvre du Livre blanc sur la croissance, la compétitivité et l'emploi ;

— signature des actes d'adhésion de l'Autriche, de la Finlande, de la Suède et de la Norvège ;

— signature d'un nouvel accord de partenariat entre la Communauté et la Russie.

15 juillet. Lors de la réunion extraordinaire du Conseil européen de Bruxelles, le Premier ministre du grand-duché de Luxembourg, Jacques Santer, est nommé président de la Commission.

18 juillet. Signature à Bruxelles des accords de libre-échange avec l'Estonie, la Lettonie et la Lituanie.

19-22 juillet. Première session plénière du nouveau Parlement européen à Strasbourg. Klaus Hänsch est élu président de l'assemblée.

26 juillet. Jacques Santer est désigné formellement futur président de la Commission.

16 octobre. Référendum en Finlande : 56,9 % des Finlandais approuvent l'adhésion de la Finlande à l'Union européenne.

25 octobre. La Commission dresse le bilan de la restructuration sidérurgique.

13 novembre. Référendum en Suède : 52,2 % des Suédois approuvent l'adhésion de la Suède à l'Union européenne.

28 novembre. Référendum en Norvège : la majorité des Norvégiens (52,4 %) rejette l'adhésion de la Norvège à l'Union européenne.

9-10 décembre. Le Conseil européen d'Essen approuve la stratégie de rapprochement des pays de l'Europe centrale postcommuniste.

1995. *1er janvier.* L'Autriche, la Finlande et la Suède entrent officiellement dans l'Union européenne.

23 janvier. À la suite du vote d'approbation du Parlement européen, le 18 janvier, les représentants des gouvernements des États membres nomment le président de la Commission (Jacques Santer) et les nouveaux commissaires pour la période 1995-2000.

25 janvier. La Commission adopte la seconde partie de son Livre vert sur la libéralisation des télécommunications et des réseaux de télévision câblés.

1er février. Entrée en vigueur des accords d'association entre la Communauté et la Bulgarie, la République tchèque, la Roumanie et la Slovaquie.

13-14 mars. Le Parlement européen et le Conseil adoptent les programmes d'éducation Socrate et Jeunesse pour l'Europe.

26 mars. Entrée en vigueur des accords de Schengen en Allemagne, Belgique, Espagne, France, Luxembourg, Pays-Bas et Portugal.

29 mars. La Commission propose le programme d'action Raphael dans le domaine du patrimoine culturel.

28 avril. L'Autriche adhère aux accords Schengen.

7 mai. Élection de Jacques Chirac à la présidence de la République française avec 52,6 % des voix.

22 juin. La Roumanie présente sa demande d'adhésion à l'Union européenne.

26-27 juin. Conseil européen de Cannes :

— le Conseil a renouvelé sa ferme détermination à préparer le passage à la monnaie unique ;

— renforcement de la lutte contre le chômage ;

— accord sur le financement, jusqu'en 1999, de la coopération avec les PECO et les pays méditerranéens ;

27 juin. La Slovaquie présente sa demande d'adhésion à l'Union européenne.

26 juillet. Les États membres de l'Union européenne signent la convention Europol, la convention sur l'emploi de l'informatique dans le domaine des douanes et la convention relative à la protection des intérêts financiers de la Communauté européenne.

27 octobre. La Lettonie présente sa demande officielle d'adhésion à l'Union européenne.

27-28 novembre. Conférence euro-méditerranéenne à Barcelone.

4 novembre. Signature de la convention de Lomé IV révisée et du nouveau protocole financier.

28 novembre. L'Estonie présente sa demande d'adhésion à l'Union européenne.

12 décembre. La Lituanie présente sa demande d'adhésion à l'Union européenne.

14 décembre. Signature à Paris des accords de paix de Dayton, relatif à la paix en ex-Yougoslavie.

15-16 décembre. Conseil européen de Madrid :
— choix du nom de la monnaie unique (euro) ;
— l'euro sera introduit pour le 1er janvier 1999 ;
— la CIG est fixée au 29 mars 1996.

16 décembre. La Bulgarie présente une demande d'adhésion à l'Union européenne.

1996. *17 janvier.* La République tchèque présente une demande d'adhésion à l'Union européenne.

13 mars. La Commission adopte une directive sur l'ouverture complète du marché des télécommunications à la concurrence ainsi qu'une communication sur le service universel des télécommunications.

27 mars. La Commission décide l'embargo sur les exportations de viande britannique en mesure de protection contre l'encéphalopathie spongiforme bovine (ESB).

29 mars. Ouverture à Turin de la CIG en vue de la révision du traité sur l'Union européenne.

21 avril. Victoire de la coalition de l'Olivier aux élections législatives italiennes. Romano Prodi est nommé président du Conseil.

13 mai. Le Conseil adopte un plan d'action de l'Union européenne pour la Russie.

10 juin. La Slovénie présente une demande d'adhésion de son pays à l'Union.

21-22 juin. Le Conseil européen de Florence précise les objectifs et le calendrier de la CIG.

25 juillet. Le Conseil adopte un règlement relatif à l'aide à la reconstruction dans les États issus de l'ex-Yougoslavie.

27 mars. Les quinze États membres de l'Union européenne signent la convention sur l'extradition.

1er octobre. Le Conseil décide une action commune sur l'interdiction totale des mines antipersonnel.

14 octobre. La markka finlandaise rejoint les monnaies participant au mécanisme de change du SME.

25 novembre. La lire italienne réintègre le mécanisme de change du SME.

9-13 décembre. La conférence ministérielle de l'OMC se déroule à Singapour et se conclut par un accord sur les produits relevant des technologies de l'information.

10 décembre. L'accord intérimaire euro-méditerranéen avec l'Organisation de libération de la Palestine (OLP) est paraphé.

13-14 décembre. Le Conseil européen de Dublin parvient à un accord sur l'ensemble des éléments nécessaires à la mise en place de la monnaie unique (cadre juridique de l'euro, pacte de stabilité, nouveau mécanisme de change) et confirme le calendrier de la CIG. Le Conseil parvient à un accord sur le Pacte de stabilité.

19 décembre. Le Danemark, la Finlande, l'Islande, la Norvège et la Suède adhèrent aux accords Schengen.

1997. *15 février.* Accord sur les télécommunications de base dans le cadre de l'OMC.

1er mai. Tony Blair remporte les élections et devient le nouveau Premier ministre du Royaume-Uni.

29 mai. La Commission adopte une proposition de règlement sur les caractéristiques techniques des pièces libellées en euros.

25 mai-1er juin. Victoire des socialistes aux élections législatives. Lionel Jospin devient le nouveau Premier ministre.

10 juin. Le Parlement européen et le Conseil adoptent la seconde directive « Télévision sans frontières ».

16-18 juin. Le Conseil européen se réunit à Amsterdam et parvient à un consensus sur un projet de traité. Il approuve différentes propositions qui facilitent le passage à la troisième phase de l'Union économique et monétaire et adopte une résolution sur la croissance et l'emploi.

16 juillet. La Commission présente l'Agenda 2000 « Pour une Union plus forte et plus large » avec ses dix avis sur les demandes d'adhésion des pays d'Europe centrale.

2 octobre. Les ministres des Affaires étrangères des quinze États membres de l'Union européenne signent le traité d'Amsterdam.

26 octobre. L'Italie entre dans l'espace Schengen.

21-22 novembre. Le Conseil extraordinaire sur l'emploi se réunit à Luxembourg et marque son accord sur des lignes directrices pour les politiques de l'emploi des États membres en 1998.

1er décembre. L'Autriche entre dans l'espace Schengen.

8 décembre. La Grèce entre dans l'espace Schengen. Les contrôles aux frontières communautaires durent jusqu'au 26 mars 2000.

12 décembre. Accord sur les services financiers dans le cadre de l'OMC.

12-13 décembre. Le Conseil européen se réunit à Luxembourg, prend les décisions nécessaires pour lancer l'ensemble du processus d'élargissement et adopte une résolution sur la coordination des politiques économiques.

1998. *1er février.* Entrée en vigueur des accords européens avec l'Estonie, la Lettonie et la Lituanie.

12 mars. La Conférence européenne se réunit pour la première fois à Londres. Les quinze pays de l'UE y participent, ainsi que les onze pays candidats. La Turquie, invitée, n'y assiste pas.

16 mars. La drachme grecque entre dans le mécanisme de change du SME. Le Conseil adopte un règlement relatif à l'assistance en faveur des candidats dans le cadre de la stratégie de préadhésion et à l'établissement de partenariats pour l'adhésion.

25 mars. La Commission adopte un rapport sur l'état de la convergence. Elle recommande la participation de onze États membres à l'euro le 1er janvier 1999.

31 mars. Ouverture à Bruxelles des négociations d'adhésion avec les pays de la première vague (Chypre, Estonie, Hongrie, Pologne, République tchèque, Slovénie).

2-3 mai. Le Conseil européen, réuni à Bruxelles en session extraordinaire, donne la liste des onze États membres qui remplissent les critères pour adopter la monnaie unique le 1er janvier 1999 ; le Néerlandais Wim Duisenberg devient le premier gouverneur de la Banque centrale européenne.

6 mai. La Commission adopte une proposition de premier programme-cadre en faveur de la culture.

12 mai. À l'occasion d'un référendum, 55,5 % des électeurs du Danemark se prononcent en faveur du traité d'Amsterdam.

1ᵉʳ juin. Mise en place de la Banque centrale européenne.

15-16 juin. Le Conseil européen se réunit à Cardiff. Il énonce les éléments essentiels de la stratégie de l'Union européenne pour poursuivre les réformes économiques afin de promouvoir la croissance, la prospérité, l'emploi et l'insertion sociale, recense les moyens concrets qui permettront de rendre l'Union plus proche de ses citoyens, définit les orientations et un calendrier pour les négociations à venir sur l'Agenda 2000 et lance un débat sur le développement futur de l'Union.

14 juillet. La Commission adopte une communication intitulée « Vers un espace de liberté, de sécurité et de justice ».

10 septembre. Le nouveau gouvernement maltais réitère sa demande d'adhésion de Malte à l'Union européenne.

27 septembre. Gerhard Schröder est élu chancelier de la République fédérale d'Allemagne après la victoire du SPD aux élections du Bundestag.

1ᵉʳ octobre. Entrée en vigueur de la convention Europol sur la lutte contre la drogue.

21 octobre. La Commission adopte deux propositions de règlements relatifs à la mise en œuvre d'actions visant à approfondir l'union douanière CE-Turquie et la mise en œuvre d'actions visant au développement économique et social de la Turquie.

16-17 novembre. Le Conseil des ministres de l'UEO adopte la « Déclaration de Rome » sur le futur de l'organisation et sur la défense européenne.

4 décembre. Déclaration franco-britannique de Saint-Malo.

11-12 décembre. Le Conseil européen se réunit à Vienne. Il adopte les lignes directrices pour l'emploi pour 1999, décide de renforcer le processus de convergence des politiques de l'emploi dans la perspective d'un Pacte européen pour l'emploi, fixe les conditions de la représentation externe de l'euro, approuve le plan d'action concernant l'établissement d'un espace de liberté, de sécurité et de justice et définit une stratégie concernant l'organisation des travaux de l'Union en 1999.

31 décembre. Le Conseil adopte les taux de conversion fixes et irrévocables entre les monnaies nationales des onze États membres participants et l'euro.

1999. *1ᵉʳ janvier.* Lancement de l'euro sur les marchés financiers.

14 janvier. Le Parlement européen rejette à une faible majorité une motion de censure à l'encontre de la Commission européenne et nomme cinq experts pour une enquête sur la gestion administrative de la commission.

25 janvier. Conseil européen informel à Petersberg.

6-23 février. Conférence de Rambouillet sur le Kosovo.

10 février. La Commission propose de développer un système européen de navigation par satellite (Galileo).

17 février. La Commission met à jour son avis de 1993 sur la demande d'adhésion de Malte à la Communauté européenne.

15 mars. Démission collective de la Commission Santer à la suite de la remise du premier rapport par le comité d'experts indépendants sur les allégations de fraude, de mauvaise gestion et de népotisme à la Commission.

24-25 mars. Le Conseil européen extraordinaire se réunit à Berlin. Il parvient à un accord global sur l'Agenda 2000 et demande à Romano Prodi d'assurer la présidence de la prochaine Commission européenne. Il adopte également les déclarations sur le Kosovo ainsi que sur le processus de paix au Moyen-Orient, sur l'élargissement et approuve la conclusion de l'accord de commerce et de coopération avec l'Afrique du Sud.

24 mars-10 juin. Bombardements de l'OTAN en Serbie.

19 avril. Berlin devient la capitale de la République fédérale d'Allemagne.

1ᵉʳ mai. Entrée en vigueur du traité d'Amsterdam.

5 mai. Le Parlement européen approuve la désignation de Romano Prodi en tant que président de la Commission européenne.

17 mai. Le Conseil adopte les règlements relatifs à la réforme de la Politique agricole commune dans le cadre de l'Agenda 2000.

1er juin. Mise en place de l'Office européen de lutte antifraude (OLAF).

3-4 juin. Le Conseil européen se réunit à Cologne. Déclaration sur le Kosovo et le renforcement de la politique européenne commune en matière de sécurité et de défense. Désignation de Javier Solana comme Haut représentant pour la PESC. Définition du mandat de la prochaine CIG. Décision d'élaborer une Charte des droits fondamentaux de l'Union européenne.

10-13 juin. Cinquièmes élections du Parlement européen au suffrage universel.

21 juin. Dans le cadre de l'Agenda 2000, le Conseil adopte les règlements concernant les Fonds structurels, les Fonds de cohésion et les instruments de pré-adhésion.

19 juillet. La Conférence européenne se réunit à Bruxelles. Les États membres désignent, en accord avec le président désigné Prodi, les futurs commissaires.

20-23 juillet. Le nouveau Parlement européen tient sa première séance à Strasbourg et élit Nicole Fontaine à sa présidence.

15 septembre. Au terme des auditions des membres désignés de la Commission européenne, le Parlement européen confirme la nomination de Romano Prodi et des autres commissaires.

18 septembre. Première réunion de la Commission Prodi.

15-16 octobre. Le Conseil européen se réunit à Tampere pour un sommet consacré à la justice et aux affaires intérieures. Accord sur le droit d'asile, l'immigration, l'accès à la justice et la lutte contre la criminalité.

15 novembre. Première participation des ministres de la Défense à une réunion du Conseil.

25 novembre. Javier Solana Madariaga, haut représentant pour la PESC, devient aussi secrétaire général de l'UEO.

30 novembre-3 décembre. Troisième Conférence interministérielle de l'Organisation mondiale du commerce (OMC) à Seattle. Manifestations des « antimondialisation ».

10-11 décembre. Conseil européen d'Helsinki.

2000. *4 février.* Formation du gouvernement autrichien entre conservateurs et extrême droite. Les Quinze suspendent leurs relations diplomatiques au niveau étatique avec l'Autriche.

14 février. Ouverture de la Conférence intergouvernementale sur la réforme institutionnelle à Bruxelles (CIG). Le Parlement européen et le Conseil adoptent la décision établissant le programme « Culture 2000 ».

15 février. Début des négociations avec les pays de la seconde vague (Malte, Roumanie, Slovaquie, Lettonie, Lituanie et Bulgarie).

23-24 mars. Conseil européen extraordinaire à Lisbonne. Il définit une nouvelle stratégie pour la décennie à venir : se doter de l'économie fondée sur la connaissance la plus compétitive et la plus dynamique du monde, capable d'assurer une croissance économique durable accompagnée d'une amélioration quantitative et qualitative de l'emploi et d'assurer une plus grande cohésion sociale.

12 mai. Discours de Joschka Fischer sur la perspective fédérale de l'Europe. La Grèce présente à la Commission sa demande d'adhésion à la troisième phase de l'Union économique et monétaire.

19-20 juin. Le Conseil européen se réunit à Santa Maria de Feira. Il approuve l'adoption par la Grèce de l'euro et décide d'une stratégie commune à l'égard de la région méditerranéenne.

23 juin. Signature à Cotonou du nouvel accord de partenariat entre les États ACP et la Communauté européenne et ses États membres pour la période 2000-2020.

27 juin. Jacques Chirac évoque une constitution européenne devant le Bundestag à Berlin.

12 septembre. Levée des sanctions contre l'Autriche.

28 septembre. Le Danemark refuse par référendum d'entrer dans l'euro. Le Conseil adopte une décision créant un Fonds européen pour les réfugiés.

2 octobre. Établissement par la Convention d'un projet de Charte des droits fondamentaux de l'Union européenne.

13-14 octobre. Sommet informel de Biarritz. Les chefs d'État et de gouvernement approuvent la Charte des droits fondamentaux.

15 octobre. Les chefs d'État des Quinze accueillent le nouveau président yougoslave, Koštunica, et annoncent la levée des sanctions contre la République fédérale de Yougoslavie.

15-16 novembre. Conférence euro-méditerranéenne à Marseille.

7-10 décembre. Sommet de Nice. Le Conseil, le Parlement européen et la Commission proclament conjointement la Charte des droits fondamentaux. Le Conseil européen parvient à un accord sur les sujets à l'ordre du jour de la CIG. La nomination du président de la Commission passe à la majorité qualifiée des chefs d'État. Le président de la Commission attribue les portefeuilles aux commissaires. Les grands États perdent leur second commissaire. Repondération du nombre de voix au Conseil et de sièges au Parlement européen de chaque État membre. La majorité qualifiée est étendue à une trentaine de nouveaux domaines et modifiée dans son fonctionnement (double majorité repondérée et filet démographique à 62 %). Des coopérations renforcées pourront être conclues par un minimum de huit États. Une nouvelle CIG est convoquée à l'horizon de 2004 pour réfléchir à la répartition des compétences et à l'éventualité d'un traité constitutionnel.

20 décembre. Le Conseil adopte deux accords politiques en vue de positions communes concernant respectivement une proposition de règlement portant statut de la société européenne et une proposition de directive complétant le statut de la société européenne pour ce qui concerne la place des travailleurs.

2001. *1er janvier*. La Grèce entre dans la zone euro, qui compte désormais douze membres.

26 février. Signature du traité de Nice. Le Conseil adopte un règlement sur l'aide à la Turquie (stratégie de préadhésion).

23-24 mars. Conseil européen « extraordinaire » à Stockholm sur l'emploi et les réformes économiques.

25 mars. Le Danemark, la Finlande, l'Islande, la Norvège et la Suède entrent dans l'espace Schengen.

28 mars. La Commission adopte un plan d'action dénommé *elearning* — Penser à l'instruction de demain.

7 juin. Référendum en Irlande : 56,9 % de non et 41,1 % de oui au traité de Nice.

14-16 juin. Sommet de Göteborg sur l'élargissement de l'Union, le développement durable et le non des Irlandais.

20-22 juillet. Sommet du G8 à Gênes, sur fond de manifestation des antimondialisation.

12 septembre. À la suite des attentats du 11 septembre 2001 aux États-Unis, le Parlement européen et le Conseil se réunissent en session extraordinaire. La Commission adopte une proposition de directive sur les conditions que les ressortissants des pays tiers et les apatrides doivent satisfaire pour obtenir le statut de réfugiés.

19 octobre. Réunion à Gand du Conseil européen, qui réaffirme sa solidarité avec les États-Unis et son soutien à l'action menée contre le terrorisme dans le cadre de l'ONU.

9-14 novembre. Quatrième conférence de l'OMC à Doha (Qatar).

13 novembre. Rapport du commissaire Günter Verheugen qui envisage d'élargir l'Union à dix nouveaux États membres.

14-15 décembre. Conseil européen de Laeken. Un large mandat est donné à une Convention sur l'Avenir de l'Europe. Valéry Giscard d'Estaing en est nommé président, Giuliano Amato et Jean-Luc Dehaene vice-présidents. Le Conseil adopte des décisions visant à renforcer le rôle de l'Europe contre le terrorisme et pour conclure avant 2002 les négociations avec les pays candidats.

17 décembre. Le Conseil adopte un règlement relatif à l'aide à la Turquie dans le cadre de la stratégie de pré-adhésion.

2002. *1er janvier.* Mise en circulation de la monnaie unique et début de la période de double circulation (euro et monnaies nationales).

28 février. Séance inaugurale de la Convention européenne.

1er mars. Fin de la période de double circulation. L'euro est la seule monnaie avec cours légal dans les pays de la zone euro.

15 et 16 mars. Le Conseil européen se réunit à Barcelone. Ses conclusions portent sur les questions économiques (coordination des politiques de bilan), sociales et environnementales (ratification du protocole de Kyoto).

25 avril. Le Conseil approuve le protocole de Kyoto sur les changements climatiques et adopte un règlement destiné à faciliter la création d'un espace judiciaire européen en matière civile.

5 mai. Jacques Chirac est réélu président de la République avec 82,1 % des voix contre 17,9 % à Jean-Marie Le Pen.

9-16 juin. Élections législatives en France. Le nouveau parti de droite, l'UMP, obtient près de 70 % des sièges à l'Assemblée.

13 juin. Le Conseil adopte trois décisions-cadres relatives à la lutte contre le terrorisme, au mandat d'arrêt européen et de la coopération en matière de police.

21-22 juin. Conseil européen de Séville.

9 octobre. Le rapport de la Commission européenne envisage d'intégrer dix nouveaux pays dès 2004.

19 octobre. Les Irlandais approuvent par référendum le traité de Nice par 62,9 % de voix favorables.

3 octobre. Le Conseil adopte des décisions concernant l'entrée sur le marché d'organismes génétiquement modifiés.

24-25 octobre. Le Conseil européen se réunit à Bruxelles. Ses travaux sont consacrés essentiellement à l'élargissement, à la politique agricole commune et à la Convention sur l'avenir de l'Union.

11 novembre. Le Conseil adopte un règlement qui institue le Fonds de solidarité de l'Union européenne.

12-13 décembre. Le Conseil européen se réunit à Copenhague. Conclusion des négociations d'adhésion avec dix pays candidats. Le Conseil confirme l'objectif 2007 pour l'adhésion de la Bulgarie et de la Roumanie et l'ouverture des négociations avec la Turquie pour la fin de l'année 2004, si elle satisfait les critères de Copenhague.

2003. *21 janvier.* Le Conseil adopte une décision relative à l'existence d'un déficit excessif en Allemagne.

27 janvier. Le Conseil adopte des directives portant respectivement sur des normes minimales pour l'accueil des demandeurs d'asile dans les États membres et un meilleur accès à la justice dans les affaires transfrontalières.

1er février. Entrée en vigueur du traité de Nice.

19 février. La Commission émet un avis favorable sur les demandes d'adhésion à l'Union européenne de Chypre, de l'Estonie, de la Hongrie, de la Lettonie, de la Lituanie, de Malte, de la Pologne, de la République tchèque, de la Slovaquie et de la Slovénie.

8 mars. Référendum à Malte portant sur son adhésion à l'Union : 53,56 % de oui.

19 mars. Début de l'intervention militaire en Irak.

23 mars. Référendum en Slovénie portant sur son adhésion à l'Union : 89,61 % de oui.

1er avril. Entrée en vigueur de l'accord de partenariat ACP-CE de Cotonou.

12 avril. Référendum en Hongrie portant sur son adhésion à l'Union : 83,76 % de oui.

16 avril. Signature à Athènes du traité d'adhésion de dix nouveaux États membres (Chypre, Estonie, Hongrie, Lettonie, Lituanie, Malte, Pologne, République tchèque, Slovénie, Slovaquie).

11 mai. Référendum en Lituanie et en Slovaquie portant sur son adhésion à l'Union : 91,04 % et 92,46 % de oui.

5 juin. Le Conseil adopte des directives de négociation en vue de créer un « espace aérien sans frontières » en remplacement des accords dits de « ciel ouvert ».

8 juin. Référendum en Pologne portant sur son adhésion à l'Union : 77,45 % de oui.

13 juin. La Convention adopte par consensus le projet de Constitution européenne.

15 et 16 juin. Référendum en République tchèque portant sur son adhésion à l'Union : 77,33 % de oui.

19-20 juin. Le Conseil européen se réunit à Thessalonique. Valéry Giscard d'Estaing présente le projet de Constitution européenne. Le Conseil européen estime que ce projet représente une bonne base de départ pour la Conférence intergouvernementale.

9 et 10 juillet. La Convention européenne se réunit pour sa dernière session.

14 juillet. Le traité d'adhésion est ratifié à l'unanimité par le Parlement chypriote.

14 septembre. L'introduction de l'euro en Suède est rejetée par référendum : 56,1 % de non. Référendums en Estonie et en Lettonie portant sur l'adhésion à l'Union : 66,9 % et 67 % de oui.

17 septembre. La Commission adopte un avis sur le projet de traité constitutionnel et la réunion de la Conférence intergouvernementale.

29 septembre. La Commission adopte une série de règlements concrétisant la réforme de la politique agricole commune.

4 octobre. Ouverture à Rome de la Conférence intergouvernementale.

16 et 17 octobre. Conseil européen de Bruxelles, consacrée aux questions économiques, d'affaires intérieures et des questions institutionnelles.

23 et 24 octobre. Conférence de Madrid sur la reconstruction en Irak.

1er novembre. Jean-Claude Trichet remplace Wim Duisenberg à la présidence de la BCE.

12-13 décembre. Le Conseil européen se réunit à Bruxelles. Il adopte les stratégies en matière de sécurité et contre la prolifération des armes de destruction massive. Il se consacre aux questions d'économie, de justice et d'affaires intérieures (Agence européenne pour la gestion de la coopération opérationnelle aux frontières extérieures, lutte contre l'immigration illégale, dialogue avec les pays tiers), d'élargissement et de relations extérieures (relations transatlantiques, Balkans, Moyen-Orient, Irak et Russie). La Conférence intergouvernementale ne parvient pas à un accord sur le projet de Constitution européenne.

15 décembre. Les six principaux pays contributeurs demandent que le budget de l'Union à vingt-cinq ne dépasse pas 1 % du PIB de l'UE.

2004. *13 janvier.* La Commission adopte une proposition de directive relative à la libre circulation des services (directive Bolkestein).

21 janvier. La Commission adopte une série de rapports concernant la mise à jour de la stratégie de Lisbonne.

11 février. Le Parlement européen et le Conseil adoptent une décision relative à la mise en œuvre du protocole de Kyoto.

10 mars. Le Parlement européen et le Conseil adoptent les règlements concernant la création de « ciel unique européen ».

12 mars. Victoire du PSOE aux élections législatives espagnoles. José Luis Zapatero devient le nouveau Premier ministre.

22 mars. L'ancienne république yougoslave de Macédoine dépose une demande d'adhésion à l'Union européenne.

25-26 mars. Le Conseil européen se réunit à Bruxelles et aborde notamment les questions de terrorisme.

12 mai. La Commission adopte un Livre blanc sur les services d'intérêt général.

1er mai. Entrée de dix nouveaux États membres (Chypre, Estonie, Hongrie, Lettonie, Lituanie, Malte, Pologne, République tchèque, Slovaquie, Slovénie). Ces pays adhèrent également aux accords Schengen. Entrée en vigueur du nouveau statut des fonctionnaires européens.

10-13 juin. Élection du nouveau Parlement européen.

17-18 juin. Le Conseil européen se réunit à Bruxelles. Le projet de traité constitutionnel est adopté. Lancement des négociations d'adhésion avec la Croatie.

29 juin. Le Conseil désigne José Manuel Barroso comme président pressenti de la Commission européenne.

22 juillet. Le Parlement européen confirme la nomination de José Manuel Barroso.

16 octobre. La Suisse signe les accords Schengen.

27 octobre. Le Parlement européen et le Conseil adoptent, dans le cadre du protocole de Kyoto, une directive concernant l'émission de gaz à effet de serre.

29 octobre. Signature à Rome par les chefs d'État et de gouvernement du traité établissant une constitution pour l'Europe.

5 novembre. Le Parlement européen approuve la composition de la Commission Barroso.

11 novembre. Le Parlement lituanien ratifie la Constitution européenne.

22 novembre. Entrée en fonctions de la Commission Barroso.

14 décembre. La Commission adopte une communication relative aux déficits excessifs de la France et de l'Allemagne.

16-17 décembre. Réunion du Conseil européen à Bruxelles concernant l'élargissement de l'Union européenne à la Roumanie, à la Bulgarie, à la Croatie et à l'ouverture des négociations à la Turquie.

20 décembre. Le Parlement hongrois ratifie la Constitution européenne.

2005. *12 janvier.* Le Parlement européen approuve la Constitution européenne.

1ᵉʳ février. Le Parlement slovène ratifie la Constitution européenne.

20 février. Référendum en Espagne sur la Constitution européenne : le oui l'emporte avec 76,7 % des voix. La ratification parlementaire s'achève le 18 mai 2005.

22-23 mars. Conseil européen de Bruxelles. Accord des Vingt-Cinq sur l'assouplissement du pacte de stabilité.

6 avril. Le Parlement italien ratifie la Constitution européenne.

19 avril. Le Parlement grec ratifie la Constitution européenne.

25 avril. Signature du traité d'adhésion avec la Bulgarie et la Roumanie.

9 mai. Le Parlement estonien ratifie la Constitution européenne.

11 mai. Le Parlement slovaque ratifie la Constitution européenne.

25 mai. Le Parlement autrichien ratifie la Constitution européenne.

27 mai. Le Bundesrat allemand ratifie la Constitution européenne. Le vote du Bundestag avait eu lieu le 12 mai.

29 mai. Les Français rejettent la Constitution européenne par 54,7 % de voix défavorables.

1ᵉʳ juin. Les Hollandais rejettent la Constitution européenne par 61,6 % de voix défavorables.

2 juin. Le Parlement letton ratifie la Constitution européenne.

6 juin. Le Royaume-Uni annonce la suspension de la procédure de ratification de la Constitution.

7 juin. Adoption d'une directive européenne contre le blanchiment de capitaux.

16-17 juin. Le Conseil européen de Bruxelles ouvre une période de réflexion après les non français et hollandais.

25 juin. Signature de l'Accord de Cotonou pour la période 2008-2013.

30 juin. Le Parlement chypriote ratifie la Constitution européenne.

6 juillet. Le Parlement maltais ratifie la Constitution européenne.

10 juillet. Le Luxembourg approuve la Constitution européenne avec 56 % de oui.

5 septembre. Nouvel accord entre l'Union européenne et la Chine sur les importations textiles.

18 septembre. Élections en Allemagne. La CDU/CSU et le SPD obtiennent 35,2 % et 34,3 %. Les deux partis forment un gouvernement de grande coalition. Le 22 novembre, Angela Merkel devient la nouvelle chancelière.

27 septembre. Victoire des conservateurs aux élections législatives en Pologne.

25 septembre. La Suisse approuve par référendum sa participation à l'espace Schengen.

3-4 octobre. Ouverture des négociations d'adhésion avec la Turquie et la Croatie.

27 octobre. Conseil européen d'Hampton Court sur les réformes à adopter pour faire face à la mondialisation.

15-16 décembre. Conseil européen de Bruxelles. Accord sur le budget européen 2007-2013 et sur une révision de la PAC.

2006. *9 février.* Le Parlement belge ratifie la Constitution européenne.

16 février. Adoption de la directive européenne sur la libéralisation des services (dite « Bolkestein »).

9 mars. Le Parlement estonien ratifie la Constitution européenne.

22 mars. Publication d'une liste noire de compagnies aériennes jugées dangereuses (d'autres mesures sont adoptées le 12 octobre).

23-24 mars. Conseil européen à Bruxelles. Discussion sur la stratégie européenne en matière d'énergie.

7 avril. Suspension des aides européennes au gouvernement palestinien.

9-10 avril. Victoire de l'Olivier aux élections législatives italiennes. Romano Prodi est nommé président du Conseil.

9 mai. L'Estonie ratifie la Constitution européenne.

15-16 juin. Conseil européen à Bruxelles. Prolongation de la période de réflexion sur l'avenir du traité constitutionnel.

12 juillet. La Commission condamne Microsoft pour abus de position dominante.

26 septembre. Confirmation de l'adhésion de la Bulgarie et de la Roumanie le 1er janvier 2007.

18 octobre Proposition de directive sur la libéralisation totale du marché postal.

6 novembre. Accord entre Eurojust et la justice américaine pour la lutte antiterroriste.

29 novembre. Sur proposition de la Commission, les Vingt-Cinq décident de suspendre les négociations pour l'adhésion de la Turquie.

5 décembre. Le Parlement finlandais ratifie la Constitution européenne.

2007. *1er janvier.* Adhésion de la Bulgarie et de la Roumanie. La Slovénie devient le 13e pays de la zone euro.

LES PRÉSIDENCES
DU CONSEIL EUROPÉEN

1974	2e semestre	France
1975	1er semestre	Irlande
	2e semestre	Italie
1976	1er semestre	Luxembourg
	2e semestre	Pays-Bas
1977	1er semestre	Royaume-Uni
	2e semestre	Belgique
1978	1er semestre	Danemark
	2e semestre	Allemagne
1979	1er semestre	France
	2e semestre	Irlande
1980	1er semestre	Italie
	2e semestre	Luxembourg
1981	1er semestre	Pays-Bas
	2e semestre	Royaume-Uni
1982	1er semestre	Belgique
	2e semestre	Danemark

1983	1er semestre 2e semestre	Allemagne Grèce
1984	1er semestre 2e semestre	France Irlande
1985	1er semestre 2e semestre	Italie Luxembourg
1986	1er semestre 2e semestre	Pays-Bas Royaume-Uni
1987	1er semestre 2e semestre	Belgique Danemark
1988	1er semestre 2e semestre	Allemagne Grèce
1989	1er semestre 2e semestre	Espagne France
1990	1er semestre 2e semestre	Irlande Italie
1991	1er semestre 2e semestre	Luxembourg Pays-Bas
1992	1er semestre 2e semestre	Portugal Royaume-Uni
1993	1er semestre 2e semestre	Danemark Belgique
1994	1er semestre 2e semestre	Grèce Allemagne
1995	1er semestre 2e semestre	France Espagne
1996	1er semestre 2e semestre	Italie Irlande

1997	1er semestre	Pays-Bas
	2e semestre	Luxembourg
1998	1er semestre	Royaume-Uni
	2e semestre	Autriche
1999	1er semestre	Allemagne
	2e semestre	Finlande
2000	1er semestre	Portugal
	2e semestre	France
2001	1er semestre	Suède
	2e semestre	Belgique
2002	1er semestre	Espagne
	2e semestre	Danemark
2003	1er semestre	Grèce
	2e semestre	Italie
2004	1er semestre	Irlande
	2e semestre	Pays-Bas
2005	1er semestre	Luxembourg
	2e semestre	Royaume-Uni
2006	1er semestre	Autriche
	2e semestre	Finlande
2007	1er semestre	Allemagne
	2e semestre	Portugal
2008	1er semestre	Slovénie
	2e semestre	France
2009	1er semestre	République tchèque
	2e semestre	Suède

LES CONSEILS EUROPÉENS

10-11 mars 1975 : Dublin (Irlande)
16-17 juillet 1975 : Bruxelles (Belgique)
1ᵉʳ-2 décembre 1975 : Rome (Italie)
1ᵉʳ-2 avril 1976 : Luxembourg (Luxembourg)
12-13 juillet 1976 : Bruxelles (Belgique)
29-30 novembre 1976 : La Haye (Pays-Bas)
25-26 mars 1977 : Rome (Italie)
29-30 juin 1977 : Londres (Royaume-Uni)
5-6 décembre 1977 : Bruxelles
7-8 avril 1978 : Copenhague (Danemark)
6-7 juillet 1978 : Brême (Allemagne)
4-5 décembre 1978 : Bruxelles
12-13 mars 1979 : Paris (France)
21-22 juin 1979 : Strasbourg (France)
29-30 novembre 1979 : Dublin (Irlande)
27-28 avril 1980 : Luxembourg
12-13 juin 1980 : Venise (Italie)
1ᵉʳ-2 décembre 1980 : Luxembourg
23-24 mars 1981 : Maastricht (Pays-Bas)
29-30 juin 1981 : Luxembourg
26-27 novembre 1981 : Londres
29-30 mars 1982 : Bruxelles
28-29 juin 1982 : Bruxelles

3-4 décembre 1982 : Copenhague
21-22 mars 1983 : Bruxelles
17-19 juin 1983 : Stuttgart (Allemagne)
4-6 décembre 1983 : Athènes (Grèce)
19-20 mars 1984 : Bruxelles
25-26 juin 1984 : Fontainebleau (France)
3-4 décembre 1984 : Dublin (Irlande)
29-30 mars 1985 : Bruxelles
28-29 juin 1985 : Milan (Italie)
2-3 décembre 1985 : Luxembourg
26-27 juin 1986 : La Haye (Pays-Bas)
5-6 décembre 1986 : Londres
29-30 juin 1987 : Bruxelles
11-13 février 1988 : Bruxelles
27-28 juin 1988 : Hanovre (Allemagne)
2-3 décembre 1988 : Rhodes (Grèce)
26-27 juin 1989 : Madrid (Espagne)
8-9 décembre 1989 : Strasbourg (France)
28 avril 1990 : Dublin (Irlande)
25-26 juin 1990 : Dublin
27-28 octobre 1990 : Rome (Italie)
14-15 décembre 1990 : Rome
28-29 juin 1991 : Luxembourg
9-10 décembre 1991 : Maastricht
26-27 juin 1992 : Lisbonne (Portugal)
16 octobre 1992 : Birmingham (Royaume-Uni)
11-12 décembre 1992 : Édimbourg (Royaume-Uni)
21-22 juin 1993 : Copenhague
29 octobre 1993 : Bruxelles
10-11 décembre 1993 : Bruxelles
24-25 juin 1994 : Corfou (Grèce)
9-10 décembre 1994 : Essen (Allemagne)
26-27 juin 1995 : Cannes (France)

22-23 septembre 1995 : Majorque (Espagne)

15-16 décembre 1995 : Madrid (Espagne)

29 mars 1996 : Turin (Italie)

21-22 juin 1996 : Florence (Italie)

13-14 décembre 1996 : Dublin (Irlande)

16-17 juin 1997 : Amsterdam (Pays-Bas)

20-21 novembre 1997 : Luxembourg

12-13 décembre 1997 : Luxembourg

2 mai 1998 : Bruxelles

15-16 juin 1998 : Cardiff (Royaume-Uni)

24-25 octobre 1998 : Portschach (Autriche)

11-12 décembre 1998 : Vienne (Autriche)

24-25 mars 1999 : Berlin (Allemagne)

3-4 juin 1999 : Cologne (Allemagne)

15-16 octobre 1999 : Tampere (Finlande)

10-11 décembre 1999 : Helsinki (Finlande)

23-24 mars 2000 : Lisbonne

19-20 juin 2000 : Santa Maria de Feira (Portugal)

13-14 octobre 2000 : Biarritz (France)

7-10 décembre 2000 : Nice (France)

23-24 mars 2001 : Stockholm (Suède)

15-16 juin 2001 : Göteborg (Suède)

21 septembre 2001 : Bruxelles

19 octobre 2001 : Gand (Belgique)

14-15 décembre 2001 : Laeken (Belgique)

15-16 mars 2002 : Barcelone (Espagne)

21-22 juin 2002 : Séville (Espagne)

24-25 octobre 2002 : Bruxelles

12-13 décembre 2002 : Copenhague

17 février 2003 : Bruxelles

20-21 mars 2003 : Bruxelles

16 avril 2003 : Athènes

19-20 juin 2003 : Thessalonique (Grèce)

16-17 octobre 2003 : Bruxelles
12-13 décembre 2003 : Bruxelles
25-26 mars 2004 : Bruxelles
17-18 juin 2004 : Bruxelles
4-5 novembre 2004 : Bruxelles
16-17 décembre 2004 : Bruxelles
22-23 mars 2005 : Bruxelles
16-17 juin 2005 : Bruxelles
27 octobre 2005 : Hampton Court (Royaume-Uni)
15-16 décembre 2005 : Bruxelles
15-16 mars 2005 : Bruxelles
23-24 mars 2006 : Bruxelles
15-16 juin 2006 : Bruxelles
14-15 décembre 2006 : Bruxelles

COMPOSITION DES EXÉCUTIFS
COMMUNAUTAIRES (1952-2007)

AT : Autriche, BE : Belgique, BG : Bulgarie, CZ : République tchèque, CY : Chypre, DE : Allemagne, DK : Danemark, EE : Estonie, EL : Grèce, ES : Espagne, FI : Finlande, FR : France, HU : Hongrie, IE : Irlande, IT : Italie, LT : Lituanie, LU : Luxembourg, LV : Lettonie, MT : Malte, NL : Pays-Bas, PL : Pologne, PT : Portugal, RO : Roumanie, SE : Suède, SI : Slovénie, SK : Slovaquie, UK : Royaume-Uni.

HAUTE AUTORITÉ
DE LA COMMUNAUTÉ EUROPÉENNE
DU CHARBON ET DE L'ACIER

7 août 1952-15 septembre 1959

Présidents

Jean MONNET (FR) :	jusqu'au 3 mai 1955
René MAYER (FR) :	du 4 juin 1955 au 6 janvier 1958
Paul FINET (FR) :	depuis le 7 janvier 1958

Vice-présidents

Franz ETZEL (DE) :	jusqu'au 28 octobre 1957
Albert COPPÉ (BE)	
Dirk Pieter SPIERENBURG (NL) :	jusqu'au 10 janvier 1958

Membres

Léon Daum (FR)
Albert Wehrer (LU)
Paul Finet (FR) :   jusqu'au 6 janvier 1958

Heinz Potthof (DE)
Dirk Pieter Spierenburg (NL) :   jusqu'au 9 novembre 1958

Enzo Giacchero (IT)
Franz Blücher[1] (DE) :   du 10 janvier 1958 au 26 mars 1959
Roger Reynaud[2] (FR) :   depuis le 10 janvier 1958

16 septembre 1959-30 juin 1967

Présidents

Piero Malvestiti (IT) :   jusqu'au 22 mars 1963
Dino Del Bo (IT) :   du 9 octobre 1963 au 1er mars 1967

Vice-présidents

Dirk Pieter Spierenburg (NL) :   jusqu'en septembre 1962
Albert Coppé (BE)

Membres

Paul Finet (FR) :   jusqu'au 18 mai 1965
Albert Wehrer (LU)
Heinz Potthof (DE) :   jusqu'au 10 août 1962
Roger Reynaud (FR)
Pierre-Olivier Lapie (FR)
Fritz Hellwig (DE)
Karl Maria Hettlage[3] (NL) :   depuis octobre 1962
Johannes Linthorst Homan[4] (PB) :   depuis octobre 1962
Jean Fohrmann[5] (FR) :   depuis le 30 juin 1965

1. A remplacé Franz Etzel.
2. A remplacé René Mayer.
3. A remplacé Heinz Potthof.
4. A remplacé Dirk Pieter Spierenburg.
5. A remplacé Paul Finet.

COMMISSION DE LA COMMUNAUTÉ
ÉCONOMIQUE EUROPÉENNE

7 janvier 1958-9 janvier 1962

Président

Walter HALLSTEIN (DE)

Vice-présidents

Piero MALVESTITI (IT) :	jusqu'en septembre 1959
Sicco L. MANSHOLT (NL)	
Robert MARJOLIN (FR)	
Giuseppe CARON[1] (IT) :	depuis novembre 1959

Membres

Robert LEMAIGNEN (FR)	
Michel RASQUIN (LU) :	jusqu'au 27 avril 1958
Jean REY (BE)	
Hans VON DER GROEBEN (DE)	
Giuseppe PETRILLI (IT) :	jusqu'en octobre 1960
Lambert SCHAUS[2] (LU) :	depuis le 18 juin 1958
Lionello LEVI SANDRI[3] (IT) :	depuis février 1961

10 janvier 1962-30 juin 1967

Président

Walter HALLSTEIN (DE)

Vice-présidents

Sicco L. MANSHOLT (NL)	
Robert MARJOLIN (FR)	
Giuseppe CARON (IT) :	jusqu'au 15 mai 1963
Lionello LEVI SANDRI[4] (IT) :	depuis le 30 juillet 1964

1. A remplacé Piero Malvestiti.
2. A remplacé Michel Rasquin.
3. A remplacé Giuseppe Petrilli.
4. A remplacé Giuseppe Caron.

Membres

Jean REY (BE)
Hans VON DER GROEBEN (DE)
Lambert SCHAUS (LU)
Lionello LEVI SANDRI (IT) :   jusqu'au 29 juillet 1964
Henri ROCHEREAU (FR)
Guido COLONNA DI PALIANO[1] (IT) :   depuis le 30 juillet 1964

COMMISSION DE LA COMMUNAUTÉ EUROPÉENNE DE L'ÉNERGIE ATOMIQUE

10 janvier 1958-9 janvier 1962

Présidents

Louis ARMAND (FR) :   jusqu'au 14 janvier 1959
Étienne HIRSCH (FR) :   depuis le 2 février 1959

Vice-présidents

Enrico MEDI (IT)

Membres

Paul DE GROOTE (BE)
Heinz L. KREKELER (DE)
Emmanuel SASSEN (NL)

10 janvier 1962-30 juin 1967

Président

Pierre CHATENET (FR)

Vice-présidents

Enrico MEDI (IT) :   jusqu'en avril 1965
Antonio CARRELLI (IT) :   depuis avril 1965

1. A remplacé Lionello Levi Sandri.

Membres

Paul DE GROOTE (BE)
Heinz L. KREKELER (DE) :   jusqu'en juillet 1964
Emmanuel SASSEN (NL)
Robert MARGULIES[1] (DE) :   depuis le 29 juillet 1964

COMMISSION DES COMMUNAUTÉS EUROPÉENNES

1er juillet 1967-30 juin 1970

Président

Jean REY (BE)

Vice-présidents

Sicco L. MANSHOLT (NL)
Lionello LEVI SANDRI (IT)
Fritz HELLWIG (DE)
Raymond BARRE (FR)

Membres

Albert COPPÉ (BE)
Hans VON DER GROEBEN (DE)
Emmanuel SASSEN (NL)
Henri ROCHEREAU (FR)
Guido COLONNA DI PALIANO (IT)
Victor BODSON (LU)
Edoardo MARTINO (IT)
Wilhelm HAFERKAMP (DE)
Jean-François DENIAU (FR)

1er juillet 1970-5 janvier 1973

Présidents

Franco Maria MALFATTI (IT) :   jusqu'au 21 mars 1972
Sicco L. MANSHOLT (NL) :   depuis le 22 mars 1972

1. A remplacé Heinz L. Krekeler.

Vice-présidents

Sicco L. Mansholt (NL) :   jusqu'au 21 mars 1972
Raymond Barre (FR)
Wilhelm Haferkamp (DE)
Carlo Scarascia Mugnozza[1] (IT) :   depuis le 22 mars 1972

Membres

Albert Coppé (FR)
Jean-François Deniau (FR)
Altiero Spinelli (IT)
Albert Borschette (LU)
Ralf Dahrendorf (DE)

6 janvier 1973-6 janvier 1977

Président

François-Xavier Ortoli (FR)

Vice-présidents

Wilhelm Haferkamp (DE)
Carlo Scarascia Mugnozza (IT)
Christopher Soames (UK)
Patrick Hillery (IE) :   jusqu'au 3 décembre
                                  1976

Henri Simonet (BE)

Membres

Jean-François Deniau (FR) :   jusqu'en avril 1973
Altiero Spinelli (IT) :   jusqu'au 5 juillet 1976
Albert Borschette (LU) :   jusqu'au 14 juillet 1976
Ralf Dahrendorf (DE) :   jusqu'au 11 novembre
                                  1974

George Thompson (UK)
Petrus Josephus Lardinois (NL)
Finn Olav Gundelach (DK)

1. A remplacé Franco Maria Malfatti.

Claude CHEYSSON[1] (FR) : depuis avril 1973
Guido BRUNNER[2] (DE) : depuis le 12 novembre 1974
Cesidio GUAZZARONI[3] (IT) : depuis le 13 juillet 1976
Raymond VOUEL[4] (LU) : depuis le 20 juillet 1976

6 janvier 1977-5 janvier 1981

Président

Roy Harris JENKINS (UK)

Vice-présidents

François-Xavier ORTOLI (FR)
Wilhelm HAFERKAMP (DE)
Finn Olav GUNDELACH (DK)
Lorenzo NATALI (IT)
Henk VREDELING (NL)

Membres

Claude CHEYSSON (FR)
GUIDO BRUNNER (DE) : jusqu'au 4 novembre 1980
Raymond VOUEL (LU)
Antonio GIOLITTI (IT)
Richard BURKE (IE)
Étienne DAVIGNON (BE)
Christopher TUGENDHAT (UK)

6 janvier 1981-5 janvier 1985

Président

Gaston E. THORN (LU)

Vice-présidents

François-Xavier ORTOLI (FR) : jusqu'au 25 octobre 1984
Wilhelm HAFERKAMP (DE)
Lorenzo NATALI (IT)

1. A remplacé Jean-François Deniau.
2. A remplacé Ralf Dahrendorf.
3. A remplacé Altiero Spinelli.
4. A remplacé Albert Borschette.

Étienne Davignon (BE)
Christopher Tugendhat[1] (UK)

Edgard Pisani (FR) :	du 26 octobre au 2 décembre 1984
Richard Burke[2] (IE) :	depuis le 3 décembre 1984

Membres

Finn Olav Gundelach (DK) :	jusqu'au 13 janvier 1981
Claude Cheysson (FR) :	jusqu'au 25 mai 1981
Antonio Giolitti (IT)	
Giorgios Contogeorgis (EL)	
Karl Heinz Narjes (DE)	
Franz Andriessen (NL)	
Ivor Richard (UK)	
Michael O'Kennedy (IE) :	jusqu'au 9 mars 1982
Poul Dalsager[3] (DK) :	depuis le 20 janvier 1981
Edgard Pisani[4] (FR) :	depuis le 26 mai 1981
Richard Burke[5] (IE) :	depuis le 1er avril 1982

6 janvier 1985-5 janvier 1989

Président

Jacques Delors (FR)

Vice-présidents

Lorenzo Natali (IT)	
Karl Heinz Narjes (DE)	
Frans Andriessen (NL)	
Lord Francis Arthur Cockfield (UK)	
Henning Christophersen (DK)	
Manuel Marin (ES) :	depuis le 1er janvier 1986

1. A remplacé François-Xavier Ortoli.
2. A remplacé Edgard Pisani.
3. A remplacé Finn Olav Gundelach.
4. A remplacé Claude Cheysson.
5. A remplacé Michael O'Kennedy.

Membres

Claude CHEYSSON (FR)
Alois PFEIFFER (DE) :   jusqu'au 1er août 1987
Grigoris VARFIS (UK)
Willy DE CLERQ (BE)
Nic MOSAR (LU)
Stanley CLINTON DAVIS (UK)
Carlo RIPA DI MEANA (IT)
Peter SUTHERLAND (IE)
Antonio CARDOSO E CUNHA (PT) : depuis le 1er janvier 1986
Abel MATUTES (ES) :   depuis le 1er janvier 1986
Peter M. SCHMIDHUBER[1] (DE) :   depuis le 22 septembre 1987

6 janvier 1989 -5 janvier 1993

Président

Jacques DELORS (FR)

Vice-présidents

Frans ANDRIESSEN (NL)
Henning CHRISTOPHERSEN (DK)
Manuel MARIN (ES)
Filippo Maria PANDOLFI (IT)
Martin BANGEMANN (DE)
Sir Leon BRITTAN (UK)

Membres

Carlo RIPA DI MEANA (IT) :   jusqu'au 27 juin 1992
Antonio CARDOSO E CUNHA (PT)
Abel MATUTES (ES)
Peter SCHMIDHUBER (DE)
Christiane SCRIVENER (FR)
Bruce MILLAN (UK)
Jean DONDELINGER (LU)
Ray MAC SHARRY (IE)

1. A remplacé Alois Pfeiffer

Karel VAN MIERT (BE)
Vasso PAPANDREOU (EL)

6 janvier 1993-5 janvier 1995

Président

Jacques DELORS (FR)

Membres

Martin BANGEMANN (DE)*
Sir Leon BRITTAN (UK)*
Henning CHRISTOPHERSEN (DK)*
Manuel MARIN (ES)*
Abel MATUTES (ES)
Bruce MILLAN (UK)
Christiane SCRIVENER (FR)
Peter SCHMIDHUBER (DE)
Karel VAN MIERT (BE)*
Padraig FLYNN (IE)
Joannis PALCOKRASSAS (EL)
Joao Deus PINHEIRO (PT)
Antonio RUBERTI (IT)*
René STEICHEN (LU)
Hans VAN DEN BROEK (NL)
Raniero VANNI D'ARCHIRAFI (IT)

6 janvier 1995-17 septembre 1999

Président

Jacques SANTER (LU)

Vice-présidents

Leon BRITTAN (UK) :   depuis le 1ᵉʳ février 1995
MANUEL MARIN (ES)

* Vice-président du 1ᵉʳ janvier au 21 juillet 1993. Après le 21 juillet 1993, les deux vice-présidents sont Manuel Marin et Henning Christophersen.

Membres

Martin BANGEMANN (DE)
Karel VAN MIERT (BE)
Hans VAN DEN BROEK (NL)
Joao Deus PINHEIRO (PT)
Padraig FLYNN (IE)
Marcelino OREJA (ES)
Édith CRESSON (FR)
Ritt BJERREGAARD (DK)
Monika WULF MATHIES (DE)
NEIL KINNOCK (UK)
Mario MONTI (IT)
Emma BONINO (IT)
Yves-Thibault DE SILGUY (FR)
Khristos PAPOUTSIS (EL)
Anita GRADIN (SE)
Franz FISCHLER (AT)
Erkki LIKKANEN (FI)

18 septembre 1999-21 novembre 2004

Président

Romano PRODI (IT)

Vice-présidents

Neil KINNOCK (UK)
Loyola DE PALACIO (ES)

Membres

Mario MONTI (IT)
Franz FISCHLER (AT)
Frederik BOLKENSTEIN (NL)
Philippe BOUSQUIN (B)
Pedro SOLBES MIRA (SP) :   jusqu'au 25 avril 2004
Paul NIELSEN (DK)
Günter VERHEUGEN (D)
Christopher PATTEN (GB)

Pascal LAMY (F)
David BYRNE (IR)
Michel BARNIER (F) :   jusqu'au 25 avril 2004
Viviane REDING (L)
Michaele SCHREYER (D)
Margot WALLSTRÖM (SV)
Antonio VITORINO (P)
Anna DIAMANTOPOULOU (EL)
Erkki LIKKANEN (FIN)
Joaquin ALMUNIA[1] :   depuis le 26 avril 2004
Jacques BARROT[2] (FR) :   depuis le 26 avril 2004
Siim KALLAS (EE) :   depuis le 26 avril 2004
Ján FIGEL (SK) :   depuis le 26 avril 2004
Pavel TELIČKA (CZ) :   depuis le 26 avril 2004
Sandra KALNIETE (LV) :   depuis le 26 avril 2004
Peter BALÁZS (HU) :   depuis le 26 avril 2004
Danuta HÜBNER (PL) :   depuis le 26 avril 2004
Joe BORG (MT) :   depuis le 26 avril 2004
Dalia GRYBAUSKAITE (LT) :   depuis le 26 avril 2004
Janez POTOCNIK (SI) :   depuis le 26 avril 2004
Markos KYPRIANOU (CY) :   depuis le 26 avril 2004

22 novembre 2004

Président

José Manuel DURÃO BARROSO (P)

Vice-présidents

Margot WALLSTRÖM (SE)
Siim KALLAS (EE)
Günter VERHEUGEN (DE)
Franco FRATTINI (IT)
Jacques BARROT (FR)

Membres

Joaquin ALMUNIA (ES)
Peter MANDELSON (UK)

1. A remplacé Pedro Solbes Mira.
2. A remplacé Michel Barnier.

Neelie KROES (NL)
Louis MICHEL (BE)
Ján FIGEL (SK)
Olli REHN (FI)
Vladimir SPIDLA (CZ)
Andris PIEBALGS (LV)
Stavros DIMAS (EL)
László KOVÁCS (HU)
Charlie McCREEVY (IE)
Danuta HÜBNER (PL)
Joe BORG (MT)
Dalia GRYBAUSKAITE (LT)
Benita FERRERO-WALDNER (AT)
Janez POTOCNIK (SI)
Markos KYPRIANOU (CY)
Viviane REDING (LU)
Meglena KOUNEVA (BG) :   depuis le 1er janvier 2007
Leonard ORBAN (RO) :   depuis le 1er janvier 2007

PRÉSIDENTS DES ASSEMBLÉES
PARLEMENTAIRES EUROPÉENNES (1952-2007)

PRÉSIDENTS DE L'ASSEMBLÉE
PARLEMENTAIRE DE LA CECA

Paul-Henri SPAAK (BE)	1952-1954
Alcide DE GASPERI (IT)	1954
Giuseppe PELLA (IT)	1954-1956
Hans FURLER (DE)	1956-1958

PRÉSIDENTS DE L'ASSEMBLÉE
PARLEMENTAIRE DES
TROIS COMMUNAUTÉS (CECA, CEE, CEEA)
ET DU PARLEMENT EUROPÉEN

Robert SCHUMAN (FR)	1958-1960
Hans FURLER (DE)	1960-1962
Gaetano MARTINO (IT)	1962-1964
Jean DUVIEUSART (BE)	1964-1965
Victor LEEMANS (BE)	1965-1966
Alain POHER (FR)	1966-1969
Mario SCELBA (IT)	1969-1971
Walter BEHRENDT (DE)	1971-1973
Cornelis BERKHOWER (NL)	1973-1975
Georges SPENALE (FR)	1975-1977
Emilio COLOMBO (IT)	1977-1979

ÉLECTIONS AU SUFFRAGE UNIVERSEL
DU PARLEMENT EUROPÉEN

7-10 juin 1979

Simone VEIL (FR)	1979-1982
Pieter DANKERT (NL)	1982-1984

14-17 juin 1984

Pierre PFLIMLIN (FR)	1984-1987
Lord Henry PLUMB (UK)	1987-1989

15-18 juin 1989

Enrique BARON CRESPO (ES)	1989-1992
Egon KLEPSCH (DE)	1992-1994

9-12 juin 1994

Klaus HÄNSCH (DE)	1994-1997
José Maria GIL-ROBLES-GIL-DELGADO (ES)	1997-2000

9-13 juin 1999

Nicole FONTAINE (FR)	2000-2002
Pat COX (IE)	2002-2004

10-13 juin 2004

Josep BORRELL (ES)	2004-2007
Hans-Gert PÖTTERING (DE)	2007-

BIBLIOGRAPHIE SOMMAIRE

Une bibliographie complète sur les éléments commentés dans cet ouvrage prendrait trop de place et risquerait de ne pas être exhaustive. Nous nous limiterons à indiquer les titres dont la consultation nous a été la plus utile et la plus fréquente.

L'histoire de l'intégration européenne dispose d'une immense documentation institutionnelle aisément accessible. Le *Rapport général sur l'activité des Communautés européennes* (depuis 1993 *de l'Union européenne*) ainsi que les *Bulletins* mensuels avec leurs *Suppléments* sont une source de premier ordre pour toute référence à la documentation officielle. La documentation publiée par le Parlement européen est également très riche. Nous signalons en particulier le dossier *Le Conseil européen* — d'où sont extraites les citations publiées dans ce livre — qui réunit toutes les conclusions des conférences au sommet de la Communauté (1961-1974) et du Conseil européen (1975-2006). On trouvera beaucoup de renseignements sur le site de la Commission européenne (http://europa.eu.int/comm/index_fr.htm). La source non officielle la plus précieuse est l'*Agence Europe*, bulletin quotidien publié à partir de 1953, d'abord à Luxembourg et ensuite à Bruxelles, en français, anglais, allemand et italien. Très utile est aussi le *Jahrbuch der Europäischen Integration*, publié annuellement par Europa Union Verlag, Bonn.

Au-delà de ces sources, voici un choix d'ouvrages sur les divers aspects de l'histoire de la construction européenne.

ADENAUER, K., *Mémoires*, Paris, 1965-1967-1969.

ALBONETTI, A., *Préhistoire des États-Unis d'Europe*, Paris, 1963.

ARON, R., *Plaidoyer pour une Europe décadente*, Paris, 1977.

BAREMBOOM, A., Zyberrstein, J. C., *Traité de Maastricht, Mode d'emploi*, Paris, 1992.

BARON CRESPO, E., *L'Europe à l'aube du millénaire*, Paris, 1996.

BELOFF, N., *The General Says No*, Lenders, 1965.

BITSCH, M.-T., LOTH, W., POIDEVIN, R., *Institutions européennes et identités européennes*, Bruxelles, 1998.

BITSCH, M.-T., *Histoire de la construction européenne*, Bruxelles, 2004.

BOISSONNAT, J., *La révolution de 1999. De l'Europe à l'euro, de l'euro à l'Europe*, Paris, 1997.

BOSSUAT, G., *Les Fondateurs de l'Europe unie*, Paris, 2001.

BRUGMANS, H., *L'Idée européenne 1920-1970*, Bruges, 1970.

BRUNETEAU, B., *Histoire de l'unification européenne*, Paris, 1996.

CANGELOSI, R., GRASSI, V., *Dalle Comunità all'Unione*, Milan, 1996.

CASTRONOVO, V., *L'avventura dell'unità europea*, Turin, 2004.

CECCHINI, P. (dir.), *Le défi*, Paris, 1988.

CLARISSE, Y., QUATREMER, J., *Les maîtres de l'Europe*, Paris, 2005.

COHEN TANUGI, L., *L'Europe en danger*, Paris, 1992.

COUDENHOVE-KALERGI, R., *Paneuropa*, Paris, 1988.

COUVE DE MURVILLE, M., *Une politique étrangère 1958-1969*, Paris, 1972.

DASTOLI, P. V., VILELLA, G., *La nuova Europa*, Bologna, 1992.

DE GAULLE, C., *Mémoires de guerre*, Paris, 1954-1959.

DE GAULLE, C., *Mémoires d'espoir*, Paris, 1962-1970.

DEHOUSSE, F., *Les enjeux de la Conférence intergouvernementale de 1996*, Bruxelles, 1995.

DEHOUSSE, R., *Les résultats de la Conférence intergouvernementale*, Bruxelles, 1997.

DEHOUSSE, R., DELOCHE-GAUDEZ, F., DUHAMEL, O., CIAVARINI-AZZI, G., *Élargissement, comment l'Europe s'adapte*, Paris, 2006.

DELORS, J., *La France pour l'Europe*, Paris, 1988.

DELORS, J., *Le nouveau concert européen*, Paris, 1992.

DELORS, J., *L'unité d'un homme*, Paris, 1994.

DELORS, J., *Mémoires*, Paris, 2004.

DENIAU, J.-F., *L'Europe interdite*, Paris, 1977.

DE RUYT, J., *L'Acte unique européen*, Bruxelles, 1987.

DE SCHOUTHEETE, Ph., *Une Europe pour tous*, Paris, 1997.

DOUTRIAUX, Y., *Le traité de l'Union européenne*, Paris, 1992.

DUCCI, R., OLIVI, B., *L'Europa incompiuta*, Padoue, 1970.

DUCHÊNE, F., *Jean Monnet : the first Statesman of Interdependence*, New York, 1994.

DUHAMEL, O., *Pour l'Europe*, Paris, 2003.

DUMOULIN, M., *Spaak*, Bruxelles, 1999.

DU RÉAU, E., *L'idée d'Europe au XXe siècle : des mythes aux réalités*, Bruxelles, 1996.

EDEN, A., *Mémoires 1945-1957*, Paris, 1960.

FERON, F., THORAVAL, A., *L'état de l'Europe*, Paris, 1992.

FONTAINE, A., *Histoire de la guerre froide*, 2 vol., Paris, 1965.

FONTAINE, N., *Mes combats à la présidence du Parlement européen*, Paris, 2002.

FONTAINE, P., *Le Comité d'action pour les États-Unis d'Europe de Jean Monnet*, Lausanne, 1974.

FONTAINE, P., *Jean Monnet, l'inspirateur*, Paris, 1988.

GAILLARD, J.-M., ROWLEY, A., *Histoire du continent européen*, Paris, 2001.

GAZZO, M., *Pour l'Union européenne*, 2 vol., Bruxelles, 1985-1986.

GEORGE, S., *An Awkward Partner : Britain in the European Communities*, Oxford, 1989.

GERBET, P., *La naissance du Marché commun*, Bruxelles, 1987.

GERBET, P., *La construction de l'Europe*, Paris, 1997.

GERBET, P., LA SERRE, F. DE, NAFILYAN, G., *L'union politique de l'Europe. Jalons et textes*, Paris, 1998.

GIACONE, A., *Paul Delouvrier, cinquante ans au service de la France et de l'Europe*, Paris, 2005.

GISCARD D'ESTAING, V., *Le Pouvoir et la vie*, Paris, 1988, 1991, 2006.

GOUZY, J.-P., *Les pionniers de l'Europe communautaire*, Lausanne, 1968.

GRANT, C., *Delors. Architecte de l'Europe*, Paris, 1995.

GROSSER, P., *Affaires extérieures, la politique de la France 1944-1984*, Paris, 1990.

HABERMAS, J., *Die unvollendete Revolution*, Francfort, 1990.

HALLSTEIN, W., *L'Europe inachevée*, Paris, 1970.

HAMON, D., KELLER, I. S., *Fondements et étapes de la construction européenne*, Paris, 1997.

HANOVER, I., *Europäische Integration und deutsche Wiedervereinigung*, Francfort, 1990.

HELLMANN, R., *La guerre des monnaies*, Paris, 1977.

HOLLAND, S., *A Common Market*, Londres, 1980.

JENKINS, R., *European Diary (1977-1981)*, Londres, 1989.

JOUVE, E., *Le général de Gaulle et la construction de l'Europe (1940-1966)*, Paris, 1967.

JURGENSEN, P., *Écu, naissance d'une monnaie*, Paris, 1991.

KRAUSE, A., *La renaissance : Voyage à l'intérieur de l'Europe*, Paris, 1992.

LABASSE, J., *L'Europe des régions*, Paris, 1991.

LACOUTURE, J., *De Gaulle*, Paris, 1984.

LACOUTURE, J., *Mitterrand. Une histoire de Français*, 1998.

LAMASSOURE, A., *Histoire secrète de la Convention européenne*, Paris, 2004.

LAMBERT, J., *Britain in a Federal Europe*, Lenders, 1968.

LECERF, J., *Histoire de l'unité européenne*, Paris, 1984.

LOUIS, J.-V., *L'Union européenne et l'avenir de ses institutions*, Bruxelles, 1996.

LOUIS, J.-V., WAELBROECK, D., *La Commission au cœur du système institutionnel des Communautés européennes*, Bruxelles, 1989.

MAMMARELLA, G., CACACE, P., *Storia della costruzione europea*, Bari-Rome, 2003.

MARJOLIN, R., *Le travail d'une vie : Mémoires (1911-1986)*, Paris, 1986.

MASSIGLI, R., *Une Comédie des erreurs*, Paris, 1978.

MILESI, G., *Jacques Delors : l'homme qui dit non*, Paris, 1995.

MITTERRAND, F., *Réflexions sur la politique extérieure de la France*, Paris, 1986.

MITTERRAND, F., *De l'Allemagne, de la France*, Paris, 1995.

MONNET, J., *Mémoires*, Paris, 1976.

MORIN, E., *Penser l'Europe*, Paris, 1987.

NAPOLITANO, G., *Dal Pci al socialismo europeo. Un'autobiografia politica*, Rome-Bari, 2005.

NOËL, E., *Les institutions de la Communauté européenne*, Luxembourg, 1993.

OLIVI, B., *Da un'Europa all'altra*, Milan, 1973.

OLIVI, B., *L'iniziativa europea*, Milan, 1978.

OLIVI, B., SANTANIELLO, R., *Storia dell'integrazione europea*, Bologne, 2004.

PADOA SCHIOPPA, T., *L'Unione monetaria dallo SME al Trattato di Maastricht*, Turin, 1992.

PADOA SCHIOPPA, T., *Europa, forza gentile*, Bologne, 2001.

PÉCOUT, G. (dir.), *Penser les frontières de l'Europe*, Paris, 2004.

PFIMLIN, P., *Mémoires d'un Européen, de la IVe à la Ve République*, Paris, 1991.

PICHT, R., *L'identité européenne*, Bruxelles, 1994.

PINEAU, C., RIMBAUD, C., *Le grand pari, l'aventure du traité de Rome*, Paris, 1991.

PISTONE, S. (dir.), *I movimenti per l'unità europea dal 1945 al 1954*, Milan, 1992.

POIDEVIN, R. (dir.), *Histoire des débuts de la construction européenne*, Bruxelles, Milan, Paris, Baden-Baden, 1986.

POIDEVIN, R., *Robert Schuman, homme d'État (1886-1963)*, Paris, 1986.

PREDA, D., *Alcide De Gasperi federalista europeo*, Bologne, 2004.

RIEBEN, H., *Des guerres européennes à l'union de l'Europe*, Lausanne, 1987.

ROLLAT, A., *Delors*, Paris, 1993.

ROMUS, P., *L'Europe régionale*, Bruxelles, 1990.

ROSS, G., *Jacques Delors and European integration*, Cambridge, 1995.

ROUGEMONT, D. DE, *L'Europe en jeu*, Paris, 1982.

RUPNIK, J., *L'autre Europe*, Paris, 1990.

SERRA, E. (dir.), *La relance européenne et les traités de Rome*, Bruxelles, Paris, Milan, Baden-Baden, 1987.

SILGUY, Y.-T. DE, *L'euro*, Paris, 1998.

SOULIER, G., *L'Europe — Histoire, civilisation, institutions*, Paris, 1994.

SOUTOU, G.-H., *L'Alliance incertaine*, Paris, 1996.

SPIERENBURG, D., POIDEVIN, R., *Histoire de la Haute Autorité de la Communauté européenne du charbon et de l'acier*, Bruxelles, 1993.

SPINELLI, A., *Manifesto dei federalisti europei*, Modène, 1957.

SPINELLI, A., *L'Europa non cade dal cielo*, Bologne, 1960.

SPINELLI, A., *Diario europeo*, Bologne, 1980, 1991, 1992.

TELO, M. (dir.), *Démocratie et construction européenne*, Bruxelles, 1995.

TELO, M. (dir.), *L'Union européenne et les défis de l'élargissement*, Bruxelles, 1996.

THATCHER, M., *10, Downing Street : Mémoires*, Paris, 1993.

TRAUSCH, G., *Joseph Bech, un homme de son siècle*. Luxembourg, 1977.

TOULEMON, R., *La construction de l'Europe*, Paris, 1994.

URI, P., *Penser pour l'action. Un fondateur de l'Europe*, Paris, 1991.

VÉDRINE, H., *Les mondes des François Mitterrand*, Paris, 1996.

WEISS, L., *Mémoires d'une Européenne*, Paris, 1969.

WERNER, P., *Itinéraires luxembourgeois et européens*, Luxembourg, 1991.

ZORGBIBE, C., *Histoire de la construction européenne*, Paris, 1993.

INDEX DES NOMS

CHAPITRE III : LA COMMUNAUTÉ
ET LA FRANCE GAULLIENNE

CHAPITRE IV : LA COMMUNAUTÉ À NEUF

CHAPITRE V :
LA SOLIDARITÉ MISE À L'ÉPREUVE

Table 543

CHAPITRE VI : DE NOUVEAUX PROTAGONISTES EN EUROPE

CHAPITRE VII : L'ACTE UNIQUE

Table 545

CHAPITRE XI :
LE TRAITÉ D'AMSTERDAM

CHAPITRE XII : L'EURO

CHAPITRE XIII :
L'UNION DANS LES DERNIÈRES ANNÉES
DU SIÈCLE

DANS LA COLLECTION FOLIO/ACTUEL

Composition Nord Compo
Impression Bussière
à Saint-Amand (Cher),
le 23 mars 2007.
Dépôt légal : mars 2007.
Numéro d'imprimeur : 071199/1.
ISBN 978-2-07-034575-5./Imprimé en France.